曾國藩傳

張宏傑　著

商務印書館

本書中文繁體字版經由航一(北京)文化傳媒有限公司授權商務印書館(香港)有限公司於中國香港、中國澳門獨家出版發行。

責任編輯：童思媚
裝幀設計：涂　慧
排　　版：盾　榮
責任校对：趙會明
印　　務：龍寶祺

曾國藩傳

作　　者：張宏傑
出　　版：商務印書館 (香港) 有限公司
香港筲箕灣耀興道 3 號東匯廣場 8 樓
http://www.commercialpress.com.hk
發　　行：香港聯合書刊物流有限公司
香港新界荃灣德士古道 220–248 號荃灣工業中心 16 樓
印　　刷：美雅印刷製本有限公司
香港九龍觀塘榮業街 6 號海濱工業大廈 4 樓 A 室
版　　次：2025 年 2 月第 1 版第 1 次印刷

ISBN 978 962 07 6759 3
Printed in Hong Kong

自　序

這本《曾國藩傳》的誕生，可以說是一個瓜熟蒂落的過程。

1997 年，我開始業餘寫作不久，就寫了一篇散文《解剖曾國藩》，後來收入我 2000 年出版的第一本書中。我的博士論文和博士後論文寫的都是曾國藩的經濟生活，後來在中華書局出版時改名為《給曾國藩算算賬》。此外，我還寫了《曾國藩的正面與側面（一）》《曾國藩的正面與側面（二）：〈曾國藩家書〉與曾氏家風文化》和《曾國藩的正面與側面（三）：曾國藩的領導力》。現在回頭一看，在我二十年的寫作生涯中，我寫得最多的一個人物是曾國藩。不知不覺，已經寫下了一百多萬字，有五本關於曾國藩的書出版。

伴隨着這些寫作，二十年間，岳麓書社版三十冊的《曾國藩全集》一直擺在我書架上最方便取用的位置，其中的家書和日記更是常年置於我枕邊的書。我收集了大量關於曾國藩、湘軍及晚清政治史、社會史的研究資料和成果，完成了對曾國藩多個側面的分塊式解讀。這些都是這本《曾國藩傳》的寫作基礎。

之所以對曾國藩如此感興趣，第一個原因，正如我在《曾國藩的正面與側面（一）》的序中所說，對於中國這個文化體來說，曾國藩的更大意義是他展現的「中國式力量」。曾國藩全面展示了傳統文化的正面價值，證明了中國文化有活力、有彈性、有容納力的一面。在清代重臣中，他是第一個主張對洋人「以誠相待」的人。當然，另一方面，他也證明了傳統文化無法突破的極限，這一證明意義也十分重大。總而言之，他讓我們對祖先五千年來積累的文化有了更全面的認識。任何建設都需要尋找堅實的地基，我們既然無法和傳統一刀兩斷，就必須尋找接口。

第二個原因，從個人精神成長角度看，曾國藩也能給我們提供力量。曾國藩這個人的一生，起點極低而抵達的高度很高。曾國藩的智商平常，一個秀才考了七次。身體稟賦很差，一生與多種嚴重疾病相伴。出身也很平常，祖上幾百年間都是平頭百姓。年輕的時候，性格中還有很多毛病，比如自我管理能力比較差。他通過不懈的個人努力，完成了脫胎換骨、超凡入聖的變化，達到了立功、立德、立言三不朽的境界，這個過程是非常富有啟發意義的。

因此，曾國藩是一個鑽之彌堅、仰之彌高的人物。從曾國藩出發，我們可以更深地了解中國傳統思想史，了解晚清政治史和社會史。從這個角度看，為讀者提供一本關於曾國藩的簡明傳記作為了解曾國藩的入門書也是必要的。

所以在閱讀、寫作有關曾國藩的資料和圖書將近二十年之後，我將以前關於曾國藩的拼圖式寫作和研究整合起來，補足其中的空白部分，形成一本簡明、全面的《曾國藩傳》，目的是使讀者花不太長的時間，就能完成對曾國藩一生功名事業和心路歷程的了解。

當然，因為這樣的寫作過程，這本《曾國藩傳》也存在一個問題，那就是部分內容和以前的作品有重複。在寫作的過程中，我想避免這種重複，卻發現無法避免。因為關於同一個事件，材料並沒有新的發現，結論也沒有甚麼變化，如果僅僅換一種寫法，也就是說，僅僅做一些語言的重新組合，意義並不是很大。

因此，這本書的部分內容與《曾國藩的正面與側面》等有重複，尚祈讀者諒解。我希望我的作品能以這樣的方式滿足不同讀者的需要：以《曾國藩傳》為骨，可以迅速全面地了解曾國藩的一生；以《曾國藩的正面與側面》等為肉，可以深入細緻地研讀曾國藩的多個側面。

這本《曾國藩傳》，和以前出版的眾多曾國藩傳、大傳及評傳有所不同。一是側重呈現曾國藩個人心路歷程，而不是對其生平和事件的研究式復原。二是對曾國藩的一生突出重點，而不是均衡敍述。比如關於「剿」捻一筆帶過，而關於曾國藩對外觀念的轉變及天津教案，則花了比較多的筆墨，以試圖深入解讀曾國藩主動選擇做「賣國賊」的原因。

這本書吸納了大量的前人研究成果。在曾國藩研究領域，有朱東安先生的《曾國藩傳》、林乾先生的《曾國藩大傳》、董蔡時先生的《曾國藩評傳》，以及蕭一山、梁紹輝、董叢林、劉憶江、宮玉振等先生的著作，還有唐浩明先生的系列作品。此外，翁飛先生關於曾國藩和李鴻章關係的研究，董叢林先生關於胡林翼的研究，都令我受益匪淺。還有一些參考過的論文無法在這裏一一列及。在成書的過程中，我的東財學長、書法家王家新通讀了書稿，並提出了非常寶貴的意見，在此均謹致謝意。

目 錄

第一卷
京官時代

第二卷
湘軍崛起

第三卷
總督生涯

第一卷

京官時代

第一章

曾國藩的七次科舉之痛

1. 父子雙雙去「趕考」

道光十二年（1832）春天的一個清晨，湖南省湘鄉縣荷葉塘，一對父子從一座普通農家宅院的大門裏走了出來。

兒子叫曾子城，這一年二十二歲[1]。在這本書裏為了方便，我們就統一用他後來改的名字「曾國藩」來稱呼他。父親叫曾麟書，這一年四十三歲。

兩個人這麼早出門，是去「趕考」。

考甚麼呢？科舉考試的第一關——秀才。眾所周知，中國古代的科舉考試分三步：秀才、舉人、進士。「秀才」是最低一級的功名。

這不是他們倆第一次並肩趕考，事實上，這對父子在湘鄉科場已經是一對「名人」了。之所以出名，是因為雙雙屢考不第。

曾麟書從十幾歲開始入考場，結果考了十六次，年過四十，頭髮都花白了，連個秀才都中不了。未中秀才的讀書人，不管年紀多大，在當時都只能被稱作「童生」。老「童生」歷來是社會上嘲笑的對象。有好事者曾經編過一副對子：「行年八十尚稱童，可云壽考；到老五經猶未熟，真是書生。」[2] 意思是說：都八十歲了，還是個「童

---

1 本書涉及年齡之處，非特別說明，均按中國傳統習慣以虛歲計。

2 劉兆璸著：《清代科舉》，東大圖書股份有限公司， 1977 年，第 4 頁。

生」，可見你將來能活個幾百歲；都到老了五本經書還沒背熟，你真可謂「書生」。

讀書人當中當然也有很多腦袋不靈光的，不過大多數都有自知之明，三五次不能取中就不再入場丟人。只有這位曾麟書，四十多歲了，仍然場場不落，只要有考試，必然早早趕到，最先一個進場，最後一個出場，然而每次都是名落孫山。所以，每次考試出榜時，曾麟書去看榜，也常有一幫閒人來看曾麟書，對他指指點點。

而最近幾科，眾人關注的對象，又從曾麟書一人擴大到了他們父子。原來曾國藩才十四歲時，曾麟書就心急火燎地帶着這個長子一起來考，而這個孩子也居然克肖乃父，連考了五次，也是場場落第。父子兩人一起連續落第，這新聞效應就不止增加一倍了。

這就是曾國藩後來給他父親寫的墓誌中說的：「府君（父親）既累困於學政之試，厥後挈國藩以就試，父子徒步橐筆以干有司，又久不遇。」[1]

人們提起這對父子，最愛說的一句話是，祖墳沒冒青煙，再怎麼折騰也沒用。荷葉塘的泥腿子曾玉屏夢想成為官宦人家，本來就是癡心妄想。

2. 老曾家有個科舉夢

中國人修家譜最重官爵，大部分人家的家譜中都能找到幾個當官或者有功名的人。然而翻開《大界曾氏族譜》，往前一直翻到宋朝，不但找不到做過官的人，連讀書人都沒有一個。曾國藩後來在文章中說，「吾曾氏由衡陽至湘鄉，五六百載，曾無人與於科目秀

1 《曾國藩全集・詩文》，岳麓書社，2011 年，第 365 頁。

才之列」[1]。就是說，我們老曾家，從宋朝末年到清朝，五六百年間，連一個秀才也沒出過。幾十代人都是面朝黃土背朝天的農民，可見這個家族是多麼普通。

偏偏到了曾玉屏這一輩，不知道中了甚麼邪，發誓非要供自己的孩子讀書當官。

曾玉屏也是荷葉塘一個有點傳奇色彩的人物。他本是個普通農民，年輕時沒讀過書，遊手好閒，不務正業，買了一匹好馬，穿着光鮮的衣服，成天跑到城裏，和一羣浮浪子弟混在一起。

有一天，他正在湘潭城的一個酒樓裏和一羣紈絝子弟縱酒高歌，忽然見一個老頭領着小孫子從窗外走過。只聽老頭遠遠指着他，教育自己的孫子說：「你可別跟這個人學。他是荷葉塘白楊坪老曾家的兒子，你看他家裏沒甚麼錢，卻總跑到城裏來裝有錢大爺。這個家早晚都要敗在他手裏！」

那老頭這番話是為了告誡自己的孫子，沒想到全被曾玉屏聽到了。曾玉屏心裏很不是滋味兒，本以為自己活得人五人六，沒想到背後大家是這麼看自己！他大受刺激，來到市場上，當場把自己的這匹駿馬賣了，然後徒步走了幾十里路，回到家裏。

這就是曾玉屏後來自述的「吾少耽遊惰，往還湘潭市肆，與裘馬少年相逐，或日高酣寢。長老有譏以浮薄，將覆其家者。余聞而立起自責，貨馬徒行」[2]。

從那天開始，曾玉屏就像變了個人一樣，「自是終身未明而起」。每日早睡早起，天天下地幹活，發誓要興家立業。他後來對曾國藩說：「余年三十五，始講求農事。……鑿石決壤，開十數畛而通為一，然後耕夫易於從事。吾昕宵行水，聽蟲鳥鳴聲以知節

1 《曾國藩全集・詩文》，岳麓書社，2011 年，第 365 頁。

2 《曾國藩全集・詩文》，岳麓書社，2011 年，第 367 頁。

候，觀露上禾顛以為樂。種菜半畦，晨而耘，吾任之；夕而糞，庸保任之。入而飼豕，出而養魚，彼此雜職之。凡菜茹手植手擷者，其味彌甘；凡物親歷艱苦而得者，食之彌安也。」[1] 也就是說，他三十五歲才開始務農，每天帶着長工，日夜苦幹，把自己家的梯田擴大，連成一片，這樣用牛耕作起來就方便了，產量大大提高。他在勞動中找到了樂趣，積累了豐富的農業經驗，憑蟲鳴鳥叫就知道節氣變化。家裏種地、餵豬、養魚，多種經營。家裏種了半畦菜，每天早上他親自鋤草，傍晚則監督長工上糞。他告訴曾國藩，自己親手種的菜，吃起來才香。辛苦掙來的錢，花着才心安。

曾玉屏艱苦奮鬥了十幾年，置了百十來畝地，使曾家從普通的中農變成了家境殷實的小地主。他就這樣在地方上樹立起了自己的威信。他為人有主見、有魄力，脾氣火暴剛直，所以地方上有甚麼糾紛，大家總是來找他排解說和。遇上那種不講理的潑皮無賴，他「厲辭詰責，勢若霆摧，而理如的破，悍夫往往神沮」[2]。就是說，他厲聲責問，說的話都在理上，最後那些地方上的惡霸也不得不低下頭來。

勤苦發家之後，曾玉屏又做出一個重要決斷，那就是把自己的長子曾麟書送去讀書。在傳統時代，一個家族要真正發達，不是看你有多少畝地，而是看你家中有沒有人讀書當官。有了功名，一個家族的地位才能穩固。所以曾玉屏不惜重金，請來當地最有名的老師，擺出一副破釜沉舟的架勢，一定要把自己的兒子供出來。可惜曾麟書實在是太笨了，怎麼也中不了秀才。

眼看着兒子沒希望了，倔強的曾玉屏又把希望寄託在長孫身上。老頭對長孫的希望之殷切，從小國藩的學業進度中就可以看出

1 《曾國藩全集・詩文》，岳麓書社，2011 年，第 367 頁。

2 《曾國藩全集・詩文》，岳麓書社，2011 年，第 367 頁。

來。曾國藩虛歲才五歲，曾玉屏就命曾麟書給他開了蒙。才八歲，就讀完了五經，也就是「詩書禮易春秋」這五部難懂經書。才九歲，就開始學作八股文。剛剛十四歲，就讓曾麟書帶着他到縣衙的禮房報了名，填寫了三代履歷表，辦好了保結手續，開始了科場生涯。

可惜這個長孫讀書似乎也是不靈，每次帶回來的也都是落第的消息。曾玉屏辛苦了幾十年，花了無數錢財，最後只落得一鄉人的笑話。

曾玉屏卻不管別人笑話不笑話。他定下來的事，九頭牛也別想拉回來。傳統時代人們大多迷信，經常有人勸他找人算一算，看看家裏到底有沒有科考之運，不要再這樣白花錢了。曾玉屏卻不信邪，曾國藩後來總結說，老頭一生有「三不信」，不信看風水的地仙、不信醫生、不信和尚道士，只信人定勝天。[1] 憑甚麼別人家能供出舉人進士，我們曾家就供不出來？兒子供不出來，我還有孫子，孫子供不出來，我還有重孫子，我就不信曾家沒有翻身的一天！

道光十二年的這個早上，老頭又一次早早起來，親手替兒子和孫子整理好考籃考具，把他們送出大門，默默地望着他們的背影，望了很久。

3. 生平第一次大挫折

每一次考試，對曾國藩父子來說，都是一次痛苦的經歷。

首先是辛苦。別的不說，「徒步橐筆，以干有司」[2]，提着沉重的考籃，徒步到考場，就非常辛苦。考籃的上一層，是筆墨紙硯，還

1 《曾國藩全集・家書》1，岳麓書社，2011 年，第 594 頁。原文為：「吾祖星岡公之教人……三不信。……三者，曰僧巫，曰地仙，曰醫藥，皆不信也。」

2 《曾國藩全集・詩文》，岳麓書社，2011 年，第 365 頁。

有書籍。下一層則是食物和水果，加起來有二三十斤重。秀才考試分為三關：縣試、府試和院試（也就是省一級考試），需要從白楊坪走一百二三十里到湘鄉縣城，再從湘鄉縣城跋涉二百多里地到長沙府。這一次是父子倆第六次並肩去考秀才，對曾麟書來說，則是第十七次踏入考場。如果以單程三百五十里計算，曾麟書為了考一個秀才，已經足足走了一萬一千九百里路，而曾國藩也走了近五千里。

其次是屈辱。科舉雖然是「掄才大典」[1]，其實對讀書人毫不尊重。天色尚濃黑時，就要來到考場接受點名。點完名，發了卷子，就要接受搜檢。不但考籃裏的東西得一一拿出打開，連饅頭都要一掰兩半，甚至還要脫掉鞋子，解開衣服，讓吏役們遍體摸索。搜檢完，鑽進狹窄低矮的號舍，個子高點兒的站裏面連腰都伸不直。正如《聊齋志異》中所描寫的那樣：「秀才入闈，有七似焉：初入時，白足提籃，似丐；唱名時，官呵吏罵，似囚；其歸號舍也，孔孔伸頭，房房露腳，似秋末之冷蜂；其出場也，神情惝怳，天地異色，似出籠之病鳥……」

當然，最痛苦的莫過於看榜時名落孫山的打擊以及他人的嘲笑譏諷。曾國藩打小自尊心很強。頭兩次失利，他並沒有感到特別難堪，一兩次不中也很常見。然而第四次、第五次還是落第[2]，這讓他意外地在眾多「童生」中「脫穎而出」，大有取代父親，成為湘鄉縣科場新焦點之勢。他如芒在背，如坐針氈。

因此這一次，曾麟書父子都拼了命。要是再考不中，兩人實在無顏再見江東父老。

---

1 《曾國藩全集・奏稿》，岳麓書社，2011 年，第 194 頁。

2 年譜載，曾國藩十四歲始應童子試，最好的成績，是十六歲那年，在長沙府試考了第七名。此後十七至二十一歲未記載考試，然而這黃金年華，不可能不應考。童子試三年兩試，這五年至少參加了三次考試。所以到二十二歲那年是第六次考試。

壓力帶來動力，縣試和府試，父子倆居然都順利通過了。院試，父子倆也都感覺發揮得不錯。因此出場以後，人雖然極為疲倦，但是精神都非常振奮。

院試發榜這天一大早，父子倆就滿懷期待地趕去看榜。

這一次，曾麟書的大名赫然寫在榜上！

曾麟書簡直不敢相信自己的眼睛，簡直比范進中舉還高興。這一年，曾麟書已經四十三歲了。老曾家破天荒地，五六百年，終於出了一個秀才！「五六百載，曾無人與於科目秀才之列。至是乃若創獲。」[1]

可是，曾國藩在榜上找來找去，卻沒找到自己的名字。他第六次落榜了。

不過，曾國藩在榜單邊上的另一張告示牌上，倒是發現了自己的名字。

這是怎麼回事呢？原來，曾國藩不僅落了榜，還被學台「懸牌批責」[2]。

每次考試後，主考官都會挑幾篇文章出來，作為範文。當然，有正面範文，也有反面典型，曾國藩這次的考卷就被當成了反面典型。主考官（學使廖某）說，此文是文理欠通的典型，文筆尚可，道理沒講通，大家要引以為鑒。[3]

「文理欠通」是很嚴重的批評。大清順治九年（1652），給考試定了「六等黜陟法」。「文理平通者列為一等，文理亦通者列為二等，文理略通者列為三等，文理有疵者列為四等，文理荒謬者列為

---

1 《曾國藩全集・詩文》，岳麓書社，2011 年，第 365 頁。

2 《曾國藩全集・家書》2，岳麓書社，2011 年，第 488 頁。原文為：「學台懸牌，責其文理之淺。」

3 《李肖聃集》，岳麓書社，2008 年，第 568 頁。

五等，文理不通者列為六等。」[1]

所以被「懸牌批責」為「文理欠通」是一件很難堪的事情，相當於被全省示眾。這一下，曾國藩不光在湘鄉出了名，還在全省出了名。

當然，考官認為，曾國藩的文章雖然文理欠通，但是通過文字能看出來基本功還是很扎實的。為了安慰曾國藩，主考官讓他「發充佾生」[2]。佾生是祭孔時的樂舞生，本來也算是一種榮譽，而且下次考試可以免考縣試和府試，所以黎庶昌後來給曾國藩編年譜時，乾脆就不提主考批語，只說：「公從應試備取，以佾生注冊。」[3]

4. 越笨拙越努力

這次「懸牌批責」對曾國藩刺激極大，這是他長這麼大第一次被人家當眾批評。

曾國藩後來回憶自己的生平，說這是自己平生第一大挫折：「余生平吃數大塹……第一次壬辰年（道光十二年）發佾生，學台懸牌，責其文理之淺。」[4]

回家之後，他聽由全家操辦慶祝父親入學的宴席，自己則一頭鑽進書房裏，再也不出來了。

他坐在書房裏，反思自己這麼多年讀書考試的經歷，要找出失敗的原因。

第一個原因，當然是自己太笨了。

曾國藩成名之後，湖南鄉下流傳着一個關於他小時候讀書的

---

1 商衍鎏著：《清代科舉考試述錄》，故宮出版社，2014 年，第 33 頁。

2 《李肖聃集》，岳麓書社，2008 年，第 568 頁。

3 黎庶昌等撰：《曾國藩年譜》，岳麓書社，1986 年，第 3 頁。

4 《曾國藩全集・家書》2，岳麓書社，2011 年，第 488 頁。

小笑話。說是曾國藩從小讀書非常刻苦，每天不背下一篇文章不睡覺。有一天黃昏，他坐在書桌前背《岳陽樓記》，有一個小偷，潛入他家，爬到房樑上，準備等這家人都睡着了，下來偷東西。結果沒想到，曾國藩怎麼也背不下來這篇文章。小偷在房樑上睡了兩覺了，醒來一看，曾國藩還在那兒背呢：「慶曆四年春，滕子京謫守巴陵郡……」聽來聽去，連小偷都背會了。到後來，小偷實在忍無可忍，從房樑上跳了下來，指着曾國藩的鼻子破口大罵：「就你這個笨樣，還讀甚麼書？你聽我給你背一遍！」說着，從頭背到尾。然後，小偷一甩門，揚長而去，留下曾國藩在屋裏目瞪口呆。

這當然只是個傳說，不過這個傳說說明了兩件事：一個是曾國藩確實很用功，另一個是曾國藩確實很笨。

確實，曾氏家族的遺傳基因非常一般。事實上，不僅是曾麟書、曾國藩科考如此費力，就連曾國藩的叔叔曾驥雲一輩子也不過是一個老童生。後來曾國藩的幾個弟弟，也一個個很早就開始讀書，結果也沒有一個能考中舉人。

連續六次考秀才失利，讓曾國藩確認了一個事實，那就是雖然自己有着極強的進取心，但是上天沒有給自己一個與雄心相匹配的聰明的大腦。後來他在日記當中說自己是「受質本薄……志亢而力不副，識遠而行不逮」[1]，「資質之陋，眾所指視」[2]。天賦太差，志向遠大但能力不副，這一點每個人都看得到。

但是曾國藩和爺爺一樣，身上也有一股天生的倔勁。

曾國藩對自己的祖父從小就有一種崇拜心理。他後來在家書中經常談到祖父的一些言行：「吾家祖父教人，亦以『懦弱無剛』四

1 《曾國藩全集・日記》1，岳麓書社，2011 年，第 431 頁。
2 《曾國藩全集・日記》4，岳麓書社，2011 年，第 234 頁。

字為大恥，故男兒自立，必須有倔強之氣。」[1] 在困難面前表現懦弱，被失敗擊倒，是一個男人最大的恥辱。因此他一生做事都和爺爺一樣，倔強到底，絕不放棄。後來他說：「『倔強』二字，卻不可少。功業文章，皆須有此二字貫注其中，否則柔靡不能成一事。」[2]

要彌補自己雄心與頭腦之間的差距，只有一個辦法，那就是超人的努力。去年，曾國藩曾為自己取了個號，叫「滌生」。用他自己的話來說，「滌者，取滌其舊染之污也；生者，取明袁了凡之言『從前種種，譬如昨日死，以後種種，譬如今日生也』」。換句話說，他要把失敗的過去徹底掃去，發奮努力，重新做人。這次被「懸牌批責」的恥辱，如同當眾打了他一記響亮的耳光，更激起了他的鬥志。他要破釜沉舟，再一次發奮，挽回自己的顏面。

當然，用力不能用蠻力。再重複走老路不行了，他一定要從過去的學習思路中突破出來，尋求改變。主考官說我文理不通，怎麼個不通法呢？以前的學習，有甚麼經驗教訓？他把自己歷年的考卷和那些模範試卷放在一起反復對比，看看自己到底差在哪裏。

其實曾國藩之所以屢次失敗，主要是曾麟書的教學方法有問題。曾國藩開蒙後，很長時間內是由父親曾麟書親自教授的。曾麟書讀書很笨，教育方法也十分落後，就是四個字，死記硬背。[3] 這樣教的結果，雖然基礎打得扎實，卻把曾國藩的靈性拘泥住了，怎麼學也沒有長進，寫出的文章雖然四平八穩，但是筆力孱弱，缺乏打動人的地方。

把自己的文章和他人的同題作文逐股對比，看來看去，曾國藩總結出來，自己的主要問題在於寫東西過於拘謹，過於重視局部打

---

1 《曾國藩全集・家書》2，岳麓書社，2011 年，第 301 頁。

2 《曾國藩全集・家書》2，岳麓書社，2011 年，第 301 頁。

3 曾麟書說：「吾固鈍拙，訓告爾輩鈍者，不以為煩苦也。」我本身笨，所以教你們這些笨兒子，我倒也不感覺煩苦。

磨，缺乏大局的貫通和整體的氣勢。那麼，接下來，自己最重要的任務就是要在文章的大局觀和整體氣勢上下功夫。

道光十三年（1833），又是科試年，曾國藩又一次離開高嵋山下那個農家院落，踏上了科舉之路。經過一年的苦學，他的腳步似乎比以前更加堅定自信了些。

院試當天凌晨，曾國藩就起了牀，來到考場。天還未明，學台大人就開始親自點名。貢院中燈燭輝煌，學台大人端坐在正中，各縣知縣、教諭等排列兩旁，都全副頂戴補服，氣氛異常威嚴莊重。

這次入場，曾國藩自信已經找到了作文的門徑。通過苦苦反思，以前學了十幾年沒有學通的他，感覺打通了關節。曾國藩悟到了怎麼寫文章才能表達自己的真見解、真感覺，把道理講通講透。看過考題後，曾國藩並沒有像以前那樣急於下筆，而是先默坐思考了半個時辰，在胸中構思好了整體脈絡，然後才一股一股地展開，最後在文筆上細細打磨。幾場下來，他自己感覺發揮得比以前都好。

放榜的那一天，他又是起了個大早，立在人羣中舉目搜索，結果這一次，他的名字果然赫然在列！雖然位於榜單的尾部，但是他畢竟成了「秀才」！

消息傳來，曾家上下喜氣洋洋，在大門口搭起一座高大的用彩綢紮成的龍門。曾玉屏不惜花費，辦了二十多桌酒席。老曾家終於揚眉吐氣了！確實，曾國藩成為秀才和曾麟書入學不同。曾麟書中秀才只相當於獲得了一個榮譽性的結尾，因為他已經四十多歲，不可能在科場上繼續奮鬥了。而曾國藩比父親早中了二十年，還有大把的時間去考舉人、考進士。

從這一年開始，老曾家的氣運似乎徹底轉過來了。中了秀才之後第二年，恰是鄉試之年，這年秋天，曾國藩又到長沙參加了舉人考試。

考舉人的難度比考秀才高多了，每次鄉試，湖南全省不過能中四五十人。應試與錄取之比，大約為八十比一。所以和曾國藩第一次去考秀才一樣，曾家人本來是沒抱太大希望的。哪知道，曾國藩居然一考即中，在這一科取中了湖南省第三十六名舉人。中秀才之後馬上中舉人，這就是所謂「聯捷」。

為甚麼秀才考得這樣艱難，而考舉人卻如此順利呢？這是因為曾國藩已經掌握了考試的訣竅，寫應試文章越來越得心應手。事實證明，被學台「懸牌批責」，成了他命運的轉折點。

中了舉人這年十一月，曾國藩離開湖南，興沖沖地赴京趕考，看看能不能來一個三聯捷。

考進士比考舉人多了些周折，因為考進士的難度與考舉人不可同日而語。大清朝全國的讀書人有幾百萬，進士一般每三年考一次，一次錄取三四百人。也就是說，全國平均每年不過才出一百多個進士。根據學者何炳棣的研究，在清代，進士佔總人口的比例是0.000048%。請注意，小數點後有四個零，就是說，百萬分之零點四八，比我們說的「萬一」這個概率還小。考進士不光靠實力，也要靠運氣。很多人才華橫溢，文章很好，但是缺乏考運，終生打不通科舉之路，比如後來的另一位湘軍將領左宗棠就是這樣。

所以第二年的春闈和第三年的恩科曾國藩未中，並不奇怪。道光十八年（1838），又逢會試之期，曾國藩再一次進京拼搏，背水一戰，終於高中了進士。[1]這一年，他二十八虛歲。這個年紀在今天看起來雖然已經不小，但是在當時算得上「早售」。因為明、清兩代，進士的平均年齡為三十八歲。就是說，曾國藩比全國中進士者平均年齡小了整整十歲。在考試後，曾國藩正式改了名字。據說由

---

1 這一年會試，主考是大學士穆彰阿，副主考是朱士彥、吳文鎔、廖鴻荃。考題《四書》首題「言必信，行必果」，次題「萬物並育而不相害，道並行而不相悖」，三題「頌其詩，讀其書，不知其人可乎？是以論其世也，是尚友也」，詩題賦得「泉細寒聲生夜壑」。

於「其師某病其鄙俗，始為改之」[1]。「中式後，更名國藩。」[2]就是說座師認為「子城」這個名字太俗氣，給他改名為「國藩」，寄以「國之藩籬」之意。[3]

中了進士之後，曾國藩滿懷興奮地又參加了一次考試，叫作「朝考」。這次考試是為了從進士當中選拔翰林。

清代最重翰林，「有清一代宰輔，多由此選」[4]，「卜相（選宰輔、大學士）非翰林不與」[5]，大學士一定要翰林出身。也就是說，如果不是翰林出身，你就沒有機會做到「位極人臣」。此外翰林升官一般較快，「列卿尹、膺疆寄者，不可勝數」[6]。甚至「大臣飾終必翰林乃得謚文」[7]，就是說，你要不是翰林出身，死後謚號中不能有「文」字。因此，進不進翰林院，一個人的仕途可能大不一樣。

按理曾國藩是沒甚麼機會中翰林的。因為他進士中的是三甲[8]。按當時慣例，一甲進士也就是狀元、榜眼、探花直接進翰林院，二、

1 徐凌霄、徐一士著：《曾胡談薈》，《國聞周報》第6卷，第27期。

2 黎庶昌等撰：《曾國藩年譜》，岳麓書社，1986年，第5頁。

3 唐浩明評點：《唐浩明評點梁啟超輯曾國藩嘉言鈔》上，岳麓書社，2007年，第368頁。

4 《清史稿》卷一〇八，《選舉志》三。

5 朱克敬著：《暝庵二識》卷二，見《大觀》正編，第六冊，第3463頁。

6 《清史稿》卷一〇八，《選舉志》三。

7 朱克敬著：《暝庵二識》卷二，見《大觀》正編，第六冊，第3463頁。

8 曾國藩中進士的名次不高，是三甲第42名。按當時慣例，一甲「賜進士及第」，二甲「賜進士出身」，三甲「賜同進士出身」。「賜同進士出身」聽起來不太好聽，似乎對進士這個稱呼承認得有些勉強。有一本叫《儒林瑣記》的書，說曾國藩的下屬和幕客後來曾以這個三甲出身，以對聯「代如夫人洗腳，賜同進士出身」來諷刺曾國藩。還說當初曾國藩看到這個名次，「大恚，即日買車欲歸」，經朋友苦苦勸說，才參加了朝考，但「終以不登二甲為恨」。應該說，這個傳說是不靠譜的。因為進士分三甲，第一甲就是前三名：狀元、榜眼、探花。第二甲、第三甲各有100多人。我們以清光緒癸卯科為例，共錄取進士360人：一甲3人，二甲183人，三甲174人。三甲相對一二甲來說，只是名次較後，其他權力區別並不太大。每次會試，都會有差不多五分之二的中式者是三甲，所以這個名次並不丟人。就比如一個人想考北大，好不容易考上了，只不過在班裏排名中等靠後，會一生氣不去上學了嗎？《儒林瑣記》中以對聯「代如夫人洗腳，賜同進士出身」諷刺曾國藩，其實只是反映了傳說首創者的趣味之惡和想像力之差。其實這類傳說以前已經多次出現在其他人名下，只不過曾國藩名盛之後，人們拿來附會罷了。不過，考了三甲確實有一個問題，那就是，按慣例三甲這樣名次的人進翰林院的機會相對較小。

三甲則均需參加朝考。朝考中三甲中選的比例很低。結果曾國藩在這次考試中發揮得異常出色，居然取得一等第三名。道光皇帝親自閱卷審核時，讀了曾國藩的文章，非常喜歡，改為第二名，授翰林院庶吉士。

這樣，曾國藩就在仕途上獲得了一個絕佳的起點。

消息傳來，整個湘鄉都為之沸騰了。出了一個翰林，是全縣甚至全省的大事。年輕的翰林公，將來最不濟也能當個知府道員，混得好，部堂總督大學士，也都在意料之中。湘鄉曾氏從此就由社會底層的普通農家上升到了金字塔接近頂端的官宦人家。如同《儒林外史》中「范進中舉」一章的描寫一樣，前來攀附者絡繹不絕，許多人前來送錢送物，嘘寒問暖，湘鄉縣令也坐着八抬大轎，前來曾家拜訪，和曾國藩的弟弟們稱兄道弟，把手言歡，又把曾國藩的父親曾麟書稱為「老太爺」，把曾玉屏稱為「老老太爺」。曾氏一家人激動得夜不能寐。平時嚴肅少言的曾玉屏夜裏一次次起來，去看那張捷報，總感覺自己是在夢中。

曾玉屏當初送孩子讀書的決定，現在看來不再荒唐，而是無比英明。

漫長的九年秀才考試生涯，是曾國藩生命中的痛苦記憶。曾國藩後來回憶道：「余……小考七次始售。然每次不進，未嘗敢出一怨言，但深愧自己試場之詩文太醜而已。至今思之，如芒在背。」[1]

然而接下來的春風得意又是曾國藩一生中凱歌行進的華彩樂章。而相比之下，曾國藩的那些同學，有的人早早成了秀才，然後就站在邊上看曾國藩父子的笑話，結果這些人中後來卻連舉人也沒出一個。

---

1 《曾國藩全集・家書》1，岳麓書社，2011年，第86頁。

艱難的科舉經歷對曾國藩是一次極好的自我教育，強化了他「愈挫愈奮」的性格特點。雖然自己比較笨，但是也能走通百分之九十九的人走不通的科舉路，可見只要努力，天底下沒有甚麼事是做不成的。曾國藩在後來的生命歷程中，越遇到挫折，越能燃起鬥志。和曾國藩比起來，同時代的另一個著名人物，農民起義領袖洪秀全，就「同途殊歸」了。洪秀全比曾國藩小三歲，算是同齡人。和曾國藩一樣，他也是出身於普通農民家庭，全家人也是全力以赴供他讀書，要他走通科舉之路，但是他的抗打擊能力顯然不如曾國藩。他考秀才三次落榜之後，就受到嚴重刺激，暈倒在榜前，做了那個著名的升天的夢，夢到了「上帝」。第四次失利，就徹底放棄了科舉，轉而創立「拜上帝教」，走上了與曾國藩完全不同的另一條人生道路。

艱難的科舉過程還塑造了曾國藩獨特的人生哲學，那就是「尚拙」：崇尚笨拙。

今人尚巧。辦事越巧妙，越少費力氣，越走捷徑，當然就越好。很多人辦事，都追求高效率，甚至不擇手段。然而曾國藩不這樣。曾國藩說：「天下之至拙，能勝天下之至巧。」就是說，笨拙勝過機巧。辦事笨拙，才靠得住。

這種獨特的人生哲學，得自曾國藩的自身經歷。

曾國藩能夠打通科舉這條路，靠的完全是「笨功夫」。父親的教學方法非常簡單，就是要求他不讀懂上一句，不讀下一句。不讀完這本書，不摸下一本書。不完成一天的學習任務，絕不睡覺。曾國藩回憶說：「國藩愚陋，自八歲侍府君於家塾，晨夕講授，指畫耳提，不達則再詔之，已而三復之；或攜諸途，呼諸枕，重叩其所宿惑者，必通徹乃已。」[1] 就是說，八歲起，我父親就親自教我。他

1 《曾國藩全集・詩文》，岳麓書社，2011 年，第 364 頁。

從早到晚，教導不停，我記不住，他就反反復復教，聽不懂，他就一遍一遍講。走在路上，他也在講，晚上睡覺躺在牀上，他也在講，一定要我學會了才罷休。這種「笨拙」的學習方式，在曾國藩身上培養出了超乎常人的勤奮、吃苦和踏實精神，也讓他打下了非常扎實的知識基礎。

作為一個笨人，曾國藩發現下笨功夫有下笨功夫的好處。

第一，笨拙的人沒有智力資本，因此比別人更虛心，更肯付出。第二，笨拙的人從小接受挫折教育多，總是失敗，因此「逆商」也就是逆境商數比較高，抗打擊能力特別強。第三，笨拙的人不懂取巧，不走捷徑，遇到問題只知硬鑽過去，因此做事不留死角。

他考秀才考了七次，舉人和進士卻考得順利，就是因為他基礎打得牢，開了竅後，就能一順百順。相反，那些有小聰明的人不願意下笨功夫，遇到困難繞着走，基礎打得鬆鬆垮垮，結果就走不遠。所以，「笨拙」的人看起來開始走得慢，其實越到後來就走得越快，就好比蓋房子，因為基礎打得牢，房子就蓋得比別人高。

所以，曾國藩的人生哲學是「尚拙」。既然天性鈍拙，那麼曾國藩就充分發揮鈍拙的長處。他一生做事從來不繞彎子，不走捷徑，總是按最笨拙、最踏實的方式去做。涓滴積累，水滴石穿，追求的是扎實徹底，一步一個腳印。他做人講究「拙誠」，人以偽來，我以誠往，不玩心眼。他帶兵講究「結硬寨、打呆仗」[1]，從不憑奇謀詭計，只憑堅忍踏實，死磕到底。這種方式正如「重劍無鋒」，表面上看起來滯鈍，實際上鋒利；就好比郭靖的降龍十八掌，表面上簡單笨拙，實際上卻大氣厚重，所向披靡。這是曾國藩一生成功的秘訣，也是他常向別人談及的道理。

他在《送郭筠仙南歸序》中這樣說：「君子……赴勢甚鈍，取道

1 《曾國藩全集・奏稿》9，岳麓書社，2011 年，第 212 頁。

甚迂，德不苟成，業不苟名，艱難錯迕，遲久而後進。銖而積，寸而累，既其純熟，則聖人之徒。」[1] 那意思就是說，君子不走捷徑，不圖虛名，錙銖積累，艱難前進。君子成功也許比別人晚，但一旦成功，就是大成功。

曾國藩在同時代大人物當中是最笨的一個。梁啟超說：「文正固非有超羣絕倫之天才，在並時諸賢傑中稱最鈍拙。」[2] 自古以來的名人，在科舉第一步上如曾國藩般蹭蹬的人不多。左宗棠雖然後來沒能中進士，但當初十四歲第一次參加湘陰縣試，名列第一。胡林翼因為家裏不讓他過早科考，二十二歲才參加科舉考試，結果當年就中了秀才，接下來舉人和進士也都是一考即中。李鴻章也是十七歲即中秀才。比曾、左、李時代稍晚的梁啟超更是天資超邁，十一歲中秀才，十六歲中舉人。曾國藩自己常說「吾生平短於才」[3]「秉質愚柔」[4]。他說，自己讀書做事，反應速度都很慢：「余性魯鈍，他人目下二三行，余或疾讀不能終一行。他人頃刻立辦者，余或沉吟數時不能了。」[5] 這不完全是謙辭，事實也一定程度上確是如此。左宗棠一向瞧不起曾國藩，後來屢屢不留情面地批評他「才短」「欠才略」「才亦太缺」「於兵機每苦鈍滯」[6]。學生李鴻章後來也當面說過他太「儒緩」（曾國藩日記：「（少荃）論及余之短處，總是儒緩。」[7]）。

但是，在同時代的這些人當中，曾國藩取得的成就最大，達到了立功、立德、立言這「三不朽」境界，左宗棠、李鴻章則遠不如他。其中的一個原因，就在於他們缺乏曾國藩的「笨拙」精神。

---

1 《曾國藩全集・詩文》，岳麓書社，2011 年，第 234 頁。

2 《梁啟超全集》5，北京出版社，1999 年，第 2933 頁。

3 《曾國藩全集・詩文》，岳麓書社，2011 年，第 492 頁。

4 《曾國藩全集・書信》2，岳麓書社，2011 年，第 729 頁。

5 《曾國藩全集・詩文》，岳麓書社，2011 年，第 413 頁。

6 《左宗棠全集・書信》1，岳麓書社，2014 年，第 513 頁。

7 《曾國藩全集・日記》2，岳麓書社，2011 年，第 180 頁。

第二章

為甚麼要「學做聖人」

1. 京官曾國藩的自卑與焦慮

高中進士之後，曾國藩衣錦還鄉，在家裏休息了將近一年。道光十九年（1839）底，曾國藩告別家人，從湖南啟程前往北京當官。道光二十年（1840）春天，他參加了散館考試[1]，被授予翰林院檢討一職，正式開始了京官生涯。

翰林院是一個比較特殊的衙門，因為它不只是一個政府機關，也是一個類似學院的機構。清代翰林院位於北京東長安街路南，與紫禁城只有一街之隔，以巨量藏書著稱於世，舉世罕見的《永樂大典》和《四庫全書》的底本就珍藏於此。西方人稱這裏為「當時世界上最古老悠久、收藏最豐富的圖書館」，把它比作中國的牛津、劍橋和海德堡。

曾國藩任的翰林院檢討是從七品[2]，而縣令是七品，用我們今天的級別衡量，大致相當於「副處級」。官品雖然不高，但因翰林「為天子文學侍從，故儀制同於大臣」[3]，所以地位非常清要，被稱為「玉

1 翰林院「庶吉士」還不算正式翰林官員，只相當於「實習翰林」。按國家定制，應該先在翰林院學習三年，學習期滿後通過「散館」考試決定是否被錄用為正式翰林。但從清代中葉起，此項制度已經大打折扣。學習時間不需三年，縮短為一年，而且還不必非留在翰林院，留京、回鄉自便，只需一年後到北京參加「散館」考試即可。

2 一甲的三個人不必參加朝考，直接進入翰林院，狀元授予從六品的翰林院修撰之職，榜眼和探花授予正七品的翰林院編修之職。二甲出身的進士留館後同樣會被授予翰林院編修，三甲進士則會被授予從七品的翰林院檢討一職。

3 朱克敬著：《暝庵雜識　暝庵二識》，岳麓書社，1983 年，第 122 頁。

堂人物」。翰林們的工作任務，就是「讀書養望」[1]，在這裏進一步深造，以備他日大用。因此齊如山說，翰林們「相當驕傲。他們不以官員自居，而以學者的身份自重。本來翰林院與其他衙門不同，所有翰林對於掌院的大學士，不稱堂官，而稱老師，原來本就是大學的性質」[2]。

來到北京前，曾國藩是躊躇滿志的。曾國藩以前曾非常自卑，但是科舉的成功讓他找到了自信。二十四歲中了舉人後，曾國藩已經「鋭意功名，意氣自豪」[3]。二十八歲中進士、點翰林，讓曾國藩更是顧盼自雄，睥睨一世。他離家進京的時候，曾請求老祖父給他兩句囑咐，曾玉屏雖然不識字，但是對他說了這樣一句話：「爾的官是做不盡的，爾的才是好的……爾若不傲，更好全了。」[4]就是說你是有才能的，做官肯定是有前途的，你要是把身上這個傲的毛病改了，就更好了。可見他言談舉止中已常露出飄飄然之概。

但是到了北京之後不久，曾國藩卻又一次陷入深深的自卑當中。

翰林院集中了當時全國精英中的精英。在翰林院裏，曾國藩見到了很多氣質風度和他以前在湖南結識的完全不同的讀書人，在他們身上發現了一種新的風範、新的精神面貌、新的氣質。這種氣質，就叫作學者風範，大儒本色。

和他們一比，曾國藩發現自己身上有很多嚴重缺陷。剛到北京的曾國藩是一個典型的湖南土包子，一口難懂的湘鄉土話，長得土頭土腦，穿得也土裏土氣。這些還都不重要，重要的是他還沒怎麼讀過書。

---

1 《曾國藩全集・家書》1，岳麓書社，2011 年，第 112 頁。

2 齊如山著：《中國的科名》，遼寧教育出版社，2006 年，第 163 頁。

3 劉蓉撰：《養晦堂文集》第三卷。轉引自龔篤清主編：《八股文彙編》下，岳麓書社，2014 年，第 1169 頁。

4 《曾國藩全集・家書》1，岳麓書社，2011 年，第 526 頁。

已經中了進士，還沒有讀過書？

確實，曾國藩以前讀的，基本都是應試教材。

因為世代沒有讀書人，曾家以前根本沒有甚麼藏書，只有幾本教材和考試範文。青年時代，曾國藩的全部精力都用在八股文上，除了四書五經之外沒讀過甚麼書，也根本談不上甚麼學術修養。考中進士後，曾國藩衣錦還鄉，道光十九年（1839）三月二十二日到湖南鄉間一個讀書人家拜訪，看到了很多沒讀過的書。曾國藩在日記中說：「大雨住蔣家。蔣頗有藏書。是日閱余所未見書，有《堅瓠集》《歸震川古文》、鍾伯嚴選《漢魏叢書》及諸種雜書。」[1]

《歸震川古文》等都是當時讀書人家常見的藏書，別說進士，很多秀才都讀過，曾國藩卻前所未見。對於一位翰林而言，這樣的學識未免顯得過於寡陋。[2]

因為沒讀過甚麼書，入京為官以前的曾國藩，從氣質到觀念都是非常庸俗的。出生在普通農家的他從小所聽聞的，不過是鼓吹變跡發家的地方戲；頭腦中所想的，不過是功名富貴。讀書是為了當官，在他頭腦中是天經地義的。好友劉蓉說他當時「銳意功名」，他自己也說當時最大的心事不過是「急於科舉」。當然這也是無可奈何之事，因為人畢竟是受環境影響的。在道光二十三年（1843）的一封家書中他說：「兄少時天分不甚低，厥後日與庸鄙者處，全無所聞，竅被茅塞久矣。」[3]

然而，到了翰林院，他才知道甚麼叫學術，甚麼叫心性之學，才發現自己是多麼鄙陋。他認真研讀明代大儒王陽明的《傳習錄》。王陽明少年時曾問自己的私塾老師：「何為第一等事？」甚麼是天

1 《曾國藩全集・日記》1，岳麓書社，2011 年，第 12 頁。

2 柳春蕊著：《晚清古文研究 —— 以陳用光、梅曾亮、曾國藩、吳汝綸四大古文圈子為中心》，百花洲文藝出版社，2007 年，第 198 頁。

3 《曾國藩全集・日記》1，岳麓書社，2011 年，第 49 頁。

下最重要的事？塾師回答說：「唯讀書登第耳！」那當然是讀書做官。王陽明卻不以為然，回答說：「登第恐未為第一等事，或（也許是）讀書學聖賢耳！」[1]

科場上的勝利不是最重要的事，人生最重要的事是做聖賢！

後來王陽明參加進士考試，也經過兩次落第。人人都以落第為恥，但王陽明卻說：「世以不得第為恥，吾以不得第動心為恥。」[2]

大家都以落第為恥，我卻以落第後不能保持平常心為恥！

讀了這些，曾國藩悚然一驚。他這才發現和這些聖賢人物比起來，自己的視野多麼狹窄，境界多麼低劣。和別人一聊天，說出的都是沒有甚麼見識的話，身上的鄙俗之氣在衝了人家一個跟頭之後再折回來，自己也聞得清清楚楚。

如何洗刷自己身上的鄙俗之氣，成了曾國藩新的焦慮。

2. 三十而立，學做聖人

其實剛剛到北京的曾國藩不光是見識狹窄、觀念鄙俗，性格上還有很多缺點。

第一個是浮躁、坐不住。曾國藩留給後人的印象是性格厚重富於耐性。據說按「星座學」來說，這是「土象星座」比如金牛座人的特點。據說金牛座人「具有持之以恆的精神，適合從事需要頑強毅力和付出長期艱苦努力的工作」[3]。但是曾國藩的生日顯示，他居然是射手座的。射手座人的性格特點是甚麼呢？據說是「像風一樣自由」，活躍外向，坐不住。曾國藩在青年時代恰恰如此，他

1　王守仁撰，吳光、錢明、董平編校：《王陽明全集》下，上海古籍出版社，2015 年，第 1001 頁。
2　王守仁撰，吳光、錢明、董平編校：《王陽明全集》下，上海古籍出版社，2015 年，第 1003 頁。
3　碧泠主編：《屬相星座密碼》，中國物資出版社，2010 年，第 251 頁。

是一個非常愛交朋友、非常愛串門、非常愛聊天、非常愛開玩笑的人。

翰林官員是非常清閒的，通常一個月只需要初一、十五上兩天班，點個卯，其他時間都可以自由支配。因此進士們剛進翰林院，很像今天我們剛剛進入大學校園，經過多年苦讀，終於可以鬆口氣了。所以很多翰林都開始放任自己，曾國藩也是這樣。道光二十年（1840）六月初七日他在日記中說：

> 留館後，本要用功，而日日玩愒，不覺過了四十餘天。前寫信去家，議接家眷。又發南中諸信。比作季仙九師壽文一首。餘皆怠忽，因循過日，故日日無可記錄。[1]

在翰林院工作的開頭四十天，除了寫了幾封家信和一篇文章外，甚麼正事都沒做，每天就是串門聊天飲酒下棋。

翻開曾國藩日記，我們會看到他責備自己「宴起」「無恆」「太愛出門」的記載到處都是：

> 無事出門，如此大風，不能安坐，何浮躁至是！

> 心浮不能讀書……

> 自究所病只是好動不好靜。

> 晏起，則一無所作，又虛度一日，浩歎而已。[2]

---

1 《曾國藩全集・日記》1，岳麓書社，2011 年，第 40 頁。

2 《曾國藩全集・日記》1，岳麓書社，2011 年，第 138 頁。

凡此種種，不一而足。

那時候的曾國藩還有一個愛好，就是愛看殺人。曾國藩住在城南菜市口附近，清代的時候那裏是刑場。所以曾國藩隔三岔五，就和朋友們一起去看殺人。

曾國藩性格中第一個毛病，就是靜不下來，生活不規律。

他的第二個毛病是為人傲慢，修養不好。如前所述，曾國藩是同學中唯一的進士，又點了翰林，因此難免覺得自己很了不起。

到了北京之後，曾國藩交了很多朋友。他的兩個最好的朋友都說他身上最大的毛病是傲慢。陳源兗說他「無處不着怠慢之氣」[1]，就是說你從腦瓜頂到腳底跟，每個毛孔都散發着傲慢的氣息，人家跟你交往，第一感覺是你這個人很傲，而且「自是」，也就是說甚麼事都認為自己對，聽不進不同意見。曾國藩的另一位畏友邵懿辰則說曾國藩「慢，謂交友不能久而敬也」[2]。也是批評他傲慢，說他剛剛與人認識的時候，還顯得很謙遜，但是與人交往時間久了，就不自覺地露出傲慢的本色。

因為修養不好，脾氣暴躁，曾國藩到北京的頭幾年經常跟人發生衝突。有一次他跟一個同鄉 —— 刑部主事鄭小珊，因為某事意見不一致吵起來了，隔着桌子就要動手，大家給拉開後，還彼此指着對方的鼻子破口大罵。曾國藩在日記當中說是「肆口謾罵，忿戾不顧，幾於忘身及親」[3]，罵了很多非常難聽的話，甚至於都「問候」了對方的家人。曾國藩後來非常後悔，因為這種舉動實在是有辱斯文。

第三個毛病是「虛偽」。當然這種「虛偽」不是指他多麼大奸大惡，而是指他跟普通人一樣，在社交場合容易順情說好話，發出一

1 《曾國藩全集・日記》1，岳麓書社，2011 年，第 113 頁。

2 《曾國藩全集・日記》1，岳麓書社，2011 年，第 115 頁。

3 《曾國藩全集・日記》1，岳麓書社，2011 年，第 116 頁。

些言不由衷的讚美，而且還喜歡誇誇其談，不懂裝懂。邵懿辰有一次對曾國藩說，你的缺點，除了「自是」外，還有一條，就是「偽」，「謂對人能作幾副面孔也」[1]。

曾國藩年輕的時候，這個毛病確實很嚴重，比如他道光二十二年（1842）十月初四日日記說，有一個叫黎吉雲的朋友來拜訪他，「示以近作詩。讚歎有不由中語，談詩妄作深語」。黎吉雲到家裏來拜訪他，拿了一沓剛寫的詩，請曾國藩點評，曾國藩感覺這詩寫得不怎麼樣，但是一開口，卻言不由衷地誇獎起來。說着說着又開始顯示自己在詩學方面的素養，說了一些故作高深的話。把黎吉雲送走之後，曾國藩反思剛才自己的言談舉止，感覺臉上有點兒發燒。

除了以上三點，曾國藩認為自己還有一大缺點，必須改過，那就是「好色」，愛看美女。比如有一次他在朋友家看到主婦，「注視數次，大無禮」[2]。

今天看來，這似乎有點兒可笑。血氣方剛、剛過而立的他，見到美女自然會多看幾眼。這不過是正常的本能反應，然而在那個時代，曾國藩卻認為這是一個嚴重問題。曾國藩日記中多次記載自己犯這樣的「錯誤」。

道光二十二年（1842）十二月，曾國藩得知他的朋友納了一個妾，長得很漂亮，於是藉故到這個朋友家，聊了一會兒天後，再三強迫這個朋友把小妾領出來讓他看看。曾國藩見了小妾，又和人家開了幾句玩笑，調笑了幾句，回家後他在日記當中寫道：「友人納姬，欲強之見，狎褻大不敬。」

還有一次，他和一個朋友聊天，不知道怎的，聊到了女人，那

1 《曾國藩全集・日記》1，岳麓書社，2011 年，第 155 頁。
2 《曾國藩全集・日記》1，岳麓書社，2011 年，第 124 頁。

個朋友說起自己如何情場得意，曾國藩「聞色而心豔羨」，暗暗罵自己「真禽獸矣」[1]。

另一次，曾國藩過年參加進士同學的團拜，到了一個大富之家，發現此人家中姬妾如雲，美女眾多，曾國藩大開眼界，拼命看了好多眼。《日記》中說：「是日，目屢邪視，直不是人，恥心喪盡，更問其他？」[2]

曾國藩妻子歐陽氏的照片，我們今天還可以看到，長得不是很漂亮。曾國藩拜完年回到家裏，看看自己的老婆，再想想人家的姬妾，感覺自己太虧了。人比人，氣死人。碰巧歐陽氏身體不好，正在鬧病，曾國藩更加厭惡，「夜，心情不暢，又厭聞呻吟聲」，乾脆出門到朋友處聊天，「更初歸」[3]。

所以年輕時代的曾國藩在很多方面是很平庸的，不僅是智商平庸，在性格修養方面，也有很多常人常見的缺點和毛病。

湖南人雖然有倔強、堅韌的特性，但也有封閉、褊狹的弱點。湖南人將走出湖南叫作「出湖」，湖南歷史上有一個規律，一個人只有出湖，才能褪卻身上那種在閉塞環境下產生的狹隘偏執，變得大氣寬廣，有所作為。

曾國藩也是這樣。京師乃人文薈萃之地，曾國藩在這裏眼界大開。他興奮地在家書中對弟弟們說：「京師為人文淵藪，不求則無之，愈求則愈出。」[4]

到了翰林院，曾國藩如飢似渴地開始讀書，認真研究理學經典。年譜記載，道光二十一年（1841）曾國藩拜訪大儒唐鑒，請教

1 《曾國藩全集・日記》1，岳麓書社，2011 年，第 140 頁。
2 《曾國藩全集・日記》1，岳麓書社，2011 年，第 150 頁。
3 《曾國藩全集・日記》1，岳麓書社，2011 年，第 150 頁。
4 《曾國藩全集・家書》1，岳麓書社，2011 年，第 42 頁。

讀書學習之法。唐鑒建議他先讀《朱子全集》，以朱熹之學為宗。「道此書最宜熟讀，即以為課程，身體力行，不宜視為瀏覽之書。」[1]因此曾國藩從這一年起，「以朱子之書為日課，始肆力於宋學矣」[2]。

通過讀書與交友，曾國藩的視野和見識與以前大不相同。他在家書中說：「近年得一二良友，知有所謂經學者、經濟者，有所謂躬行實踐者，始知范、韓可學而至也，馬遷、韓愈亦可學而至也，程、朱亦可學而至也。慨然思盡滌前日之污，以為更生之人，以為父母之肖子，以為諸弟之先導。」[3]

也就是說，到了北京，他才知道學問的門徑，也才知道原來范仲淹、韓琦那樣的大政治家和司馬遷、韓愈那樣的大文學家也不是高不可及。如果我們切實努力，一步步踏實用功，也可以達到他們那樣的高度。

人人都有自我完善的慾望，特別是青年時期，可能是一個人最追求完美的時候。三十歲這一年，在曾國藩的生命史上是非常重要的一年，這一年他決定要脫胎換骨，重新做人，立下了學做「聖人」之志。

甚麼叫「聖人」呢？

正如同佛教修行的最高目標是不生不滅成為「佛」，道教修煉的最高目標是解脫生死成為「仙」一樣，儒家學說給它的信徒們規定的最高目標是成「聖」。理學的一個根本路徑是，每個人都有聖人之質。「人皆可以成為聖賢。」

所謂聖人，就是完美的人，他通過自己的勤學苦修體悟了天理，掌握了天下萬物運行的規律。這樣，他一舉一動，無不合宜，

---

1 《曾國藩全集・日記》1，岳麓書社，2011 年，第 92 頁。

2 黎庶昌等撰：《曾國藩年譜》，岳麓書社，1986 年，第 7 頁。

3 《曾國藩全集・家書》1，岳麓書社，2011 年，第 49 頁。

就可以經邦治國，造福於民，使整個國家達到大治的狀態。而自己也立功、立德、立言，萬世不朽。

這是一個何其宏偉、何其誘人的人格理想，在這一人格設計中，人的潛能能得到最大限度發揮，人的精神能得到最大限度張揚。

曾國藩在三十歲這年把自己的人生目標定位為成為「聖人」。「不為聖賢，便為禽獸」[1]，也就是說，我只能有一個選擇，或者做一個渾渾噩噩的人，或者做一個聖人，沒有中間道路可選。

道光二十二年（1842），曾國藩在寫給弟弟的信中說，他已經立定了終身之志。他說：

> 君子之立志也，有民胞物與之量，有內聖外王之業，而後不忝於父母之所生，不愧為天地之完人。[2]

這就是他為自己立定的「終身大規模」。他認為，這一目標實現了，其他目標就自然而然能達到。他在給諸弟的信中說，不必佔小便宜：「做個光明磊落神欽鬼服之人，名聲既出，信義既著，隨便答言，無事不成，不必愛此小便宜也。」[3] 也就是說，如果做成了光明磊落的偉人，建功立業自然也就不在話下。

3. 脫胎換骨的開始：寫日記

志向非常高遠，但是怎麼做到呢？曾國藩學做聖人的方法很簡單，就是「寫日記」。

---

1 《曾國藩全集・詩文》，岳麓書社，2011 年，第 129 頁。

2 《曾國藩全集・家書》1，岳麓書社，2011 年，第 34 頁。

3 《曾國藩全集・家書》1，岳麓書社，2011 年，第 182 頁。

曾國藩向唐鑒請教如何自我管理。唐鑒告訴他，最關鍵的是每天都寫日記。這是入聖之基。

曾國藩一開始並不明白。因為他以前寫過日記，並沒發現寫日記有甚麼重要的。我們翻開《曾國藩全集》中的日記部分，會發現現存的曾國藩日記起自道光十九年（1839）正月初一日。

不過，曾國藩的早期日記，和我們大部分人的日記一樣，記得並不得法，存在很多問題。

第一個是不連貫，不能一直堅持。現存的曾國藩最早的日記，連續記了將近一年。從道光十九年（1839）初記到當年十二月二十一日就中斷了。曾國藩說這是因為他把日記簿「誤置箱內，不能逐日取出，隨意記載」[1]，這個藉口顯然很牽強，這次日記中斷其實是因為偷懶。

第二個問題是把日記記成流水賬，經常一整天的事就記成一句。比如曾國藩道光十九年（1839）四月二十七日日記就六個字：「沈明府請吃飯。」五月初九日日記五個字：「住上選叔家。」敷衍了事。

第三個問題是在日記中對自己提出的要求，並不能做到。在第一次日記中斷了半年之後，曾國藩重新發憤圖強，決心不再因循過日，於道光二十年（1840）六月初七日重新開始寫日記，他在日記中說：

> 茲擬自今以後，每日早起，習寸大字一百，又作應酬字少許；辰後，溫經書，有所知則載《茶餘偶談》；日中讀史亦載《茶餘偶談》；酉刻至亥刻讀集，亦載《茶餘偶談》；或有所作詩文，則燈後不讀書，但作文可耳。[2]

1 《曾國藩全集・日記》1，岳麓書社，2011年，第38頁。

2 《曾國藩全集・日記》1，岳麓書社，2011年，第40頁。

計劃得不錯，但是實踐了多少呢？我們看這個月，從初八日記起到二十四日開始生病，十六天中，他日記中關於「宴起」的記載是八次，起牀失敗率高達百分之五十。他說要天天記《茶餘偶談》，結果這個月，他只記了兩次。至於寫字，他大部分天數都有寫應酬字的記載，但是「習寸大字一百」，只有一天完成了。

唐鑒和倭仁告訴他，日記不是這個寫法。記日記最主要的目的是反省自己。「靜海先生每夜必記『日省錄』數條，雖造次顛沛，亦不間一天，甚欲學之。」[1] 唐鑒每天晚上都要記幾條自省錄，來督責、規範自己。即使在路上，或者有甚麼緊急事務，也不打破這個規律。

唐鑒還推薦他向倭仁學習寫日記之法：「又言近時河南倭艮峰仁前輩用功最篤實，每日自朝至寢，一言一動，坐作飲食，皆有札記。或心有私慾不克，外有不及檢者皆記出。」[2]

首先，要把寫日記當成生活中的一件大事，日記要用恭楷來寫，因為這樣反映一種誠敬的心態。日記中規定的，就一定要做到。

其次，日記的作用是「研幾」，「幾」就是細節，「研幾」就是抓住生活中的細節，通過每一個細節來改變自己，而不是在細節上輕輕滑過去。在一個細節上滑過，整個自我管理的工程都可能垮塌，所以在寫日記時要反思一整天的活動，不光是要逐一反思自己的行為，甚至要反思檢查自己大腦中轉過的每一個念頭。

曾國藩曾這樣描述倭仁的日課：「每日有日課冊，一日之中一念之差、一事之失、一言一默皆筆之於書。書皆楷字，三月則訂一本。自乙未年起，今三十本矣。」[3]

---

1 《曾國藩全集・日記》1，岳麓書社，2011 年，第 47 頁。

2 《曾國藩全集・日記》1，岳麓書社，2011 年，第 92 頁。

3 《曾國藩全集・家書》1，岳麓書社，2011 年，第 35 頁。

曾國藩於是就效仿倭仁，從道光二十二年（1842）十月一日開始用恭楷寫日記，把一天做了甚麼事、說了甚麼話，都細細地過一遍，然後反省哪件事做得不對、哪句話說得不對，「痛自警醒」，記載下來，深刻反省。他在給弟弟們的信中介紹說：

> 余自十月初一日起亦照艮峰樣，每日一念一事，皆寫之於冊，以便觸目克治，亦寫楷書。……余向來有無恆之弊，自此次寫日課本子起，可保終身有恆矣。[1]

既然要自我完善，首先當然就要抓緊時間，不能再「閒遊荒業」「閒談荒功」「溺情於弈」。從十月二日起，曾國藩給自己規定了以下基本學習日程：每日楷書寫日記，每日讀史十頁，每日記《茶餘偶談》一則。這是必須完成的課程下限，除此之外，他還每日讀《易》，練習作文。通過寫日記的方式，曾國藩提高了學習效率。

他也通過這種方式，對自己的性格、脾氣進行反省。他在日記中把自己跟鄭小珊打架這件事記述了一遍，然後進行分析，這件事雖然兩個人都有毛病，但是聖人教導說，改過要從自己做起，而且改過要從速，意識到了馬上就要改。所以他擱下筆，馬上就去向鄭小珊賠罪。鄭小珊也很感動，本來是兩個人都有錯，結果曾國藩主動道歉，於是兩個人把酒言歡，盡釋前嫌。[2]

對於自己最愛犯的「言不由衷」「虛偽」「浮誇」的毛病，他在日記中也是高度警惕。他反省道：「予此病甚深。孔子之所謂巧令，孟子之所謂餂，其我之謂乎？……試思此求悅於人之念，君子乎？女子小人乎？」也就是說，動不動就隨口誇人，這正是孔子所說的

---

1 《曾國藩全集・家書》1，岳麓書社，2011年，第35–36頁。

2 《曾國藩全集・家書》1，岳麓書社，2011年，第36頁。

「巧令」，是小人行徑。曾國藩反思，評論人、誇獎人要慎重，這樣人家才會拿自己的話當回事。「我誠能言必忠信，不欺人，不妄語，積久人自知之。不讚，人亦不怪。苟有試而譽人，人且引以為重。若日日譽人，人必不重我言矣！欺人自欺，滅忠信，喪廉恥，皆在於此，切戒切戒！」[1]

所以每次與人聊天後，他都要在日記中寫下聊了哪些內容，一犯「虛偽」之病就自我痛責，絕不輕輕放過。

至於戒「色」，他也動用了大量心理能量。一旦自己動了色心，多看了哪個美婦人一眼，他回家就立刻記下來，痛切自責一番。不但多看他人妻妾不能容忍，甚至對於自己的夫妻恩愛，曾國藩也戰戰兢兢。在中國傳統思想中，對「慾望」，特別是對「色」的恐懼是一個特別的底色。中國人普遍認為，縱慾，特別是沉溺於「色」，是斫伐根本的危險之舉。曾國藩身體一直不太好，所以認為自己有必要厲行節慾。因此對於夫妻恩愛，他也要求自己能省則省，能免就免。他下定決心「日日自苦」，通過每日勤學苦思，把精力耗盡，「如種樹然，斧斤縱尋之後，牛羊無從而牧之；如爇燈然，膏油欲盡之時，無使微風乘之」，以求「不至佚而生淫」[2]。

當然，這種節制在某些年紀是很難的。所以道光二十二年（1842）十一月初四日，他為此大罵了自己一次。那一天他早起讀了讀書，沒有所得，而「午初，人慾橫熾，不復能制」，做了「不應該做」的事，遂罵自己「真禽獸矣」[3]！

聖人標準實在是太超絕了。它要求人每一分鐘都展開對自然

1 《曾國藩全集・日記》1，岳麓書社，2011 年，第 118 頁。

2 《曾國藩全集・日記》1，岳麓書社，2011 年，第 40 頁。

3 《曾國藩全集・日記》1，岳麓書社，2011 年，第 124 頁。

本性的搏殺，那真是針針見血，刀刀剜心，因此能夠堅持下來非常艱難，但是曾國藩卻堅持下來了。為甚麼呢？因為倭仁給了曾國藩一個很好的建議。

曾國藩道光二十二年（1842）十月一日以後的日記，跟今人寫微博很像。我們知道，一則微博是一百四十個字，曾國藩的日記也不長，一天大概也是一二百字，而且關鍵是寫完之後，他會按倭仁的建議，送給朋友們傳閱。比如日記中有「走艮峰前輩處，送日課冊，求其箴砭」[1] 等記載。也就是每隔一段時間，把這些日記拿去讓朋友都看一遍，而且要求每個人做點評，就像今天在微博下面的跟帖。所以今天我們看影印出版的曾國藩的日記，有些地方就有朋友比如倭仁的批語。比如道光二十二年十一月二十四日曾國藩日記中說：「申正，赴何子貞飲約。座間太隨和，絕無嚴肅之意。酒後，觀人圍棋，幾欲攘臂代謀，屢懲屢忘，直不是人！」邊上有倭仁的批語：「我輩既知此學，便須努力向前，完養精神，將一切閒思維、閒應酬、閒言語掃除淨盡，專心一意，鑽進裏面，安身立命，務要另換一個人出來，方是功夫進步，願共勉之！」[2]

曾國藩為甚麼把日記給朋友看呢？因為外力遠遠大於內力。事必有所激有所逼才能有成。每個人的意志力都是有極限的，自己監督自己都是有盲點的，不容易做到徹底，但是人都有自尊心，因此通過自己的朋友、老師監督自己往往是最有效的，就好比一根基因不佳的竹子，隨它自己生長，可能長得彎彎曲曲，但是如果把它種在竹林裏頭，周圍都是長得筆直的竹子，和它們一起爭陽光，它本身也就長直了。曾國藩說這就是「師友夾持」[3]。曾國藩把日記給朋

1 《曾國藩全集・日記》1，岳麓書社，2011 年，第 132 頁。

2 《曾國藩全集・日記》1，岳麓書社，2011 年，第 132 頁。

3 《曾國藩全集・家書》1，岳麓書社，2011 年，第 31 頁。

友們看，主要的目的就是把自己的行為坦誠地公佈在朋友面前，讓大家一起監督，這樣他就不好意思偷懶了。

曾國藩把這個習慣堅持了一生。後來離開北京，在外帶兵，他就把自己的日記定期抄寫，送回老家，給兄弟子姪們看。一是為他們做一個榜樣，再一個是讓他們監督自己。就這樣，通過寫日記這種方式，曾國藩的氣質、習慣一天天地發生着變化。

曾國藩在學做聖人的道路上，取得的第一項成功是戒煙。

曾國藩的煙齡很長。湘中草煙的味道很辛辣，勁頭十足。曾國藩讀書之時，曾經是成天煙筒不離手的。三十歲以前他也曾試着戒過兩次煙，不過都沒有成功。

在立志自新、開始寫日課之後的第二十一天，也就是十月二十一日，曾國藩發誓戒煙：「客去後，念每日昏錮，由於多吃煙，因立毀折煙袋，誓永不再吃煙。如再食煙，明神殛之！」

戒除多年的煙癮，對任何人都是一件痛苦的事，戒煙第二天，曾國藩就開始彷徨無主，寢食不安，說自己如同「失乳彷徨」[1]。

把戒煙喻為嬰兒斷乳，可謂相當準確。

但是就像曾國藩一生中做其他事一樣，一旦下定決心，他就沒有退讓過一步。不論多麼痛苦難熬，他就是不再碰煙具。到快一個月頭上，道光二十二年十一月十六日，他在日記中記道：「吾自戒吃煙，將一月矣，今差定矣！」

戒煙過程給了他很大的啟發，他領悟到，破除舊習，必須有悍然之力。「遏慾之難，類如此矣！不挾破釜沉舟之勢，詎有濟哉！」如果沒有一點「截斷眾流」的悍然，一個人不可能走得實、走得遠。

對於自己戒煙成功，曾國藩終生引以為豪，並且以此為例，教育子弟。他在給弟弟的信中說：「十月二十一日立誓永戒吃水煙，

1 《曾國藩全集・日記》1，岳麓書社，2011 年，第 120 頁。

洎今已兩月不吃煙，已習慣成自然矣。」[1]

多年之後，他還對弟弟提到此事，作為「無事不可變」的例證：「即以余生平言之，三十歲前最好吃煙，片刻不離，至道光壬寅（1842）十月二十一日立志戒煙，至今不再吃。……可見無事不可變也。」[2]

曾寶慈說：

> 看來文正這一生的學問事業，與此日戒水煙有莫大關係，因為戒水煙表示了莫大的決心……要在緊要關頭撐得住，挺得起。……文正的毅力與決心，在戒煙上表現出來，證明在咸豐元年上恭陳聖德疏的冒不測之威，在靖港失敗與在湖口要以死殉職，在祁門堅持不動……在金陵克復前夕……每覺有整個崩潰之感，最後終能渡過難關，遂成大功。其後天津教案處理困難……毅然忍受……[3]

這個推論相當有道理。

戒煙成功，極大地增強了曾國藩「學做聖人」的信心。他自以為通過記日課，便可以迅速改掉所有缺點，成為煥然一新的聖賢之徒，但過了數月之後，他發現，戒煙乃是「脫胎換骨」事業中最容易做的事情，要改掉其他缺點，則遠不如戒煙那麼容易。

一個人想改變自己多年形成的行為習慣確實不是那麼容易的。我們在讀《曾國藩日記》時，會發現大量他自我掙扎的例子。比如，在道光二十二年（1842）十一月初九日，他到陳岱雲家給陳母拜壽，

1 《曾國藩全集・家書》1，岳麓書社，2011年，第41頁。

2 《曾國藩全集・家書》2，岳麓書社，2011年，第19頁。

3 唐河主編：《曾國藩通鑒》第11卷，內蒙古大學出版社，2001年，第921頁。

他原來的計劃是上午拜壽，中午吃頓飯，下午就回家學習，但是吃飯的時候，另外一個朋友何子貞叫曾國藩到他家裏去玩，曾國藩抹不開面子就去了。去了之後，何子貞拉着他下了兩盤圍棋，下完圍棋之後，曾國藩棋癮已發，還不想走，站在那兒看別人下棋。一邊看人下棋，一邊在心裏進行自我搏鬥，就像我們在作文中常說的那樣，兩個小人兒在打架。一個小人兒說，你剛剛給自己制定了標準就破壞自己的諾言，還怎麼學做聖人？另一個小人兒說，人生在世幾十年，多不容易，何苦成天這麼拘苦，你苦了這麼長時間了，該放鬆的時候不如就放鬆一下。搏鬥到最後，還是前一個小人兒取勝，曾國藩抽身退步，回家繼續讀《易經》去了。

雖然立誓「夜不出門」，曾國藩還是經常僕僕於道。比如道光二十二年（1842）十月二十四、二十五日兩天，京城颳起大風，曾國藩仍然「無事出門」，回來後在日記中痛切反省自己：「如此大風，不能安坐，何浮躁至是！」[1] 當年十二月十六日，菜市口要殺人，別人邀他去看熱鬧，他「欣然樂從」。走在路上，曾國藩覺得連這樣的熱鬧都要看，實在是「仁心喪盡」，還談甚麼做聖人？但當着眾多朋友的面又不好斷然折返，經過一番激烈的思想鬥爭，「徘徊良久」，他最終還是停下了腳步，自己一個人回家了。[2]

他立誓不再與人吵架。然而道光二十三年（1843）正月初三日，他卻又與人爆發了一場大衝突，對象是同鄉兼同年金藻。曾國藩與此人氣質不合，素來就對他心存厭惡，正月初三日，金氏和幾個朋友來曾國藩家拜年，因為一言參差，勾起曾國藩心中的前仇舊怨，兩人又大吵一架。過後曾國藩又自省道：「本年立志重新換一個人。

---

1 《曾國藩全集・日記》1，岳麓書社，2011 年，第 122 頁。

2 《曾國藩全集・日記》1，岳麓書社，2011 年，第 140 頁。

才過兩天，便決裂至此，雖痛哭而悔，豈有及乎！真所謂與禽獸奚擇者矣。」

至於妄言、名心，更是幾乎每天都犯。日記中這樣的記載不絕於筆。比如道光二十二年(1842)十月初二日：「午正，金竹虔來長談。平日游言、巧言，一一未改，自新之意安在？」

初八日日記說：「何丹溪來，久談，語多不誠。午正，會客一次，語失之佞。酉正客散。是日，與人辦公送禮，俗冗瑣雜可厭，心亦逐之紛亂，尤可恥也。燈後，何子貞來，急欲談詩，聞譽，心忡忡，幾不自持，何可鄙一至於是！」

十一月初九日：「今早，名心大動，忽思構一巨篇以震炫舉世之耳目，盜賊心術，可醜！」

…………

經過不斷的失敗，曾國藩領悟到，去除這些性格深處的缺陷，並不像戒除一項單純的嗜好，或者割去一個良性腫瘤那麼簡單。吸煙有形有跡，戒煙只需要做到一條：手不碰煙具即可。而更多的性格弱點是深植於人的本性之中的。它是多年形成的，與人的其他部分血肉交融成一個整體，遠比煙癮複雜、隱蔽，並非可以用解剖刀單獨挑出來割掉的。「學做聖人」是終生的事業。許多根深蒂固的缺點、毛病，通過一時半會兒的「猛火煮」，不會徹底改掉，只有用一生的時間去「慢火溫」，才有可能慢慢化解。

因此，在修身起始階段，重要的是猛，而在進行階段，更重要的是韌。在自我完善的過程中，一個人肯定會經受無數次的反復、失敗、挫折甚至倒退。關鍵是不能放棄。

因此，曾國藩一生最推崇的品質就是「有恆」。曾國藩一生不斷強調恆之重要性，他說：「有恆為作聖之基。」他在寫給幾位弟弟的信中說：

凡人作一事，便須全副精神注在此一事，首尾不懈，不可見異思遷，做這樣想那樣，坐這山望那山。人而無恆，終身一無所成。[1]

要做到有恆，當然很不容易。曾國藩說：「極耐得苦，故能艱難馳驅，為一代之偉人。」[2] 曾國藩也經常遇到熬不下去的情況。在這個時候，他只有一個辦法：以強悍的蠻勁打通此關。他以練習書法為喻，說明人在困難、倦怠、麻木面前應該如何做：「（寫字寫到）手愈拙，字愈醜，意興愈低，所謂困也。困時切莫間斷，熬過此關，便可少進。再進再困，再熬再奮，自有亨通精進之日。不特習字，凡事皆有極困難之時，打得通的，便是好漢。」[3]

我們看曾國藩的日記，可以很清楚地看到，他這一生，就是不斷自我磨礪的一生。從青年到老年，曾國藩都生活在不停地自省中，每天都在日記中不斷反省自己的缺點，糾正自己的行為。從生到死，他都生活在「如履薄冰，如臨深淵，戰戰兢兢」之中。讓我們讀幾段他晚年的日記。

同治八年（1869 年，曾國藩逝世前三年）八月二十日：

念生平所作事，錯謬甚多，久居高位而德行學問一無可取，後世將譏議交加，愧悔無及。[4]

同治九年（1870）三月三十日：

---

1 《曾國藩全集・家書》1，岳麓書社，2011 年，第 127 頁。
2 《曾國藩全集・日記》1，岳麓書社，2011 年，第 257 頁。
3 《曾國藩全集・家書》1，岳麓書社，2011 年，第 406 頁。
4 《曾國藩全集・日記》4，岳麓書社，2011 年，第 213 頁。

日內因眼病日篤，老而無成，焦灼殊甚。究其所以鬱鬱不暢者，總由名心未死之故，當痛懲之，以養餘年。[1]

一直到去世前的同治十一年（1872）二月初一日，他還在日記當中這樣批評自己，他說：

余精神散漫已久，凡遇應了結之件，久不能完。……官至極品，而學業一無所成，德行一無可許，老大徒傷，不勝悚惶慚赧。[2]

也就是說，他批評自己這一段時間精神不夠振作，做事不夠努力，很多文件沒有及時批覆清理。這個官雖然做到了極品，但是學業一無所成，德行也沒甚麼可取之處，一想起來，就非常慚愧。

六十二歲時已經功成名就的他，在日記中的自責自省，和他三十歲立志做聖人的時候，仍然一模一樣。這就叫作「幾十年如一日」。他用三十天戒了煙，然後用三十年，來戒掉其他更難戒的毛病。在一次又一次的反復磨煉中，曾國藩的氣質、性格漸漸發生變化。他做事越來越有恆心、有毅力，待人接物越來越寬厚、周到、真誠，朋友一天比一天多。他的品質越來越純粹，站得越來越高，看得越來越遠。

晚年，曾國藩總結自己的人生體會說，人的一生，就如同一個果子成熟的過程：不能着急，也不可懈怠。人的努力與天的栽培，會讓一棵樹靜靜長高，也會讓一個人慢慢成熟：「勿忘勿助，看平地長得萬丈高。」[3]

---

1 《曾國藩全集・日記》4，岳麓書社，2011 年，第 310 頁。

2 《曾國藩全集・日記》4，岳麓書社，2011 年，第 532 頁。

3 《曾國藩全集・詩文》，岳麓書社，2011 年，第 98 頁。

曾國藩的修身過程之於後人的最大意義是，他以自己的實踐證明，一個資質非常平庸的人，如果真的實心實意地進行自我完善，通過「陶冶變化」，可以成為超人。他的胸襟可以擴展十倍，他的見識可以高明十倍，他的氣質可以純淨十倍，再愚鈍的人也會變得跟以前完全不一樣。

回顧曾國藩的一生，我們發現，立志對一個人人格發展的意義是決定性的。因為人的巨大潛力往往是人類所不自知的。

心理學家費約做過這樣一個實驗。他要求三羣學生舉起重物，看哪一羣學生堅持的時間長。他對第一羣學生甚麼都沒有說。對第二羣學生說的是，想看看你們誰最有耐力。對第三羣學生，他則說，你們舉起的這些東西關係重大，因為上面的導線連着一個電網，你們一放下手，這個城市就要斷電，為了朋友和家人們，你們一定要多舉一會兒。

結果，第一羣學生平均舉了十分鐘；第二羣學生竭盡全力，平均堅持了十五分鐘；第三羣學生，卻平均堅持了二十分鐘。

可見，人的能力發揮多少，與他對自己的要求是密切相關的。或者說，精神力量直接決定着身體潛能的發揮程度。

因此，「立志」或者說確立一個終生的奮鬥目標，對一個人的精神成長是至關重要的。曾國藩對這一點體認極深。他曾說過，立志譬如打地基。「古者英雄立事，必有基業。……如居室然，宏大則所宅者廣，託庇者眾；誠信則置趾甚固，結構甚牢。」[1] 只有基礎廣闊、結實，才能在上面蓋起宏偉壯觀的生命之殿。

馬斯洛將自我實現列為人的最後一重追求。越過從食色性也到出人頭地這些層次，才能達到自我實現。

---

1 《曾國藩全集・詩文》，岳麓書社，2011 年，第 414 頁。

而曾國藩直接把目標鎖定在了自我實現，也就是做「聖人」「完人」。以「完人」為人生目標，確實稱得上是「取法乎上」了。曾國藩一生成功的第一個要訣，就是立志高遠。這一志向，驅動他一生不在小誘惑、小目標面前止步，促使他在多大的困難面前都不苟且、不退縮，促使他「洗除舊日晻昧卑污之見，矯然直趨廣大光明之域；視人世之浮榮微利，若蠅蚋之觸於目而不留」[1]。

1 《曾國藩全集・詩文》，岳麓書社，2011年，第487頁。

第三章

驚人的進階之道

1. 自我管理的十二條軍規

曾國藩道光二十年（1840）到北京做官，咸豐二年（1852）離開北京。在十多年裏，曾國藩不光在修身立志方面取得了很大成績，在仕途上的升遷也非常迅速。

道光二十年（1840），他授翰林院檢討；道光二十三年（1843），升為翰林院侍講；道光二十七年（1847），升為內閣學士；道光二十九年（1849），升為禮部右侍郎。清朝的官制一共是「九品十八階」，每一品級有從品和正品之分。從官階上看，他從翰林院檢討的從七品，升遷到禮部侍郎的正二品，用他自己在家書中的一句話說，是「十年七遷，連躍十級」。這個升官速度，創造了道光朝的紀錄。清代巡撫也是正二品，也就是說，曾國藩工作不過十年，就做到了「省部級」[1]。

用今人的觀點看，曾國藩在官場上本來是沒甚麼優勢的。他出身非常普通，既非官二代，也非富二代，在官場上毫無根基。他為人笨拙，不善機變，土裏土氣，不像別人那樣八面玲瓏。那麼他為甚麼能在官場上如此春風得意呢？原因是多方面的。第一個就得益於他的自我管理能力的提高。

1 《曾國藩全集・家書》1，岳麓書社，2011 年，第 131 頁。

曾國藩「點了翰林」，並不意味着從此就官運亨通。翰林之間，也要激烈競爭。成功者，叫「紅翰林」，可能很快升遷，入值南書房，成為「天子近臣」。失敗者，叫「黑翰林」，可能幾十年還窩在翰林院裏走不了，或者隨便外放一個地方官了事。

翰林官員升不升官，是黑還是紅，主要靠甚麼呢？說來有意思，和學生升學一樣，也靠考試。作為一個類似研究機構的衙門，翰林院有一種叫翰林大考的考試，每隔幾年考一次，「詞館人員不數年驟擢卿貳者類皆大考前列所致」[1]。所以翰林生涯，最重要的內容就是準備大考。

為了考查翰林們的真實水平，翰林大考是不定時的，每次都是突然襲擊，臨時通知。所以關於大考，北京城有這麼一個順口溜，叫「金頂朝珠褂紫貂，羣仙終日任逍遙」，就是說翰林們戴着金頂，掛着朝珠，穿着紫貂，成天不用上班，過得非常逍遙，但是「忽傳大考魂皆落，告退神仙也不饒」[2]，就是說突然聽到要大考，嚇得魂飛魄散。之所以嚇成這樣，是因為考試成績直接決定命運，不是說你不想升官就行了，考得不好的，可能被降級、罰俸，甚至被罷官。

所以翰林階段，最重要的任務仍然是學習。曾國藩剛到北京的時候，自我管理能力比較差，散漫無恆，用於學習的時間不多。但是立志「學做聖人」之後，他自我管理能力迅速提高。在日記當中，他給自己立下了十二條做人的規矩：

(1) 敬。整齊嚴肅，無時不慎。無事時心在腔子裏，應事時專一不雜。清明在躬，如日之升。

1 楊壽枏著：《雲在山房叢書三種》，山西古籍出版社，1996 年，第 35 頁。

2 文康著：《兒女英雄傳（注釋本）》，崇文書局，2015 年，第 535 頁。

(2) 靜坐。每日不拘何時，靜坐四刻，體驗來復之仁心。正位凝命，如鼎之鎮。

(3) 早起。黎明即起，醒後勿沾戀。

(4) 讀書不二。一書未完，不看他書。東翻西閱，徒徇外為人。

(5) 讀史。丙申年購《廿三史》，大人曰：「爾借錢買書，吾不惜極力為爾彌縫，爾能圈點一遍，則不負我矣。」嗣後每日圈點十葉，間斷不孝。

(6) 謹言。刻刻留心，第一工夫。

(7) 養氣。氣藏丹田，無不可對人言之事。

(8) 保身。十月二十二日奉大人手諭曰：「節勞，節慾，節飲食。」時時當作養病。

(9) 日知所亡。每日讀書記錄心得語，有求深意是徇人。

(10) 月無忘所能。每月作詩文數首，以驗積理之多寡，養氣之盛否。不可一味耽着，最易溺心喪志。

(11) 作字。飯後作字半小時。凡筆墨應酬，當作自己功課。凡事不留待明日，愈積愈難清。

(12) 夜不出門。曠功疲神，切戒切戒。[1]

這十二條規矩，翻譯成現代漢語，主要包括以下幾點：

一是早起。每天天不亮就起牀，絕不賴牀。

二是靜坐。每天靜坐半個時辰，也就是一個小時，讓自己的心靜下來，不要天天處於浮躁狀態，被事務牽着走。

三是讀書不二。每天讀十頁經書、十頁史書，不論遇到任何問題，絕不改變。而且不讀完這本書，絕不摸下一本。

四是謹言。就是時時警惕不亂說話，說每句話都要慎重。

1 《曾國藩全集・詩文》，岳麓書社，2011 年，第 377–378 頁。

五是保身，節勞節慾節飲食。節慾，就是節制慾望，說白了，就是節制房事。節飲食，就是吃飯也要有節制。這是養生的辦法。

六是每日記《茶餘偶談》一則。就是記筆記，找一個筆記本，起個名，叫《茶餘偶談》，專門記朋友們聊天時談到的各種有啟發的事情。聊天也不能白聊。

七是每個月要作幾篇文章，寫幾首詩，有固定任務。

八是練字。每天早飯之後，要寫半小時的字。

九是夜不出門。天黑了就不要出門找朋友瞎聊天。

這十二條規矩，很多都與翰林大考有關。規矩第十一條要求自己每天早上起來寫半個時辰的字，這是因為書法好壞是翰林大考的一個重要衡量標準。我們今天還能看到曾國藩留下來的小楷作品，功夫非常深。第十條要求自己每個月要按翰林大考的標準作數首詩文，以為常課。至於每天讀十頁經書、十頁史書，每日記《茶餘偶談》一則，也都是為大考做準備。因為翰林大考和科舉考試不同，考的不再是八股，而是考查一個人的學養和見識，所以必須知識廣博，對天理心性之學確有所得。通過這十二條規矩，曾國藩的生活變得非常有規律，對考試的準備比很多人要充分。

道光二十三年（1843），即曾國藩到京後兩年，趕上了第一次翰林大考。一般翰林大考都是六年左右一次，這次卻只隔上次四年。消息突然來臨，曾國藩和別人一樣，都感覺有點兒驚慌。他在日記當中寫道：「初十日大考，聞之甚覺驚皇……恐進場難完卷也。」[1]

考試在圓明園正大光明殿進行。參加考試的一共 127 人，有三個人託病，不敢進考場。到了考場，有一個人打小抄，被清除出場，直接交刑部治罪。氣氛非常緊張。曾國藩也是提心吊膽地完成了考試。

---

1 《曾國藩全集・日記》1，岳麓書社，2011 年，第 160 頁。

出了場，曾國藩把試卷草稿拿給朋友們看，讓他們評判一下自己答得怎麼樣。不看不要緊，一看出事了，原來自己作文裏犯了一個重大錯誤，有一個典用錯了。

曾國藩大驚失色，後悔不已，說自己「粗心至此，何以忝廁詞垣哉」，不配當這個翰林。當天晚上，他和妻子歐陽氏二人默默對坐，不交一語，「患得患失，憧憧靡已」，心裏怎麼也放不下，當天晚上徹夜未眠。他在日記當中批評自己說：「平日所謂知命者，至是何有，真可羞也。」就是說，平時的修養都不管用了。[1]

三天後，大榜公佈。完全出乎意料，曾國藩的成績竟然特別之好，名列二等第一。一等是五個人，也就是說，曾國藩在一百多人中，考了第六名。原來，因為考試狀態保持得好，他的作文文氣貫通，說理透徹，很得主考官的欣賞。至於文中的那個錯誤，主考官和皇帝居然都沒有看出來。

第二天，道光皇帝親自召見，召見之後，升他為翰林院侍講。翰林院檢討，是從七品，而翰林院侍講，為從五品。一下子升了四級，曾國藩一方面說自己「以大錯謬而忝列高等，抱愧殊極」[2]，另一方面，不免大喜過望，趕緊給家裏寫信，彙報這一好消息。曾國藩說：「湖南以大考升官者，從前惟陳文肅公（名大受，乾隆朝軍機大臣）一等第一以編修升侍讀，近來胡雲閣先生二等第四以學士升少詹，並孫三人而已。孫名次不如陳文肅之高，而升官與之同。此皇上破格之恩也。」[3]

就是說，整個清代，湖南省官員中，通過大考升官的，他和乾隆朝的大學士陳大受速度最快，陳大受是從編修升為侍讀，他是從

1 《曾國藩全集・日記》1，岳麓書社，2011 年，第 161 頁。

2 《曾國藩全集・日記》1，岳麓書社，2011 年，第 161 頁。

3 《曾國藩全集・家書》1，岳麓書社，2011 年，第 55 頁。

檢討升侍講，升的品級一樣。但是陳大受是考了第一名，升了這個官。他考了第六，也升了同樣品級的官，所以這說明他受到了皇帝特別的知遇之恩。

從這封信，我們可以讀出曾國藩升官之後難以抑制的激動和興奮。

道光二十七年（1847）三月，又逢一次翰林大考，曾國藩名次仍然不錯，名列二等第四名。六月，曾國藩即以內閣學士兼任禮部侍郎銜，也就是說，實職是內閣學士，但享受「侍郎」級別待遇。這是一次罕見的躍升，由從四品躍升至二品，從此「躋身卿貳」，步入高級京官行列。曾國藩當然更是大喜過望。他寫家信說，「由從四品驟升二品，超越四級，遷擢不次」「湖南三十七歲至二品者，本朝尚無一人」[1]，也就是說，他刷新了湖南人在清朝的升官紀錄。如此順利，連他自己都感到很意外。

2. 把擇友當作人生第一大事

除了考試成績好外，曾國藩升遷迅速還有一個原因，那就是交遊廣闊，在士林中名聲很好。

中國古人有一個觀點值得借鑒，就是特重交友。清代名臣張英在《聰訓齋語》中說：「人生以擇友為第一事。」就是說，交友，是人生第一大事。為甚麼呢？因為那時候沒廣播沒電視沒大學。一個人獲取知識信息，在外想獲得幫助，全要靠朋友。所以朋友的多少、朋友的質量，決定了一個人的視野能有多寬廣。

在閉塞的湖南鄉下，曾國藩最大的遺憾是交不到有質量的朋友。所以後來他在致諸弟的家信中談及自己當年的感受：「鄉間無

1 《曾國藩全集・家書》1，岳麓書社，2011 年，第 133 頁。

朋友，實是第一恨事。不惟無益，且大有損。習俗染人，所謂與鮑魚處，亦與之俱化也。」「同學之人，類皆庸鄙無志者，又最好訕笑人。其笑法不一，總之不離乎輕薄而已。」[1] 可見他對自己當年那些庸鄙的同學是十分看不上眼的。

到了北京之後，曾國藩迅速結交了一大批好朋友。曾國藩在家書中常介紹他的交友情況。他說：「現在朋友愈多，講躬行心得者，則有鏡海先生、艮峰前輩、吳竹如、竇蘭泉、馮樹堂；窮經知道者，則有吳子序、邵慧西；講詩、文、字而藝通於道者，則有何子貞；才氣奔放，則有湯海秋；英氣逼人志大神靜，則有黃子壽。又有王少鶴，名錫振，廣西主事。」[2]

曾國藩為人特別愛交往。入京之初，他為人處世不夠周到，經常得罪朋友。而在立志「學做聖人」之後，曾國藩不斷反省自己的缺點，與人相處越來越注意替他人着想，朋友越來越多。他和朋友們經常在一起吟詩作賦，切磋學問。他也經常請客吃飯，邀人聽戲下棋。我們看他的日記，幾乎沒有一天不社交的，經常交往的朋友有一百多人。最多的一天，接待或者拜訪朋友幾十人。道光二十三年（1843）三月他升為翰林院侍講那次，因為朋友多，人緣好，所以大家都來祝賀，以至於他二十二日那一天，跑了五六十家去回拜。

曾國藩朋友之所以多，還在於他效法祖父，急公好義，特別愛助人。「同鄉有危急事，多有就男商量者，男效祖大人之法，銀錢則量力佽助，辦事則竭力經營。」[3] 摯友劉傳瑩病死，曾國藩蒐集其遺文，為他刻印出版了遺著；同鄉舉人鄒興愚（柳溪）會試不售，

1 《曾國藩全集・家書》1，岳麓書社，2011 年，第 47 頁。

2 《曾國藩全集・家書》1，岳麓書社，2011 年，第 42 頁。

3 《曾國藩全集・家書》1，岳麓書社，2011 年，第 101 頁。

在北京貧病而死，曾國藩為他料理了後事，撰寫了墓誌銘，並出錢為他製作石碑；新寧人鄧鐵松在北京患病吐血，情況危重，已不可挽回，曾國藩籌錢將他送回湖南……

特別是與陳源兗的友誼，尤為深厚。陳源兗，字岱雲，是湖南茶陵縣人。他和曾國藩既是同鄉，又同為戊戌科進士，還一起入選翰林院庶吉士。所以他們兩個人往來尤密，「不啻一家骨肉」[1]。陳源兗道光二十三年（1843）曾大病一場，曾國藩天天去看望，有時甚至通宵達旦守護在他的身旁，日記中有這樣的記載：「是日全未離身。夜住陳寓。觀其症險，極惶急無計，一夜不寐。」[2] 次年，陳妻病逝，曾國藩也日日到陳家，「代為經理一切」[3]。陳岱雲的兒子那時剛滿月，無人照管，曾國藩將這個孩子帶回自己家，僱乳母餵養。

同年中另一個好友是梅霖生。道光二十一年（1841）四月，梅霖生患病咯血，曾國藩忙前忙後，多次請吳廷棟等人前往診治。梅霖生的病情不見好轉，曾國藩在家書中提到他「病勢沉重，深為可慮」，經常前去探望。但是梅霖生病情惡化得非常迅速，二十五日病逝。曾國藩悲痛不已。他在家書中說：「梅霖生身後一切事宜，係陳岱雲、黎月喬與孫三人料理。戊戌同年賻儀共五百兩。吳甄甫夫子（戊戌總裁）進京，賻贈百兩。將來一概共可張羅千餘金，計京中用費及靈樞回南途費不過用四百金，其餘尚可周恤遺孤。」[4] 七月十五日，梅霖生的靈柩出城，曾國藩坐車送至東便門。

因為曾國藩廣泛結交，肯於付出，名望日高，急公好義，越來越受同鄉的推重，所以自從道光二十六年（1846）起，凡湖南籍京

1 《曾國藩全集・書信》1，岳麓書社，2011 年，第 4 頁。
2 《曾國藩全集・日記》1，岳麓書社，2011 年，第 169 頁。
3 《曾國藩全集・家書》1，岳麓書社，2011 年，第 61 頁。
4 《曾國藩全集・家書》1，岳麓書社，2011 年，第 6 頁。

官的謝恩摺，都由曾氏領銜。可見此時的曾國藩已經開始負一鄉之望，成為在京湖南官員的領袖，這對他在仕途上發展當然有好的影響。

曾國藩升官迅速的第三個原因，是中樞有人在背後幫他的忙。

這個人是誰呢？就是道光年間最重要的大臣 —— 穆彰阿。穆彰阿在道光年間是最得寵的大臣，任軍機大臣達二十年之久。當然關於這個人，歷史上爭議很多。有人說，他在鴉片戰爭中是投降派；有人說，這個人沒甚麼建樹，只會對皇帝溜鬚拍馬，說他「以順承旨意為工，阿附之外，無他語也」[1]。

對這個人，有這樣一段評價是比較中肯的，說他「在位二十年，亦愛才，亦不大貪，惟性巧佞，以欺罔蒙蔽為務」[2]。也就是說，他當了二十年軍機大臣，其實是一個挺愛才的人，也不怎麼貪財。唯一的問題是，喜歡吹捧皇上、糊弄皇上。

確實，穆彰阿不管有多少缺點，畢竟有一個長處，那就是愛才，喜歡延攬人才。曾國藩考進士那次，穆彰阿正好是主考，所以按慣例，曾國藩應該稱他為座師，兩個人從此就算有了師生之誼。

在那之後，道光二十三年（1843）那次翰林大考，就是曾國藩用典用錯了那次，穆彰阿也是總考官。那一次曾國藩不但沒有受到處分，成績還非常好。而且交卷後，穆彰阿做出一個不尋常的舉動，他主動向曾國藩索取應試詩賦，就是說把你考試時寫的詩給我看看。這是甚麼意思呢？這是對曾國藩表示關心，表示我以後會提攜你。所以曾國藩當天立刻謄清詩賦，親自送往穆宅。說來也巧，

1 天台野叟著：《大清見聞錄（中卷）・名人逸事》，中州古籍出版社，2000 年，第 416 頁。

2 汪士鐸著：《汪悔翁乙丙日記》卷 3，第 26 頁。轉引自喻松青、張小林主編：《清代全史》第 6 卷，方志出版社，2007 年，第 72 頁。

這次拜訪成了曾國藩飛黃騰達的新起點，從此之後，升官速度越來越快。

正是因為穆彰阿和曾國藩之間的這種特殊淵源，所以野史中有一些編造的傳說。比如《清稗類鈔》裏記載了一件事，說是穆彰阿不斷向道光帝推薦曾國藩，於是道光帝感興趣了，打算召見曾國藩，面試一下。曾國藩一聽，非常高興。那一天，曾國藩進了皇宮，被太監帶到了一座大殿裏，說你在這兒等着吧。可是一直等到下朝，太監才跑過來通知，稱皇上今天有事，不見了，改日吧。曾國藩莫名其妙，回去後連忙去問穆彰阿這是怎麼回事。穆彰阿一聽，沉思片刻，就明白了道光帝的用意，就問曾國藩：「你是否留意了你待的那間大殿牆上都寫了些甚麼？」曾國藩說：「沒有，我只等着皇上召見，哪有心思去注意那些啊。」穆彰阿一聽，一拍大腿，說：「哎呀，機緣可惜！」怎麼辦呢？穆彰阿對自己的僕人說：「你去拿四百兩銀子，交給宮中的某個太監，然後求他把宮中那間大殿牆上字畫的內容抄下來給我。」僕人託太監把內容抄回來，穆彰阿給了曾國藩，讓他背熟了。第二天，道光皇帝召見曾國藩，果然問到那間房裏的牆上都寫了些甚麼字，曾國藩準備充分，對答如流，道光皇帝大喜，認為曾國藩這個人心思縝密，留心細節，可以大用。曾國藩從此便交了好運，「駸駸然向用矣」[1]。

這個傳說聽起來挺好玩，可惜只是一個傳說而已。因為按照清代朝廷的成例，曾國藩那時僅是一個普通七品翰林官員，皇帝是不可能單獨召見的。晚清戊戌變法前，光緒皇帝想召見身為工部主事的康有為，但是廷臣舉出「本朝成例，非四品以上大員不得召見」[2]的理由，光緒皇帝也沒法反駁。而且皇帝見誰，事先都有明確的計

1 徐珂編撰：《清稗類鈔》第三冊，中華書局，1984 年，第 1404 頁。

2 梁啟超著：《戊戌政變記（外一種）》，上海古籍出版社，2014 年，第 12 頁。

劃，不可能臨時更改。道光皇帝又是一個特別遵守成例的皇帝，因此不可能破這個例。

不過這個傳說也反映出，穆彰阿確實是曾國藩升官路上的一個重要人物，對曾國藩的飛黃騰達起到了助力的作用。所以曾國藩對穆彰阿是感念終生的。二十年後，曾國藩又一次回到北京，還專門到穆彰阿家裏去探望。當然那時候穆彰阿早已去世了，他探望的是穆彰阿的家人。

當然，在與穆彰阿的交往中，雖然穆彰阿欣賞曾國藩，但曾國藩並沒有因此就大喜過望，撲上去抱住穆彰阿的大腿不鬆手。看曾國藩的一生，與上級交往，是很注重分寸的，從不失態。他和穆彰阿交往，完全保持在正常範圍內，走動並不是特別勤，所以後來穆彰阿倒台，曾國藩也沒有受到牽連。

這是曾國藩一生的一個重要原則。

後來曾國藩在統率湘軍時，在朝中又遇到過一個特別支持他的權臣肅順。正是在肅順的建議下，曾國藩才當上了兩江總督。但是曾國藩跟他，也沒有建立私交，後來慈禧發動政變，肅順被殺，在他家裏查到很多私人書信，但是裏面沒有曾國藩寫的。慈禧因此十分信任曾國藩。

到了更晚的時候，曾國藩晚年，有一個更重要的人物，醇郡王奕譞，好多次想跟曾國藩交往，託人給曾國藩帶了封信，對曾國藩大加恭維。醇郡王奕譞是當時同治皇帝的親叔叔，更是慈禧太后的親妹夫。長期以來，他一直想和哥哥恭親王奕訢一爭高下，所以主動拉攏曾國藩，想以此增強自己的政治實力。一般人對這樣的親貴，主動攀附還來不及，曾國藩卻連他的信都沒回。曾國藩只給帶信的人回了封信，說：「敝處函牘稀少，未便於醇邸忽改常度。」[1] 也

1 《曾國藩全集・書信》9，岳麓書社，2011 年，第 514 頁。

就是說，我一向不怎麼跟別人通信，也不便因為醇郡王就改了我的老習慣、老作風。

醇郡王還不放棄，過了幾年又寫詩寄給曾國藩，讓曾國藩點評，還說希望曾國藩也寫首詩應和一下。曾國藩仍然沒有給他回信，而是給捎信的人寫了封信說：

> 醇邸於敝處折節下交，拳拳摯愛，極為心感。……緣弟處向來書札稀少，朝端貴近諸公多不通問，未便於醇邸特致私愛，致啟他嫌。[1]

也就是說，醇郡王對我如此垂青，我十分感動，但是我的原則是，對朝廷上那些親貴人物，一貫不和他們建立私人交往，所以這次也不打算破例。

這就又一次給了奕譞一個不折不扣的難堪。

曾國藩為甚麼要這樣做呢？一個是因為歷朝歷代，都嚴禁朝中的親王與外面的臣子之間私下交往，因為這樣容易形成朋黨。曾國藩遵守朝廷的原則。另外一點，曾國藩從來不改他不攀附私人的原則。清朝官場講究「跟人」，跟人有跟人的好處，跟對了，升遷確實可能很快。但是官場風波重重，如果所跟着的人倒了，自己也會受牽連。曾國藩做事的作風是從不取巧，踏踏實實，不搞任何歪門邪道，不走捷徑。事後證明他的做法是非常明智的。

穆彰阿雖然對曾國藩的命運起到了很關鍵的作用，但他並不能決定曾國藩的命運。所謂「關鍵」在於，他在道光皇帝面前能夠適當地推薦一下曾國藩。但是用與不用，還要看道光皇帝。

1 《曾國藩全集・書信》10，岳麓書社，2011年，第174頁。

3. 深得道光皇帝欣賞

曾國藩升官迅速的第四個原因，也是最重要、最根本的一個原因，是道光皇帝對他的欣賞。

道光皇帝是清代一位比較有特點的皇帝。第一，他比較平庸，能力比較差，也沒有甚麼魄力。第二，正是因為如此，他特別注重防範權臣，所有大權都要自己把着，生怕落到別人手裏。他之所以重用穆彰阿這樣聽話順從的人，主要是因為「慮大權旁落，必擇謹畏之士，使之佐治，故一時才臣，半遭廢斥」[1]。就是說，因為怕大權被別人搶去，所以他故意用穆彰阿這樣沒甚麼能耐的人，生怕太有能耐的人，自己治不住。這就如俗話所說，是武大郎開店，用的都是不如自己高的人。

所以，道光朝用人的大權是皇帝牢牢抓在自己手裏，絕不會輕易受別人左右。曾國藩之所以不斷升官，歸根結底是因為皇帝特別欣賞他。

道光皇帝為甚麼這麼欣賞他呢？有三點。第一，曾國藩這個人性格和道光皇帝相投。曾國藩從性格上來說，是一個比較實在的、比較踏實的人，他是一個湖南鄉下來的年輕人，沒見過大世面，憨頭憨腦，說話很直。道光皇帝就喜歡這樣的老實人，不喜歡那些油腔滑調的人。曾國藩有過多次與道光交談的機會。他在家書中提到，道光二十四年（1844）五月二十日，他「蒙皇上御勤政殿召見，天語垂問及男奏對，約共六七十句」[2]。這是曾國藩首次與皇帝深入交流。可惜曾國藩沒有錄下具體詞句。但是道光年間，曾國藩「每有奏對，恆稱上意」[3]。皇帝對曾國藩的了解日漸加深，這是一個重要的原因。

1　趙烈文撰：《能靜居日記》1，岳麓書社，2013 年，第 512 頁。

2　《曾國藩全集・家書》1，岳麓書社，2011 年，第 79 頁。

3　黎庶昌等撰：《曾國藩年譜》，岳麓書社，1986 年，第 13 頁。

第二，曾國藩工作認真，做官盡職盡責。翰林雖然沒有多少事，但是偶爾也有任務派下來。比如道光二十一年（1841）十月，他派充國史館協修官。

一旦有任務，曾國藩就會全力以赴，認認真真，一絲不苟地完成。他不會像那些眼高手低、有名士氣文人氣的翰林官員一樣，看不起俗務。

在成為皇帝的文學侍從之臣後，他經常需要值班。別人以此為苦，他卻從不辭勞。他詩文中有很多這方面的記載，比如《夜值苦寒》：

> 白虎西流朱鳥高，五更風利鸊鷉[1]刀。勁寒戰慄通心曲，轄氣冰霜上口毛。曠蕩青天如可對，折旋丹地敢辭勞。頻聞交戰呵金馬，蓦入燈爐炙凍毫。[2]

詩中說，五更風寒，髫鬢染成白霜，毛筆也已經凍住了。他仍然像戰士守衛崗哨一樣，不敢稍有差池。

後來職位高了，有了更多具體事務以後，曾國藩更是勤奮。年譜記載，「公勤於供職，署中辦事無虛日」「有事加班，不待期日。在部司員，咸服其條理精密」[3]。就是說，他天天上班，從不缺勤，還經常主動加班。他的下級，都佩服他辦事有條理。

第三，道光皇帝是一個非常崇尚理學的皇帝。道光雖然是一個能力平庸的皇帝，但是喜歡讀書，對理學有一定心得。

曾國藩在做翰林期間，在理學方面下了很大功夫，他由朱熹開始，上溯張載、周敦頤等人的著作，並對它們產生了越來越濃厚的

---

1 鸊鷉（讀 pì tī），一種水鳥。

2 《曾國藩全集·詩文》，岳麓書社，2011 年，第 51 頁。

3 黎庶昌等撰：《曾國藩年譜》，岳麓書社，1986 年，第 13 頁。

興趣。同時，他還究心漢學，在學術上走上全面發展的道路。每次翰林考試道光皇帝都要親自看試卷，曾國藩的成績很好，就是因為有理學修養做基礎。

在曾國藩所處的晚清，雖然今天提起來，總說那是一個政治腐敗、社會黑暗的時代，但實際上和後來的某些歷史時段比起來，是非尚有一定公論，黑白尚未完全顛倒。曾國藩結交師友，潛心治學，提高了他在士林中的聲望。

黎庶昌說：「始公（指曾國藩）居京師……務為通儒之學。由是精研百氏，體用賅備，名重於京師。」[1] 他自己也說「昔在京頗著清望」。因此當時李鴻章赴北京參加「順天鄉試」，就慕名投帖拜師在他的門下，向他學習。李鴻章在家書中彙報說：「各地應舉文人，組織文社於九條胡同三號。慕曾滌笙夫子之名，請渠出任社長。」[2]

一個人的聲望是晉升的重要基礎。曾國藩潛心學術，熱心公益，在皇帝心目中形象比較清新端正，這是他迅速升官的重要背景。

1 錢仲聯主編：《曾國藩文選》，蘇州大學出版社，2001 年，第 383 頁。

2 李鴻章著，翁飛、董叢林編注：《李鴻章家書》，黃山書社，1996 年，第 15 頁。

第四章

從前的官場愣頭青

1. 鬱悶的「副部長」

道光二十九年（1849），曾國藩由「內閣學士兼任禮部侍郎銜」升補禮部右侍郎，從虛職變為實職，成了清朝開國以來湘鄉縣出的第一個實職侍郎。

這是一次非常重要而關鍵的躍升，從此曾國藩就有了實權。

傳統時代，人活着最大目的是甚麼？對大部分人來說，就是四個字，升官發財。剛剛步入政治高層之際，曾國藩是十分興奮的。他不無自負地在書信中對陳源兗說：「回思善化館中同車出入，萬順店內徒步過從，疏野之性，骯髒之貌，不特僕不自意其速化至此，即知好三數人，亦未敢為此不近情之稱許。」[1]

他說，如此順利，連他自己都感到很意外。就是那些非常推重他的好朋友，也沒有人敢做這樣大膽的預期。得意之態，溢於言表。

剛剛升為侍郎，曾國藩工作也更加賣力了。曾國藩在道光二十九年（1849）家信中彙報自己初任禮部侍郎的工作情況：

> 二十五日午刻上任，屬員共百餘人……從前閣學雖兼部堂銜，實與部務毫不相干。今既為部堂，則事務較繁，每日須至

1 《曾國藩全集・書信》1，岳麓書社，2011 年，第 56 頁。

署辦事。八日一至圓明園奏事，謂之該班。間有急事，不待八日而即陳奏者，謂之加班。除衙門官事之外，又有應酬私事，日內甚忙冗，幾於刻無暇晷。[1]

也就是說，以前雖然兼禮部侍郎銜，但是完全不管部裏的事。現在正式做了「副部長」，情況不同了。每天都要坐班，下屬一共一百多人。每八天要去一次圓明園向皇帝彙報事務，叫作「該班」。如果有甚麼急事，不到八天就要去見皇帝，叫作「加班」。除了工作，私人應酬也多，所以這一段特別忙，幾乎沒有片刻閒暇。

升官之後，為了督促自己繼續寫日記，曾國藩託紙店專印了一份日記用紙，開始寫《綿綿穆穆之室日記》。這些日記體例特別，每日日記分為八欄，分別為「讀書」「靜坐」「屬文」「作字」「辦公」「課子」「對客」「回信」，每日按格填寫。我們從中抽取比較有代表性的一天，咸豐元年（1851）十一月初二日，看看身為侍郎的他一天所做之事：

[讀書]：

未刻讀《漢書·韓王信傳》。申刻讀《會典·宗人府》十四頁。

[靜坐]：

申正在坐曲肱枕坐三刻。

[辦公]：

早入內，刑部值日。旋至部。午初到家，燈後清摺底。

[課子]：

背經五頁，講鑒三條。

1 《曾國藩全集·家書》1，岳麓書社，2011 年，第 160 頁。

[對客]：

早自署歸拜客三家。未初會二客。

[回信]：

回余菱香信，自寫一片。[1]

大抵是每天上午都要赴署辦公，其他時間要課子讀書見客應酬。曾國藩在家書中彙報說，自己在禮部工作順利，與同事們相處得很好：

> 現在衙門諸事，男俱已熟悉。各司官於男皆甚佩服，上下水乳俱融，同寅亦極協和。男雖終身在禮部衙門為國家辦照例之事，不苟不懈盡就條理，亦所深願也。[2]

就是說，他已經很熟悉現在部門的工作了。下屬官員也都很佩服他，所以同事關係處得不錯。如果一輩子這樣在禮部當官，平平順順、盡職盡責地為國家辦事，他也很願意。

在緊張的工作之餘，曾國藩仍「手不釋卷」，只不過更注重實用了。曾國藩對於「經世之務及在朝掌故」十分留意，按類別「分彙記錄，凡十有八門」。據《曾國藩年譜》記載，「公每綰部務，悉取則例，博綜詳考，準以事理之宜。事至剖斷無滯。其在工部，尤究心方輿之學，左圖右書，鈎校不倦，於山川險要、河漕水利諸大政詳求折中」[3]。

湖湘學風是經世致用，因此曾國藩早就注重研究實際政治。雖然致力理學，但是他並沒有被理學遮蔽全部視野。他考察研究範圍

---

1 《曾國藩全集・日記》1，岳麓書社，2011 年，第 263 頁。

2 《曾國藩全集・家書》1，岳麓書社，2011 年，第 166 頁。

3 黎庶昌等撰：《曾國藩年譜》，岳麓書社，1986 年，第 18 頁。

極廣，認為「天下之大事，宜考究者凡十四宗，曰官制，曰財用，曰鹽政，曰漕務，曰錢法，曰冠禮，曰昏（婚）禮，曰喪禮，曰祭禮，曰兵制，曰兵法，曰刑律，曰地輿，曰河渠」[1]。這是他與當時諸多理學之士的明顯不同之處。中國傳統學術本來只講究義理、考據和辭章，他又加上經濟一門。他說：「為學之術有四：曰義理，曰考據，曰辭章，曰經濟。」[2] 他還認為：「文章之可傳者，惟道政事，較有實際。……淺儒謂案牘之文為不古，見有登諸集者，輒鄙俗視之，不知經傳固多簡牘之文。……江陵盛有文藻，而其不朽者乃在籌邊、論事諸牘；陽明精於理性，而其不刊者，實在告示、條約諸篇。」[3]

由此可見，剛剛升官後，曾國藩是雄心勃勃，想在國家大政中有所建樹的。

但是，做了一段時間高級官員，曾國藩就不再那麼興奮了。我們看他在北京當官後幾年的詩文可知，他的心情是灰色的。

比如這一首：

> 我雖置身霄漢上，器小僅濟瓶與罍。
>
> …………
>
> 似驢非驢馬非馬，自憎形影良可咍。[4]

這是寫給好友劉蓉的。意思是說，別看我現在身居廟堂之高，其實只是廟堂之上一個沒用的小擺設。天天這樣不上不下、非驢非馬地混日子，只覺得自己面目可憎而已。

再看另一首：

---

1 《曾國藩全集・日記》1，岳麓書社，2011 年，第 246 頁。

2 《曾國藩全集・詩文》，岳麓書社，2011 年，第 486 頁。

3 《曾國藩全集・書信》3，岳麓書社，2011 年，第 679 頁。

4 《曾國藩全集・詩文》，岳麓書社，2011 年，第 76 頁。

微官冷似支牀石，去國情如失乳兒。

…………

徑求名酒一千斛，轟醉王城百不知。[1]

這是寫給弟弟們的。意思是說，我現在做這麼一個小官，每天的工作如同支牀石一樣，疲倦麻木。我天天想念家鄉，如同離了娘的小孩。愁悶極了，不如乾脆找幾瓶好酒，喝得大醉，甚麼都不知道好了。

有時候，他居然後悔進入仕途，夢想過上野人生活：

憾我不學山中人，少小從耕拾束薪。

…………

世事癡聾百不識，笑置詩書如埃塵。[2]

道光二十九年（1849）十月初四日，也就是他升任禮部侍郎後十個月，他在家信中竟然做了這樣的表示：「吾近於宦場，頗厭其繁俗而無補於國計民生，惟勢之所處，求退不能。但願得諸弟稍有進步，家中略有仰事之資，即思決志歸養，以行吾素。」[3]

也就是說，他這個「副部長」感覺自己的所作所為於國計民生無補。如果幾個弟弟有誰能夠出來做官，家裏生計不至於困窘，他就打算辭官回家，侍奉堂上老人，不再混跡於官場了。

這樣的文字還有許多。在寫給陳源兗的信中，他說自己「時時有歸家奉養之志」[4]。咸豐元年（1851）在寫給歐陽兆熊的信中說自己

---

1 《曾國藩全集・詩文》，岳麓書社，2011 年，第 35 頁。

2 《曾國藩全集・詩文》，岳麓書社，2011 年，第 15 頁。

3 《曾國藩全集・家書》1，岳麓書社，2011 年，第 176 頁。

4 《曾國藩全集・書信》1，岳麓書社，2011 年，第 38 頁。

近年來因「官牽私繫，遂成廢物」[1]，在官場上如同廢物。在覆江忠源信中也說：「計期歲內外，亦且移疾歸去，閉關養痾，娛奉雙親。自審精神魄力，誠不足任天下之重，無為久竊此間，赧然人上也。」[2]就是說，我打算一年左右時間內就以養病為由辭官回家，因為自問我的精神魄力，無法對這個國家有所推動，在這裏混日子，實在對不住這份工資和地位。

為甚麼升了官卻這樣鬱悶呢？

主要是因為曾國藩升官，不是想給自己謀多少好處，而是想給國家多做些實事，但是道光晚年的政治環境，讓他做不了甚麼事。

道光年間從外部看，鴉片戰爭讓中華帝國臣民的自尊心和自信心受到了顛覆性的打擊。從內部看，腐敗已經滲透了帝國機體的每一個細胞，四肢五臟，無不腐爛，一場翻天覆地的大起義——太平天國起義正在醞釀之中。

在這種情況下，大清朝的高官們卻一個個都在混日子。

道光皇帝在歷史上以儉樸聞名，身上打滿補丁，早餐捨不得多吃一個雞蛋。說是有一次，他和一個大學士聊天，問大學士，你早餐吃甚麼？大學士說，臣很儉樸，只吃三個荷包蛋。道光一聽，嚇了一大跳，說你真闊氣啊！朕早餐一個也捨不得吃。為甚麼呢？因為內務府官員騙他，說外面雞蛋三十兩白銀一個。

當然，這只是一個笑話。但是笑話往往會反映一些歷史事實。道光皇帝為人確實很節儉，所以我們看故宮現存的道光畫像，道光皇帝確實到了「骨瘦如柴」的地步。然而，他的能力也就到此為止

---

1 《曾國藩全集・書信》1，岳麓書社，2011 年，第 68 頁。

2 《曾國藩全集・書信》1，岳麓書社，2011 年，第 89 頁。

了。他用的大臣，又都是穆彰阿那樣「多磕頭，少說話」的角色。他們眼看着國家一天不如一天，卻都不敢向皇帝直言。

只有曾國藩特別着急。早在道光二十四年（1844），太平天國起義六年多前，曾國藩就敏銳地預感到，一場席捲全國的大動亂正在醞釀之中。那一年，他結識了後來的名將江忠源。在送江氏出京時，他對朋友說：「是人必立功名於天下，然當以節義死。」這個人慷慨激烈，將來肯定會死在戰場上。「時承平日久，聞者或駭之。」[1] 當時天下太平，沒有人想到會發生戰爭，而曾國藩已知大亂之不可避免。

身居翰林之時，他只能讀書養望，對國家政治沒有發言權。及至位列卿貳，他以為自己終於可以一展身手了，卻發現正如同王蒙的那句話一樣：「當了部長，才知道官小。」很多看上去很崇高的職位，並不像想像的那樣可以呼風喚雨。曾國藩發現，在因循懈怠的政治氣氛下，他雖然身為「副部長」，但想要登高一呼，推動大清王朝進行根本改革，沒有任何可能。他在禮部「副部長」任上，一天到晚雖然沒有片刻休息，但忙的都是些例行公事，對國家大政絲毫無補。偶爾提一些革新主張，也都被「部長」大學士們棄置一旁，根本不予考慮。

所以曾國藩很痛恨這種污濁混沌的官場風氣，曾國藩對大部分同僚是十分看不起的：「國藩從宦有年，飽閱京洛風塵，達官貴人優容養望，與在下者軟熟和同之象，蓋已稔知之而慣嘗之。」[2] 也就是說，他做官有年，飽知官場習態。在上者但知做出一副寬大優容的樣子，來培養自己的人氣。在下者辦事一味軟媚求同，打圓場，做老好人。他說，三四十年來不黑不白的官場，已讓英豪短氣。

1　黎庶昌等撰：《曾國藩年譜》，岳麓書社，1986 年，第 9 頁。

2 《曾國藩全集・書信》1，岳麓書社，2011 年，第 413 頁。

胡林翼曾說：「人一入宦途，全不能自己做主。」在這樣的官場生存，眼看着國家政治一天天腐爛下去，曾國藩如同生活在一個腐氣熏天的鐵屋子裏，感覺太難受了。

2. 開罪咸豐皇帝

就在曾國藩做「副部長」做得不耐煩，想要回家之時，道光三十年（1850）正月，道光皇帝去世了，年方二十（這是虛歲，實足年齡十八周歲）、血氣方剛的咸豐登基了。這一年，曾國藩三十九歲，也就是說，新皇帝比他小了差不多二十歲。

這一下，曾國藩先不提回家了，他要看看這個新主是個甚麼樣的人。

雖然年紀很輕，「主少國疑」，但新皇帝一上台，就帶來了一股全新的氣象。這個年輕人看起來頗有雄心，也很有幹勁。他工作非常勤奮，每天都會認真批閱大量奏摺，並且會親筆下達很多諭旨，而不像老皇帝那樣主要靠軍機大臣們擬旨。

一般來說，新官上任三把火。新皇帝上台後，也燒了三把火。

第一把火，就是在登基後不久，主導了一齣出乎人們意料的政治大戲：罷免首席軍機大臣穆彰阿。

我們前面提到，穆彰阿這個人名聲不太好。還沒當皇帝之前，咸豐就已經聽說了關於他的很多結黨營私蒙蔽君主之類的負面傳聞，所以上台之後，立足剛穩，就拿他開刀了。

道光三十年十月二十八日（1850 年 12 月 1 日），咸豐皇帝發佈了一道不同尋常的諭旨。他說：

> 任賢去邪，誠人君之首務也。去邪不斷，則任賢不專。方今天下因循廢墮，可謂極矣。吏治日壞，人心日澆，是朕之

過。……穆彰阿身任大學士，受累朝知遇之恩，不思其難其慎，同德同心，乃保位貪榮，妨賢病國。小忠小信，陰柔以售其奸；偽學偽才，揣摩以逢主意。……第念穆彰阿係三朝舊臣，若一旦寘之重法，朕心實有不忍，着從寬革職，永不敍用。[1]

也就是說，任用賢人，罷黜奸臣，是為君的首務。當今天下，一切因循廢弛，已達極點。吏治敗壞，人心澆漓。穆彰阿身為大學士，深受國恩，卻不思如何有利國家，只想着保住自己的職位，為私利而損害國家，以小忠小信，偽才偽學，來蒙蔽君主，逢迎上意。我念他是三朝老臣，不忍置之重法，革去其職務，永遠不再任用。

在這道上諭的結尾，咸豐皇帝還說：

嗣後京外大小文武各官，務當激發天良，公忠體國，俾平素因循取巧之積習，一旦悚然改悔。毋畏難，毋苟安。[2]

也就是說，從今而後，大小官員，一定要激發天良，公忠體國，把以前那些因循糊弄的積習都迅速改掉，不得再像以前那樣畏難苟安。

這道諭旨一下，時「天下稱快」，朝野上下，為之一振。

說實在的，大家都知道，像穆彰阿那樣繼續「彌縫」「糊弄」下去，國家是沒有出路的。咸豐皇帝對國家現狀的批評有的放矢，說出了官員們不敢說的話。看來這個新皇帝，魄力真是不凡，很可能是一個英主。

---

1 《清實錄》第 40 冊，第 294–295 頁。

2 《清實錄》第 40 冊，第 294–295 頁。

上台之後，咸豐皇帝另一個重大舉措就是下詔「求言」。早在道光三十年（1850）二月初八日，剛剛登基，他就發佈上諭，歡迎大家給朝廷提意見，就國家用人、行政一切事宜，「皆得據實直陳，封章密奏」，表現出虛心納諫的良好態度。

曾國藩的心情太激奮了。

他等了這麼多年，等來了一個勵精圖治的皇帝。咸豐帝對官場的批評，簡直和曾國藩的觀點「契若符節」，曾國藩頗有知音之感。他積累多年的政治見解，終於有可以發表的空間了。

曾國藩晝夜奮筆疾書，寫了一封《應詔陳言疏》。在這份上疏中，曾國藩順着皇帝對官場的批評，談到了他認為最重要的問題：人才問題。他大膽指出，道光皇帝秉持「鎮靜」原則，不生事，不作為，所以道光朝人人循規蹈矩，無有敢才智自雄、鋒芒自逞者。這雖然有利於守成，但不利於解決問題。所以，官員們「大率以畏葸為慎，以柔靡為恭」[1]。他說現在官場有四大通病：

> 京官之辦事通病有二，曰退縮，曰瑣屑。外官之辦事通病有二，曰敷衍，曰顢頇。退縮者，同官互推，不肯任怨，動輒請旨，不肯任咎是也。瑣屑者，利析錙銖，不顧大體，察及秋毫，不見輿薪是也。敷衍者，裝頭蓋面，但計目前剜肉補瘡，不問明日是也。顢頇者，外面完全，而中已潰爛，章奏粉飾，而語無歸宿是也。有此四者，習俗相沿，但求苟安無過，不求振作有為，將來一有艱巨，國家必有乏才之患。[2]

就是說，京官，就是朝中的官員，有兩大毛病，一個是遇事退縮，一個是務小不務大。遇事退縮，是指遇到甚麼事，大家你推我

1 《曾國藩全集・奏稿》1，岳麓書社，2011 年，第 5 頁。

2 《曾國藩全集・奏稿》1，岳麓書社，2011 年，第 5 頁。

我推你，誰也不願意承擔責任，只知道向皇帝請旨。務小不務大，是大家都注意一些細節小事，開個會，辦公桌都擺得很整齊，茶杯都洗得很乾淨，會務辦得很用心，但是對國家發展的大方向、社會的主要矛盾和問題，沒有一個人敢說，也沒多少人敢想。

地方官辦事也有兩個毛病。第一個叫敷衍，遇到甚麼矛盾和問題，就是一個字，拖，對付過去就完，把問題推給下一任。第二個是顢頇，就是做表面文章，很多地方，表面上看起來不錯，但實際上內裏已經完全爛透了，黑惡勢力橫行，這些當官的根本不管。

在奏摺結尾，曾國藩更是尖銳地指出：「乃十餘年間，九卿無一人陳時政之得失，司道無一摺言地方之利病，相率緘默，一時之風氣，有不解其所以然者。科道間有奏疏，而從無一言及主德之隆替，無一摺彈大臣之過失，豈君為堯、舜之君，臣皆稷、契之臣乎？一時之風氣，亦有不解其所以然者。」[1]

就是說，十來年間，朝中大臣沒有一個人對皇帝講過國家有甚麼嚴重問題。地方官員，也沒有一個人對皇帝講過地方上有甚麼矛盾。那些負責進諫的官員，也沒有一個人指出過皇帝有甚麼做錯的地方。這是非常可怕的現象，這說明，這些官員，沒有一個是忠心為國的。

所以，曾國藩說，必須想辦法培養人才，才能應對複雜艱難的國家形勢，並且提出了培養人才、轉移風氣的幾條具體辦法。

咸豐皇帝收到曾國藩的這封奏摺，認為曾國藩的見解很正確，對他大加誇獎，稱曾國藩「奏陳用人之策，朕詳加披覽，剴切明辨，切中情事，深堪嘉納」[2]。

---

1 《曾國藩全集・奏稿》1，岳麓書社，2011 年，第 8 頁。

2 黎庶昌等撰：《曾國藩年譜》，岳麓書社，1986 年，第 14 頁。

這道奏摺讓咸豐對曾國藩產生了進一步的好感。而在此之前的一件事，已經讓咸豐認識到曾國藩這個人做事特別認真負責。

道光皇帝去世前，曾經留下了一道非常特殊的遺囑。道光皇帝認為，大清帝國在鴉片戰爭中慘敗，他在位這麼多年，治國也不見甚麼起色，所以他說，我無德無能，對不起列祖列宗，我死後，靈位不進太廟，也不用郊配。

所謂郊配，就是皇帝祭天時，同時以自己的列祖列宗配祭。唐張九齡在《請行郊禮疏》中說：「自古繼統之主，必有郊配之義，蓋敬天命而昭聖功也。」

不許郊配，不進太廟，這當然是對自己非常嚴重的懲罰了，嚴重到幾乎無法遵守。特別是不進太廟，那麼後世子孫怎麼祭拜他呢？但是道光皇帝的這道遺囑是「硃諭」，也就是親筆書寫的，無疑是他真實意思的表示，而不是謙虛之詞，咸豐不能不重視。可是，剛剛上台的年輕皇帝完全不知道應該怎麼處理這種情況，只好讓大臣們集體討論。

朝廷大臣進行集議，大多數人都從保險的角度出發，說套話，認為「大行皇帝功德懿鑠，郊配既斷不可易，廟祔尤在所必行」。就是說，道光皇帝功業輝煌，怎麼能不進太廟、不用郊配呢？所以這個遺囑根本沒法執行，還是應該按慣例辦事。

按說，大家集體討論已經有了結果，曾國藩順水推舟是再合適不過了，但曾國藩回去之後，感覺不妥。他是禮部侍郎，他認為自己要責無旁貸地拿出更合適的意見來。所以經過十餘天的思考，他提出了不同意見。正月二十八日，他上了一道奏疏，說大行皇帝的遺囑應該部分遵行，不能完全置之不理。

為甚麼呢？他說：「大行皇帝諄諄告誡，必有精意存乎其中。」[1]

---

1 《曾國藩全集・奏稿》1，岳麓書社，2011 年，第 2 頁。

道光這麼正式地留下這道遺囑，一定有他特殊的考慮。曾國藩說，進太廟應是確定無疑的，任何皇帝都沒有死後不進宗廟之理。但「毋庸郊配」一項，道光皇帝說得也有一定道理。第一，道光這是從天壇祭壇的尺寸角度考慮的。因為天壇的建築規模是固定的，死去的皇帝越來越多，每死一個，就要新修一個祭台，現在天壇已經快被佔滿了。道光以身作則，不予郊配，有一個出發點應該是「久遠之圖」，怕以後放不下，「必至修改基址，輕變舊章」。所以這個用心還是很深遠的。這一點我們不可輕忽。

第二，「古來祀典，興廢不常。」祀典歷代、歷朝都有調整，並非絲毫不可變動之事。

第三，「我朝以孝治天下，而遺命在所尤重。」[1] 對死去皇帝皇后的意見，一定要重視，不能視同無物。比如康熙時，太皇太后孝莊死了，留下遺囑說想安葬到遵化孝陵，陪着自己的兒子順治。按理說這「不合祔葬之例」，因為皇后死了，按理要安葬到自己的丈夫身邊，所以她應該埋到瀋陽的清太宗昭陵去。但是康熙還是不敢違遺命，將太皇太后梓宮安放在孝陵旁邊，雍正時就在這裏正式下葬了。第二個例子是乾隆皇帝遺命「廟號毋庸稱祖」，就是說，不許後世稱自己為祖，只能稱為宗。乾隆皇帝把大清朝推向全盛，他的功績按以前之例，完全可以稱「祖」。但乾隆表示謙虛，發下遺命，嘉慶帝只好遵從，故廟號高宗。所以曾國藩說：「此次大行皇帝遺命，惟第一條森嚴可畏，若不遵行，則與我朝家法不符，且硃諭反復申明，無非自處於卑屈，而處列祖於崇高，此乃大孝大讓，亙古未有之盛德也。」[2] 大行皇帝以身作則，貶抑自身，表明他對列祖列宗的崇敬，這種精神是值得效法的。如果不遵行，那麼不符合大清家法。

1 《曾國藩全集・奏稿》1，岳麓書社，2011 年，第 4 頁。

2 《曾國藩全集・奏稿》1，岳麓書社，2011 年，第 4 頁。

曾國藩的這道奏疏辨理詳明，邏輯嚴密，非常有說服力。咸豐皇帝一看，十分佩服。如果不是曾國藩苦心思考，詳加論辯，他咸豐很可能在這個問題上留下不可彌補的遺憾。曾國藩的這道奏摺也說服了滿朝大臣，大家一致同意這麼辦。所以，這件事讓咸豐對曾國藩留下了深刻印象。

因為對曾國藩的欣賞，也因為知道曾國藩這個人凡事認真，所以咸豐皇帝不斷地給他加派新活，今天讓他兼署工部侍郎，幫着處理工部的事，明天又讓他兼署吏部侍郎。到後來，曾國藩一個人身兼五部，也就是兼任了除戶部之外的其他幾部的「副部長」。這一下，曾國藩就更忙了。特別是到了刑部後，繁重的工作讓他幾乎都沒有看書的時間了。他寫家信說：

> 余至刑部，日日忙冗異常，迥不與禮部、工部、兵部相同。若長在此部，則不復能看書矣。[1]

也就是說，我到了刑部，可比以前更忙了。刑部和其他幾部可完全不同，事情太多了。要是長在此部工作，以後就沒時間看書了。

如此勤奮，說明曾國藩想抓住新皇帝勵精圖治的機會，多做些事情，為國家發揮更大的作用。

新皇帝的欣賞和肯定，讓曾國藩大受鼓舞。在繁忙的工作之餘，他又連着上了好幾道奏摺，給皇帝提了很多建議。《應詔陳言疏》《條陳日講事宜疏》《議汰兵疏》《備陳民間疾苦疏》《平銀價疏》等多道奏疏，全面深入地指出了大清面臨的種種危機、官僚體系存在的諸多問題，呼籲皇帝大刀闊斧，加以徹底改革。

---

1 《曾國藩全集・家書》1，岳麓書社，2011 年，第 192 頁。

咸豐元年（1851）三月，曾國藩上了《議汰兵疏》。曾國藩說，現在天下有兩個最關鍵的問題，一是財政緊張，二是軍隊戰鬥力不行。現在「天下之大患，蓋有二端：一曰國用不足，一曰兵伍不精」。社會動蕩，四處用兵之際，軍隊問題是國家的重中之重。軍隊現在最大的問題是臃腫軟散，不能作戰。他說，廣西有額兵二萬三千，士兵一萬四千，但是現在遇到農民起義，「竟無一人足用者」[1]。所以兵不在多而在精。曾國藩提出裁兵五萬，這樣每年節省餉銀一百二十萬兩，用來練兵。應該說，曾國藩的這道奏摺抓住了當時軍隊問題的關鍵，顯示了他經世致用之學的深度和精度。

之後，他又上《備陳民間疾苦疏》。他在奏疏中提出現在百姓生活有「三大疾苦」：一是銀價太貴，百姓負擔太重，交不起國稅。「民之完納愈苦，官之追呼亦愈酷。……百姓怨憤，則抗拒而激成巨案。」「真有日不聊生之勢。」二是盜賊太多，良民難安。強盜土匪「愈釀愈多，盜賊橫行，而良民更無安枕之日。臣所謂民間之疾苦，此又其一也」。三是冤獄太多，司法腐敗嚴重，民氣難申。[2]

曾國藩認為，這三大問題關乎大清王朝的統治基礎，如果不從現在起就全力以赴一一解決，那麼天下大亂，不久將至。

配合這道民間疾苦疏，他又上了一道《平銀價疏》，其中提出了平抑銀價的具體辦法。

這些摺子是曾國藩披肝瀝膽殫精竭慮的產物，也反映了他多年來對國家社會的深入思考。應該說，這些文字是非常精彩也非常有深度的。曾國藩以為，新皇帝既然振作有為，肯定會採納他的建議。這樣，國家大幸，民眾大幸。他也可以發揮更大的政治影響力，真正做到「致君堯舜上，再使風俗淳」。

1 《曾國藩全集・奏稿》1，岳麓書社，2011 年，第 20 頁。

2 《曾國藩全集・奏稿》1，岳麓書社，2011 年，第 41–42 頁。

然而，事實證明，曾國藩有點天真了。

咸豐皇帝擺出了雄才大略的姿態，但是他其實並沒有雄才大略的資質。

這個人，其實是一個非常平庸的主子。

關於咸豐，讀史者最熟悉的一個故事，當然是他和奕訢爭儲時的那個傳說。說是奕詝和奕訢只差一歲，奕詝居長，但是天資平庸，奕訢雖居次，但明敏能幹。所以選誰為繼承人，道光犯了難。於是道光就通知他們到南苑騎射，進一步考查他們。奕詝的老師杜受田知道這是一個關鍵的時刻，就給自己的弟子出主意，說你奕詝騎射本領遠不如弟弟，我們只能另辟蹊徑。於是打獵時，奕詝按照他老師的教導，既不上馬，也不射箭，見他父親的時候兩手空空。道光很納悶，問，你怎麼回事？奕詝就跪到地下，他說父皇教導我要仁愛，現在是春天了，母獸正是懷孕的時候，我要是把它射死了，連它的沒有出生的孩子也都死了，豈不是太殘忍了？道光一聽，感覺這個孩子挺仁慈，對他很滿意。這個故事叫「藏拙示仁」，此事不光見於野史，也載於《清史稿・杜受田傳》。

另一次，道光身體不好，召見兩個孩子，要聽聽他們對國家大政的看法。杜受田又給奕詝出了主意。道光先見了六阿哥奕訢，說我身體不好，可能不久於人世了，國家怎麼治理為好呢？奕訢口才很好，滔滔不絕地講述治國的方略，道光很高興，認為這個孩子有出息，讓他先退下。奕詝進來的時候，一看父親的病容，就跪在地下磕頭痛哭流涕，一句話也說不出來。道光說，讓你談談見解，你怎麼甚麼都不說呢？奕詝就說，我一看父親病成這樣，我就太難受了，甚麼話也說不出來。我現在就希望父親健康長壽，別的我甚麼都不想。道光很感動，認為還是這個孩子孝順，於是決定傳位給他。其實奕詝如此表現，是因為他老師告訴他，論口才你比不上六阿哥，你要「藏拙示孝」。

「藏拙示仁」「藏拙示孝」的故事過於傳奇，顯然只是傳說，即便被記入《清史稿》也不能證實其事。但這些傳說反映出的事實不錯，那就是和聰明伶俐、外向活潑、有才有為的弟弟奕訢比起來，咸豐是一個比較內向無能的人。這個人笨拙、安靜、少言寡語，無論哪個方面都不如他的弟弟。

奕詝的最終勝出，其實和老師的教導無關，而和道光的偏好有關。喻大華評價道光帝「不是昏君，卻是一位平庸的君主，缺乏力挽狂瀾的魄力、能力以及對時局的洞察力。……是一位循規蹈矩的皇帝」。在用人方面，「一是謹慎過度，二是缺乏定見」。[1] 確實，道光皇帝一生以穩定為務，喜歡安靜聽話之人，他之所以選擇咸豐，是因為在他看來，咸豐比弟弟更穩重、更聽話，更符合傳統觀念中的「賢人」標準。讓他當皇帝，更利於守成，風險比較小。

但其實道光犯了兩個錯誤。第一，大清已經不是守成之世，矛盾叢生，這個成，已經守不下去了。第二，咸豐確實缺乏當皇帝的才能。

有一本書，叫《道咸宦海見聞錄》，記載了一個叫張集馨的晚清官員進京被咸豐皇帝召見時的幾次對話。從對話中看，咸豐記憶力很差，咸豐六年（1856）他見張集馨問了一些問題，過了三年，到咸豐九年（1859）再見時，問的居然還是這幾個問題。

《道咸宦海見聞錄》記載，咸豐六年（1856）召見時，因張集馨腿部有傷，行走不便，咸豐問：「汝何以墜馬受傷？」張集馨對：「臣素不善騎，軍中督隊，非騎馬不可，是日督隊，所騎生馬，未經行陣，逆匪搖旗吶喊，馬遂驚逸，臣羈勒不住，遂致墜馬，並

1 喻大華：《道光皇帝》，長江文藝出版社，2009 年，第 110 頁。

為馬碰一腳，抬回帳房，不能帶隊。經勝保奏明，赴就近省城調理，蒙恩諭准。」上曰：「汝今年五十幾歲？」對：「臣係庚申命，今年五十七歲。」上曰：「汝京城有住房否？」對：「有。」上曰：「在何處？」對曰：「在西單牌樓。」上曰：「甚麼胡同？」對：「皮庫胡同。」

咸豐九年（1859），對話內容如下：

上曰：「汝住在京城何處？」對：「在西單牌樓皮庫胡同。」上曰：「是汝自己房子？」對：「是。」上曰：「汝在軍營帶過隊麼？」對：「臣初到營即帶隊，後來腿受傷不能騎馬，即不帶隊，辦理文案。」上曰：「汝受何傷？」對：「墜馬受傷。」上曰：「還是追賊，還是為賊壓下？」對：「打仗時，賊匪開號，馬驚墜騎，為馬蹄所踹。」上曰：「汝今年五十幾歲？」對：「六十歲。」

敢情上回全白問了。

最關鍵的是，一個王朝到了末期，這些皇族子孫往往氣質庸弱、資質脆劣，缺乏做大事必要的毅力和擔當。咸豐就是這樣。事實證明，他一上任燒的三把火，完全是一個年輕人的一股衝勁而已。等這股衝勁過去了，他就疲軟下來了。

在應詔陳言問題上，咸豐就已經表現出他有始無終的性格特點。

剛開始求言的時候，咸豐確實是誠心誠意。大臣們的奏摺一道道彙集上來的時候，他還能全神貫注地一篇篇認真閱讀。但是幾個月後，一個是大臣們的建議多有重複之處，再一個是他的精神頭已經耗光了，所以再有奏摺，一般他就看個開頭，批個好，就扔到一邊，再也不理了。

對曾國藩也是這樣。曾國藩費盡心血，上的這些摺子，他草草讀了一遍，隨口誇獎幾句，然後就扔進廢紙簍，沒了下文。

曾國藩難免大失所望，鬱悶不已，給友人寫信說：

自客春求言以來，在廷獻納，不下數百餘章，其中豈乏嘉謨至計？或下所司核議，輒以「毋庸議」三字了之。或通諭直省，則奉行一文之後，已復高閣束置，若風馬牛之不相與。……而書生之血誠，徒以供胥吏唾棄之具。每念及茲，可為憤懣。[1]

也就是說，自從皇帝發下求言詔書以來，上書言事的，有一百多人。其中有許多有見地的奏章，發到有關部門討論的時候，得到的只是「沒甚麼價值，不必討論」這幾個字的答覆。或者發到各省執行，但是一通上諭之後，各地沒有反應，朝廷也很快忘了這件事。讀書人掏心掏肝的血誠，只變成了辦事員紙簍中的廢紙。每想及此，心中怎不憤懣？

曾國藩的心情越來越焦急，因為天下大亂已經從可能變成了現實。

就在道光去世的第二天，也就是咸豐正式開始處理公務的第一天，他接到的第一件公文，就是廣西巡撫彙報廣西出現叛亂的消息。

在廣西遍地的叛亂當中，開始不為人注目的太平軍後來勢力越來越盛，眼看着要成燎原之勢。咸豐皇帝雖然很努力，但是用人不當，佈置失措，越努力形勢越惡化。曾國藩的內心被焦灼攪得日夜不安：「內度身世，郎署浮沉，既茫乎未有畔岸；外觀鄉里，飢溺滿眼，又汲汲乎有生涯日蹙之勢，進不能以自效，退不能以自存，則吾子之迫切而思，以吁於九閽者，實仁人君子之至不得已也。」[2]也就是說，自度身世，在各部之間俯仰升沉，不知道最終是個甚麼結果。再觀天下，到處是貧不聊生之人。向前無法貢獻自己的才智

1 《曾國藩全集・書信》1，岳麓書社，2011 年，第 70 頁。

2 《曾國藩全集・書信》1，岳麓書社，2011 年，第 70 頁。

於國家，退後無法很好地營謀自己的出路，除了直接向皇帝上書之外，還有甚麼辦法呢？

曾國藩發現，自己看錯人了，新皇帝並不是他想像中的明君，也難成大器。而且，當了幾個月皇帝之後，咸豐已經顯示出強烈的剛愎自用的性格傾向，大臣們給他提意見，常常被他當場駁回，說，我大清傳統，凡事乾綱獨斷，你們不用再廢話了。

曾國藩又一次陷入痛苦當中。經過幾個月的思考，曾國藩得出一個結論，要想挽救大清帝國，只有敲打醒這個糊塗皇帝才行。而要想敲打醒他，就需要把話說得重一些。在強烈的責任感支配下，以謹慎聞名的曾國藩做出了一個晚清官場極為罕見的舉動：直言批評皇帝。他上了一道驚世駭俗的《敬陳聖德三端預防流弊疏》，鋒芒直指咸豐皇帝的三個缺點：

一是見小不見大，小事精明，大事糊塗。他批評皇帝有「瑣碎」之風，「謹於小而反忽於大」[1]，每天察察於小事，而且有的謹慎到不該謹慎的程度，而對於國家的大計卻沒有時間和精力去深究。

所謂精於小節，是皇帝成天把精力用於挑大臣們的禮儀疏漏之類的小毛病。自去年以來，許多大臣因為接駕、叩頭、入朝等「小節」受到處分。朔望常服之禮儀，本來已經禮部奏定了，而去冬忽改為貂褂。御門常服掛珠，亦已經禮部奏定了，而忽然改為補褂。由於「小者謹其所不必謹，則於國家之大計必有疏漏而不暇深求」。

所謂疏於大計，是指皇帝對派往廣西鎮壓起義的人員安排不當。現在廣西對太平軍的戰事是國家最大的大事，而這個大事當中，人事安排又是重中之重。但是這個重中之重，皇帝並沒有處理好。曾國藩說，派往廣西的官員，姚瑩年近七十，曾立勳名，應該重用，結果只是泛泛委用，並不能收其全力。嚴正基辦理糧台，位

1 《曾國藩全集・奏稿》1，岳麓書社，2011 年，第 23 頁。

卑則難資彈壓。所以皇帝用人並不妥當。

此外，曾國藩還提了一個小問題：用兵必須了解地形。現在戰爭已經打了一年，但是外邊的將領沒有人呈進一幅戰爭地圖，宮內也沒聽說皇帝找出康熙輿圖、乾隆輿圖，「熟視審計」。打仗打了這麼久，連地圖都沒看過，你皇帝一天在忙甚麼？

二是「徒尚文飾」，不求實際。「自去歲求言以來，豈無一二嘉謨至計？究其歸宿，大抵皆以『毋庸議』三字了之。」你鼓勵大家進言，大家提了不少意見，其中怎麼也會有幾條有見解的吧？結果卻都是批了「毋庸議」三字而已，沒有一條落實。「間有特被獎許者，手詔以褒倭仁，未幾而疏之萬里之外；優旨以答蘇廷魁，未幾而斥為亂道之流。」偶爾有幾個被肯定的，也沒有好結果。剛剛親書手諭表彰倭仁，不久就驅之於萬里之外。剛剛發佈肯定蘇廷魁的聖旨，不久又批評他是離經叛道。「是鮮察言之實意，徒飾納諫之虛文。」看來您所謂求言，並無誠意，只不過是想獲得肯於納諫之虛名而已。

三是剛愎自用，飾非拒諫，出爾反爾，自食其言。一開始說聽取大家意見，現在卻動不動就說大權「朕自持之」「豈容臣下更參末議」。這口氣容易滋長驕矜之氣，尤不可以不防。「古今人情不甚相遠，大率戇直者少，緘默者多，皇上再三誘之使言，尚且顧忌濡忍，不敢輕發苟見；皇上一言拒之，誰復肯干犯天威？」自古以來，忠直之臣少，沉默自保者多。皇帝再三提倡，才有人敢說幾句真話。皇上要是拒諫飾非，那就沒人敢再給你提意見了。「專取一種諧媚軟熟之人……一旦有事，則滿庭皆疲苶沓泄，相與袖手，一籌莫展而後已。」[1] 如果還像老皇帝那樣，只用聽話順從的人，一旦天下有大事，也沒有人敢出來負責。

---

1 《曾國藩全集・奏稿》1，岳麓書社，2011 年，第 26 頁。

曾國藩最後警告說：「此三者，辨之於早，只在幾微之間；若待其弊既成而後挽之，則難為力矣。」就是說，希望您從現在開始，就注意這三條缺點，努力改正。否則，讓它們發展下去，想改就難了，那時候，國事也就更不可收拾了。

曾國藩希望自己的這道奏摺，能起到當頭棒喝的作用，使皇帝幡然猛醒，改弦易轍。他也希望通過自己的行動，在朝廷中引發直言的風潮：「現在人才不振，皆謹小而忽於大，人人皆趨習脂韋唯阿之風。欲以此疏稍挽風氣，冀在廷（大臣）皆趨於骨鯁，而遇事不敢退縮。此余區區之餘意也。」[1] 這個想法顯然是相當天真的。

明代大臣以冒着生命危險批評皇帝為榮，對皇帝嬉笑怒罵者本多，但清代體制威嚴，君臣之分，凜若天淵，大臣們給皇帝的文字，字斟句酌，務為恭順，極少諫諍之語。自從乾隆初年孫嘉淦的《三習一弊疏》之後，大清王朝一百多年間從來沒有出現過如此直接坦率地批評皇帝的奏摺。

而咸豐皇帝不同於一般皇帝。他是一個特別自卑，因而也特別敏感的人。他之所以自卑，一方面是因為智力平庸，能力平常。有那麼一個聰明能幹的弟弟奕訢襯托着，甚麼事都比弟弟差着一截，從小感覺自不如人。另一方面是因為咸豐身體還有殘疾。史載：「文宗體弱，騎術亦嫻，為皇子時，從獵南苑，馳逐羣獸之際，墜馬傷股。經上駟院正骨醫治之，故終身行路不甚便。」[2] 就是說有一次他出去打獵，笨手笨腳，從馬上掉了下來，把腿摔折了。後來雖然大夫給接上了，但接得不好，終生走路不便，一瘸一拐，成了一個瘸子，所以這更加重了他的自卑心理。茅海建先生說他「無能缺才引

1 《曾國藩全集・家書》1，岳麓書社，2011 年，第 189 頁。

2 崇彝著：《道咸以來朝野雜記》，第 2 頁。轉引自茅海建著：《苦命天子 —— 咸豐皇帝奕詝》，上海人民出版社，1995 年，第 9 頁。

起的內心自卑，反過來使他更有強烈的自尊心，更愛裝腔作勢」[1]。

自卑的人，最在乎的是你看不看得起我。上台之後，他之所以那麼細緻地挑剔大臣的禮儀，正是這種自卑的表現。在後來發生的第二次鴉片戰爭中，他那麼執着於中外禮儀之爭，也摻雜着同樣的原因。

對於曾國藩這個人，一開始咸豐是比較有好感的，而且本還打算進一步大用。沒想到，在這個時候，曾國藩上了這樣一道奏摺。

年輕氣盛、自尊心特別強而又脆弱敏感的咸豐皇帝的反應可想而知，他對曾國藩的印象馬上來了個一百八十度的大轉彎。史載：「疏上，帝覽奏大怒，捽（摔）諸地，立召軍機大臣，欲罪之。」[2]咸豐把奏摺摔到地上，立刻想把曾國藩抓起來。幸虧祁寯藻、季芝昌等大學士為之苦苦求情，說您剛剛下詔求言，如果把曾國藩治罪，豈不是出爾反爾，也正坐實了曾國藩奏摺中的指控嗎？不如您反而褒獎他一下，天下人才佩服您的氣度不凡。

在大臣們的勸諫下，咸豐皇帝明白過來，要是把曾國藩抓起來，大家真要是這麼一批評，他臉上更不好看。

於是咸豐皇帝就下達了一篇長篇上諭，開頭假惺惺地誇獎了曾國藩幾句，不過接下來，筆鋒一轉，一個「但是」，就開始細細為自己一一辯解，針鋒相對地駁回了曾國藩的主要指責。上諭是這樣寫的：

> 曾國藩條陳一摺，朕詳加披覽，意在陳善責難，預防流弊，雖迂腐欠通，意尚可取。朕自即位以來，凡大小臣工章奏，

---

1 茅海建著：《苦命天子 —— 咸豐皇帝奕詝》，生活・讀書・新知三聯書店，2006 年，第 237 頁。

2 徐凌霄、徐一士著：《曾胡譚薈》，第 13 頁。轉引自成曉軍著：《曾國藩與中國近代文化》，湖南出版社，1991 年，第 22 頁。

於國計民生、用人行政諸大端有所補裨者，無不立見施行；即敷陳理道、有益身心者，均着置左右，用備省覽；其或窒礙難行，亦有駁斥者，亦有明白宣諭者，欲求獻納之實，非徒沽納諫之名，豈遂以「毋庸議」三字置之不論也？伊所奏，除廣西地利兵機已查辦外，餘或語涉過激，未能持平；或僅見偏端，拘執太甚。念其意在進言，朕亦不加斥責。至所論人君一念自矜，必至喜諛惡直等語，頗為切要。自維藐躬德薄，夙夜孜孜，時存檢身不及之念，若因一二過當之言不加節取，採納不廣，是即驕矜之萌。朕思為君之難，諸臣亦當思為臣之不易，交相咨儆，坐言起行，庶國家可收實效也。[1]

也就是說，曾國藩的奏摺，雖然迂腐欠通，但我知道用心是好的。不過我自從即位以來，大臣們的奏摺，只要有利於國計民生，我無不立刻採納實行。只要有利於我修身養德的，我也會放在左右，經常瀏覽。個別不可行的建議，雖然偶有駁斥，但也都指出為甚麼不能實行。哪有甚麼像你曾國藩說的以「毋庸議」三個字放到一邊的呢？你說的那些事，除了廣西打仗我應該多看地圖，這個我已經找出地圖看了之外，其他的，或者語言過激，未能心平氣和，或者是自己的固執偏見而已。不過因為你是應詔進言，我不怪你。至於你說的如果我剛愎自用，則以後別人就不敢說話了這句話，我覺得倒是挺有道理。不過我即位以來，也已經注意經常反省自己。咱們君臣，別說那麼多了，一起好好幹吧！

皇帝大發雷霆，曾國藩並不感覺意外，他甚至已經做好了坐牢的心理準備。但皇帝如此長篇大論地嘵嘵置辯讓他認識到，這個皇帝自尊心太強，缺乏自知之明，自我反省能力太差，通過苦口直諫

1 熊治祁編：《湖南人物年譜》2，湖南人民出版社，2013 年，第 648 頁。

使皇帝猛然驚醒、洗心革面是不可能的。這件事讓曾國藩受到很大打擊，也受了很大的教訓。在此之後，他還是不斷地上建議改革的奏摺，不過多是就事論事，不再有類似的戇直之言了。

不過，從此之後，小心眼的咸豐就不斷給曾國藩小鞋穿。咸豐皇帝是一個特別愛記仇的人，所以他後來把這個事記了一輩子。曾國藩後來建立湘軍，立了很多戰功，但是咸豐皇帝對他特別防備，一直不信任他，他辦很多事，都得不到朝廷的支持。這當然是後話。

不過這次上疏也有正面效果。它顯示了曾國藩直道而行的書生本色，一心為國的耿耿用心，為他贏得了很高的政治聲望。特別是在湖南，他的奏摺內容經老鄉和朋友們，如羅澤南、劉蓉、郭嵩燾、江忠源、彭筱房、朱堯階、歐曉嶺等人的傳播，為湖南通省所知，湖南士人對曾國藩更加敬佩，曾國藩在湖南的知名度和威望迅速提高，這對他後來組建湘軍、吸收人才有很大作用。當然這也是後話。

3. 北京，生命中的艱難時刻

曾國藩不識時務，得罪了咸豐皇帝。在得罪皇帝的同時，曾國藩還把同事們也都給得罪了。怎麼把同事得罪了呢？

首先是他惹了幾個大人物。曾國藩晚年回憶：「昔余往年在京，好與諸有大名大位者為仇，亦未始無挺然特立不畏強禦之意。」[1]就是說，我早年在北京的時候，專門愛批評大人物。官越大，我越不怕。

大名大位者之一，就是那位因鴉片戰爭而出名的琦善。琦善出身貴族，聲名早達，三十歲就當了河南巡撫，一度位極人臣，在朝

---

1 《曾國藩全集・家書》1，岳麓書社，2011 年，第 28 頁。

廷中根深蒂固。雖因鴉片戰爭而被道光「革職鎖拿，查抄家產」，但不久就獲重新起用，任陝甘總督。咸豐即位後，有人參奏他在陝甘總督任內「妄加誅戮」，「將雍沙番族刑求逼供，殺斃多名」。[1] 皇帝命將其革職交刑部審訊。

雖然兩度獲罪，琦善在京中人緣卻一直很好。回到北京後，會審人員只尋「微瑣細事」令琦善回答，實際是為他開脫罪責。有人還建議讓傳告他的薩迎阿隨帶的司員來對質，傳命官與罪犯對質，並不合當時體制，顯然有報復這些人之意。當時兼署刑部侍郎的曾國藩挺身而出，拍案而起，說：「琦善雖位至將相，但是既然犯了罪，就一是一，二是二，得查清楚。司員雖然官位不高，但是沒有與罪犯對質的道理。如果你們這樣辦，以後大員有罪，誰敢處理？」（「琦善雖位至將相，然既奉旨查辦，則研鞫乃其職分；司員職位雖卑，無有傳入廷尉與犯官對質之理。若因此得罰，將來大員有罪，誰敢過問者？且諭旨但令會審琦善，未聞訊及司員，必欲傳訊，當奏請奉旨然後可。」[2]）

曾國藩「詞氣抗厲」，「四座為之悚動」，刑部尚書恆春不得不取消了這個動議。懾於曾國藩的剛直，咸豐二年（1852）四月，琦善被革職，淒淒慘慘地離開北京，發往吉林效力贖罪。

第二個被曾國藩得罪的，是大學士賽尚阿。賽尚阿也是朝中重臣，做過文華殿大學士，還一度當過首席軍機大臣。

太平軍在廣西揭竿而起，並屢敗清軍。咸豐派大學士賽尚阿南下督師。曾國藩的好友、軍機章京邵懿辰認為賽尚阿缺乏才幹，又素不知兵，去了肯定壞事，於是馬上上書諫止，但咸豐並沒有採納。後來的事實證明邵懿辰的判斷非常準確，賽尚阿到了廣西，胡

1 戴逸、李文海主編：《清通鑒》14，山西人民出版社，1999 年，第 6161 頁。

2 黎庶昌等撰：《曾國藩年譜》，岳麓書社，1986 年，第 19 頁。

亂指揮，貽誤軍機，果然一敗塗地。

咸豐二年（1852），咸豐命將賽尚阿交刑部議處。同樣，大部分人想當老好人，參照成例，放過賽尚阿一馬。只有曾國藩堅持，「以軍務關係重大，議處罪名宜從重者，不當比照成例」。[1] 帶兵打仗犯的錯誤，非同尋常。軍務關係重大，直接關係國家安危，不嚴肅處理，以後誰還好好帶兵？那國家不得亡嗎？所以一定要堅持原則。

會議結束之後，他又專摺奏請從嚴議處，賽尚阿終被革職。

本來，曾國藩這個人特別愛交際，在北京有很多朋友。他又熱心腸，愛幫助人，所以在京官當中人緣是非常好的。

然而，這兩次挑戰「大名大位」者，讓他的人際關係網出現了巨大的破洞。因為琦善門生故舊遍天下，賽尚阿更是人脈廣闊，曾國藩打破了「官官相護」的潛規則，成為官場上的異類。案子審完之後，許多人與曾國藩拉開距離，甚至不再往來。「諸公貴人見之或引避，至不與同席。」[2] 有一次有人請客，曾國藩也去了，見一個桌子上還有空位，桌上坐的，還都是自己認識的人，於是一屁股坐到那兒了。正想跟大家打招呼，結果他一坐下，這一桌人紛紛站起來，一言不發，都跑到別的桌上去了。當面這樣，在背後曾國藩當然更是遭到無數詆毀。曾國藩這才發現，自己堅持原則會帶來這樣嚴重的後果。

得罪了皇帝和權要的同時，曾國藩還得罪了普通同僚。畫稿事件就是曾國藩窘境的明顯反映。

前面講過，曾國藩上給咸豐的第一道奏摺叫《應詔陳言疏》，

---

1 黎庶昌等撰：《曾國藩年譜》，岳麓書社，1986 年，第 20 頁。

2 錢仲聯主編：《曾國藩文選》，蘇州大學出版社，2001 年，第 383 頁。

批評了官場風氣不正。他說，要改變官場風氣，就得皇帝帶頭學習，帶領大家學習聖人教導。所以他建議皇帝舉行「日講」，即加強學習，以皇帝本身的振作之氣，扭轉官場的泄沓之風。這道奏摺得到了良好的反應。皇帝對他大為讚賞，對他提出的「日講」建議最感興趣，命令他畫個圖，解釋講堂應該怎麼佈局。

曾國藩一聽，也很興奮，連夜就畫。不過曾國藩沒學過畫畫，湖南鄉下的農家孩子，沒有美術基礎，這張圖畫得歪歪扭扭，相當難看。

圖稿在九卿中傳閱之後，曾國藩成了北京官場議論的中心。大家議論的不是他的赤心血誠，而是譏笑他「畫圖太陋」。就這個水平，還充甚麼聖人門徒！

這固然是曾國藩準備不充分導致的自取其辱，其實又何嘗不是北京官場看他風頭太盛、鋒芒太露而引發的自然反應。官場中人，對曾國藩這個憨頭憨腦坐直升機飛上來的湖南鄉下人早就憋了一肚子氣了。

木秀於林，風必摧之，鋒芒畢露，人必非之。眾人皆醉，我也只好喝上幾杯。天塌大家死，急不得。激動、憤怒、抨擊、更張，都是不成熟的表現。因此，要成熟，要心胸開闊，要辯證地、全面地看問題。這是當時官場中的普遍習氣。

曾國藩在奏摺中把所有的官員都罵了一頓，說京官辦事退縮、瑣屑，外官辦事敷衍、顢頇，科道官員也沒有一個人敢對皇帝上書直言。看到他的奏摺中把大家描寫得如此不堪，官員們更是氣不打一處來。好嘛，滿朝皆醉你獨醒，滿朝皆濁你獨清？就你對大清朝忠心耿耿，我們都是廢物？皇帝下了一個求言詔，你就真的獨抒己見，把大家一竿子全打倒？

因此，曾國藩的這個「笑話」很快騰於眾口，風傳全城。人們見了他，都「目笑存之」，笑眯眯地看着他，誰也不說話，顯然他們在背後議論他已經很久了。這令曾國藩無地自容。

曾國藩在咸豐二年(1852)幾乎成了京師人人唾罵的人。

在北京的最後一段日子,曾國藩動輒得咎,精神十分痛苦,越來越想念家鄉了。國事頹唐,他百計奮鬥,卻絲毫無補,不免又一次萌生了退志,多次表示,想回老家。

但是他遇到了一個現實的問題:沒錢,拿不出回家的路費。

早在道光末年,曾國藩就在家書中說:「余自去歲以來,日日想歸家省親,所以不能者,一則京城欠賬將近一千,歸家則途費接禮又須數百,甚是難以措辦……」[1]

為甚麼在大清王朝做到「副部長」,卻連回家的錢都沒有?

主要原因就是清朝的低薪制。

在清朝的俸祿體系中,七品文官的年俸是一百二十五兩白銀。用購買力換算的方法,可以算出晚清一兩白銀的購買力,大概相當於今天的二百元人民幣。因此曾國藩一年的工資大約相當於今天的兩萬五千塊錢,一個月兩千零八十塊錢。今天的一個京漂這點錢都不夠花,曾國藩那時當然也不夠花。

在當時的等級社會,官員和平民的生活是截然不同的。比如,朝廷對官員的服裝有着明確而煩瑣的要求,光是置辦齊一年到頭的幾套官服,就要花掉六百兩左右的白銀。再比如官員不能和平民混居,至少要租一套獨門獨院的四合院。曾國藩在繩匠胡同租了一套四合院,年租金是一百六十兩。關於曾國藩日常生活的收支,我曾經專門寫過兩本《給曾國藩算算賬》,有興趣的讀者可以參考。

因此,在那個時代做京官實際上是一件賠錢的事。很多京官解決財務赤字,只有兩個辦法。一個是靠家裏補貼,另一個是營謀灰

---

1 《曾國藩全集・家書》1,岳麓書社,2011 年,第 146 頁。

色收入。很多地方官願意結交京官，讓他們在北京為自己探路。很多京官通過這種方式獲得了巨額的灰色收入。但在曾國藩的資料中，我們找不到任何一筆這樣的記載。因為曾國藩已經發誓要「學做聖人」，他的理學修養體現在經濟生活上，就是不謀求任何灰色收入。

道光二十九年（1849）三月二十一日，曾國藩在寫給弟弟們的家信中說：

> 予自三十歲以來，即以做官發財為可恥，以官（宦）囊積金遺子孫為可羞可恨，故私心立誓，總不靠做官發財以遺後人。神明鑒臨，予不食言。[1]

在有關曾國藩的數據文件中，我們沒有發現任何一筆營求私利的記載，但困窘的生活確實使道學家曾國藩在京官生涯中不斷為利心所擾，並導致不斷地自我批評。在京官時期，曾國藩立下了「不靠做官發財」的錚錚誓言。但是，做一個清官其實是很痛苦的。由於經濟壓力如此之大，所以在曾國藩的日記中我發現了一條很有意思的記載，那是在道光二十二年（1842）二月初十日的一段日記，他說「座間，聞人得別敬，心為之動。昨夜，夢人得利，甚覺豔羨，醒後痛自懲責，謂好利之心至形諸夢寐」[2]。就是說，白天跟人出去吃飯，一個朋友在酒桌上聊起來，昨天有人送了自己一筆別敬，數目很大，他當時就很羨慕。昨天晚上他做夢，夢見有一個朋友發財，他在夢中就羨慕得不得了。他反省起這兩點，覺得自己實在太

1 《曾國藩全集・家書》1，岳麓書社，2011 年，第 164 頁。

2 《曾國藩全集・日記》1，岳麓書社，2011 年，第 116 頁。

下流了，好利之心在夢中都不能忘，可見自己已經卑鄙、下流到了甚麼程度。還有一段日記也很有意思，在這一年的十月十九日，曾國藩在日記中說：「兩日應酬，分資較周到，蓋余將為祖父慶壽筵，已有中府外廄之意，污鄙一至於此！」[1] 這是甚麼意思呢？就是我回想起來這段時間隨朋友的分資都很周到，誰通知我，我都去，而且隨的錢都很多。我為甚麼這麼做呢？今天我想明白了，過幾天我祖父的生日到了，我準備在北京擺幾桌，通過祖父的生日收一點兒賀禮，以度過目前的財政危機。想想自己是一個堂堂的京官，一個要發誓學做聖人的人，居然打這麼一點兒小算盤，實在是太要不得了，所以在日記當中痛罵自己。我認為這兩則日記並不能說明曾國藩這個人本性是多麼卑污、多麼貪財，只能說明清代的財政制度是多麼不合理。在這種財政制度下，懲罰的是清廉之員，鼓勵的是貪官。

做初級低級京官時是這樣，做了「副部級」高官，不主動伸手撈錢的曾國藩的收入仍然不高。

清代侍郎級高官，年俸一百五十五兩。加以恩俸和祿米等補貼，年收入一共可達六百二十兩，此外還有一些公開的灰色收入。咸豐初年（1851），曾國藩兼署禮、吏、兵、刑、工五部侍郎，在好幾個部領津貼，收入應該更高。但是隨着交往等級的提高，開支也隨之增加，比如交通費一年就要四百兩，所以清代的侍郎仍是一介窮京官。

所以曾國藩在北京經常借錢，曾國藩的日記、賬本上，借銀的數量逐年增長，在升任侍郎後的道光二十九年（1849）七月十五日，他在家書中提道：

---

1 《曾國藩全集・日記》1，岳麓書社，2011 年，第 120 頁。

今年我在京用度較大，借賬不少。[1]

咸豐元年九月初五日，他更是說：

但京寓近極艱窘。[2]

這時他的外債已有一千多兩。做了堂堂「副部長」，居然掏不起回一趟老家的路費，不知今日讀者讀了這段資料，會有何感想。

曾國藩道光十九年（1839）離家後，一直沒有回去過。在這十多年間，他的祖父祖母先後去世，曾國藩都沒能參加葬禮。母親江氏夫人更是非常想念遠在數千里之外的長子。

隨着離家日久，曾國藩也越來越想念家鄉、想念親人，家書中一再流露想回家探親的念頭。但是曾麟書一直不同意曾國藩回家，要求他在京老老實實做官。曾國藩曾經提出一個「迎養」計劃，要接父母到北京享兩天福，江氏從此就心心念念去北京，但是丈夫曾麟書知道曾國藩經濟緊張，怕他花錢，不同意這個計劃。

就在曾國藩左右為難之時，喜從天降。咸豐二年（1852）六月十二日，皇帝派他充任江西鄉試正考官。

這次前往江西，是曾國藩盼了十多年才盼來的差事。

明、清兩朝，在北京為官的京官們個個都盼着被皇上派到各省去做主考官。一來，可以收納許多門生，這些被他取中的舉人當了官，一輩子會奉他為老師，感他的恩德。二來，到各地做主考，按慣例地方官場都會公送他一筆厚厚的「程儀」，再加上私人致送的

1 《曾國藩全集・家書》1，岳麓書社，2011 年，第 174 頁。

2 《曾國藩全集・家書》1，岳麓書社，2011 年，第 201 頁。

禮物，收穫總能在三五千兩白銀之間。這是清貧的京官生涯中難得的「加油站」。數年前，曾國藩到四川做鄉試主考，就曾經發過這樣一筆財。雖然用今天的財政標準衡量這些收入是灰色的，實際上在當時卻是公開的、合法的，因此並不違反曾氏「不靠做官發財」的誓言。

除了可以緩解財政困難外，更主要的是，皇帝已經同意考試結束後放曾國藩兩個月的假，「賞假兩月回籍」。江西與湖南相鄰，他可以在鄉試結束後順理成章地回家探親。

曾國藩滿懷興奮地於咸豐二年（1852）六月「馳驛出都」，結束了十來年的京官生涯。

第二卷

湘軍崛起

第五章

「曾剃頭」的長沙之辱

1. 赴任江西遭遇家庭變故

咸豐二年（1852）七月二十五日，深夜兩點半鐘（丑正二刻），正在安徽小池驛驛站酣睡的曾國藩突然被一陣急促的敲門聲驚醒。

曾國藩春風得意馬蹄疾，急着赴江西主持鄉試，白天貪趕路程，晚上睡得特別沉，沒想到在睡得最香的時候被叫醒了。

貼身僕人懵懵懂懂地爬起來披上衣服，打開了房門。依稀的月光下，站着一個鄉間打扮的年輕人，通報自己是從湘鄉白玉堂來。

聽到這話，曾國藩大吃一驚，立刻睡意全無。

湘鄉白玉堂，是他的老家。老家派人來在深更半夜叫醒他，只有一個可能，那就是家裏出現了重大變故！

果然，那人告訴他，曾國藩的母親，江太夫人去世了。

曾國藩真如五雷轟頂，一陣眩暈，天旋地轉。旁邊已經紛紛起來的僕人們忙一把攙住了他，扶他坐在椅子上。他淚如雨下，完全想不到，「一出家輒十四年，吾母音容不可再見，痛極痛極」！[1]

母親是曾家的功臣。江氏嫁到曾家之時，上面有公公婆婆、太公公太婆婆，下面有兩個未成年的小叔子。公公性格暴烈，動不

1 《曾國藩全集・家書》1，岳麓書社，2011 年，第 207 頁。

動就開口罵人，很難侍候。曾麟書性格內向懦弱，又常年以讀書為業，因此家中內政大小事情都要靠江氏一個人操持。她又為曾家生下養大五個男孩、四個女孩，一生勞苦，可以想見。

在她的支撐之下，丈夫四十多歲終於考上了秀才，讀書一生，總算是有了個交代。更主要的是，長子曾國藩居然中了進士，做了高官。自己也因為曾國藩為官而獲封為「一品夫人」。如果沒有她的一生辛苦，曾家不可能這樣興旺發達。

所以，她也算有福之人。但是她最大的遺憾是沒有再見到長子曾國藩和離家時才一歲的長孫曾紀澤。曾國藩後來在京又生了七個孩子，她都沒有見到過。

雖然不識甚麼字，但是江氏生活中最高興的事，就是長子來信，聽丈夫讀給她聽。有時候長子長時間不來信，她就寢食不安，生怕出甚麼意外，甚至到神像面前去祈禱。道光二十九年（1849）七月初八日，曾國荃在信中說：「前次有五十餘天未接兄信，（母親）不勝繫懷，常常祝禱神明，祈佑兄體。」[1]

哪怕她老人家再多活幾個月，等曾國藩完成主考任務回家見上一面，曾國藩也不會如此難過。[2] 事後曾國藩推算日子，母親去世那一天，正是他接到鄉試主考任命的同一天。[3]

冥冥中真似有天意。

---

1 曾國荃撰，梁小進主編：《曾國荃集》5，岳麓書社，2008 年，第 20 頁。

2 江氏從不叫苦，為人豁達，在任何時候都能保持樂觀。曾家年年添人進口，曾麟書因此常以「人眾家貧為慮」，江氏夫人卻總是「好作自強之言」，或用「諧語以解劬苦」。她常對丈夫說：「吾家子女雖多，但某業讀，某業耕，某業工賈。吾勞於內，諸兒勞於外，豈憂貧哉？」雖然沒日沒夜地操勞，但是江氏總是興興頭頭，精神飽滿。曾國藩從祖父身上遺傳了剛烈，從父親那裏學到了韌性，從母親身上則繼承了倔強和詼諧。曾國藩曾經說：「吾兄弟皆稟母德居多，其好處亦正在倔強。」也就是說，他們兄弟大多數都繼承了母親的性格特點，最突出的一點是倔強。

3 母親是因為突然中風去世的。曾國潢說，這一天恰好家裏接到曾國藩託人送回的朝廷賜給曾家的九軸誥封，其中江氏夫人因曾國藩為官而受封為「一品夫人」。也許是因為過於興奮，幾個小時後江氏就發病了。

傳統時代，官員父母去世，必須回家守孝。因此這個主考是做不成了。曾國藩很快平靜下來。他畢竟理學修養深厚，長於克制情緒。天將亮時，他已經把接下來的事情計劃了一遍，首先坐在桌前，給北京的家人寫了一封信，安排他們如何返回湖南的事宜。既然已不能繼續為官，家人也無法在北京長住了。

接着計劃自己如何返回湖南。他一開始計劃從小池驛走二百里，到長江邊上，沿長江坐船到達武昌，再由武昌轉赴湖南。這是最快捷的路徑。

但後來盤算之下，還是決定先繞道江西，再由江西回轉湖北。因為這樣可以打一次「秋風」：他既到了江西，表明他是在江西主考任內中途守制，仍然可以名正言順地收取奠金和程儀等項。如果曾母晚去世幾個月，則曾國藩會因為到江西當主考收入數千兩。如今這項收入落空，而辦理喪事及京師家屬回南又需要大筆費用。曾國藩想來想去，除了收取奠金，別無他法。

曾國藩到了江西，在九江耽擱兩日，收到江西省城奠金千兩。

> 江西送奠儀千兩，外有門包百金。[1]

正是這千兩奠金救了他的急。手裏有了錢，七月三十日他從九江開船赴湖北，八月十四日在湖北起行，二十三日到家，撲到母親棺前伏地大哭。「在腰里新屋，痛哭吾母。」[2]

---

1 《曾國藩全集・家書》1，岳麓書社，2011 年，第 213 頁。

2 《曾國藩全集・家書》1，岳麓書社，2011 年，第 215 頁。

2. 為甚麼出山？

傳統時代，辦一次喪事需要耗費巨大精力。

在那個時候，幾乎人人都重視風水，而尋找一塊上好的吉地，非數月不可。因此九月十三日，曾家將江太夫人暫時葬在腰里屋後的山上，準備將來尋找到吉地再正式安葬。[1]

喪事料理粗畢，曾國藩就把隨他回到湖南的三個僕人丁貴、孫福和王荊七都打發回了各自的老家。在給兒子的信中他說：「蓋居鄉即全守鄉間舊樣子，不參半點官宦氣習。」[2]

然後他在家裏自己動手，打掃乾淨一間書房，靜下心來開始讀書。

十三年的京官，做得太累了。他需要好好休息一段時間。實際上，即便不是母親去世，他也不想再繼續在京為官了。他已經看出來，在現在這個官場的大背景下，自己是做不成甚麼事的。現在自己官居二品，已經完成了光大家門、光宗耀祖的任務。他一生對學術都有強烈興趣，追慕王引之父子，只苦於沒有時間研究學問。如今，他終於有了大把的時間，接下來，他想轉換人生重點，展開自己的學者生涯。

就在曾國藩決心息影山林的時候，朝廷卻又想起他來了。

咸豐二年（1852）十二月十三日這天下午四點，天已黃昏，曾國藩正打算掩上書卷到書房外走一走的時候，聽到門口有馬嘶聲。一會兒，家人來報，巡撫大人專差送來一封公文。

曾國藩打開夾板，取出公文，原來是湖南巡撫衙門遣人送來一封咨文。咨文轉錄兵部火票遞來的上諭：

---

1 《曾國藩全集・家書》，岳麓書社，1994 年，第 241 頁。

2 《曾國藩全集・家書》1，岳麓書社，2011 年，第 217 頁。

前任丁憂侍郎曾國藩，籍隸湘鄉，聞其在籍，其於湖南地方人情自必熟悉，着該撫傳旨，令其幫同辦理本省團練鄉民、搜查土匪諸事務。伊必盡力，不負委任。[1]

原來，咸豐二年（1852）四月，太平軍揮師北上，湖南湖北各地，紛紛糜爛。咸豐皇帝情急之下，命各地在籍官員協助地方官員興辦「團練」。

前面說過，早在道光二十四年（1844），太平天國起義爆發六年前，曾國藩就曾經預測，數年後將天下大亂。果然，道光三十年（1850）年底，就在咸豐即位不久之時，太平天國起義在廣西金田爆發了。這支一開始並不為人注意的隊伍表現出驚人的戰鬥力，不久就從廣西打到湖南，又攻入湖北，越戰越強，人數發展到近三十萬人，竟然攻克了湖北省城武昌。

咸豐皇帝「吃睡不安」，所以除了命各地官員拼死抵抗外，還詔命曾國藩這樣的在籍官員出山，興辦「團練」，以保衛鄉里。如今雖然太平軍已經進入湖北，但仍然隨時可能南下，因此加強防務是當務之急。

接到這道咨文，毫無思想準備的曾國藩的第一反應是拒絕。

對各地的軍事戰況，曾國藩當然是非常關心的。武昌陷落，曾國藩的朋友、湖北巡撫常大淳在城門上吊死，他的妻子、長子和大孫女一併自殺，二兒子兒媳皆被太平軍掠去。常大淳也是湖南人，和曾國藩很熟，兩家來往很密切，八年前他還一度想和曾國藩結為兒女親家。[2] 因此曾國藩聞聽這個消息自然不勝驚悼，說：

---

1 《曾國藩全集・奏稿》1，岳麓書社，2011 年，第 68 頁。

2 見道光二十四年（1844）五月十二日家書：「常南陔之世兄，聞其宦家習氣太重。孫男孫女尚幼，不必急於聯婚。且男之意，兒女聯姻，但求勤儉孝友之家，不願與宦家結契聯婚，不使子弟長奢惰之習，不知大人意見何如？」

「恐常氏遂無遺類矣。慘哉！」[1] 湘鄉雖然地處偏遠，但覆巢之下安有完卵，如果王朝覆滅，曾氏家族也不可能獨完。按理他應該挺身而出。

然而曾國藩並不打算出山。

第一，中國歷來講究「以孝治天下」，為父母守孝是天大的事。

第二，即使他沒有重孝在身，他一個文官，從來沒有帶過一天兵，打過一次仗。由文轉武，帶兵打仗，豈是那麼容易的？在皇帝命令之前，劉蓉就曾請他參加地方辦理團練事務，曾國藩在回覆他的信中說：「國藩於用兵行軍之道，本不素講，而平時訓練，所謂拳經棍法不尚花法者，尤懵然如菽麥之不辨。」[2]

第三，也是更關鍵的，他對於咸豐皇帝已經失去信心，判定他不是大有為之主。作為官場上的一隻倦鳥，剛剛歸巢，怎肯復出？

所以他沒有遲疑，當天就開始起草奏摺，準備辭去這個差事。「草疏懇請終制，並具呈巡撫張亮基代奏，力陳不能出之義。」

但是，就在曾國藩寫好了奏摺還沒有送出的時候，他的好友郭嵩燾到家裏來弔孝。郭嵩燾與曾國藩相識多年，相知甚深，他力勸曾國藩出山。郭嵩燾說：「公素具澄清之志，今不乘時自效，如君父何？」[3]

也就是說，你以前總在信裏抱怨承平時代，朝廷按部就班，死氣沉沉，沒法興革，你的政治理想沒法實現。亂世出英雄，現在天下大亂，豈不正是你建功立業，施展自己的才華，實現人生理想的大好時機？你成天抱怨上天不給機會，現在，不正是上天給的機會嗎？

---

1 《曾國藩全集・書信》1，岳麓書社，2011 年，第 68 頁。

2 《曾國藩全集・書信》1，岳麓書社，2011 年，第 97 頁。

3 《清史稿》13，吉林人民出版社，1998 年，第 9172 頁。

曾國藩一聽，也恍然驚醒。是啊，在正常情況下，像他這樣的人在官場上才能是得不到施展的。但是天下大亂，秩序崩解，皇帝對各地的控制力已經大不如前，豈不就為他赤地立新、開創局面提供了難得之機嗎？曾國藩自當官第一天起，就立下了內聖外王、拯救天下之志。現在怎麼能放過這個試驗自己經世之才再造這個世界的機會？

曾國藩最終決定，出來給皇帝賣命。

3. 在長沙，成為眾矢之的

咸豐二年（1852）十二月二十一日，曾國藩來到了長沙。

他不出山則已，出來就想大幹一場，所以一到長沙，就設置了一個「協辦團練大臣公館」，以個人名義向全省發佈公文，要把全省的社會治安工作管理起來。

皇帝的諭旨傳到湖南時，太平軍已經揮師湖北。湖南雖暫獲喘息，形勢卻依然危急。湖南歷來是會黨之淵藪，太平軍一走，串子會、紅黑會、半邊錢會、一股香會等名目繁多的會黨土匪勢力便不斷發難，試圖步太平軍後塵以求一逞，各地地痞流氓、散兵游勇，也跟着興風作浪，因此湖南境內風聲鶴唳，人心惶惶。穩定社會治安成了當務之急。

皇帝命他幫同辦理團練的諭旨原文是「令其幫同辦理本省團練鄉民，搜查土匪諸事務」，所以出山伊始，曾國藩即以「剿匪」為首要任務。

他說：「方今之務，莫急於剿辦土匪一節。會匪、邪教、盜賊、痞棍數者，在在多有。」[1]

---

1 《曾國藩全集・書信》1，岳麓書社，2011 年，第 95 頁。

一到長沙，曾國藩就展現出雷厲風行的辦事風格。他把全省各地民間團練武裝召集到一起，加以訓練，然後四出搜「剿」土匪。土匪大多是烏合之眾，不堪一擊。咸豐三年（1853）正月二十二日，曾國藩接到湖南耒陽縣的稟報，說附近有土匪嘯聚，曾國藩當即派團練八百人前往圍剿，土匪即聞風而散。這年五月，江西的土匪又竄入湖南，曾國藩派部防堵，斬刈俘獲數百人，餘者作鳥獸散。七月，團練在興寧剿匪，一戰斃俘二百餘人，聲名大振。隨着這幾次戰役，各地土匪不敢再出頭活動，湖南的形勢穩定了下來。

接下來，曾國藩又把工作重點放在除暴安良，打擊地方黑惡勢力上。

到長沙後不久，他就在館內設了一個審案局，實際上就是成立了一個湖南省社會治安嚴打指揮中心。他在審案局內發佈了一道《與湖南各州縣公正紳耆書》，宣示除了土匪外還要嚴辦三種人。

第一，素行不法，慣為猾賊造言惑眾者。

第二，逃兵、逃勇，「經過鄉里劫掠擾亂者」。

第三，匪徒、痞棍，「聚眾排飯（即吃大戶），持械抄搶者」[1]。

曾國藩說，這幾類人，行為惡劣者，可以「格殺勿論」，「就地正法」。這道蓋着「欽命幫辦團練大臣曾」的紫花官鈐的佈告，遍佈湖南大小城市的大街小巷，一股恐怖氣氛在湖南全省蔓延開來。

曾國藩可不只是嚇唬嚇唬人，他是真敢動手。在這個指揮中心裏，曾國藩「拿獲匪徒，立予嚴訊。即尋常痞匪，如奸胥、蠹役、訟師、光棍之類，亦加倍嚴懲，不復拘泥成例」[2]。「匪類解到，重則立決，輕則斃之杖下，又輕則鞭之千百。敝處所為止此三科。」「巨

1 《曾國藩全集・書信》1，岳麓書社，2011年，第101頁。

2 《曾國藩全集・奏稿》1，岳麓書社，2011年，第73頁。

案則自行彙奏，小者則惟吾專之，期於立辦，無所罣礙牽掣於其間。案至即時訊供，即時正法，亦無所期待遷延。」[1] 也就是說，曾國藩命令，凡有地方土匪、流氓、搶劫犯被抓獲，不必經過州縣，直接送到這裏。只要捆送來者，一不需要參照法律，二不需要任何實際證據，只以舉報者口辭為信，稍加訊問，立即砍頭。

在審案局內，才四個月，他「或簽派兵役緝拿，或札飭紳士踩捕，或着落戶族勒令跟交，或令事主自行擒縛。一經到案訊明，立予正法。計斬決之犯一百四名，立斃杖下者二名，監斃獄中者三十一名」[2]。也就是說，他親自殺掉了一百三十七人。至於他指示各地殺掉的人數，應當幾倍於此。比如巴陵縣一案就拿獲土匪但其仁等七十一名，在他指示下先後訊明正法。

他還命人製作了一批木籠，放在車上，那些罪不至死的地痞流氓，抓獲之後，枷入木籠遊街。遊罷了也不取出，還是關在裏面，直到站死、餓死為止。

曾國藩從此成了「曾剃頭」。他的鐵腕和殘忍令人吃驚。儒家本教人以「好生之仁」，曾國藩為甚麼一出山就殺人如麻呢？

曾國藩認為，他現在殺的這些人，正是以前那些年早就應該殺掉的。太平天國起義，正是因為各地地方官不負責任，拖延放任治安案件不及時處理，對那些地痞流氓殺得太少，讓地方黑惡勢力不斷發展壯大，才造成今天不可收拾的局面。他在寫給咸豐的彙報中說：「蓋緣近年有司亦深知會匪之不可遏，特不欲其禍自我而發，相與掩飾彌縫，以苟且一日之安，積數十年應辦不辦之案而任其延宕，積數十年應殺不殺之人而任其橫行，遂以釀成目今之巨寇。」[3]

1 《曾國藩全集・書信》1，岳麓書社，2011 年，第 130 頁。

2 《曾國藩全集・奏稿》1，岳麓書社，2011 年，第 84 頁。

3 《曾國藩全集・奏稿》1，岳麓書社，2011 年，第 72 頁。

就是說，近年來，各級政府都知道會匪早晚要叛亂，但每個人都不想在自己任內出事，所以就敷衍了事，以求太太平平度過任期。所以幾十年來，應辦不辦的案子太多了，應殺不殺的人也太多了，讓他們橫行山野，才釀成今日之禍。

在給老友馮卓懷（樹堂）的信中，曾國藩也解釋說：「三四十年來，應殺不殺之人充滿山谷，遂以釀成今日流寇之禍，豈復可姑息優容，養賊作子，重興萌孽而貽大患乎？」[1] 也就是說，現在土匪橫行，正是因為過去三四十年，地方官殺的人太少。那些應該嚴懲的人得不到懲處，反而四處遊蕩，這才釀成了太平軍起義。所以他才要對土匪痛下殺手，防止再釀成另一次大禍。

另一個想法，是治亂世要用重典。

曾國藩對皇帝彙報說：「今鄉里無賴之民囂然而不靖，彼見夫往年命案、盜案之首犯逍遙於法外，又見夫近年粵匪、土匪之肆行皆猖獗而莫制，遂以為法律不足憑，官長不足畏也。……臣之愚見，欲純用重典以鋤強暴，但願良民有安生之日，即臣身得殘忍嚴酷之名亦不敢辭。」[2] 也就是說，現在各地土匪之所以很囂張，是因為以前的命案盜案首犯多年逍遙法外，現在太平天國勢力又橫行天下無法對付，所以亂民們以為法律和官府都不足畏。在這種情況下，要樹立官府的威信，就要實行恐怖統治。如果天下能太平，我不怕大家罵我殘忍殘酷。

在給江忠源的信中，曾國藩也自言「札各處紳士縛著名之痞匪，差為響應，至則斬刈，不敢復言陰騭。書生好殺，時勢使然耳」[3]。陰騭者，報應也。上天有好生之德，殺人太多，會遭報應。曾

1 《曾國藩全集・書信》1，岳麓書社，2011 年，第 109 頁。

2 《曾國藩全集・奏稿》1，岳麓書社，2011 年，第 72 頁。

3 《曾國藩全集・書信》1，岳麓書社，2011 年，第 115 頁。

國藩則說，我不怕報應。他這番話，既是種自嘲，更表明了豁出去的決心。

恐怖政策確實收到了一時之效，各地土匪不敢再輕舉妄動，社會秩序迅速安定下來。

但是，關於曾國藩的非議也漸漸浮起。曾國藩勇於任事，湖南全省的地方官不但不感激他，相反都開始厭惡他，認為他過於殘酷。出山幾個月後，謗名滿城，「曾屠戶」「曾剃頭」之類的綽號流傳開來。長沙城中「文法吏大嘩」[1]，都視他為仇敵。甚至當時他的一些老朋友如李瀚章、魁聯、朱孫詒、郭嵩燾、歐陽兆熊等都給他寫信，表示了對他種種作為的不理解和擔心。李瀚章為此專門寫信給他，「勸其緩刑」。

成為眾矢之的的原因，是曾國藩動了別人的奶酪。

權力是封建官員們的眼珠，是官員們的生命，是官員們的精神支柱，也是官員們灰色收入的主要來源和得到他人尊敬、巴結、攀附的唯一資本。因此官員們視自己的權力範圍就如同狗看着自己食盆裏的骨頭、寡婦看着自己的獨子一樣，絕不許他人觸碰。他們可以允許自己無所作為，「佔着茅坑不拉屎」，卻絕不允許別人在這裏有所作為。

曾國藩悍然成立了不倫不類的「審案局」，將自布政使到各府州縣長官的社會治安權收歸自己名下，「巨案則自行彙奏，小者則惟吾專之」[2]。他對那些貪鄙畏葸的地方官吏本來就極不信任，他說：「地方官明明知之而不敢嚴辦。」[3] 所以常常越過他們，直接下達命

---

1 王闓運、郭振墉等著：《湘軍志　湘軍志評議　續湘軍志》，岳麓書社，1983 年，第 20 頁。

2 《曾國藩全集・書信》1，岳麓書社，2011 年，第 130 頁。

3 《曾國藩全集・日記》1，岳麓書社，2011 年，第 95 頁。

令。他辦案不走正常司法程序，規定任何人都可以直接捆送土匪流氓到他這裏來，不必經過過去那些層層手續。「斬刈唯恐不速，尚何牽拘文義之有？」[1]「一切勘轉之文、解犯之費，都行省去，寬以處分，假以便宜。」[2] 他辦案不尊重行政程序，總是徑自決定，從速處理，以免有人來說情糾纏：「期於立辦，無所罣礙牽掣於其間。案至即時訊供，即時正法，亦無所期待遷延。」有一次，他甚至直接從湖南首縣善化縣衙提走人犯。事後他在給朋友的信中得意地說：

> 昨城內捆獻土匪，本交善化縣。敝處聞信即提來，已立梟二人矣。[3]

這就惹惱了通省文官。案子就是錢，不是現錢也是天大的人情。你把抓捕、審判、監禁、處決權通通收歸自己所有，別人還有甚麼活路？

曾國藩視湖南通省官員如無物，更是大傷文官們的面子。你要當好官，出成績，這可以理解，誰不想往上爬？但能不能別把我們踩得這樣狠，反襯得這樣無能？你半年裏辦的事，超過了湖南幾十年的工作成績，這樣的幹法，別人的面子往哪裏擺？

咸豐皇帝任命的「幫辦團練大臣」，並非曾國藩一人。從咸豐二年（1852）十一月至三年二月，他一口氣任命了十個省共四十三位退休或者丁憂在家的前官員為團練大臣。

絕大多數團練大臣行事都很明智。他們的做法有三類。潔身自好者深知自己不受地方官員歡迎，他們接到命令後，在省城找間

---

1 《曾國藩全集・批牘》，岳麓書社，2011 年，第 35 頁。

2 《曾國藩全集・書信》1，岳麓書社，2011 年，第 95 頁。

3 《曾國藩全集・書信》1，岳麓書社，2011 年，第 130 頁。

空辦公室，掛塊牌子敷衍兩天，最後像大多數紳士那樣，給團練捐些錢了事。

精於打小算盤者則視皇帝的聖旨為假公濟私的好機會。他們在地方上果真辦起一支小小的民兵，不過主要目的是保衛自己的莊園不受土匪搶劫。一旦太平軍大股部隊到來，則立刻「逃遁」或「託病藏匿」了。

胃口更大者則把這個差事當成中飽私囊的絕佳機會。他們扯着皇帝的幌子，以籌款練兵為藉口，大肆敲詐地方富戶，「假公濟私，百端紛擾，或逼勒州縣供應，或苛派民間銀錢，或於官設捐局之外，團練再設捐局，或於官抽釐金之外，團練再抽釐金」[1]。

只有曾國藩一個人，一不要錢，二不要利，只想真正為國家分憂。這就觸犯了官場潛規則。

曾國藩混跡官場多年，當然不是不通世故之輩。他自己說：「今歲以來，所辦之事，強半皆冒侵官越俎之嫌。」他悍然不顧，一意孤行，自有他的道理：「只以時事孔艱，苟利於國，或益於民，即不惜攘臂為之，冀以補瘡痍之萬一，而扶正氣於將歇。」[2]

在曾國藩看來，官場風氣敗壞至極，隨波逐流，斷難成功。在給翰林院同事龍啟瑞的信中，他道及自己這樣做的原因：

> 二三十年來，士大夫習於優容苟安，揄修袂而養婀步，昌為一種不白不黑、不痛不癢之風。見有慷慨感激以鳴不平者，則相與議其後，以為是不更事，輕淺而好自見。國藩昔廁六曹，目擊此等風味，蓋已痛恨次骨。今年承乏團務，見一二當軸者，自藩彌善，深閉固拒，若恐人之攘臂而與其間也者，欲

---

1 王先謙編：《東華續錄（同治朝）》卷二，「咸豐十一年十一月辛亥條」。轉引自傅衣凌著：《明清社會經濟史論文集》，商務印書館，2010 年，第 557 頁。

2 《曾國藩全集・書信》1，岳麓書社，2011 年，第 200 頁。

固執謙德，則於事無濟，而於心亦多不可耐，於是攘臂越俎，誅斬匪徒，處分重案，不復以相關白。[1]

就是說，我在北京做京官，對如今的官風非常了解。二三十年以來，官僚集團都爭着做老好人，養成了一種不黑不白、不痛不癢之風。誰要是對國家有些責任感，敢做一些事，就會被批評為不成熟、好表現自己。我就是要破一破這種官風。

確實，要想挽救天下，首先就要改變官場風氣，「痛懲而廓清之」。他希望以自己至剛至猛的辦事風格，給渾渾噩噩的湖南官場一個震動，打破這個死氣沉沉的鐵屋。

其實早在入仕之初，曾國藩就從學理上給出了解決天下問題的思路。他說：

至於仕途積習，益尚虛文，奸弊所在，蹈之而不怪，知之而不言，彼此塗飾，聊以自保，泄泄成風，阿同駭異。故每私發狂議，謂今日而言治術，則莫若綜核名實；今日而言學術，則莫若取篤實踐履之士。物窮則變，救浮華者莫如質。積玩之後，振之以猛，意在斯乎？[2]

現在皇帝授權給他，不啻給了他一個將多年以來的想法付諸實施的機會，曾國藩當仁不讓，開始了他「以猛振玩」的實踐。皇帝對他的做法給予了有力的支持，在他《嚴辦土匪以靖地方摺》的末尾，加了「辦理土匪，必須從嚴，務期根株淨盡」[3] 的硃批。

---

1 《曾國藩全集・書信》1，岳麓書社，2011 年，第 397 頁。

2 《曾國藩全集・書信》1，岳麓書社，2011 年，第 5 頁。

3 《曾國藩全集・奏稿》1，岳麓書社，2011 年，第 73 頁。

得到了皇帝的支持，曾國藩信心滿滿。他哪裏知道，這些地方官員，雖然辦起正事昏聵糊塗，但是壞起事來，個個都是行家裏手。一場大風波不久就到來了。

4. 遭遇真正挫折：差點兒被兵痞殺了

風波的觸發點是練兵。

皇帝給曾國藩的命令，頭一條是辦理團練，也就是訓練小型地方武裝。但是曾國藩卻不想這樣辦。因為面對嚴重的形勢，小打小鬧是不管用的。要練，就練一支強大的軍隊出來。所以曾國藩到了長沙，在抓治安的同時，還着手創建了一支嶄新的軍隊「湘軍」。

晚清的國家軍隊是一支沒有「天良」、沒有精神力量的軍隊。而曾國藩建立湘軍，注意給軍隊注入「良心」和「靈魂」。因此創立湘軍之後，每逢三日、八日，他要把軍隊召集到操場上，進行政治動員。他親自訓話，用「殺身成仁，捨生取義」的孔孟之道和「不要錢，不怕死」的岳飛精神激勵將士，教育他們忠君愛國，不得擾民。

這當然是好事，沒想到這件事引發了一場大禍。

和過去一樣，在練兵問題上，曾國藩又一次把手伸向了自己的權力範圍之外。

和各地的國家軍隊一樣，駐長沙的綠營軍，軍紀廢弛、四處擾民，讓全長沙頭疼。曾國藩命令駐省的正規軍隊每月三日、八日，與湘軍一起「會操」。反正一個羊也是趕，兩個羊也是放，多讓他們聽一聽有甚麼壞處呢？曾國藩自己說「傳喚（綠）營兵，一同操演，亦不過令弁委前來聽我教語」[1]，開啟他們的天良。

這一利國利軍之舉，卻差點讓曾國藩送了命。

1 《曾國藩全集・書信》1，岳麓書社，2011 年，第 200 頁。

大清政治慣例是文官不管軍隊的日常事務，更何況皇帝命令曾國藩辦的是團練，是民兵，他沒權把手伸到綠營這裏。文官們雖然痛恨曾國藩，但也只能形於辭色。性情粗野的軍人們卻沒有這麼好的脾氣，他們立刻付諸行動。

帶頭鬧事的，是長沙副將清德。他在太平軍進攻湖南時曾臨陣脫逃，此時面對曾國藩卻很勇敢。他不僅帶頭抵制會操，「操演之期，該將從不一至」，而且搖脣鼓舌，四處鼓動各軍不要受曾國藩的擺弄。

行事至剛的曾國藩立刻給皇帝上了個摺子，彈劾清德。曾國藩說：

> 長沙協副將清德，性耽安逸，不理營務。去年九月十八日賊匪開挖（長沙）地道，轟陷南城，人心驚惶之時，該將自行摘去頂戴，藏匿民房；所帶兵丁，脫去號褂，拋棄滿街，至今傳為笑柄。[1]

也就是說，清德這個人平時貪圖安逸，不管理軍營事務。去年九月十八日，太平軍進攻長沙，挖地道放炸藥轟塌了南城。就在城裏人心惶惶的時候，清德竟然偷偷摘掉軍官的官帽，藏到民房裏。他所帶領的士兵，也脫去軍裝，扔了一大街，到今天仍然是長沙人的笑柄。

在奏摺中，曾國藩還猛烈抨擊湖南駐軍「將士畏葸疲玩，已成痼習，勸之不聽，威之不懼，竟無可以激勵之術」[2]。苦口婆心地勸導不聽，嚇唬他們也不怕，對他們竟然沒有任何辦法。

---

1 《曾國藩全集・奏稿》1，岳麓書社，2011 年，第 88 頁。

2 《曾國藩全集・奏稿》1，岳麓書社，2011 年，第 89 頁。

咸豐皇帝最恨的就是臨陣逃脫的將領，而且他也認為曾國藩這個人比較誠實，不會在這樣的問題上說謊話。於是六月二十九日，咸豐皇帝下旨，將清德革職拿辦。這是曾國藩出山之後，與湖南官場發生的第一次正式衝突。

從表面上看，曾國藩在這次衝突中取得大勝，實際上，失敗的隱患已根植在這場「大勝」之中。

晚清官場最重要的潛規則是「官官相護」。常在河邊走，誰能不濕鞋？只有彼此掩蓋，才能最大限度地保證大家的安全。動輒咬人，足以令人人自危。湖南官員從此對曾國藩更加恨之入骨。清德的上司、湖南提督，也就是駐湖南最高軍事長官鮑起豹更是伺機報復，而機會也很快就來了。

綠營軍對曾國藩招來的這些湘勇土包子怎麼看怎麼不順眼，經常藉故與湘勇發生械鬥。八月初四日，鮑起豹的衛隊又尋釁攻打湘勇，雙方各有負傷。

軍隊沒有紀律，何以平賊，何以安民？曾國藩向鮑起豹發去文書，要求他逮捕帶頭鬧事的綠營兵，以杜私鬥之風。

鮑起豹決意要藉這個機會好好教訓教訓曾國藩。他故意將幾名肇事士兵五花大綁，大張旗鼓地押送到曾國藩的公館，同時派人散佈曾國藩要嚴懲這幾個綠營兵的消息，鼓動軍人鬧事。消息在綠營中一傳十，十傳百，羣情激憤，綠營兵紛紛上街，遊行示威，要求曾國藩釋放被捕的綠營兵。長沙城中一時大亂。

張亮基調走之後，湖南通省官員都和曾國藩氣味不投。出了這個事，滿城官員都關起大門，袖手旁觀，心中暗喜。「營兵既日夜遊聚城中，文武官閉門不肯誰何」[1]，等着看曾國藩的笑話。綠營兵見狀，膽子更大，居然開始公然圍攻曾國藩的公館。

---

1 王闓運、郭振墉等著：《湘軍志　湘軍志評議　續湘軍志》，岳麓書社，1983 年，第 41 頁。

曾國藩的公館就臨時設在巡撫衙門的射圃裏，與巡撫駱秉章的辦公室僅一牆之隔。曾國藩以為綠營兵膽子再大，也絕不敢武裝攻擊他這個二品大員，所以被綠營兵包圍後，他還若無其事地處理公文。不料綠營兵竟然破門而入，連傷了他的幾個隨從，連曾國藩自己都差點捱刀。曾國藩奪門而逃，幾步跑到隔壁巡撫辦公室門前，連連急叩。

綠營兵在門外鬧事，巡撫駱秉章聽得一清二楚，但是他裝聾作啞，暗暗發笑。他早應該出來調停，卻一直假裝不知。直到曾國藩來叩門，他才故作驚訝，出來調停。綠營兵一見巡撫駕到，馬上規矩了。

駱秉章的調處辦法是命人把鮑起豹捆送來的那幾個綠營兵帶過來，他親自上前鬆綁，還連連向他們道歉，說讓兄弟們受委屈了！

綠營兵爭足了面子，興高采烈地擁着這幾人而去。

只剩下駱曾二人了，駱秉章一句安慰的話也沒對曾國藩說，只淡淡地說了一句：「將來打仗，還要靠他們啊！」就轉身走了。

曾國藩氣得啞口無言。

湖南官員們眼見前一段時間飛揚跋扈的二品大員這次被狠狠地修理了，個個眉開眼笑，把這事當成笑話，四處飛傳。一時間，滿城都是對曾國藩的譏笑之聲。「司道群官皆竊喜，以謂可懲多事矣。」[1] 看你以後還敢多事嗎？

這是曾國藩出生以來，第一次遭遇真正的挫折。進秀才的艱難，畫稿遭人嘲笑的尷尬，比起這次挫辱來，完全不在同一個檔次。堂堂「副部級」官員，差點讓鬧事的兵痞殺了，還沒處講理。

---

1 王闓運、郭振墉等著：《湘軍志　湘軍志評議　續湘軍志》，岳麓書社，1983 年，第 22 頁。

這種難堪在整個大清朝的歷史上也不多見。我們可以想像曾國藩是如何心血上衝，夜不能寐的。

曾國藩的第一反應當然是向皇上控告。乾脆，藉這個機會把到省辦事以來所受的所有排擠、委屈都痛快淋漓地向皇帝陳述一番！

然而仔細一想，他就知道這種做法行不通。這一道奏摺上去，頂多打倒一個鮑起豹，能把湖南全省官員都扳倒嗎？如果扳不倒全省官員，那麼以後他在湖南豈不是更寸步難行？

經過幾夜不眠的反思，曾國藩做出了一個出人意料的決定：「好漢打脫牙和血吞。」這是一句湖南土話，好漢被人家打掉了牙，不要吐出來讓別人看到，要嚥到肚子裏，繼續戰鬥。他不再和長沙官場糾纏爭辯，而是捲起鋪蓋，帶着自己募來的湘軍，前往僻靜的衡陽。全省官員瞧不起我，我不爭一日之短長。等到我在衡陽練成一支勁旅，打幾個勝仗給你們看看，那時自會分出高下。這才是挽回面子的最好辦法！

第六章

湘軍為甚麼牛氣

1. 創建湘軍的苦心與良心

咸豐三年（1853）八月，曾國藩帶着受傷的自尊心到達衡陽，開始赤手空拳創立湘軍。

湘軍的出現，是曾國藩人生的一件大事，也是中國近代史上的一件大事。因為它不光改變了曾國藩個人命運的走向，也改變了整個國家的走向。

如前所述，咸豐命曾國藩出山，是讓他「幫辦團練」，也就是訓練「民兵」，出發點是怕湖南治安不靖，巡撫一個人忙不過來，讓曾國藩幫着打打土匪而已。諭旨中「幫同」「團練鄉民」的用語，已經非常明確地限定了曾國藩的工作性質和任務範圍。

然而曾國藩志不在此。曾國藩早就知道，訓練團練對天下大局沒有任何作用。

朝廷對團練的規模和任務規定得很明確，就是不離鄉的小股武裝。咸豐三年（1853），朝廷要求各地「在籍大臣」興辦團練時，特意這樣強調：「或築寨浚壕，聯村為堡；或嚴守險隘，密拿奸宄。無事則各安生業，有事則互衛身家。一切經費均歸紳耆掌管，不假吏胥之手。所有團練壯丁，亦不得遠行徵調。」[1] 朝廷規定團練只是用於地方自衛，保衛自己的村寨，並嚴格限制其活動範圍，強調

1　王先謙編：《東華錄（咸豐朝）》卷十九。

「不得遠行徵調」，以防對國家安全構成任何衝擊。可見即使是到了這樣火燒眉毛的時候，朝廷對地方武裝的防備仍然非常周到細緻。

在這樣的限制下，團練規模太小，訓練不精，不但打不了太平軍，對付土匪都沒甚麼大用。曾國藩曾給張亮基寫信這樣說：「惟團練終成虛語，毫無實裨，萬一土匪竊發，鄉里小民仍如魚聽鳴榔，鳥驚虛弓，傴怯四竄，難可遽鎮也。」[1] 也就是說，雖然有了團練，但是土匪一來，百姓仍然是四處亂跑，因為他們都知道團練不頂事。事實也是如此，自咸豐三年各省舉辦團練起，大多「苟且塗飾，未經實力講求……無事則恃為威脅，擾害鄉閭；有警則首先逃遁，流為盜賊」[2]。沒事時，團練的作用是擾民；有事時，團練率先逃跑，有的還乾脆變為土匪。

曾國藩在出山之初，就暗暗計劃，要以訓練團練為偽裝，創建一支屬於自己的軍隊，憑着這支軍隊挽救朝廷，再造國家。

這是非常危險的事情，是整個大清王朝其他人想都不敢想的事情。

軍隊是國家的根本，因此清代滿族皇帝在軍權上，歷來對漢人防範甚嚴，認為不光不能讓漢人創立軍隊，也不能讓漢人掌握決定國家命運的重大軍事指揮權。後來湘軍勢大之後，滿洲武臣、在辛酉政變中立下汗馬功勞的勝保曾憂心忡忡地提醒皇上：「我朝自列聖以來，從不以重柄盡付漢臣，具有深意，不可不深思而遠慮也。」[3] 也就是說，我朝歷代皇帝都不把大權特別是兵權交給漢人，這裏面有着深遠的考慮。這句話正是滿族親貴這種心態的典型代表。

而曾國藩要挑戰的正是這樣一條國家根本原則。

---

1 《曾國藩全集・書信》1，岳麓書社，2011 年，第 140 頁。

2 《清史稿》4，吉林人民出版社，1998 年，第 2703 頁。

3 第一歷史檔案館所存檔案：《勝保摺》，《太平天國學刊》第 1 輯，中華書局，1983 年。轉引自池子華著：《晚清中國政治與社會》，蘇州大學出版社，2014 年，第 92 頁。

那麼，曾國藩為甚麼要冒着毀家滅族的危險來幹這樣一件事呢？

首先是因為太平軍不是普通的敵人。太平天國起義，與中國歷史上所有起義都非常不同。它不僅是清王朝的敵人，也是整個傳統文化的敵人。也就是說，如果太平天國建立了大一統王朝，則天下人不光要接受改姓易幟的變化，同時也要接受與中國傳統文化完全不同的異質文化的統治。

與曾國藩的屢敗屢戰不同，考秀才四次失利後，洪秀全就放棄了科舉生涯，憑着一本傳教士發給他的小冊子，和自己發高燒時一個離奇的夢，創建了「拜上帝會」，然後到廣西勸人敬拜上帝，勸人修善。道光三十年（1850）年底，正當廣西各教門紛紛聚眾之際，洪秀全也在金田率領自己的教徒宣佈起義。

中國歷代農民起義，都是以本土宗教或思想為精神動力，但是拜上帝教的源頭卻是西方的基督教（雖然經過了洪秀全的創造性發揮）。歷代農民起義從來沒有有計劃地消滅中國文化，但是為了統一思想，洪秀全卻宣稱中國傳統文化均為「妖」書「妖」術，要焚毀所有中國經典，掃滅所有中國傳統信仰。

所以太平軍所到之處，必焚毀孔廟、毀掉神像、拆改庵院，「神佛像非毀壞，即搬去」[1]。遇到名寺古剎、書院，或者焚毀一空，或者改作兵營、倉庫、屠場。曾國藩後來在《討粵匪檄》中說：

> 自古生有功德，沒則為神。王道治明，神道治幽。雖亂臣賊子、窮兇極醜，亦往往敬畏神祇。李自成至曲阜，不犯聖廟；張獻忠至梓潼，亦祭文昌。粵匪焚郴州之學宮，毀宣聖之木主，十哲兩廡，狼藉滿地。嗣是所過郡縣，先毀廟宇。即忠

1 柯悟遲、陸筠撰，祁龍威校注：《漏網喁魚集　海角續編》，中華書局，1959 年，第 51 頁。

臣義士，如關帝、岳王之凜凜，亦皆污其宮室，殘其身首。以至佛寺、道院、城隍、社壇，無廟不焚，無像不滅。斯又鬼神所共憤怒，欲一雪此憾於冥冥之中者也！[1]

也就是說，自古以來，生時有功德者，死後會被尊奉為神。王道治理陽間，神道治理陰間。因此即使是亂臣賊子、窮兇極惡之人，也往往敬畏神明。李自成到曲阜，不敢冒犯孔廟；張獻忠到梓潼，也祭祀文昌帝君。而太平軍卻焚毀郴州的學舍、毀壞孔子的神位，兩廊屋中供奉十位哲人之處，也是遍地狼藉。自郴州起，凡他們所經過的郡縣，一定先燒毀廟宇，即使是忠臣義士，像關羽、岳飛等也都被污毀了廟宇，砍掉了神像的腦袋。其他的佛寺、道院、城隍廟、土地廟，更是沒有一座寺廟不被燒毀，沒有一座神像不被毀滅。這實在是鬼神共憤，冥冥之中希望雪恥復仇的！

太平軍不止在湖南一地如此，所過大抵皆然。比如太平天國在鎮江金山、北固山寺院到處放火，甘露寺「僅存天王殿、長廊及石帆樓數椽，餘則蕩然無存」[2]。太平軍經句容，毀句曲山宮觀，「茅山自西漢迄今數千年，靈貺照耀寰宇……賊遂將山下宮觀數十區，投諸一炬」[3]。在常州，「凡寺院神廟無得免者」[4]。有名的天寧禪寺，「庚申之變，案卷淪失，碑毀無存」[5]。蘇州寒山寺，「咸豐十年被毀」[6]，

1 《曾國藩全集・詩文》，岳麓書社，2011 年，第 140 頁。

2 李丙榮著：《重建甘露寺供殿記》。載於鎮江北固山風景區編：《北固山碑文選》，江蘇大學出版社，2013 年，第 62 頁。

3 《續纂句容縣志》，轉引自郭廷以著：《太平天國史事日誌》上冊，上海書店出版社，1986 年，第 676 頁。

4 太平天國歷史博物館編：《太平天國史料叢編簡輯》第 3 冊，中華書局，1962 年，第 165 頁。

5 杜潔祥主編：《武進天寧寺志》，《中國佛寺史志彙刊》第 1 輯第 35 冊，台灣明文書局，1980 年，第 365 頁。

6 張郁文著：《木瀆小志》卷五，第 4 頁。

「虎丘唯剩一塔」[1]。洪秀全在南京傾全城之力營造天王府的過程，更是幾乎將六朝以來的古建築拆光，如舉世聞名的南京大報恩寺塔被炸掉，明代故宮被拆毀得只剩一座門，所有「寺觀廟宇，或焚或拆」[2]。

除了建築之外，書籍毀壞也非常嚴重。太平軍前期以中國書籍皆為「妖」書，大加焚毀。「搜得藏書論擔挑，行過廁溷隨手拋，拋之不及以火燒，燒之不及以水澆。讀者斬，收者斬，買者賣者一同斬。」[3] 搜到各家的藏書，一擔一擔地挑來扔到廁所裏。廁所裏扔不下，再點火來燒。燒着費勁，就用水澆。讀書的人要斬首，收書的人要斬首，買書賣書的人一同都斬首。

據《漏網喁魚集》記：蘇州「書籍字畫，可謂罄洗一空」。《蘇台麋鹿記》也說：「即如書籍，賊皆無所用……或拋散一空，或抽棄一冊，甚至順風扯去，片片飄揚，灰塵溷廁中，時有斷簡殘編。」[4] 因太平軍隨意毀棄書籍，虎丘山塘街的小販竟然用宋版明版等古書包糖豆。某士子於是天天去買幾十包糖豆，最後保留下宋版書近百頁。在崑山巴溪，「經書典籍，棄等廢物」[5]。嘉定、奉賢學宮，「奉部頒發書籍，咸豐十年被毀無存」[6]。起義軍進駐寧波，浙東天一閣一半珍本或被毀或流失。存放四庫全書的江南三閣，兩閣蕩然無存，一閣損失多半。因此蘇南知識分子歎息：「經典書籍，棄等穢

---

1 中國社會科學院近代史研究所近代史資料編譯室主編：《太平天國資料》，知識產權出版社，2013 年，第 111 頁。

2 太平天國歷史博物館編：《太平天國史料叢編簡輯》第 5 冊，中華書局，1962 年，第 81 頁。

3 馬壽齡撰：《金陵癸甲新樂府》，見《太平天國》第 4 冊，第 735 頁。

4 潘鍾瑞撰：《蘇台麋鹿記》上卷，見中國史學會主編：《太平天國》第 5 冊，上海人民出版社，上海書店出版社，2000 年，第 285 頁。

5 朱保熙纂修：《巴溪志・雜記》，《中國地方志集成》影印刻本。轉引自左玉河著：《世界文明通論：中華文明・中國近代文明通論》，福建教育出版社，2010 年，第 273 頁。

6 光緒《嘉定縣志》卷九，光緒《奉賢縣志》卷五，《中國地方志集成》影印刻本。轉引自左玉河著：《世界文明通論：中華文明・中國近代文明通論》，福建教育出版社，2010 年，第 273 頁。

污。自古流寇之毒禍，未有如是烈者。」[1] 甚至說「我恐焚書坑儒之後，未有如此之大劫也」[2]。也就是說，秦始皇焚書坑儒之後，沒有比洪秀全更厲害的文化毀滅者。

曾國藩是理學家，在他眼中，儒學是天地間唯一的真理。因此，在曾國藩看來，如果太平天國起義成功，中國將陷入巨大的蒙昧。這是他決定挺身抵抗的根本原因。他在《討粵匪檄》中說，太平天國不僅是大清這個王朝的敵人，也是中國這個文化體的敵人。「舉中國數千年禮義人倫、詩書典則，一旦掃地蕩盡。此豈獨我大清之奇變，乃開闢以來名教之奇變，我孔子、孟子之所痛哭於九原。」中國幾千年來的文化積累，面臨全部毀滅的危險。這不只是大清王朝的危機，更是整個中國文化的危機。孔子、孟子知道了，也會在地下痛哭失聲。

所以他以「扶持名教」自任，「赫然奮怒，以衛吾道」。他出山的目的是「不特紓君父宵旰之勤勞，而且慰孔孟人倫之隱痛；不特為百萬生靈報枉殺之仇，而且為上下神祇雪被辱之憾」[3]。不光是為皇帝效勞，也是為了維護孔聖人的遺產；不光是為被殺掉的百姓報仇，也是為被毀掉神像的神靈雪恥。所以他甘冒天下之大不韙，不避任何風險。

太平天國威脅巨大，那麼，曾國藩為甚麼不利用已有的國家正規軍去平定，而非得自建軍隊呢？

這是因為大清王朝的正規軍此時已經腐敗到底，無法改造了。

事實上，關於創建新的軍隊這件事，曾國藩已經想了好久了。

---

1 中國社會科學院近代史研究所近代史資料編譯室主編：《太平天國資料》，知識產權出版社，2013 年，第 134 頁。

2 柯悟遲、陸筠撰，祁龍威校注：《漏網喁魚集　海角續編》，中華書局，1959 年，第 51 頁。

3 《曾國藩全集・詩文》，岳麓書社，2011 年，第 140 頁。

早在他兼署兵部侍郎的時候，就已經對大清國家武裝進行過深入研究。

清代國家正規軍分八旗和綠營兩部分。八旗是滿族武裝，綠營是漢人軍隊。清代中前期，國家正規軍還比較有戰鬥力，所以乾隆時代還創造了十全武功，打了很多勝仗。但到了道光、咸豐朝，正規軍不論是八旗還是綠營，都已經打不了仗了。

道光二十九年（1849）秋天，俄羅斯有一位叫科瓦列夫斯基的外交官，出使中國，在盧溝橋邊參觀了一次八旗軍隊的火炮射擊訓練。他在自己寫的遊記《窺視紫禁城》中這樣描寫他所見到的景象。

他說本來觀炮儀式是大清帝國軍界的重要活動，規模盛大，層次很高，「即使皇帝不能親自前來，也要派親信要員前來觀摩」。因此科瓦列夫斯基以為參加演習的士兵一定會精神抖擻、軍容整齊。但來到現場，他驚訝地發現，八旗官兵非常散漫。他在書中說：「軍士們有的漫不經心地坐在帳篷裏，抽着小煙袋。有的邊吃早點邊與賣小吃的聊天，還有的在縫補褲子。似乎沒有人關心即將舉行的操演。」[1]

等演習開始，科氏發現整個過程敷衍了事、毫不認真：「操演開始了……一位參領……擺了一個奇怪的姿勢，揮了一下手中的旗子，射擊便開始了。……但是這一炮打得很不準，炮彈就落在大炮旁邊。……炮甲似乎並不在意，只是擦了擦眼睛，走到另一門炮旁邊。」

這樣的演習，簡直就是兒戲。所以觀摩之後，科氏得出結論說：「中國的炮兵自然無法與歐洲的相比，唯一相同的只有打出的炮聲。」[2]

---

1 [俄]葉・科瓦列夫斯基：《窺視紫禁城》，北京圖書館出版社，2004年，第154頁。

2 [俄]葉・科瓦列夫斯基：《窺視紫禁城》，北京圖書館出版社，2004年，第154頁。

這是俄羅斯人的報告。

中國官員的彙報也很讓人吃驚。道光十四年（1834）冬，兩廣總督盧坤檢閱廣東水師。水師各營選出精兵強將，到總督面前比試武藝，主要比試射箭打槍。不料一場比試下來，幾百個軍人當中，有七十八人都脫靶了，也就是說一槍一箭都不中。有二百二十六人打了許多發，射了很多次，就中了一槍或者一箭。這個結果讓盧坤大跌眼鏡。

這樣一支毫無專業精神的軍隊，不惟在英國人的大炮面前一觸即潰，甚至在武器裝備遠遠落後於自己的太平軍面前也不堪一擊。

道光三十年（1850），廣西巡撫周天爵帶兵去鎮壓太平軍。周天爵在回憶錄中說，出征那一天，他帶領的這些士兵居然如同徘徊在屠宰場門口的豬和羊一樣，說甚麼也邁不動步。周天爵一生氣打了他們幾下，這些人和小孩子一樣，在路邊哇哇大哭了起來。

> 於是二月初一日出省，帶兵一百名，如駐馬嵬坡，皆不願走也；路上募一百名又如石壕吏，未走先哭。[1]

等到真正作戰之時，這些人更是一個個裹足不前，讓他無計可施。他寫道：

> 惜我兵一百名如見鸇之雀，一百勇如裹足之羊，無一動者。我手刃二人，光淮而（用）箭射殺二人，亦無應者。撼山易，撼岳家軍難，不意如此。[2]

1 太平天國歷史博物館編：《太平天國史料叢編簡輯》第 6 冊，中華書局，1963 年，第 4 頁。

2 太平天國歷史博物館編：《太平天國史料叢編簡輯》第 6 冊，中華書局，1963 年，第 4 頁。

也就是說，這些士兵如同麻雀見了老鷹，綿羊見了老虎，根本邁不動步。他親手殺了兩個士兵，另一個軍官用箭射死了兩個，還是沒有人向前衝殺。你說這樣的軍隊，能鎮壓得了太平天國嗎？

曾國藩是一介書生，沒當過兵，也從來沒有摸過武器。但是他畢竟從道光二十九年（1849）起，兼任過數年的兵部左侍郎，所以他對清朝軍隊現狀很了解。

曾國藩描述當時各省軍隊的情況說：「兵伍之情狀，各省不一。漳、泉悍卒，以千百械鬥為常；黔、蜀冗兵，以勾結盜賊為業；其他吸食鴉片，聚開賭場，各省皆然。大抵無事則遊手恣睢，有事則僱無賴之人代充，見賊則望風奔潰，賊去則殺民以邀功。章奏屢陳，諭旨屢飭，不能稍變痼習。」[1]

他認為，國家正規軍腐敗習氣已經深入膏肓，沒法治了。「就現在之額兵練之，而化為有用，誠為善策。然習氣太盛，安能鑄其面目而蕩滌其腸胃？」[2] 如果能把現有軍隊訓練一下利用起來當然是好的，但問題是軍隊不良習氣太盛，已經沒法重鑄面目，再換胃腸。

因此，要挽救這個國家，只有一個辦法，那就是赤地立新，拋開正規軍，從頭開始，自己動手訓練出一支嶄新的湘軍。

但是一個漢人要跳出國家體制，自創一支軍隊來取代國家軍隊，這是大清二百年來沒有過的，絕對是大逆不道的行為，實在是挑動着清代統治者最敏感的那根神經。

曾國藩不是不知道這件事的風險。曾國藩為人處事表面上看起來保守，但是在根本問題上，卻又有着他人所沒有的巨大勇氣。為了挽救朝廷，更是為了挽救他所珍視的文化傳統，他決定放手一搏。

---

1 《曾國藩全集・奏稿》1，岳麓書社，2011 年，第 18 頁。

2 《曾國藩全集・書信》1，岳麓書社，2011 年，第 125 頁。

為了讓自己的計劃獲得通過，曾國藩必須採取一些偽裝。

曾國藩接受的既然是辦團練的任務，他就在這個題目上想辦法。到了長沙後不久，他就寫了一道奏摺，向皇帝彙報說，他準備在長沙建立一個民團，不過規模比一般的稍微大些，他叫作「大團」：

> 因於省城立一大團，認真操練，就各縣曾經訓練之鄉民，擇其壯健而樸實者招募來省，練一人收一人之益，練一月有一月之效。[1]

為甚麼要建這個大團呢？

主要是省城長沙防守力量空虛：

> 長沙重地，不可不嚴為防守。臣現來省察看，省城兵力單薄，詢悉湖南各標兵丁多半調赴大營，本省行伍空虛，勢難再調，附近各省又無可抽調之處，不足以資守禦。[2]

他計劃多花些時間和精力，好好練練這個民團的軍事技術，這樣一旦打仗，才能發揮作用。以前國家雖然養了很多兵，但是因為不重視訓練，所以見敵即潰：

> 湖南行伍空虛，以練兵為要務。自軍興以來，二年有餘，糜餉不為不多，調集大兵不為不眾，而往往見賊逃潰，未聞有鏖戰者，所用兵器皆大炮、鳥槍，遠遠轟擊，未聞有短兵交鋒

1 《曾國藩全集・奏稿》1，岳麓書社，2011 年，第 69 頁。

2 《曾國藩全集・奏稿》1，岳麓書社，2011 年，第 69 頁。

者，其故何哉？由兵未練習，無膽無藝故也。今欲改弦更張，於省城立一大團，擇鄉民壯健樸實者招募來省，練一人收一人之益，練一月有一月之效。[1]

這道奏摺，就是以團練為名，行建軍之實。他的這個「大團」，和以往的團練其實是完全不同的。

首先，一般團練都不出各鄉各縣，他則要在長沙立一個「大團」，用來防守省城，甚至出省作戰。這就突破了朝廷關於團練作戰區域的限制。

其次，以前團練選人用人不出本縣，他則在全省範圍內招人。

最後，他把「團練」二字拆開。以前的團練，他用「團」字概括，指的是清查戶口，稽查奸細，捆送土匪之類的事情，也就是他在審案局所做的事。他現在所做的事，則是「練」，也就是選拔兵丁，訓練軍隊，可防本省，可剿外省，「即今官勇之法」。

這其實就是要組建一支正式的軍隊。

當然，為了含糊其詞，他還說：「臣擬現在訓練章程，宜參訪前明戚繼光、近人傅鼐成法，但求其精，不求其多，但求有濟，不求速效。」[2]

戚繼光練的是新軍，傅鼐辦的是民團[3]，根本是兩碼事。曾國藩卻把二者混在一起，揣着明白裝糊塗，有意誤導皇帝。他這樣一和稀泥，要獨立建軍的目的就不那麼明顯了。

湘軍成軍之後，曾國藩多次談起戚繼光理論，但是再沒有提傅鼐一字。很顯然，他打起傅鼐的招牌就是為了瞞天過海。

---

1 王闓運、郭振墉等著：《湘軍志　湘軍志評議　續湘軍志》，岳麓書社，1983 年，第 19 頁。

2 《曾國藩全集・奏稿》1，岳麓書社，2011 年，第 70 頁。

3 清代嘉慶年間，湘西苗族起義，時任鳳凰廳同知的傅鼐率領團練鎮壓有功。

曾國藩當了十三年京官，憑着他對官僚體系的了解，知道如果按常規辦事，是永遠不可能建成湘軍的。因此曾國藩雖然以誠自命，這次卻不得不欺騙皇帝。

咸豐帝或者是因為不夠精明，或者是在焦頭爛額中根本沒有細看這份奏摺，感覺這反正不是壞事，就在上面草草批示了十一個字：「知道了。悉心辦理，以資防剿。」[1]

這道批覆，成了曾國藩的尚方寶劍。

事實證明，曾國藩是一個善於抓住機會和創造機會的人。

拿到了皇帝的批准，曾國藩開始着手創建他的軍隊。

然而，創建軍隊豈是容易的事情。

軍事是高度專業化的，進士出身的曾國藩沒有當過一天兵，對於行軍佈陣、帶兵訓練沒有一點兒實際經驗。

剛到衡陽，曾國藩面臨着五無：

一是無辦公場所。

二是沒有名正言順的職權。開始他想掛上「統轄湖南湘軍總營務局」的牌子，寫好之後，又感到不妥：正是他過分張揚的言行使他與湖南官場關係緊張，這塊牌子一掛出去，必然會引來湖南官場的再次攻擊。因為諭旨中明確寫明他的權力是「幫辦」，而不是「統轄」。想了想，只好把牌子摘了下來。

三是還沒有經驗。如何招兵、如何籌餉、如何採購武器、如何編營、如何訓練、如何制定營規、如何選擇軍官、如何設定軍餉標準，如何排兵、如何佈陣……太多環節要從頭學起。

四是沒有朋友前來幫忙。長沙之辱使曾國藩臉面喪盡，人心離散。不但通省官員們不齒於他，甚至他的那些好友郭嵩燾、郭崑

---

1 《曾國藩全集・奏稿》1，岳麓書社，2011年，第70頁。

燾、劉蓉、左宗棠，也都認為他行事魯莽，難以成功，竟沒有一人願意前來幫他。

當然，這些都不算真正的困難，真正的困難是第五條：無制度保障。

文人練兵，這在大清史上是頭一遭兒。湘軍從出生這一天起，在舊體制內就沒有安身之處。它就像一個私生子一樣，不但被八旗綠營排斥，甚至也不被大清朝廷和官僚體系所接納。它的最大敵人，不是太平軍，而是舊體制。這種體制上的制約，最突出的表現就是沒有軍餉來源。

湘軍和正規軍最大的不同是「不食於官」。不由國家撥給經費，而是像團練那樣錢糧自行籌措。這是湘軍唯一像團練的地方。

按理說，皇帝交給曾國藩的任務是練兵，軍費自然應該由國家供給。問題是，當時國家財政收入用來供給綠營軍餉尚且不足，不可能為他專撥經費。湖南省官員既與他關係緊張，自然也不可能為他慷慨解囊。畢竟，練兵這個任務是曾國藩自找的事，並非國家或者湖南省政府的計劃。曾國藩身為不倫不類的「幫辦大臣」，沒有財政權和稅收權，根本不可能開闢固定餉源。

然而對於一支建設中的軍隊來說，錢太重要了。錢就是空氣，錢就是生命，錢就是潤滑劑。沒有錢，大至招兵買馬，採購武器，小至辦公經費，日常吃喝拉撒，哪一步也走不動。曾國藩說「籌餉更難於督兵」，「大抵軍政、吏治，非財用充足，竟無下手之處」[1]。

可以說，如果沒有長沙之辱的刺激，曾國藩不可能克服這五難，開創湘軍。長沙之辱如同一根針扎在心裏，讓他時刻難以自安，終於苦苦支撐，慘淡經營，斬關奪隘，排除萬難。

沒有辦公場所，他就借住在一戶祠堂裏。

---

1 《曾國藩全集・書信》6，岳麓書社，2011年，第430頁。

沒有名位，他只好照舊用在長沙時用過的「湖南審案局」五個字來接送公文。

沒有經驗，曾國藩就自己在黑暗中摸索。在具體實踐過程中，曾國藩不斷失敗，不斷犯錯。我們不談陸軍，先來看看曾國藩是如何創建水師的。

曾國藩到衡陽後不久，朋友郭嵩燾就建議說，要徹底打敗太平軍，就必須佔據長江之險，控制運輸這條生命線。而要佔據長江，就必須先有水師。曾國藩一聽感覺非常有道理，立刻採納建議，決定建立水師。咸豐三年（1853）十月，曾國藩在衡州設廠建造戰船。

然而問題來了，曾國藩找來湖南全省的能工巧匠，居然沒有一個人知道怎麼造戰船。

曾國藩開始想造木排禦敵。他異想天開地認為：「蓋船高而排低，槍炮利於仰攻，不利俯放。又大船笨重不能行，小船晃動不能戰。排雖輕，免於笨，尤免於晃。」[1] 然而事實證明這不過是紙上談兵，造好木排一經試驗，發現木排順流而下尚可，逆水行排則極為遲笨，且「排身短小，不利江湖」[2]。以之當敵，不啻兒戲，於是改弦更張，一心造船。

既然無人會造，曾國藩就自己設計。湖南湖北賽龍舟風氣很盛，於是他命人以龍舟為制，造了一批「曾氏戰船」。曾國藩自己說：「余初造戰船，辦水師。楚中不知戰船為何物，工匠亦無能為役。因思兩湖舊俗，五日龍舟競渡，最為迅捷。短橈長槳，如蛟之足，如鳥之飛。此人力可以為主者，不盡關乎風力水力也。遂決計仿競渡之舟，以為戰船。」[3]

1 《曾國藩全集・書信》1，岳麓書社，2011 年，第 214 頁。

2 《曾國藩全集・書信》1，岳麓書社，2011 年，第 271 頁。

3 《曾國藩全集・詩文》，岳麓書社，2011 年，第 387 頁。

然而一試驗，「曾氏戰船」容易傾覆，根本打不了仗。費盡周折，曾國藩終於找到了明白人。從長沙前來的守備成名標向曾國藩介紹了廣東快蟹船和舢板船的大概樣子。又過幾天，同知褚汝航從桂林前來，向曾國藩介紹了長龍船的造法。於是曾氏大僱衡州、永州的能工巧匠，在湘潭設立兩個船廠，大量製造快蟹、長龍、舢板戰船。「兩廠之船，往來比較，互相質證。」[1] 兩位軍官本身並非工匠，他們只介紹了外地艦船的大體模樣，至於船的具體結構尺寸，乃至每一個部件，曾國藩都要和有經驗的工匠反復設計，不斷試驗。

當時廣西巡撫勞崇光解炮二百尊趕赴湖北，在經過衡陽時曾國藩將其截留，包括護送的水手也一併留下，這些人後來成了湘軍水師的教練。當時，中國各地所鑄造的戰炮，不僅炮身笨重，射程短，而且由於技術不過關，時常炸裂。早在鴉片戰爭時，曾國藩已經認識到英國人的船堅炮利，為此，曾國藩花費重金，從廣東購置大批洋炮，經過反復研試，終於將洋炮安裝在戰船上，建成了當時中國技術先進、裝備精良的內河水師。

史載曾國藩「創建舟師，凡槍炮刀錨之模式，帆檣槳櫓之位置，無不躬自演試，殫竭思力，不憚再三更制以極其精」[2]。字字不虛。曾國藩身上有着突出的試驗精神和開放態度，凡事總願意親身經歷，親自體驗，勇於嘗試，勤於嘗試。做事講究身到、心到、口到、眼到，特別強調要「苦下身段去事上體察一番」[3]。經過反復試驗，終於建成十營水師。曾國藩建軍，確實篳路藍縷。

然而比起籌餉來，以上這些都算不上艱苦了。

1 黎庶昌等撰：《曾國藩年譜》，岳麓書社，1986 年，第 33 頁。

2 馬忠文、任青編：《薛福成卷》，中國人民大學出版社，2014 年，第 37 頁。

3 《曾國藩全集・書信》2，岳麓書社，2011 年，第 664 頁。

曾國藩最初拒絕出山辦理團練，一個最關鍵的原因還不是自己不懂如何練兵，而是不願意去籌錢。因為辦團練國家不提供經費，只能自己去勸捐，也就是說，勸那些大戶捐款。早在還沒有出山前，他就說過：「至於催促捐項，無論斬焉在疚，不可遽登人門，即使冒爾從事，而國藩少年故交多非殷實之家，其稍有資力者，大抵聞名而不識面，一旦往而勸捐，人將有敬而遠之之意，蓋亦無當於事理。是以再四躊躇，遲遲未出。」[1] 也就是說，不要說自己臉皮薄，不願登門勸捐，就是自己硬着頭皮上門，自己認識的人也大多非富貴人家，籌錢實在太困難。

創建湘軍之後，關於軍餉，曾國藩想來想去，還是只有勸捐這一個辦法。他在衡陽設立勸捐總局，派人四處勸捐籌餉。回報是由國家授予他們一些榮譽性的虛職。

然而，曾國藩本身非官非紳，權力不明，收據由曾國藩自己刊印，信用不高。從咸豐三年（1853）八月到咸豐四年（1854）年底，總局費盡口舌，一共才弄到一萬九千多兩銀子，根本無濟於事。勸而不動，他只好強行勒派。巨紳們如果拒不捐款，他就派兵動用拘押手段。結果雖然弄到了一些錢，卻招致地方大戶的重重怨恨。曾國藩因此歎息：「勸捐之難，難於登天，費盡心力，迄無一獲。」[2]

因為勸捐，他甚至還得罪了皇帝。原來已故湖北巡撫楊健之孫楊江，急公好義，主動捐輸軍餉兩萬兩銀子，解了曾國藩的燃眉之急。曾國藩感動之下，想把他樹為表率，帶動捐輸事業，於是上疏請旨，請朝廷批准楊健入祀鄉賢祠。

楊健生前為官平平，且受過處分，其官聲、治績均不足以入祀鄉賢祠。不過兵務緊急，同意他這個請求也算不上甚麼大事。不想

---

1 《曾國藩全集・書信》2，岳麓書社，2011 年，第 90 頁。

2 《曾國藩全集・書信》1，岳麓書社，2011 年，第 332 頁。

精於小事疏於大計的咸豐皇帝根本體諒不到曾國藩的難處，恪守「名位不能輕易予人」的教條，大發雷霆，將曾國藩痛罵一頓，說他「所奏荒謬之至」，並且說「（曾國藩）實屬袒護同鄉，以私廢公，顯背聖旨，可惡已極。……着交部議處」[1]。

而京官們部議的結果竟是給以革職的處分。好在皇帝尚未失去理智，知道曾國藩這樣的人缺不得，於是將處分改為降二級調用，使曾國藩由二品京堂降到了三品。

2. 與咸豐帝的博弈

曾國藩咸豐三年（1853）年初開始創辦湘軍，咸豐四年（1854）年初出師。在這一年多的時間裏，除了要逐一解決用人、籌餉、購械、整章、建制等難題之外，還面對着一個更巨大的難題：那就是咸豐皇帝的瞎指揮。

曾國藩調動全部心力，苦練湘軍。他把自己當成了滔滔天下唯一的中流砥柱，當成了天下最後的希望。他要用這支軍隊去挽救大清的危亡。所以他練兵的宗旨是，首戰一定要勝。不真正練成，絕不輕易出兵。他說：「劍戟不利，不可以斷割；毛羽不豐，不可以高飛。若倉皇一出，比於遼東自詡之豕，又同灞上兒戲之師，則徒見笑大方耳。必須練百金精強之卒，製十分堅緻之械，轉戰數年，曾無餒志，乃可出而一試。」[2]

然而，咸豐皇帝卻不這樣想。

當初曾國藩對咸豐說，要在湖南「立一個大團」，辦一個大的團練。咸豐皇帝不置可否地默許了。在咸豐看來，「只要對鎮壓太

1　陳兆祦主編：《當代中國檔案學文庫》第 1 卷，中國檔案出版社，1999 年，第 1349 頁。

2　《曾國藩全集・書信》1，岳麓書社，2011 年，第 313 頁。

平天國有利，只要不從中央財政拿錢，怎麼辦都可以。他不清楚細節，也無時間無心思做具體的策劃」[1]。湘軍的創立，在咸豐的政治視野當中，並不是一件甚麼大事。

太平天國定都南京以後，發動了聲勢浩大的北伐。咸豐三年（1853）八月，西征軍直指武漢。咸豐皇帝十分着急。這個時候，咸豐皇帝手中已經沒有甚麼兵力。南方各省的軍隊大多潰敗，或者集中於江南江北大營不能動用。這時咸豐才想起了曾國藩。他想起曾國藩幾個月前說過，他要練一支一萬人的軍隊，那麼大半年過去了，雖然他沒對書生練兵的曾國藩抱多大希望，但起碼這支軍隊可以拿來救救急吧？

於是他給曾國藩下了一道命令，令他率炮船北上增援湖北。

曾國藩這下可犯了難。此時，湘軍雖然已經有了一定的規模，但練兵才練到一半，作戰技能還處於半生不熟的狀態，與一般的小股農民武裝戰鬥是沒有大問題的，但是如果要與身經百戰的幾十萬太平軍作戰，無異於以卵擊石。特別是湘軍水師，現在船才造了一半，威力強大的洋炮還沒安上，根本沒法出兵。

但是皇帝的旨意，又不能不從。怎麼辦呢？想來想去，他打算派部下帶三千人到湖北去應付一下。但是咸豐並不同意，堅持要曾國藩親自帶全部湘軍前去，他怕曾國藩再次拒絕，先給曾國藩戴了個高帽，說「曾國藩團練鄉勇，甚為得力，剿平土匪，業經著有成效，着即酌帶練勇，馳赴湖北，合力圍攻，以助兵力之不足」。諭旨中還有「兩湖脣齒相依……自應不分畛域，一體統籌」之語，意思是曾國藩如果不出兵，就是不顧大局。[2]

曾國藩沒有辦法，只好以「拖」字訣來解決。於是他精心上了

1　茅海建著：《苦命天子——咸豐皇帝奕詝》，上海人民出版社，1995 年，第 89 頁。

2　《曾國藩全集・奏稿》1，岳麓書社，2011 年，第 103 頁。

一道奏摺，說我積極準備出兵，現在正在籌集餉銀和購買洋炮，等大炮安上，軍餉到手，就馬上出發。

「拖」字訣發揮了作用。這道奏摺上了沒多久，形勢發生了變化，太平軍離開湖北，開赴安徽，曾國藩這才放下心來。

然而這一年十月底，太平軍進攻安徽廬州，兵勢兇猛，安徽不支。咸豐皇帝第三次下令曾國藩火速率兵救援，與安徽巡撫江忠源會合，收復安徽失地。和上次一樣，咸豐皇帝怕說不動曾國藩，在上諭結尾又加了這樣幾句：「該侍郎忠誠素著，兼有膽識，朕所素知，諒必能統籌全局，不負委任也。」[1]

這一次時間過去了兩個多月，按理湘軍訓練已經比上次充分，應該動身了。因為除了皇帝的嚴旨不說，安徽巡撫江忠源也是曾國藩的好友，私交很深。

江忠源字岷樵，是湖南新寧（今屬邵陽）人，此人出身不過舉人，卻胸懷大志，才氣超羣。我們以前講到過，曾國藩做京官時倆人就相識了，江忠源拜倒在曾門之下，執弟子之禮。曾國藩在送他出門的時候說過：「是人必立功名於天下，然當以節義死。」咸豐皇帝登基時，命曾國藩舉薦人才，他向咸豐推薦了六位幹才，江忠源就名列其中。

後來太平軍入湘，江忠源散盡家財，募勇五百人抵抗。因軍功先後升知府、按察使，最後授安徽巡撫。以舉人數年而成巡撫，在當時也是異數。可見此人確實是一個難得的將才，失去了他，天下形勢更不可想。更何況，曾國藩另一個更為要好的朋友、兒女親家陳源兗，也正在江忠源軍中。有了這樣的淵源，按理，曾國藩無論如何也應該出兵相助。

然而曾國藩再次抗命，拒不赴援，回覆皇帝說，他還需要一段

---

1 《曾國藩全集・奏稿》1，岳麓書社，2011 年，第 110 頁。

準備時間。現在草草一出，很有可能是有去無回。現在他正不惜重金採購洋炮，訓練軍隊，豈能因皇帝的嚴旨功虧一簣？

咸豐三年（1853）十一月，江忠源被太平軍圍困在廬州，彈盡糧絕，情況萬分危急。江忠源親自寫信向曾國藩求救，咸豐皇帝也再一次命曾國藩迅速出兵。

曾國藩仍然不為所動。他在十一月二十六日，給皇帝上了封奏摺，說明自己為甚麼不動身。他說，我現在兵練得還不熟，特別是船隻沒有造齊，大炮沒有裝完，水勇沒有招夠，「統計船、炮、水勇三者，皆非一月所能辦就」，必須等待從廣東購買的西洋大炮全部解到湖南，「明春乃可成行」。「事勢所在，關係甚重，有不能草草一出者。」[1]

他還在奏摺中大談安徽、江西、湖北、湖南合防之道，及以堵為「剿」之策，意思是讓咸豐皇帝統籌規劃，把這四省組成一個軍區統一指揮，不要頭痛醫頭，腳痛醫腳。

這一回，咸豐皇帝可終於火了。你曾國藩練了點兒兵，能不能打仗還不能說，還這麼拿着捏着遲遲不動，還在這兒指揮我怎麼組織各省合防。你把自己當誰了，當成大清國的大救星了？沒有你天下還真的不行了？

他在曾國藩的奏摺上親筆批道：

> 現在安省待援甚急，若必偏執己見，則太覺遲緩。朕知汝尚能激發天良，故特命汝赴援，以濟燃眉。今觀汝奏，直以數省軍務一身克當，試問汝之才力能乎？否乎？平時漫自矜詡，以為無出己之右者，乃至臨事，果能盡符其言甚好，若稍涉張皇，豈不貽笑於天下？着設法趕緊赴援，能早一步即得一步之

1 《曾國藩全集・奏稿》1，岳麓書社，2011 年，第 112 頁。

益。汝能自擔重任，迥非畏葸者比。言既出諸汝口，必須盡如所言，辦與朕看。[1]

現在安徽這麼緊急，你再固執己見，拒不出兵，那麼肯定來不及了。我以為你還算有良心，所以讓你出兵，救救燃眉之急。沒想到你在奏摺裏，替我統籌起幾省的軍務來了。我問你，你的才力，能統籌得了幾省的兵力嗎？平時你就能吹牛，覺得誰也不如你，把別的官員罵得夠嗆。怎麼現在真有事，你又不敢出兵了？你別說別的，早點兒出兵，早一天就能早頂點兒事。你的兵雖然少，但多少總能發揮點作用。你和我吹過那麼多牛，關鍵時刻，你快點兒給我辦出成效來！

字字怒火，字字刻薄。當年被曾國藩在《敬陳聖德三端預防流弊疏》中批評時所受到的委屈怨恨噴薄而出。從這種譏諷的口吻中我們可以發現，在咸豐皇帝看來，曾國藩不過是一個好高騖遠、紙上談兵的書生。

奉到如此嚴苛之旨，曾國藩毫不害怕，他於十二月二十一日上了一封表面上誠懇、實則強硬非常的回奏。他說：

> 微臣有數條，不得不逐條陳明：
>
> 一、起行之期，必俟解炮到楚。臣所辦之戰船，新造者九十號，改造者百餘號，合之僱載者共四百號，可於正月中旬一律完畢。惟炮位至少亦須八百尊，乃敷分配，計算正月之末，總可陸續解到。
>
> 二、黃州以下，節節有賊，水路往援之兵，不能遽達皖境。臣奉命由水路前往，阻隔黃州一帶，何能遽行掃清，直抵安徽？

1 《曾國藩全集・奏稿》1，岳麓書社，2011 年，第 112 頁。

三、三省合力防堵之說，係臣駱秉章與臣函內言之；四省合防之說，係臣江忠源與臣函內言之。臣之才力固不能勝，臣之見解亦不及此，此係吳文鎔、駱秉章、江忠源三臣之議論。然捨此辦法，則南數省殆不可問矣。

四、餉乏兵單，微臣竭力效命，至於成效，則不敢必。臣以丁憂人員，去年奏明不願出省辦事，仰蒙聖鑒在案。此次奉旨出省，徒以大局糜爛，不敢避謝。然攻剿之事，實無勝算。且賊勢猖獗如此，豈臣區區所能奏效。臣自維才智淺薄，惟有愚誠不敢避死而已。至於成敗利鈍，一無可恃。

皇上若遽責臣以成效，則臣惶悚無地。與其將來毫無功績，受大言欺君之罪，不如此時據實陳明，受畏葸不前之罪。臣不嫻武事，既不能在籍終制，貽譏於士林；又復以大言僨事，貽笑於天下。臣亦何顏自立於人世乎！中夜焦思，但有痛哭而已。[1]

這封奏摺很長，這裏只是摘錄。奏摺要點有四。一個是他確實還沒有完全準備好，正在興辦戰船，「晝夜催趕，尚不遲緩」，明年正月底才能裝齊大炮出征；二是咸豐的指示不符合實際情況，長江沿岸，到處都是太平軍，「何能遽行掃清，直抵安徽？」三是辯白四省合防論不是我自己的看法，而是這幾個省的總督巡撫的一致意見。

最後一條，則是對咸豐表明自己的心跡。曾國藩說，我當初本在家守孝，是你硬讓我出山。我出來帶兵，本來就沒有經驗，處處都是困難，所以不得不再三準備。如果你現在非逼着我草率出兵，我肯定會失敗。與其失敗之後，你治我「大言欺君」之罪，不如我

1 《曾國藩全集・奏稿》1，岳麓書社，2011 年，第 114–117 頁。

現在受你治我「畏葸不前」之罪。我一個文臣為國練兵，不能在家守孝，已經受到士林的譏諷，現在又以大言欺世，受到全天下的嘲笑，我又有甚麼面目自立於人世。深夜焦思，只有痛哭。

千言萬語，就是現在不能出兵，你想怎麼處分我，隨便吧。

這封奏摺寫得強硬而又沉痛，句句頂着咸豐來，這是一副死豬不怕開水燙的勁頭。

咸豐早就知道曾國藩的脾氣，現在一看這封奏摺，知道曾國藩是不可能讓步了，只好自己給自己找台階，反過來說曾國藩說得有理，讓步撫慰，還說「汝之心可質天日，非獨朕知」[1]。

和皇帝他只能講具體困難，和朋友他才能掏出心中的大計劃。曾國藩給江忠源回信，解釋他何以不出兵。他說，這次練兵，他是為天下根本之計着想，因此「必須選百練之卒，備精堅之械。舟師則船炮並富，陸路則將卒並憤，作三年不歸之想，為百戰艱難之行」，這樣才能挽狂瀾於既倒。如果倉促起行，「人盡烏合，器多苦窳，船不滿二百，炮不滿五百，如大海簸豆，黑子着面」[2]，這樣的軍隊縱能速達，又何堪一戰，無異於送死。

不知道江忠源是否看到了這封回信。咸豐三年（1853）十二月十七日，太平軍炸塌廬州城牆，乘勢殺入。江忠源因為孤立無援，抵抗不住，轉戰至水閘橋邊，身受七傷，投古塘而死，時年才四十二歲。曾國藩的親家、候補知府陳源兗等也同時死事。曾國藩得到信息，不覺「嗚呼痛哉」！

然而為了天下大局，他只能如此。咸豐皇帝把曾國藩的這點兒兵當成了芝麻鹽，需要時撒一下，撒完了也就完了。而曾國藩卻認為，他手中這支新的軍隊是天下全部的希望，不能輕易孤注一擲。

---

1 《曾國藩全集・書信》1，岳麓書社，2011 年，第 436 頁。

2 《曾國藩全集・書信》1，岳麓書社，2011 年，第 351 頁。

曾國藩拒不出兵，不光讓江忠源等朋友失望，也令湖南通省官紳對他有意見。曾國藩為了建立湘軍，四處勸捐，甚至勒捐（強行攤派），從社會上籌集了大量的錢。現在國家有急，皇帝屢令他出師，他卻做起了縮頭烏龜，幾次拒絕。社會上對他議論四起，他只是付之一笑。

給劉蓉的信中，曾國藩這樣說：

> 省中人言籍籍……有以書來賀我起行者，有以書來責我遲緩者，僕方付之一笑，以為不足辨（辯）而已。……如僕者，尚何忌何待？然不稍為儲峙，則此後更無繼者，故不得不稍慎也。[1]

省城裏說甚麼的都有。有的寫信來祝賀我出發，有的寫信來責備我遲緩。我都付之一笑。我對個人得失沒甚麼想法，怕的是如果不好好準備，輕率出動，失敗之後，整個天下就沒有人敢於繼續嘗試鎮壓太平天國了。

在給其他朋友的信中，曾國藩這樣解釋說：「此次募勇，成軍以出，要須臥薪嘗膽，勤操苦練，養成艱難百戰之卒，預為東征不歸之計。若草率從事，驅不教之士，執窳脆之器，行三千里之遠，以當虎狼百萬之賊，未與交鋒而軍士之氣固已餒矣。……故鄙意欲竭此兩月之力，晝夜訓練。凡局中窳苦之器，概與講求而別為製造，庶幾與此劇賊一決死戰。……雖蒙糜餉之譏，獲逗留之咎，亦不敢辭。」[2]

也就是說，我這次訓練湘軍，必須臥薪嘗膽，勤操苦練，練成能夠百戰不殆的士兵。如果草率出兵，帶領沒有訓練過的士兵，拿

1 《曾國藩全集・書信》1，岳麓書社，2011 年，第 364 頁。

2 《曾國藩全集・書信》1，岳麓書社，2011 年，第 371 頁。

着劣質的兵器，和虎狼一樣的太平軍作戰，沒交鋒就已經先敗了。所以我決心日夜訓練，劣質兵器一律淘汰替換。雖然別人譏諷我浪費軍餉，不敢迎難而上，我也不怕。

這時候的曾國藩，真可以說是「千呼萬喚不出來」。

曾國藩這幾次抗疏拒旨，為造船、購炮與練兵贏得了時間，使湘軍免遭輕進覆滅之災，為日後徹底戰勝太平天國積蓄了基本力量，但是也進一步強化了他在咸豐頭腦中的「刺頭」印象。自從登基以來，還沒有人像曾國藩這樣一而再，再而三地強硬頂撞他，如此堅決地違抗他的命令。只因湖南鞭長莫及，他對這支湘軍本來也沒抱太大希望，這才沒有對曾國藩追究到底。但是他對曾國藩的反感與日俱增。

曾國藩拒不出兵，不但損折了好友的性命，也送了自己座師的老命。

當時，擔任湖廣總督的是吳文鎔。吳文鎔是江蘇儀徵人，歷任湖北、江西、浙江、雲貴大員。由於有「剿賊」經驗，太平天國西征軍攻入湖北形勢危急之際，清廷調他為湖廣總督，坐鎮武昌。

早在道光十八年（1838）曾國藩中進士時，吳文鎔是主考官之一。所以按當時慣例，曾國藩要稱吳文鎔為「座師」。兩人關係一向親近，曾國藩的日記中留下了二人交往的多次記錄。吳文鎔出任江西巡撫時，曾國藩專門送別，並賦長詩以誌懷。

吳文鎔到達武昌之時，全城已經逃徙一空，官兵倉皇無計，人心渙散。吳文鎔臨危不亂，傳集僚屬，誓以死守。他當日就住在保安門城樓之上，示與守城官兵共生死之意，當時隨身僅一僕一馬，無書吏師爺，也無親兵夫役。他在城樓上晝夜處理文卷，衣不解帶者兩月。因此人心稍定，潰兵稍集。太平軍看到城守嚴密，不得不退守下游，不敢直接進攻省城。

此時的湖北巡撫是崇綸，滿洲正黃旗人，為人工於結納，善於鑽營，所以升得很快。但此人貪生怕死，當太平軍圍困武漢之時，他急於保命，要求自己帶隊出兵，實際是想藉機出城逃跑，吳文鎔一眼看穿了他的把戲，拒絕了他的要求，於是他對吳恨之入骨。

不久太平軍再次逼近省城。吳文鎔與曾國藩反復飛遞書信，商量用兵大計。曾國藩說現在太平軍勢盛，如果輕易出戰，必敗無疑，所以勸吳文鎔死守武昌，約定明年年初，待湘軍水師建成，水陸並進，屆時與吳文鎔裏應外合，夾擊太平軍。

可是，崇綸卻千方百計地想把吳文鎔逼死。他上疏咸豐，彈劾吳文鎔「安坐衙齋，閉城株守」[1]。說太平軍本來人數不多，勢力不大，但是吳文鎔不敢出兵，藉口說非要等湖南廣東等地派來大軍才肯一起出「剿」，這顯然是貪生怕死。還說甚麼「兵勇各告奮勇，情願自去殺賊，亦不准往，不知是何居心，是何肺腑」[2]。

咸豐皇帝本來就沒有主意，又急於求成，於是也催吳文鎔出戰。

曾國藩聞之，心急如焚，馬上給吳文鎔寫信說，千萬不要出武昌，即使因此受到處分，也不必害怕：「竊念吾師之進退，係南北兩湖之安危，即係天下之利害。……雖有嚴旨切責，吾師尚當剴切痛陳，備言進剿之不能得力。……逐層奏明，宜蒙俞允。」就是說讓他頂住皇帝的壓力，守好省城，等自己明年年初練好兵，再與之會合，與太平軍決一死戰。曾國藩十分擔憂座師早早出城，因而信尾說：「如尚未起行，伏望審慎三思，仍駐鄂垣，專重防守。」[3]

但是吳文鎔沒有曾國藩的定力。在政敵和皇帝的交迫之下，吳文鎔憤懣無比地說：「我受國厚恩，豈惜死之輩！今湘軍、黔軍未

1 《曾國藩全集・奏稿》1，岳麓書社，2011 年，第 290 頁。

2 中國第一歷史檔案館編：《清政府鎮壓太平天國檔案史料》第 11 冊，社會科學文獻出版社，1994 年，第 238 頁。

3 《曾國藩全集・書信》1，岳麓書社，2011 年，第 395 頁。

至，孤掌難鳴，死國可耳！」於是，他率數千清軍進至黃州，屯軍堵城。

當時天氣嚴寒，武昌又不按時運送糧草，清軍士氣極其低落。困窘之時，數萬太平軍分路殺至。吳文鎔不得不再次寫信，向曾國藩求援。曾國藩回信說「每念吾師孤軍在外，恨不得奮飛至前也」[1]，但他現在「專望廣東之九萬金來，為起行之資」。可是廣東起運的西洋炮至今未到，因此「尚不能起行」，為此「焦灼難狀」[2]。

吳文鎔畢竟不是咸豐，他是個明大理的人。他在重圍之中又一次給曾國藩去信，反勸曾國藩穩重，不要因為自己這裏危急而輕易出兵。他說：

> 吾意堅守，待君東下，自是正辦。今為人所逼，以一死報國，無復他望。君所練水、陸各軍，必俟稍有把握，而後可以出而應敵。不可以吾故，率爾東下。東南大局，恃君一人，務以持重為意，恐此後無有繼者。吾與君所處，固不同也。[3]

就是說，我如今為崇綸所逼，不得不以一死報國，已經沒有生還的希望。你所練水、陸各軍，必要等到稍有把握，然後才可以出而迎敵。千萬不要因為我，輕易率兵出師。東南大局，全仗你一個人了，務以持重為意，我恐怕你要是失敗了，就沒有人可以指望了。我是萬無生理之人，你是大有希望之人，所以我們選擇報國的方式，自必不同。

曾國藩讀到信，淚如雨下。

---

1 《曾國藩全集・書信》1，岳麓書社，2011 年，第 459 頁。

2 《曾國藩全集・書信》1，岳麓書社，2011 年，第 387 頁。

3 黎庶昌等撰：《曾國藩年譜》，岳麓書社，1986 年，第 33 頁。

在太平軍的強大攻勢下，清軍不敵，吳文鎔投塘自殺。

吳文鎔的死給曾國藩造成了很大的損失。吳文鎔在清政府有很高的地位，吳文鎔一死，曾國藩失去了一大支柱。

江為摯友，吳為恩師，但曾國藩忍心按兵不動，致使江、吳先後兵敗自殺，作為省會的廬州、武昌也迭遭淪陷。此時的曾國藩承受的心理壓力可想而知。但從戰略上看，曾國藩這兩次抗疏拒旨，則為造船、購炮與練兵贏得了時間，使湘軍免遭輕進覆滅之災，為日後徹底戰勝太平天國積蓄了基本力量。

可以說，曾國藩在創建湘軍的過程中，遇到了太多的困難。「公嘗以蚊虻負山、商距馳河自況；又嘗有精衛填海、杜鵑泣山之語。蓋公之水師為肅清東南之基本，而是年冬間，最為盤錯艱難之會矣。」[1]

也就是說，曾國藩此時以蚊子背起大山，蜈蚣想游過大河自比。又說自己是精衛填海，杜鵑泣山。這一年冬天，是曾國藩創建湘軍最為困難的時候。

曾國藩後來說，如果他有時間，就會寫一本「挺」經，所謂「挺」，就是指在危急時刻，能堅持住。對於這樣的「挺」字精神，曾國藩稱之為「豎起骨頭，竭力撐持」。後來他專作了一副聯語，作為「挺」字的注腳：「養活一團春意思，撐起兩根窮骨頭。」[2] 重重困難之中，曾國藩不止一次想打退堂鼓，但一想起長沙之辱，他便又鼓起了全部鬥志。他要讓那些當初逼他出走衡陽的湖南官員看一看，到底誰能笑到最後。

經過一年時間，曾國藩初步練成了一支一萬七千餘人的湘軍。

---

1 黎庶昌等撰：《曾國藩年譜》，岳麓書社，1986 年，第 32 頁。

2 《曾國藩全集・日記》1，岳麓書社，2011 年，第 477 頁。

3. 曾國藩的第一次自殺和湘潭大捷

曾國藩頂住了重重壓力，全力投入造船、練勇、籌餉之中，歷盡了千辛萬苦，水陸兩師終於初具規模。

咸豐四年（1854）年初，太平軍西征軍攻克漢陽漢口後，又揮師南下湖南，直指長沙。

咸豐四年正月，曾國藩親率水陸大軍齊集誓師。在衡陽城西演武場兩丈多高的旗桿上，掛着一面杏黃旗，旗上繡着斗大的一個「曾」字。一萬七千名湘軍士兵整齊列隊於操場之上，各式戰船三百六十艘載大炮五六百門排列於港口之中，將士衣甲鮮明，軍威雄壯。誓師之後，湘軍由衡陽水陸並發，兼程北上長沙，據守於此，迎戰進入湖南的太平軍。

此時太平軍水師已據有長江天險，戰船密佈，桅檣如林；陸軍則席捲皖、贛、鄂三省，數千里連營結寨，戰鼓如雷，氣勢遠非湘軍可比。但太平軍考慮到湘軍已經集結到長沙，如採取攻堅，部隊傷亡可能較大，決定對長沙圍而不攻，一部從陸路繞過長沙，疾趨南下，攻佔湘潭，另一部又攻佔長沙附近的一個重要港口靖港（靖港位於資水入湘之口，距會城六十里），對長沙形成包圍圈。曾國藩腹背受敵，外無救兵，內缺糧草，時間一久，可能困死城內。

曾國藩與眾將商議，決定主動出擊，衝出包圍，攻打湘潭。戰鬥序列是以塔齊布為首的五營水陸大軍先一日出發，他自己則在第二天率領剩餘五營陸師和船隻前往湘潭增援，以求必勝。塔齊布出身滿族，本是三等護衛，後來被派往湖南，任綠營守備，防備太平軍。在曾國藩約集綠營會操時，其他綠營將領不以曾國藩為然，只有他恭謹聽命，且「每操軍，執旗指揮，雖甚雨，矗立無惰容」，曾國藩「見而偉其才」[1]，因其忠勇可靠，識拔他於綠營軍中，委以重任。派他做先鋒，曾國藩是放心的。

塔齊布走後，曾國藩安排出征事宜，準備第二天增援湘潭的行動。然而，就在這天夜間，出現了一個小小的變故：靖港一帶的民兵跑來彙報，說靖港一帶的太平軍人數不多，有機可乘。「長沙鄉團來請師曰：『靖港寇屯中數百人，不虞我，可驅而走也。已做浮橋濟師，機不可失。』」[2] 說是靖港的太平軍只有幾百人，防守薄弱。

曾國藩一算，除了後繼五營，他手中還有水陸兵員三千多，處於絕對優勢，勝算極大。更重要的是一旦拿下靖港，就解除了長沙北面的威脅，並且可以截斷湘潭之敵的北歸之路。

戰機稍縱即逝，不容錯過。

曾國藩迅速做出決策，臨時改變計劃，改為先攻打靖港。

之所以做出這個決定，曾國藩有一個重要考慮是首戰必勝。先打弱敵、首戰必勝，歷來是用兵重要原則，這樣才可以奠定士氣基礎，為軍隊開個好頭。曾國藩還有一個自己的盤算，要用一場親自指揮的大勝，來向皇帝，向湖南通省官員，證明自己。以多擊少，以百練之師攻擊太平軍一個分支，曾國藩認為此戰有萬全把握。

四月初二日（公曆 4 月 28 日）清晨，曾國藩率領水師大小戰船四十隻、陸勇八百人，從長沙出發，很快到達了距靖港二十里的白沙洲。曾國藩在這裏駐紮下來建立指揮部，命水師五營順流而下，直攻靖港。

曾國藩在衡陽苦練湘軍，今天終於要真刀真槍開始戰鬥了。他信心滿滿，認為不用半天，就可以解決戰鬥。他的聲威，湘軍的聲望，必因此一戰而穩固建立。

---

1 王定安著，朱純點校：《湘軍記》，岳麓書社，1983 年，第 13 頁。

2 王闓運、郭振墉等著：《湘軍志　湘軍志評議　續湘軍志》，岳麓書社，1983 年，第 231 頁。

然而戰鬥的進程遠遠不是曾國藩所想像的那樣。靖港太平軍遠遠比民兵們彙報的多得多，而且準備非常充分。他們一見湘軍水師到來，立即以岸上的密集火炮發炮射擊。此時恰逢天公不作美，南風驟起，水流迅急。湘軍戰船本應回撤躲避，無奈水急風緊，將湘軍的戰船全都吹到了太平軍炮火兵營前面，想退都退不回來。水師哨船首先中炮起火，後面的船亂成一片。無奈之下，只能連忙降下風帆，然後派人到岸上，用人力牽着縴繩拉船逃跑。

這種情況下怎麼能順利逃跑？太平軍陸上出動人馬，襲擊牽着纜繩的湘軍，水裏出動了二百隻小划船，順着風勢，向湘軍船隻拋送火球，襲擊湘軍船隻。很多湘軍水師船隻或者首領被俘，或者被燒。

駐在白沙洲的曾國藩聽說水師失利，急忙率領陸師向靖港方向增援。誰知陸軍得知水師大敗後，軍心已亂，與太平軍交鋒，一觸即潰。敗兵爭逃活命，搶渡浮橋，浮橋被擠塌了，溺死者無數。曾國藩一看，勃然大怒，在岸上豎起「曾」字大旗，親自拿着利劍，大喊：「過旗者斬！」然而也無濟於事，敗兵紛紛從他身邊繞過，砍也砍不過來。王闓運在《湘軍志》中說：「國藩親仗劍督退者，立令旗岸上曰：『過旗者斬。』士皆繞從旗旁過，遂大奔。」[1]

這一戰徹底失敗，湘軍戰艦損失三分之一，炮械損失四分之一。

一心想首戰必勝的曾國藩，迎來了首戰慘敗。自己親手訓練出的士兵在靖港表現如此，那麼想來攻打湘潭的那一支表現也好不到哪兒去。眼看幾年來的心血，平生的指望，轉瞬之間化為烏有。曾國藩眼前馬上浮現出長沙官員那一張張譏笑的臉，浮現出咸豐皇帝那刻薄的神情。他既羞憤，又沮喪，水師船隻經過銅官渡時，他一

1　王闓運、郭振墉等著：《湘軍志　湘軍志評議　續湘軍志》，岳麓書社，1983 年，第 231 頁。

步跨出船艙，撲通跳進水中。不成功，就成仁，這是他早就做好的打算。「國藩憤，自投水中。」[1] 幸虧身邊的護衛們早就看出大帥神情不對頭，馬上跳下去相救，強把他拉到船上來。

曾國藩仍然不罷休，還要再跳下去。人們日夜看守，不讓他有機可乘。曾國藩一看尋死不能，只好把殘兵敗將先帶回長沙再說。

其實一開始，湖南官場就對曾國藩沒有甚麼信心，沒人拿他練的這支湘軍當回事，覺得他就是在浪費國家的錢。所以當初曾國藩在長沙城外準備出兵靖港前，「駱籲門從而和之，泊舟郭外，駱拜客至鄰舟，而惜跬步不見過」[2]。塔齊布去攻打湘潭時，「長沙惴惴居賊中，人自以為必敗」[3]。

現在，你看，果然，曾國藩灰溜溜地回來了吧！回到長沙城外，曾國藩不出意外地迎來了眾人的嘲罵。湖南提督鮑起豹說曾國藩是引狼入室，勞民傷財，所以關上城門，不讓曾國藩進城。此時湖南按察使陶恩培榮升山西布政使，長沙官場送他到江邊登舟赴任，湘江碼頭離曾國藩的座船咫尺之遙，但所有的官員竟然就像沒看見曾國藩，無一人順道過來拜訪一下。

長沙通城官員在傳曾國藩的笑話，說甚麼早就知道這個二愣子成不了事。甚至曾國藩的親兵想進城都進不了，在城門口被老百姓追着打，人們紛紛說他們是廢物，白吃老百姓給的糧餉。以布政使徐有壬為首的長沙幾個官員，幸災樂禍，煽風點火，準備起草奏摺，彈劾曾國藩。曾國藩自己回憶說：「甲寅年（咸豐四年）岳州、靖港敗後棲於高峰寺，為通省官紳所鄙夷。」[4] 曾國藩年譜也載：「公之回長沙也，駐營南門外高峰寺。湘勇屢潰，恆為市井小人所詬

1　王闓運、郭振墉等著：《湘軍志　湘軍志評議　續湘軍志》，岳麓書社，1983 年，第 231 頁。

2　太平天國歷史博物館編：《太平天國史料叢編簡輯》第 3 冊，中華書局，1962 年，第 231 頁。

3　王闓運、郭振墉等著：《湘軍志　湘軍志評議　續湘軍志》，岳麓書社，1983 年，第 231 頁。

4　《曾國藩全集・家書》1，岳麓書社，2011 年，第 488 頁。

侮，官紳之間，亦有譏彈者，公憤欲自裁者屢矣。」[1]

曾國藩晚年又一次對趙烈文回憶了這個難忘的時刻。他說：「起義之初，羣疑眾謗……藩司陶恩培、臬司徐有壬以吾有靖港之挫，遽詳駱撫請奏參。黃昌歧及吾部下出入城門，恆被譙呵，甚有撻逐者。」[2]

曾國藩羞愧至極，那身濕衣服說甚麼也不脫下來，他不吃不喝，不洗頭不洗臉，只是坐在那兒奮筆疾書，起草遺摺，也就是寫給皇帝的遺書，打算再找機會尋死。他的老部下李元度描述當時的情景說：「文正衣濕衣，蓬首跣足，勸之食不食。乃移居城南妙高峰，再草遺囑，處分後事，將以翼日自裁。」[3] 曾國藩在遺疏中說：「為臣力已竭，謹以身殉……臣愧憤之至，不特不能肅清下游江面，而且在本省屢次喪師失律，獲罪甚重，無以對我君父。謹北向九叩首，恭摺闕廷，即於△△日殉難。」[4] 他還囑咐弟弟曾國葆護送自己的棺材回老家，還囑咐不可辦葬禮，不收禮金。一通安排搞得大家都提心吊膽。

就在曾國藩修改遺摺，打算尋找自裁機會的時候，曾國葆闖了進來：「大哥，塔齊布來信了，湘潭大勝！」

原來曾國藩派出的另一路湘軍在湘潭取得了大勝。這場勝利是太平軍軍興以來清軍取得的最大一次勝利。

三月二十八日（公曆 4 月 25 日），塔齊布奉曾國藩之命，率部趕到湘潭城外。塔齊布是一員猛將，一到之後，立即對太平軍展開猛攻。曾國藩平日的訓練見了效果，湘軍非常奮勇。塔齊布「手執大旗，麾各路兵勇奮勇向前，周鳳山嚴督後隊繼進，手刃臨陣退縮

1 黎庶昌等撰：《曾國藩年譜》，岳麓書社，1986 年，第 41 頁。
2 趙烈文撰：《能靜居日記》2，岳麓書社，2013 年，第 1082 頁。
3 章壽麟等撰：《銅官感舊圖題詠冊》，岳麓書社，2012 年，第 514 頁。
4 《曾國藩全集・奏稿》1，岳麓書社，2011 年，第 165–166 頁。

之勇七人」[1]。湘軍聞炮即伏，炮止即進，直衝太平軍營壘。面對湘軍的猛烈進攻，太平軍毫無心理防備，漸呈難以抵禦之勢。

湘軍取勝的第一個原因是紀律嚴明，官軍用命，勇敢無畏。除此之外，西式武器的運用也是湘軍取勝的關鍵原因。四月初一日（公曆 4 月 27 日），曾國藩所派的後繼湘軍水師五營也到了湘潭，在湘江內與太平軍水營展開激戰。曾國藩為了等待廣東的洋炮，曾一再推遲出征日期，現在被證明是非常正確的。出征之時，他軍中的洋炮已達六百尊，這種英式大炮比太平軍的土炮先進很多，火力兇猛，射擊準確，往往一炮就能掀翻太平軍一隻戰船。「褚汝航親開大炮……營官彭玉麟、楊載福親坐舢板小船往來督戰，炮聲如雷，湘波鼎沸。」[2] 湘軍水師憑藉船炮的優勢，往返衝擊。由民船倉促組建的太平軍水營，難以抵擋湘軍水師的進攻，三天之內被毀大小船數百隻，傷亡逾千人。曾國藩後來說：「湘潭、岳州兩次大勝，實賴洋炮之力。」[3]

四月初五日（公曆 5 月 1 日），當守城太平軍戰士緣梯而下，準備接應城外太平軍入城時，湘軍伏兵驟起，將出城之太平軍戰士砍死，乘勢奪梯登城，打開城門。大隊湘軍立即衝入，奪佔了湘潭城。

湘潭之戰，湘軍水陸不足萬人，與三萬之眾的太平軍做殊死戰，前後六天，十戰十捷，以少勝多，斃敵近萬，太平軍逃散者也上萬，太平軍精銳林紹璋部幾乎全軍覆滅。

這是太平軍軍興以來，清軍取得的唯一大勝，也是太平天國與清朝命運的一個轉折點。「自粵逆稱亂以來，未受大創。湘潭一役，

---

1 《曾國藩全集・奏稿》1，岳麓書社，2011 年，第 156 頁。

2 《曾國藩全集・奏稿》1，岳麓書社，2011 年，第 158 頁。

3 《曾國藩全集・奏稿》1，岳麓書社，2011 年，第 186 頁。

始經兵勇痛加剿洗，人人有殺賊之志矣。」[1] 湘潭失守，靖港的太平軍聞訊大驚也自動撤退，長沙之圍遂宣告解除。

這一下，曾國藩終於不再想死了。「遲明，捷報至，官軍拔湘潭，燔賊船數千，殄滅無遺種，靖港賊亦遁。文正笑曰：『死生蓋有命哉。』乃重整水陸軍。」[2]

在太平天國起義上，咸豐皇帝一開始表現得非常有魄力。在軍費開支上，他一反道光皇帝小氣吝嗇的風格，出手非常大方果斷。他不用官員請求，主動從內務府拿出自己的私房錢一百萬兩[3]，撥付廣西，以求迅速建功。他甚至還把宮中的三口金鐘熔作金條，用於軍需。

為了鎮壓太平天國，咸豐調兵遣將，先後派出了名臣林則徐、廣西巡撫周天爵、欽差大臣李星沅、軍機大臣大學士賽尚阿等人前往鎮壓。他也在宮中日夜不停，閱讀戰報，下達指示，拿出了不達目的誓不罷休的架勢。

咸豐的決心和氣魄確實讓大臣們很佩服。在咸豐看來，他花了這麼大力氣，這些邊遠省份的小小蟊賊，應該不難迅速「剿」滅。然而怎知越忙越亂。咸豐皇帝一路調兵遣將，太平天國卻一路勢如破竹，咸豐二年（1852）二月，太平軍攻打廣西省城桂林，咸豐二年四月，太平軍打出廣西，進軍湖南。咸豐二年十二月，太平軍居然攻入武昌，這是他們攻佔的第一座省城。咸豐三年（1853）年初，他們又沿長江而下，攻取了他們心目中的「小天堂」—— 南京。

自從鎮壓太平軍以來，咸豐所接到的都是兵敗如山倒的失敗

---

1 黎庶昌等撰：《曾國藩年譜》，岳麓書社，1986 年，第 41 頁。

2 章壽麟等撰：《銅官感舊圖題詠冊》，岳麓書社，2012 年，第 514 頁。

3 《清政府鎮壓太平天國檔案史料》第 1 冊，第 342 頁。轉引自茅海建著：《苦命天子 —— 咸豐皇帝奕詝》，上海人民出版社，1995 年，第 64 頁。

報告，曾國藩總結清代正規軍鎮壓太平天國的戰績說，「督撫兩標之兵習於淫侈、偷惰，已久不可用矣。自咸豐二年粵匪至鄂，迄今不滿三載，而全兵覆敗大潰者五次，其間小潰小敗不可勝數」[1]。咸豐自己也在上諭中說，清軍主將「盡皆怕死貪生，敵未臨境先有退志」，「或苟且捏飾以偷生，或僅一死以塞責」。事實證明，大清國家正規軍已經爛透了，毫無戰鬥力。這樣的軍隊派出去，如同澆在火上的熱油，前往的軍隊越多，太平天國的勢力反而越盛。

從《清實錄》可以看出，自咸豐四年(1854)起，皇帝對戰爭已經失去信心。他不再像一開始那樣天天費心琢磨如何用兵用人，「雖說每日依舊勤奮地批閱軍報，但下達的諭旨多是頭痛醫頭、腳痛醫腳的公式化文章，一看便知軍機處例行公事，所做的硃批只是痛罵加催促，看不到先前在命將、調兵、戰略乃至戰術上的果敢的大動作」。硃批上充滿了對大臣們沒頭沒腦的痛罵，諭旨中到處都是悲觀絕望之詞。「他不再細心制定新的作戰方略，而是將之下放到前方統兵大員」[2]，只是一門心思忙着派人去挖洪秀全、楊秀清、馮雲山、韋昌輝等人的三代祖墳，並明確指示將墳後「坐山後脈概行鑿斷」[3]，以壞其風水。

咸豐甚至已經開始設想自己的結局。稗史記載，太平軍北伐時，他曾對杜翰說道：

> 天啟當亡國而弗亡，崇禎不當亡而亡。今豫南北皆殘破，賊已渡河，明代事行見矣。設在不幸，朕亦如崇禎不當亡而亡耳。[4]

---

1 《曾國藩全集・奏稿》1，岳麓書社，2011 年，第 460 頁。

2 茅海建著：《苦命天子 —— 咸豐皇帝奕詝》，上海人民出版社，1995 年，第 133 頁。

3 章開沅主編：《清通鑒》，岳麓書社，2000 年，第 872 頁。

4 費行簡著：《慈禧傳信錄》上，第 14 頁。轉引自沈嘉榮著：《太平天國史略》，南京出版社，1992 年，第 158 頁。

也就是說，明代的天啟皇帝很昏庸，但是沒亡國。崇禎很勤政，卻亡國了。如果太平天國勢大，明代亡國的事就要重演了。可惜我是像崇禎一樣，不當亡而亡啊。

可見當時咸豐對局勢悲觀至極。就在咸豐皇帝近乎絕望的時刻，他收到了意外的湘潭大捷的捷報。咸豐已經被太平軍打得六神無主，接到這一報告，第一反應居然認為曾國藩是在說謊。一是因為謊報軍情是當時將兵者的常態，二是他不相信一支「民兵」有如此強的戰鬥力。直到他專門召見湘潭籍的翰林院編修袁芳瑛，向他打聽實情，袁氏把從家鄉得到的消息詳細上告，他這才相信。皇帝大喜過望，興奮異常，竟然當天順手賞了袁氏一個知府肥缺。「湘潭克復，奏捷至京師，大臣或指為妄。上……一日特旨召見編修袁芳瑛，問所以破賊狀。」「因舉顛末為上備陳之。上大悅，即日授芳瑛松江知府，而公（曾國藩）志以明。」[1]

咸豐皇帝迅速發出一系列上諭，嘉獎曾國藩「辦理甚合機宜」[2]，特命曾國藩單銜奏事。湖南省文武百官，除巡撫一人之外，曾國藩皆有權調遣。這道上諭從根本上改變了曾國藩在湖南的政治地位。上諭先發至巡撫衙門，駱秉章接旨後，立即帶着藩、臬兩司等一班官員，擁着一頂綠呢空轎，親自來接一直住在城外船上的曾國藩入城。「文武官大慚沮，有壬詣國藩謝。」[3] 罵他最兇的布政使徐有壬當晚單獨拜會曾國藩，懇切檢討過去的態度。曾國藩的仇人鮑起豹則被皇帝下旨嚴責，革職拿辦。長沙全城民眾則歡呼雀躍、額手稱慶，紛紛稱是曾國藩救了他們。塔齊布從湘潭回到長沙時，文武官

---

1 黎庶昌著：《拙尊園叢稿》第三卷，光緒十六年刊本。轉引自高中華著：《肅順與咸豐政局》，齊魯書社，2005 年，第 29 頁。袁芳瑛，湖南湘潭人，曾國藩的好友兼親家。

2 《曾國藩全集・奏稿》1，岳麓書社，2011 年，第 228 頁。

3 王闓運、郭振墉、朱德裳、王定安撰：《湘軍史料四種》，岳麓書社，2008 年，第 27 頁。

員及百姓沿街「聚觀相歎」[1]，以為他是神人。

曾國藩打掉牙和血吞，終於取得了勝利。他用自己的艱苦奮鬥，成功地挽回了面子。

可以說，沒有長沙之辱，就沒有曾國藩後半生的功名事業。這一次挫而後奮的成功，給了曾國藩另一次印象極深的自我教育，更強化了他愈挫愈奮、百折不撓的性格特點。多少年後，曾國藩對他的心腹幕僚趙烈文深有感慨地說，天下事有所激有所逼而成者居多。「起兵亦有激而成。初得旨為團練大臣，借居撫署，欲誅梗令數卒，全軍鼓譟，入署幾為所戕，因是發憤募勇萬人，浸以成軍，其時亦好勝而已。不意遂至今日。」[2]

從這次經驗中，曾國藩更是領悟到，對於有志者來說，挫辱是最大的動力，打擊是最好的幫助。咬緊牙關，把挫辱活生生吞下，就成了滋養自己意志和決心的營養。這構成了曾國藩生命經驗中最核心的部分。幾十年後，他還在家書中教育兒子說：「天下事無所為而成者極少，有所貪有所利而成者居其半，有所激有所逼而成者居其半。」[3]「百端拂逆之時……亦只有逆來順受之法。」[4]「所謂『好漢打脫牙和血吞』……真處逆境之良法也。」[5]

4. 湘軍團隊是這樣設計出來的

講到這裏，我們應該問一個問題：為甚麼大清王朝舉國之力供養訓練了二百多年的正規軍隊不堪一擊，而一介書生曾國藩花一年

---

1 王闓運、郭振墉、朱德裳、王定安撰：《湘軍史料四種》，岳麓書社，2008年，第9頁。

2 趙烈文撰：《能靜居日記》2，岳麓書社，2013年，第1094頁。

3 《曾國藩全集・家書》2，岳麓書社，2011年，第431頁。

4 《曾國藩全集・家書》2，岳麓書社，2011年，第483頁。

5 《曾國藩全集・家書》2，岳麓書社，2011年，第476頁。

時間練出的湘軍就能所向披靡呢？

換句話說，湘軍的戰鬥力來自哪裏呢？

湘軍的戰鬥力來自曾國藩的「反思」習慣。

我在這句話裏所說的「反思」，用的字面意思，也就是反向思考。曾國藩在創建湘軍的時候，並沒有首先去想「湘軍怎麼才有戰鬥力」，而是先來分析「綠營兵為甚麼沒有戰鬥力」。這是一個很重要的切入點。其實很多時候做事不需要你有甚麼超天才的想法，你只要好好總結一下別人都犯了哪些錯誤，然後你反着來，你可能就成功了。

那麼綠營兵為甚麼沒有戰鬥力呢？曾國藩通過分析得出的結論是，綠營兵敗就敗在制度缺陷上。

晚清軍營存在着兩個怪現象。第一個怪現象，就是士兵普遍都有第二職業。這些軍人一邊當着兵，一邊還忙着別的事，有人經商做買賣，有人種地，有人殺豬，有人開茶館，還有人在市場上賣魚賣肉……鴉片戰爭期間的定海縣官員向上級彙報，當時定海的軍人，有一半的真正身份其實不是軍人，而是理髮匠、是修腳工，有的還是僕人。林則徐也在一封奏摺中向皇帝彙報說，鴉片戰爭期間，長沙的士兵們忙着照顧自己的買賣，沒心思好好打仗。他舉例說，長沙青石街的雙美茶室就是四名綠營兵合伙經營的。其實這種情況清朝皇帝們心裏也很清楚。比如嘉慶皇帝在上諭中就曾經講過，士兵們不會打仗，就是因為他們「在外兼習手藝，訓練生疏」[1]。

那麼，原本以打仗為職業的士兵，怎麼會出現「小販化」傾向呢？

這也是清代軍隊的第一個制度缺陷——「低餉制」惹的禍。

---

1 廣東省地方史志編纂委員會編：《廣東省志・軍事志》，廣東人民出版社，1999 年，第 637 頁。

清代對文官實行「薄俸制」，就是給他們開很低的工資，其實軍隊也是這樣，實行「低餉制」。

清代一名普通軍人的收入是多少呢？綠營兵平均每月收入白銀一兩三錢六分，此外還有大米三斗，加一起也不到二兩銀子。我們要注意，這些收入不是僅供他一人生活，因為那時候婦女不工作，所以軍人還要養家糊口。這點錢，按今天的幣值，不到四百元錢，養活一家人，根本不夠。所以清代軍隊才出現經商潮。士兵紛紛經營第二職業，忙着掙錢糊口，軍隊訓練的時候，他們能躲就躲，實在躲不過去，就僱人頂替自己。所以清代史料說，操練之時，「兵丁等往往正身不到，私自僱人替代，有名無實」[1]。你說這樣一支軍隊，還談甚麼戰鬥力呢？這是晚清軍隊第一個怪現象，士兵經營第二職業。

第二個怪現象，是部隊廣泛經營第三產業。士兵們做點小買賣，軍官們則玩兒大的。軍官普遍動用軍事裝備來經商賺錢。比如鴉片戰爭時期任福建道員的張集馨記載：「漳郡城外有軍工廠，每月督造戰船一隻，以為駕駛巡緝之用。其實水師將船領去，或賃與商賈販貨運米，或賃與官府往來差使。」[2] 也就是說，福建水師每月都會造一隻戰船，但是這些船都被水師軍官租給商人販運大米，或者租給官府用作官船，至於收入呢，當然就納入軍官們的私囊了。還有的地方部隊靠出租軍事用地賺錢。如浙江軍隊的操場位於城裏，地段好、地價高，軍官們就把操場租給地方上用，這樣就搞得軍隊沒有地方進行訓練了。當然，晚清軍隊最令人痛恨的事，是他們走私護私，違法犯罪。在鴉片戰爭以前，廣東水師就大肆收受賄

1 《清朝續文獻通考》卷二〇六，第 9547 頁。轉引自郭太風著：《邁向現代化的沉重步履》，學林出版社，2004 年，第 9 頁。

2 張集馨著：《道咸宦海見聞錄》，中華書局，1981 年，第 63 頁。

賂，聽任犯罪分子在海上走私鴉片而不管，有時甚至還出軍艦為這些鴉片販子保駕護航。

以上種種貪腐行為，大部分都是朝野皆知的公開秘密，但是在大清朝卻常年都這樣，難以取締。主要原因，當然是清代軍官收入也不高。清代高級軍官，比如綠營提督，官居從一品，比地方上的總督級別還高點，每年的法定收入是多少呢？不過才八十一兩，雖然此外還有八百八十兩的養廉銀，加到一起，年收入也不足千兩。這點收入，根本不能滿足他們日常生活和官場應酬的需要。因為軍隊裏面盛行大吃大喝，這點兒工資還不夠他們請客吃飯的，所以他們只能利用手中的權力來非法尋租。這些情況，從道光皇帝到咸豐皇帝都很清楚，但是皇帝們也都睜一隻眼閉一隻眼，因為他們捨不得給軍官們漲工資，所以這些非法收入已經成為軍隊中招待費的來源，如果取締了這些收入，就必然影響軍隊的「穩定」。

因此，軍隊的「低餉制」與文官的「薄俸制」一樣，都是一種非常短視的財政制度。從皇帝的視角來看，低餉薄俸為國家節省了大量財政經費，是件好事兒。但事實上這是典型的佔小便宜吃大虧，讓軍隊訓練水平下降，戰鬥力幾乎為零。

曾國藩創建湘軍，在制度上最引人注目的一點就是實行厚餉原則。

他深知軍餉太低是軍隊風氣敗壞的主要原因，所以他規定的湘軍士兵的收入為每月四兩到六兩白銀，是國家正規軍的三倍左右，也比農民務農收入多三四倍。這樣高的軍餉標準，使士兵能夠專心訓練，這就為湘軍形成戰鬥力打下了堅實的基礎。

對於湘軍軍官，曾國藩更是採用高薪養廉的政策。湘軍中級軍官，每月的純收入可達一百五十兩，一年就是一千八百兩。正規軍中的高級軍官一年收入還不到一千兩，中級軍官只有三五百兩。湘軍中級軍官的收入，是正規軍同級軍官的三倍到六倍。湘軍高級軍官收入更高。曾國藩規定，統率一萬人的高級軍官，每年淨收入五千四百兩，這個數字是國家正規軍同級別的六倍左右。

因為軍餉高，所以湘軍招人很容易。「將士愈饒樂，爭求從軍。」[1] 湘軍在招募時，往往「募千人則萬人應之，募萬人則數萬人應之」[2]。曾國藩一開始只想練一萬人，結果因為報名的人多，後來達到了一萬七千人。

曾國藩是一個文人，也是一個理想主義者，但是他做事是非常腳踏實地的。文人最容易犯的毛病是唱高調，但是實際上要做任何事情都首先要解決物質基礎。

湘軍在制度上的第二個特點是「將必親選，兵必自募」，這一創新，也是軍事門外漢曾國藩殫精竭慮、集思廣益的結果。

綠營兵最大的問題是「兵與勇不相得，兵與將不相習，將與將又各不相下」[3]。這是因為清代皇帝都極有權術，生怕軍官擁兵自重，所以十分重視兵為國有，而不是兵為將有。每逢戰爭，「東抽一百，西撥五十，或此兵而管以彼弁，或楚弁以轄黔鎮」[4]，臨時組成軍隊。這樣做的好處是，將軍和士兵之間互不熟悉，沒有私人感情，甚至語言都不通，大家都只聽皇帝的，沒有皇帝的命令就不能調動軍隊，這就保證了皇帝的安全。但是壞處是兵不識將，將不識兵，甚至兵不識兵，將不識將，彼此都非常生疏。打個比方，這就好比讓你移栽一棵大樹，你卻去砍樹枝，東砍一根兒，西砍一根兒，然後捆到一起，綁成個大樹的形狀，但這些樹枝形不成一棵有

---

1 王闓運、郭振墉、朱德裳、王定安撰：《湘軍史料四種》，岳麓書社，2008 年，第 170 頁。

2 王定安著，朱純點校：《湘軍記》，岳麓書社，1983 年，第 338 頁。

3 《江忠源集　王鑫集》，岳麓書社，2013 年，第 38 頁。

4 《曾國藩全集・書信》1，岳麓書社，2011 年，第 348 頁。

生命力的樹，形不成一個整體。因此出現「卒與卒不習，將與將不和」[1] 的局面，綠營「兵畏賊，不畏將。將畏兵，不畏法」[2]。將與兵如同路人，「勝則相忌，敗不相救」[3]。

在致李鴻章和江忠源的信中，曾國藩指出了綠營兵制的根本弊病，他說：「今日兵事最堪痛苦者，莫大於『敗不相救』四字。」「雖此軍大敗奔北，流血成淵，彼軍袖手而旁觀，哆口而微笑。」[4]「見其勝，則深妒之，恐其得賞銀，恐其獲保奏；見其敗，則袖手不顧，雖全軍覆沒，亦無一人出而援手拯救生死呼吸之頃者。」[5] 這支軍隊大敗，血流成河，另一支軍隊卻袖手旁觀，面露微笑。這支軍隊勝了，另一支就非常嫉妒，怕勝者得到賞銀，怕別人升官。

曾國藩說，這樣的軍隊，即使「諸葛復起」[6]，就是諸葛亮活過來，也是打不了勝仗的。因為這不是個人的道德水平的問題，是制度問題。

曾國藩痛於「敗不相救」現象，制定了「將必親選，兵必自募」的原則，也就是說，他挑選他認識和欣賞的人做營官，營官再去挑選自己信得過的人做統領，這樣一層層挑選下去，直到普通士兵。「勇營之制，營官由統領挑選，哨弁由營官挑選，什長由哨弁挑選，勇丁由什長挑選。」[7] 曾國藩的這個做法，是基於一種最為樸素的認識：打虎親兄弟，上陣父子兵。

---

1 《曾國藩全集・書信》1，岳麓書社，2011 年，第 220 頁。

2 趙昀著：《遂翁自訂年譜》咸豐二年。轉引自龍盛運著：《湘軍史稿》，四川人民出版社，1990 年，第 47 頁。

3 《曾國藩全集・書信》1，岳麓書社，2011 年，第 220 頁。

4 《曾國藩全集・書信》1，岳麓書社，2011 年，第 348 頁。

5 《曾國藩全集・書信》1，岳麓書社，2011 年，第 185 頁。

6 《曾國藩全集・書信》1，岳麓書社，2011 年，第 214 頁。

7 《曾國藩全集・奏稿》10，岳麓書社，2011 年，第 437 頁。

這也就是湘軍這個「湘」字的起源。這個「湘」字，原本是指湘鄉縣。曾國藩認為，「同縣之人易於合力」，他最初訓練的軍隊，軍官和士兵幾乎全是湘鄉縣人。曾國荃則「不獨盡用湘鄉人，且盡用屋門口周圍十餘里內之人」[1]。老鄉觀念，達到極致。[2]

這樣，每一層上級和下級之間都知根知底，且有選用提拔之恩。本來是公家發給的軍餉，但是經過招收自己的軍官發到手裏，感覺就好像是這個軍官發給自己的。彼此有一種「恩義」在。這樣下級才能忠於上級，故能收如身使臂，如臂使指之效。「譬之木焉，統領如根，由根而生幹、生枝、生葉，皆一氣所貫通。是以口糧雖出自公款，而勇丁感營官挑選之恩，皆若受其私惠，平日既有恩誼相孚，臨陣自能患難相顧。」湘軍就像一棵大樹，「由根而生幹、生枝、生葉，皆一氣所貫通」，組織內部打通，成為一個由感情紐帶聯繫起來的整體。[3]

這就解決了綠營兵的「勝則相忌，敗不相救」的問題，形成了曾國藩所說的「呼吸相顧，痛癢相關，赴火同行，蹈湯同往。勝則舉杯酒以讓功，敗則出死力以相救」的「死黨」。[4] 這是湘軍凝聚力和戰鬥力的重要來源。

這是湘軍與綠營的另一個重大不同 —— 組織原則不同。當然這個原則實際上違反了清朝「兵為國有」的原則，湘軍私人性極強，

---

1 太平天國歷史博物館編：《太平天國史料叢編簡輯》第 3 冊，中華書局，1962 年，第 410 頁。

2 除了都是老鄉之外，湘軍軍官之間的關係還錯綜複雜，大家相互間都是同鄉、同族、同學、師生、摯友關係。比如羅澤南和王鑫、李續賓、李續宜三人是師生關係；胡林翼、左宗棠、羅澤南是同學關係；曾國藩兄弟五人有四人從軍；江忠源兄弟五人從軍；劉坤一、劉培一兄弟，李續賓兄弟三人，王鑫、王勳兄弟，也都是兄弟兵。至於姻親關係就更複雜了，僅以曾國藩一人為例，他與羅澤南、李元度、李續賓、郭嵩燾、左宗棠、胡林翼等人，皆有直接或間接的「姻親」關係。

3 《曾國藩全集・奏稿》10，岳麓書社，2011 年，第 437 頁。

4 《曾國藩全集・書信》1，岳麓書社，2011 年，第 188 頁。

每一級只效忠自己的統領，不聽他人調遣，實際上開了後世軍閥的先河。[1]

第三個不同，是選人原則的不同。

曾國藩選人，有一句話叫「選士人領山農」[2]。「選士人」，就是軍官都要用沒有打仗經驗的讀書人，而不用那些有經驗的綠營軍官。清代國家正規軍的軍官多是武人出身，大字不識幾個，文化素養很低。而湘軍的將領大多是知識分子，在可以考證的湘軍 179 名將領中，書生出身的達 104 名。

上戰場打仗，比的是勇氣和體力，因此歷代都用行伍出身的莽夫。打仗是一項專門技術，自然以經驗為寶貴。那麼曾國藩為甚麼偏要選沒有經驗、手無縛雞之力的讀書人呢？這是因為曾國藩一貫認為，精神的力量遠大於身體的力量。行伍出身的莽夫雖然有一時之勇，但是沒有堅定不移的信仰。曾國藩要建立的是一支有信仰、有精神力量的軍隊，因為信仰出戰鬥力，精神出戰鬥力。程朱理學是這些湖南書生的共同信仰，他們在信仰的支持下，可以迸發出驚人的勇氣和能量。

如謂不信，我們可以看一看羅澤南的例子。他是一個以理學治軍的典型代表，從他身上我們能清楚地看到曾國藩用書生打仗的成功之處。

羅澤南是一個老秀才，也是湘鄉人，比曾國藩大四歲，出身極

---

1 如浙江戰役中，胡林翼調唐訓方（他本人升任糧台長官）手下歸蕭翰慶指揮，但唐訓方的兵士不願為新主人賣力，接陣即逃，害得蕭翰慶本人也在陣中為太平軍所殺。劉坤一升任江西巡撫，必須受命赴任，他手下二十營湘勇無人敢接。朝廷只得根據劉坤一的要求，讓他弟弟劉培一來當這二十營的主將。而劉培一當時的身份，僅僅是一小小縣丞，其兄手下將官中，文有臬司、道台，武有提督、總兵，卻都對劉培一俯首聽命。

2 王定安著，朱純點校：《湘軍記》，岳麓書社，1983 年，第 337 頁。

窮，「少好學，家貧，夜無燈，讀書月下，倦即露宿達旦。年十九，籍課徒自給」[1]。因為家貧，三個兒子都在大災之年餓死了，他本人則考了七次，年過三十，才考上一個秀才，四十以後，仍然是以教書為生，遇有災年，仍然無米為炊。但是此人有一個特點，就是不論多窮多苦，卻從不以個人之窮達為憂，而是專心理學，以經世致用為志，堅信自己能成大事。太平軍起，他率領弟子辦理團練。曾國藩出山後，他就成了曾國藩的嫡系。雖然以前從來沒摸過兵器，但是他帶兵作戰，居然卓有成效，征戰四年，克城數十，歷經二百餘戰，幾無敗績，屢屢以少勝多，堪稱湘軍中的戰神。

此人之所以如此能戰，第一個原因是勇敢。理學是生死之學，因為學養深厚，他早把生死放在度外，所以打起仗來，從不怕死。胡林翼評價他「每戰必先，忠勇冠時」[2]，在他帶領下，湘軍樹立起「踔厲敢死」的風氣。第二個原因是經世致用，一直致力於有用之學。自創立以來，理學就有空談心性而不切實用的弊病。但是湖南理學一直提倡經世致用。羅澤南是以理學經世的典型代表，他對地形勘察與軍事地圖的繪製甚為重視，在尚未從戎之前，他就撰寫了地理專著《皇輿要覽》，「窮陰陽之變，旁及州域形勢」[3]。入軍後，他注意實地考察地形，繪製地圖，選擇有利地勢來作戰。第三個原因就是因為理學功夫深，在極亂的戰場上，能做到不動心，所以頭腦冷靜，分析戰況，分毫不差。有人問他制勝之道，他說：「無他，熟讀《大學》『知止而後有定，定而後能靜，靜而後能安，安而後能慮，慮而後能得』數語，盡之矣。」[4]曾國藩說他「行軍有伸有縮，有開

1 朱孔彰撰：《中興將帥別傳》，岳麓書社，1989年，第70頁。

2 胡林翼撰，胡漸逵、胡遂、鄧立勳校點：《胡林翼集》1，岳麓書社，2008年，第59頁。

3 《曾國藩全集・詩文》，岳麓書社，1986年，第305頁。

4 朱漢民著：《湖湘學派與湖湘文化》，湖南大學出版社，2010年，第488頁。

有合」[1]，可以說是一個軍事天才。

羅澤南帶兵的方式，也極有特點。他在營中亦不忘老塾師故技，「朝出鏖兵，暮歸講道」[2]。每天白天打仗，晚上他把部下召到一起，教他們讀書，給他們講理學道理。「所部壯丁習刀矛火器之暇，以《孝經》《四書》轉相傳誦。每營門夜扃，書聲琅琅出壕外，不知者以為村塾也。」[3] 故有人說：「湘軍自講學起，修道為教。」[4] 曾國藩也說：「吾湖南近日風氣蒸蒸上。凡在行間，人人講求將略，講求品行，並講求學術。」[5]

後來，羅澤南在攻打武漢時，被炮彈彈片擊中額頭，重傷死於武昌城下。臨終之時，胡林翼趕到戰場，見了羅澤南最後一面。此時羅澤南已經「神散氣喘，汗出如洗」，但仍然一語不及私事，只談軍政學術，特別囑咐胡林翼說：「危急時站得定，才算有用之學。」胡林翼也不得不感歎「其心術學術，不愧名儒」。[6]

正如梁啟超所說：「羅羅山、曾滌生在道、咸之交，獨以宋學相砥礪，其後卒以書生犯大難成功名。他們共事的人，多屬平時講學的門生或朋友。自此以後，學人輕蔑宋學的觀念一變。」[7]

上面講了曾國藩選軍官，特點就是「選士人」。「選士人」的下一句，是「領山農」。

甚麼叫「領山農」呢？

---

1 《曾國藩全集・家書》2，岳麓書社，2011 年，第 73 頁。

2 《曾國藩全集・詩文》，岳麓書社，1986 年，第 345 頁。

3 小橫香室主人編：《清朝野史大觀》，中華書局，1915 年，第 164 頁。轉引自朱東安著：《曾國藩集團與晚清政局》，團結出版社，2013 年，第 182 頁。

4 《異辭錄》第 1 卷，第 23 頁。轉引自朱東安著：《曾國藩集團與晚清政局》，團結出版社，2013 年，第 182 頁。

5 《曾國藩全集・家書》1，岳麓書社，2011 年，第 497–498 頁。

6 胡林翼撰，胡漸逵、胡遂、鄧立勳校點：《胡林翼集》1，岳麓書社，2008 年，第 101 頁。

7 梁啟超著：《中國近三百年學術史》，上海古籍出版社，2014 年，第 25 頁。

綠營兵除了前文我們提到的那些問題，還有一個問題是兵源不好。中國傳統時代有一句俗語，「好男不當兵，好鐵不打釘」，當兵的大部分都是地方上的地痞流氓，或者遊手好閒之人。「良民有職業者，皆不肯應募。其應募者，皆遊手浮滑之徒，無事則坐領工食，有事則聞風潰散；一有征戰，見賊則退，擾民則勇往。」[1]

曾國藩在這一點上也是反其道而行之，招收兵員，有一個原則，絕對不收當過兵的人，不收退伍軍人。「不雜一卒，不濫收一弁。」[2] 因為他怕這些綠營兵把綠營的習氣帶到湘軍中來。他招募的人以「年輕力壯、樸實而有農夫土氣者為上。其油頭滑面，有市井氣者，有衙門氣者，概不收用」[3]。

曾國藩主要收純樸的農民，而且是山農。因為中國有句古話，近山者仁，近水者智。「山僻之民多獷悍，水鄉之民多浮滑，城市多遊惰之習，鄉村多樸拙之夫，故善用兵者，嘗好用山鄉之卒，而不好用城市、近水之人。」[4]

這些人組成了一支軍隊後，軍風軍貌與綠營兵自然是完全不同的：「勇丁帕首短衣，樸誠耐苦，但講實際，不事虛文。營規只有數條，此外別無文告，管轄只論差事，不甚計較官階。而挖壕築壘，刻日而告成，運米搬柴，崇朝而集事。」[5]

就是說，湘軍軍人穿得很樸素，一個個都能吃苦，只講實際，不講那些虛頭巴腦的程序。軍營的規定也很簡單，軍官們也不太在乎級別差異，只看誰負責哪一攤事。如果要紮營，當天馬上就能完成。要運米運糧，也比別的軍隊做得快得多。

---

1 《曾國藩全集・批牘》，岳麓書社，2011 年，第 32 頁。

2 《曾國藩全集・書信》1，岳麓書社，2011 年，第 349 頁。

3 《曾國藩全集・詩文》，岳麓書社，2011 年，第 406 頁。

4 《曾國藩全集・奏稿》1，岳麓書社，2011 年，第 461 頁。

5 《曾國藩全集・奏稿》10，岳麓書社，2011 年，第 436–437 頁。

曾國藩對自己的這些做法也很得意，他後來總結說：

> 軍興以來，多以意見不合、將卒不和貽誤軍機。臣等一軍……其管帶之員，文職多擇取士紳，武職多拔取末弁，有夙昔之恩誼，無軍營之氣習。……文與武和，水與陸和，兵與勇和，將與卒和。……全軍二萬人，幾如家人骨肉之聯為一體，而無纖芥嫌隙之生於其間。[1]

曾國藩後來就是靠這樣一支軍隊，成了大事。

除了以上幾點，湘軍還有一個非常突出的特點，是重視政治教育。

太平軍是一支有信仰的隊伍，非常重視思想政治工作。洪秀全深知宗教對太平天國運動的重要性。太平天國規定，加入太平軍後第一件事就是要掌握教義，「凡兄弟俱要熟讀讚美天條，如過三個禮拜不能熟記者，斬首不留」[2]。雖然戰事倥偬，但是他們堅持每天早晚都要敬拜上帝，每七天舉行一次集體禮拜。禮拜之時一定要虔誠鄭重，「凡聞鑼不至或稍涉嬉戲者杖責數百，無故缺席三次則斬首示眾」。太平天國還建立了「講道理」制度，即定期將士兵召集在一起訓話，以通俗的語言，理論聯繫實際，來進行深入淺出的思想動員，要求他們放棄雜念為天國事業忘我犧牲。

思想政治工作對太平軍戰鬥力的提升作用極大。關於太平軍的士氣和精神狀態，以欽差大臣身份主持廣西軍務的賽尚阿深有感觸。他說：

---

1 《曾國藩全集・奏稿》1，岳麓書社，2011 年，第 365 頁。

2 陳力主編：《中國野史集粹》3，巴蜀書社，2000 年，第 847 頁。

粵西股匪雖多，本以金田會匪最為頑狡……此股會匪與他游匪迥不相同，死黨累千盈萬，固結其堅。……一經入會從逆，輒皆愍不畏死……所有軍前臨陣生擒及地方拿獲奸細，加以刑拷，毫不知所驚懼及哀求免死情狀，奉其天父天兄邪謬之說，至死不移。[1]

時人對太平軍的這種精神狀態記述頗多。比如《武昌紀事》也說：太平軍「或臨陣，或患病，舉凡一切事，皆對天祈禱，口喃喃求天父默佑，所謀遂意。祝畢，赴湯蹈火在所不顧」[2]。《金陵紀事》則說：「其膽皆潑，心多入魔，目直視若痰迷者。」[3]「視死如歸，赤身撲敵。」這種精神力量顯然來自對宗教的虔信。

要對付這樣一支軍隊，湘軍也需要有自己的政治教育。

在曾國藩創建湘軍以前，中國的正規軍隊是沒有思想政治教育這一說的，而曾國藩是一個非常重視精神力量的人。他知道，物質力量是有限度的。他說：「古來名將得士卒之心，蓋有在於錢財之外者；後世將弁專恃糧重賞優，為牢籠兵心之具，其本為已淺矣。是以金多則奮勇蟻附，利盡則冷落獸散。」[4]也就是說，真正厲害的將軍，不僅要搞物質刺激，還要抓住這支軍隊的心靈。

所以曾國藩建立湘軍，還有一個重要的創新，就是他非常重視軍隊的思想政治建設。曾國藩把軍隊的訓練，分成了「訓」和「練」這兩個部分。所謂「訓」，就是「訓話」，也就是思想政治教育。「練」，才是練習軍事技術。「訓」和「練」相比，曾國藩更重視「訓」。

---

1 俞炳坤主編，中國第一歷史檔案館編：《清政府鎮壓太平天國檔案史料》第 2 冊，社會科學文獻出版社，1992 年，第 407–408 頁。

2 羅爾綱著：《太平天國史》2，中華書局，2009 年，第 216–217 頁。

3 太平天國歷史博物館編：《太平天國史料叢編簡輯》第 2 冊，中華書局，1962 年，第 45 頁。

4 《曾國藩全集・書信》1，岳麓書社，2011 年，第 261 頁。

如前所述，他每逢三日、八日，就要把軍隊召集到操場上，用「殺身成仁，捨生取義」的孔孟之道和「不要錢，不怕死」的岳飛精神，激勵將士，教育他們忠君愛國，嚴明軍紀，不得擾民。為了達到效果，他確實苦口婆心：「每逢三、八操演，集諸勇而教之，反復開說至千百語，但令其無擾百姓。」「每次與諸弁兵講說，至一時數刻之久，雖不敢云說法點頑石之頭，亦誠欲以苦口滴杜鵑之血。」

曾國藩進行思想教育政治的落腳點放在軍紀上。他苦口婆心宣講的主要目的是「蓋欲感動一二，冀其不擾百姓，以雪兵勇不如賊匪之恥，而稍變武弁漫無紀律之態」。[1] 除了宣講之外，他還親自編寫了《愛民歌》，採用民間歌謠的方式，進行愛民教育，這是曾國藩的一大發明。

《愛民歌》說：

> 三軍個個仔細聽，行軍先要愛百姓。賊匪害了百姓們，全靠官兵來救人。
>
> 百姓被賊吃了苦，全靠官兵來做主。第一紮營不要懶，莫走人家取門板。
>
> 莫拆民房搬磚石，莫踹禾苗壞田產。莫打民間鴨和雞，莫借民間鍋和碗。
>
> …………
>
> 軍士與民如一家，千記不可欺負他。日日熟唱愛民歌，天和地和人又和。[2]

建立了這樣的思想政治教育制度，湘軍就和以往的軍隊有了本質上的不同。蔣廷黻說：

1 《曾國藩全集・書信》1，岳麓書社，2011 年，第 200 頁。

2 《曾國藩全集・詩文》，岳麓書社，2011 年，第 398 頁。

曾國藩治兵的第一個特別是精神教育的注重。他自己十二分相信孔、孟的遺教是我民族的至寶。……他是孔孟的忠實信徒，他所選的官佐都是他的忠實同志，他是軍隊的主帥，同時也是兵士的導師。所以湘軍是支有主義的軍隊。其實精神教育是曾國藩終身事業的基礎，也是他在我國近代史上地位的特別。[1]

事實證明，曾國藩的建軍思路是非常高明的，湘軍日後的成功正是基於這些制度基礎。

我們講過，曾國藩是一個笨人，智商並不太高。為甚麼他能制定這些高明的制度而當時那些更聰明的人不能呢？這是因為他「不憚煩苦」，精心苦思。他能比別人更吃苦，更扎實，更無情地鞭策自己。曾國藩並不比別人聰明，然而他做事卻非常高明。曾國藩的高明，就是建立在笨拙之上，建立在絞盡腦汁、殫精竭慮之上。「笨」到極致就是「聰明」，「拙」到極點就成了「巧」。功能強大的計算機，不就是建立在最簡單的只有「1」「0」兩個數字的二進制基礎之上的嗎？

曾國藩說，自己「天分……不甚高明，專賴學問以求精明」[2]。曾國藩一生經歷千難萬險，處理過無數大事，大體都很得當。其過人之處就是不怕費心費力，對事物進行不留死角的深入分析。在對事物進行精到分析的基礎上，再找出要害，把握關鍵。每次處理完了之後，還要總結經驗教訓，為下一次作參考。「智慧愈苦而愈明」[3]，是他的切身體會。

---

1 蔣廷黻著：《中國近代史》，武漢出版社，2012 年，第 44–45 頁。

2 《曾國藩全集・詩文》，岳麓書社，2011 年，第 473 頁。

3 《曾國藩全集・家書》1，岳麓書社，2011 年，第 340 頁。

第七章

得而復失的湖北巡撫

1. 把保衛長官當作一項制度

靖港小挫，湘潭大勝，長沙解圍，湖南全省解嚴。按理說，這是曾國藩交出的一份非常出色的答卷，他可以躺在功勞簿上先休息幾天再說。

但是曾國藩並沒有得意揚揚，他這個人做事的特點一直是功雖大而不喜，過雖小而必究。他常說「悔生吉」，所謂「悔」，就是總結反省失敗。在曾國藩看來，「失敗」是一個人一生的寶貴財富，每一次失敗都要吃透，才能不白白付出這個代價。自己親自指揮的靖港戰役敗得如此之慘，讓他感覺必須深刻反省，嚴厲整頓。

他住在長沙城外妙高峰上，總結戰鬥的成功經驗與失敗教訓，決定對湘軍來一次汰舊換新。

為甚麼剛打完仗就要換人呢？

綠營兵打仗，有一個老問題是「集而復潰，潰而復集」，就是說，敵人一來就潰逃，敵人一走，這些人再跑回來繼續當兵，這樣就越打越疲，越打越油，越打越沒有戰鬥力。

曾國藩決心改掉綠營這個習慣。通過靖港之戰，曾國藩更明確了「兵在精而不在多」的道理。作戰首在勇敢。湘潭之戰為甚麼勝利？是因為塔齊布是員猛將，他身先士卒，帶起了士氣。所以曾國藩決定，凡是臨陣脫逃的將領，不管你當時有甚麼理由，都立刻打發回家，永遠不再錄用。

湘鄉知縣朱孫詒，是曾國藩父親的好友，因為在戰爭中臨陣脫逃，被曾國藩斷然逐出湘軍。曾國藩練兵時，他最小的弟弟曾國葆一直追隨着他做他的助手，希望通過軍事一途建功立業，但是曾國葆在戰爭中表現不好，也在被裁之列，被曾國藩趕回了家鄉。曾國葆回到家鄉後感覺無臉見人，幾年閉門深居，足不出戶。

經過這樣嚴厲的整頓，湘軍人馬由一萬七千人，一下子減到了五千人。

大幅減員不怕，因為曾國藩除了罰，還有賞。曾國藩批准那些在戰鬥中表現勇敢的將領招兵買馬，擴充隊伍。塔齊布部、羅澤南部、彭玉麟部、楊載福部因此迅速擴充，湘軍人數又恢復到萬人以上。

從此之後，曾國藩還為湘軍立下這樣一條規矩：一旦某軍統帥戰死，除非本部有受擁戴的繼任將領，否則必全軍遣散回鄉，另行招募成軍。這樣一來，部下打仗的時候都會全力保護自己的長官。因為只有保住長官，你才有個人發展的機會。所以，王闓運在《湘軍志》中說：「其將死，其軍散；其將存，其軍完。從湘軍之制，則上下相維，喻利於義。將卒親睦，各護其長。」

曾國藩高明就高明在他用制度解決了別人用道德去解決的問題。保衛長官本來是一種道德要求，但曾國藩通過制度使它變成了符合下屬自身利益的一種行為。

2. 這句話改變了曾國藩命運

湖南首勝，湘軍士氣大振。經過一番休整，修好戰爭中受損的戰船，咸豐四年（1854）六月，曾國藩率水陸大軍從長沙再次出發，攻向湖北。

北上的第一道關口是湖南湖北交界的岳州。湘軍水師一到，太平軍水師出迎。太平軍水師艦船當中大多數是沒收來的商船，本非為戰爭所造，運轉不靈，湘軍水師裝備則明顯佔優，特別是西洋大炮威力驚人。首戰交鋒，太平軍大敗而歸，損失船舶一百餘隻。為了保存實力，太平軍迅速撤離岳州，退守城陵磯要塞。

湘軍乘勝追擊，七月十八日，塔齊布率軍首先趕到城陵磯，雙方展開大戰。城陵磯由太平軍名將曾天養駐紮。塔齊布是湘軍第一悍將，精於馬術，善於騎射，仍保持着旗人入關之初的那種勇悍。年已六十的曾天養也是太平軍的著名猛將，起義以來屢獲勝仗，威名遠震。這一仗短兵相接，因此打得異常激烈。戰鬥開始，太平軍主動殺向湘軍，湘軍施放火箭，壓制住了太平軍的進攻氣燄。曾天養大怒，親自來到第一線。當他在湘軍陣營中發現塔齊布後，大喊一聲，匹馬持矛衝入敵陣，直刺塔齊布。塔齊布急忙撥馬躲避，曾天養的長矛刺傷了塔齊布的坐騎。但是塔齊布的親兵抓住機會刺傷曾天養，令他馬蹶人倒，被湘軍士兵亂刀殺死。

曾天養戰死對太平軍打擊很大，太平軍頓時人心動搖，軍中大亂，再也無志與湘軍爭鋒，湘軍則一鼓作氣，塔齊布率軍分三路撲向高橋，將太平軍七座營壘搗毀，隨後又毀其營壘十三座。太平軍水、陸兩軍於是退守武漢。

城陵磯大戰的勝利，使湘軍士氣高漲，水陸東下，沿途幾乎沒有遇到抵抗。水兵們站立船頭，不披甲胄，不避槍彈，順流直抵武昌城下。曾國藩對此非常得意，後來他在一篇筆記中說，當初創辦水師時，曾經想盡辦法，研究怎麼擋住敵方射來的炮彈。嘗試了多種方法，甚至將竹皮、濕棉絮、生牛皮、頭髮數層壓在一起，做成「剛柔牌」都沒有效果。後來楊載福等人乾脆將牛皮等物摒棄不用，「直以血肉之軀植立船頭，可避者避之，不可避者聽之」，而部下水師官兵亦紛紛效仿，相率植立船頭，「直前無所迴避」。[1] 可見湘軍初起時的生猛勇悍。

武漢因其獨特的戰略位置，自古以來為兵家必爭之地。曾國藩說，要平定太平天國，首先需從爭奪武漢下手，只有奪取武漢，才能水陸順流東下，進攻九江、安慶，直抵金陵。所以他全力謀取此城。

八月二十一日，曾國藩指揮湘軍水師，先清理武昌城下的太平軍水師。太平軍水師指揮官乘坐彩船奮勇迎戰。曾國藩懸賞奪取彩船者「賞錢百緡」。湘軍水師冒死爭攻彩船，太平軍寡不敵眾，率相潰逃。曾國藩又憑藉湘軍水師炮火的優勢，摧毀了漢陽太平軍沿江所築的防禦設施，武昌城外太平軍營壘全部喪失。

負責守衛武昌的太平軍將領見湘軍氣勢洶洶，喪失信心，於八月二十二日夜間帶領精壯棄城逃往田家鎮。漢陽守將見武昌失守，亦棄城逃走。這一對太平天國至關重要的上游重鎮，就這樣被他們輕而易舉地送給了湘軍。

而且他們只顧自己逃命，竟沒有預先通知停泊在漢水裏的大批水軍，漢陽失守後，這些船隊被完全封死在裏面，因漢水河身較窄，太平軍水師船隻擁擠在一起，千餘號戰船全部被焚，遭到徹底毀滅。

武漢收復後，湖廣總督楊霈得知消息，率先上報咸豐。一開始，咸豐皇帝還不敢相信，僅作為傳聞批轉內閣。上諭稱：「曾國藩等攻剿武漢情形尚未奏到……朕日盼捷音之至也。」[2]

又過了六天，曾國藩與塔齊布會銜的報捷奏摺才正式送到咸豐皇帝案前。

---

1 《曾國藩全集・詩文》，岳麓書社，2011 年，第 439 頁。

2 黎庶昌等撰：《曾國藩年譜》，岳麓書社，1986 年，第 48 頁。

太平軍自從金田起義以來，所向克捷。定都金陵後，又西向佔領了安慶、九江、武昌等重要戰略據點，幾乎沒遇到甚麼強有力的抵抗。沒想到，曾國藩率領的湘軍異軍突起，連續奪回湘潭、岳州，並且輕易奪取了兩湖最大的城市武漢，迅速扭轉了全國戰局。

咸豐皇帝高興得簡直不知如何是好。他在奏摺上批道：「覽奏，感慰實深。獲此大勝，殊非意料所及。朕惟兢業自持，叩天速赦民劫也。」[1] 並立即按慣例，任命收復湖北的曾國藩署理湖北巡撫。

發出這道批示，咸豐皇帝又召見軍機大臣，通報了這一喜訊，並興高采烈地對他們說，我看錯曾國藩這個人了，看來他不光是能吹牛，還真是有點兒本事的：「不意曾國藩一書生，乃能建此奇功。」

就在這時，一位漢族軍機大臣，趨前一步，低低地和咸豐皇帝說：「曾國藩以侍郎在籍，猶匹夫耳。匹夫居閭里，一呼，蹶起從之者萬餘人，恐非國家福也。」[2]

也就是說，曾國藩本不過是以侍郎銜在家守孝的退休官員，如同一介平民。一介平民在老家一聲呼喚，就能聚集起這麼多人跟他打仗賣命，並且所向無敵，這恐怕非國家之福吧？

這句話改變了曾國藩的命運。

3. 曾國藩的敵人

這個軍機大臣，曾國藩的幕僚薛福成說是祁寯藻，而歷史學家朱東安先生考證說應該是彭蘊章。

不論哪個人，都是曾國藩的對頭。

---

1 《曾國藩全集・奏稿》1，岳麓書社，2011 年，第 244 頁。

2 薛福成著，丁鳳麟、王欣之編：《薛福成選集》，上海人民出版社，1987 年，第 252 頁。

祁寯藻（1793—1866）是山西壽陽人，資格很老，世稱「壽陽相國」。咸豐帝即位，「罷大學士穆彰阿，公遂首揆席」[1]，用他取代了穆彰阿，做了領班軍機大臣。

此人學問不錯，詩作和書法也很出色，被當時士大夫推為儒宗。然而曾國藩在北京期間卻很看不慣他。後來在咸豐十年（1860）七月，曾國藩寫信給朋友時說過：

> 往在京師，如祁（寯藻）、杜（受田）、賈（楨）、翁（心存）諸老（皆為大學士——作者注），鄙意均不以為然，惡其不白不黑，不痛不癢，假顢頇為渾厚，冒鄉願為中庸，一遇真偽交爭之際，輒先倡為游言，導為邪論，以陰排善類，而自居老成持平之列。[2]

從曾國藩的這段話，可以看出祁氏是一個喜歡擺出「老成」「持平」姿態的圓滑的官場老滑頭，不論是非，不辨邪正，遇事和稀泥，成天講穩定。曾國藩認為，正是這樣的官場作風，導致大清王朝的深層次矛盾不斷積累並激化。

我們讀祁氏日記，會發現他確實是曹振鏞那樣「多磕頭，少說話」的人物，處事非常謹慎小心。剛剛進入官場，他就曾在日記中感歎官場風波之險說：

> 嗟乎！官場如戲，人情如紙，類如是耶？

他經常在日記當中提醒自己，要管住一張嘴：

---

1 支偉成著：《清代樸學大師列傳》，岳麓書社，1998 年，第 344 頁。

2 《曾國藩全集・書信》2，岳麓書社，2011 年，第 675 頁。

自箴云：機心喪守，機言喪口。大匠之門，斧傷其手。善語者失君，善俠者失友。夫惟知機，是以失機。夫惟不失機，是以不知機。知機則殆，失機則敗。不殆不敗，是以遠害。

我們看祁氏文集，其中對朝政的褒貶很少。他在官場的生存技巧就是多種花，少栽刺，儘量不得罪人而多幫助人，上結主意，下得同僚和下級的歡心。所以曾國藩上了那道指陳咸豐缺點的摺子惹得皇帝大發雷霆之際，正是他忙着上前幫着打圓場。[1] 這是他一貫的「和稀泥作風」，而不說明他對曾國藩有甚麼好感。相反，他是相當討厭曾國藩這個人的。

祁氏反感曾國藩，一是因為曾國藩是穆彰阿的人，在政治上和他是兩條線。二是因為曾國藩在公開的奏摺中所批評的人或現象，或多或少都與他有關。咸豐一上台，曾國藩所上的奏摺，批評官場風氣，說京官「退縮，瑣屑」，祁氏正是此病的代表性人物。在《敬陳聖德三端預防流弊疏》中，曾國藩又批評朝廷用人「專取一種諧媚軟熟之人……一旦有事，則滿庭皆疲苶沓泄，相與袖手，一籌莫展」[2]，實際上也是批祁，因為他入軍機十多年，一直沒有甚麼建樹。

雖然當初是祁氏在皇帝盛怒時救了他，然而，現存曾國藩的日記書信中對此沒有任何記載，也絲毫看不出曾國藩對祁寯藻出面相救的感激之情。可見曾國藩在京期間對此老是沒有絲毫好感的。

但是在「諧媚軟熟」的同時，祁氏也不是沒有自己的政治主張。他的政治主張就是「保守」「穩重」，一切都要按照祖制成法來，特別是大清的根本政治原則絕不能更動。

---

1 史載當時咸豐「立召見軍機大臣欲罪之。祁公寯藻叩頭稱：『主聖臣直者。』再季公芝昌會試房師也，亦為之請」。這則史料出自曾國藩弟子黎庶昌之手，真實性應該沒有問題。

2 《曾國藩全集・奏稿》1，岳麓書社，2011 年，第 26 頁。

大清的根本政治原則是甚麼呢？兩條：一條是「滿漢之分」，另一條是「強幹弱枝」。

清代皇帝不管文化上漢化水平多深，但是他們在民族身份上的認同，是非常清楚而敏感的。他們表面上都說滿漢一家，不分輕重，然而實際上，一直是重滿輕漢。在民政上，清中前期，旗人一直佔地方督撫的大多數，「清朝定鼎以來，直至咸豐初年，各省督撫滿人居十之六七」[1]。在軍事上，滿人更是絕對的主導。薛福成曾說，有清開國二百餘年，在軍事上建立勳業的，基本上都是滿洲世族及蒙古漢軍旗人。這是因為「先皇措注之深意，蓋謂疏戚相維，近遠相馭之道當如此」。因此清廷對漢人「乾隆、嘉慶間，防畛猶嚴，如岳襄勤公之服金川，二楊侯之平教匪，雖倚任專且久，而受上賞、為元勳者，必以旗籍當之，斯制所自來舊矣」。[2] 在咸豐以前，朝廷用兵總的原則是「漢人出力，滿人受賞」。即使有漢員參與兵事，亦不過僅「供奔走之役」。我們看道光朝最重要的戰爭 —— 鴉片戰爭當中，主軍事者基本都是滿族親貴。第一次派往廣州的統兵者是靖逆將軍奕山和隆文，都是滿人，漢人楊芳不過是助手；第二次派往浙江的統兵者是揚威將軍奕經、文蔚、特依順，皆是宗室或親貴。

滿漢之分是清代特有的政治現象，強幹弱枝則是歷代都堅守不移的政治原則。所謂「強幹弱枝」，出自《史記》，意為加強主幹，削弱枝葉，比喻削減地方勢力，加強中央權力。

後來同治年間，曾國藩的好朋友劉蓉任陝西巡撫時，在奏摺中言辭直率，和皇帝叫板。御史陳廷經遂奏參劉蓉，說劉蓉蔑視朝廷，「驕矜謬妄……立言不敬，居心叵測」。並且說：「設一二勳臣

1 坐觀老人著：《清代野記》，巴蜀書社，1988 年，第 2 頁。

2 薛福成著，丁鳳麟、王欣之編：《薛福成選集》，上海人民出版社，1987 年，第 250 頁。

尤而效之，將成尾大不掉之患，大局關係匪輕。應請旨嚴行懲辦，治其不敬之罪，以為外大臣輕視朝廷者戒。」曾國藩讀了這封奏摺，大罵陳廷經「顛倒黑白，令人憤悒」[1]。而祁氏卻在日記當中說：

> 陳小舫廷經御史駁劉中丞蓉摺，言雖太盡，義則凜然。中外相維，不可偏重。言官尊朝廷、折驕帥，亦不為過也。（《靜默齋日記》同治四年九月初三日）

由此可見，祁寯藻一直是非常注意「中外相維，不可偏重」，不能給地方官員太大的權力。

從表面上看，重滿輕漢、強幹弱枝，這些應該是皇帝和滿族親貴們考慮的問題，但是在咸豐朝，卻偏有一班漢臣，比皇帝和旗人對此還着急。為甚麼呢？道理很簡單，身為漢臣，要想贏得滿族皇帝的信任，莫過於在他面前打擊別的漢人以表忠心了。祁寯藻平素說話非常注意分寸，然而說話小心並不是不說話，關鍵是說話要說到點子上。多種花少栽刺也不是說不栽刺，任何政治人物都不可能沒有敵人，關鍵是樹這個敵要值得。

所以祁氏在皇帝面前給曾國藩小鞋穿，是題中應有之義。雖然經考證，湘軍攻克武昌時，正是祁氏病休在家之際，所以這番具體言論可能不是出於他，但是祁氏肯定說過其他反對曾國藩掌握地方大權的話。薛福成除了在《書宰相有學無識》一文中說進此讒言的是祁寯藻外，還在《書長白文文端公相業》一文中說：「曾文正公起鄉兵擊賊，為壽陽祁文端公所抵排。」[2]《近代名人小傳》也認為祁氏「抑曾國藩，世頗譏其偏」。作為首輔，他的這個態度對咸豐不可能

---

1 《曾國藩全集・日記》3，岳麓書社，2011 年，第 227 頁。

2 馬忠文、任青編：《薛福成卷》，中國人民大學出版社，2014 年，第 197 頁。

沒有影響。《清史稿・祁寯藻傳》說，正是在是否重用湘軍問題上，他與肅順產生了衝突，並且不久罷職而去。

「尚書肅順同掌戶部事，尚苛刻。又湘軍初起，肅順力言其可用，上向之，寯藻皆意與齟齬，屢稱病請罷。」[1] 可見他是堅定的曾國藩的反對派。

因此一貫以「不怨天尤人」自律的曾國藩，升任兩江總督並節制蘇、浙、皖、贛四省軍務後，提到祁寯藻時仍然難以保持平和心態，他在咸豐十一年（1861）十二月二十二日的日記中寫道：「莫子偲、穆海航來看病，暢談，語次有譏諷祁春浦，過於激厲，退而悔之。」[2] 湘軍鎮壓太平天國後，祁氏在日記當中提到此事，但稱是駱秉章、胡林翼一南一北兩巡撫的功勞，不提曾國藩一字。可見兩人芥蒂之深。

另一個排擠曾國藩的軍機大臣彭蘊章，主張和祁寯藻大同小異。彭是江蘇人，和祁一樣也是文學侍從之臣出身。他的政治風格和祁氏類似，也是「穩健小心」。《清史稿・彭蘊章傳》稱：「蘊章久直樞廷，廉謹小心，每有會議，必持詳慎。」[3] 他也是曾國藩所說的「諧媚軟熟之人」。茅海建說，他後來能在祁氏和文慶之後成為首席軍機，「與他廉謹小心的為人有關，處處注意不樹敵。這種無大志向亦無大建樹的中庸政治家，在矛盾激烈、險象環生的政壇上經常有機會發達」[4]。

他和祁氏一樣，迂腐無才，卻自認為足智多謀、慮事深遠。他們都看不慣曾國藩，因為曾國藩這個人做官總出格，做京官時就不

1 《清史稿》13，吉林人民出版社，1998 年，第 9014 頁。

2 《曾國藩全集・日記》2，岳麓書社，2011 年，第 239–240 頁。

3 《清史稿》13，吉林人民出版社，1998 年，第 9019 頁。

4 茅海建著：《苦命天子 —— 咸豐皇帝奕詝》，上海人民出版社，1995 年，第 235 頁。

斷出位妄言，批評人時把京官「一網打盡」。到了地方，又不守成例，搞出這樣一個國家舊制中沒有的湘軍。湘軍即使此時能給國家平亂，將來豈不是也成了國家的亂子？

因此，朱東安推測說出這樣一番中傷曾國藩的話的更可能是彭蘊章。除了上面提到的「恐非國家之福」的記載，還有一則記載說：「蘊章在樞府日，唯阿取容，從無建白，外間戲以彭葫蘆稱之。久之，聞於上。一日，曾國藩奏某處大捷，文宗臨朝嗟賞。蘊章忽曰：『國藩以一書生出總師干，權力漸盛，不可不防。』文宗云：『今日葫蘆亦開口了。』肅順將此語述之幕僚，傳諸曾耳，頗為畏懼，軍事不免趨於保守。」[1] 後來曾國藩勢力大張之後，他還曾上《密陳事務六條》，「大旨謂楚軍遍天下，曾國藩權太重，恐有尾大不掉之患，於所以撤楚軍，削曾公權者，三致意焉」。[2]

如果放在承平年代，祁、彭二人的主張未必有錯，只是他們分不清輕重緩急。開國二百年以來，滿族人的勇武已經在溫柔鄉中消磨得差不多了，現在滿族人中已經找不出真正的將才。所謂「識時務者為俊傑」，在天下將亡之際，重用漢臣、放權督撫將帥是挽救大清命運的唯一途徑。

因而，薛福成評他們「有學無識」。胡林翼在三河失利以後，曾經專門給祁氏寫信，其中說，「盜賊未稍息而將才屢失」，建議「吾師學究天人，蓋念獨深，固知隱憂之信切耳」。意思就是提醒他現在太平天國勢力太大，他應該不拘「祖制」，不要妨礙朝廷「任用實幹將才」。可惜他們自始至終意識不到這一點。

然而，這些迂腐無識的話，卻偏能入庸暗無能的咸豐皇帝的

1 章士釗著：《熱河密札疏證補》，《文史》第 2 輯，第 94 頁腳注。轉引自朱東安著：《曾國藩集團與晚清政局》，團結出版社，2013 年，第 30 頁。

2 馬忠文、任青編：《薛福成卷》，中國人民大學出版社，2014 年，第 200 頁。

耳。咸豐一聽，悚然一驚，「默然變色者久之」[1]。

可不是嗎？想想曾國藩給自己上的那幾道奏摺，句句直言頂撞，現在想起來還頂得自己心口疼。這樣的人，怎麼能指望他老實聽話？大清本來兵為國有，你湘軍卻兵為將有。現在你曾國藩保我還沒問題，但如果你哪天起了異心，你這支生猛的軍隊，誰抵擋得住？如果曾國藩手裏有了兵權，再給他地方行政權，就很有可能開啟軍閥割據的局面。「歷史上如曹操滅黃巾之類的故事一幕幕在腦中閃過。」[2]

咸豐馬上想收回對曾國藩署理湖北巡撫的任命。

但此時命曾國藩署理巡撫的諭旨已經發出，怎麼辦？

想來想去，還是只好不怕「出爾反爾」的批評，發出了這樣一道上諭：

「曾國藩着賞給兵部侍郎銜，辦理軍務，毋庸署理湖北巡撫。陶恩培着補授湖北巡撫。未到任以前，着楊霈兼署。」[3]

就是說，曾國藩你專心辦理軍務吧，不用署理湖北巡撫了，巡撫我再另派人。

4. 湘軍的整體計劃為何被打亂？

接到咸豐皇帝讓他署理湖北巡撫的上諭，曾國藩內心非常高興。因為帶兵打仗，沒有地方上的實權，實在太難了。

湘軍的意外崛起，使昏慘慘黃泉路近的大清王朝又看到了起死回生的希望。在拿下武漢之後，一時間，朝廷褒獎，紳民歡呼，曾

---

1 馬忠文、任青編：《薛福成卷》，中國人民大學出版社，2014 年，第 199 頁。

2 茅海建著：《苦命天子 —— 咸豐皇帝奕詝》，上海人民出版社，1995 年，第 95 頁。

3 熊治祁編：《湖南人物年譜》2，湖南人民出版社，2013 年，第 680 頁。

國藩成了滔滔天下的中流砥柱。

按理說，此時的曾國藩應該會呼風喚雨、左右逢源了吧？不是。曾國藩的日子仍不好過。

大清王朝各省的實權掌握在省長們也就是總督和巡撫們的手中，他們是全省官僚系統的絕對主人。下級官員的身家性命掌握在他們手中，對他們唯命是從。

曾國藩以侍郎在籍，與督撫們雖然是同一級別，卻被地方官員視若無物。因為出山之後，皇帝給曾國藩的只是虛銜，連個「欽差」的頭銜都沒有，既沒有提拔下屬的權力，又很難左右地方官的命運，所以不免為地方官所輕視，調度不靈。湘軍不是國家經制之兵，政治地位遠不如綠營，雖負「能戰」之名，仍處處受到歧視。軍事離不開民事，曾國藩招兵、選將、購置武器，「處處與地方官相交涉」[1]，而地方官往往不予配合。

早在給皇帝拒絕出援安徽的奏摺中，他已經隱約提到了這方面的困難，他說：

> 臣係幫辦團練之人，各處之兵勇既不能受調遣，外省之餉項亦恐不願供應。雖諭旨令撫臣供支，而本省藩庫現僅存銀五千兩，即起程一月之糧尚恐難備。且賊勢猖獗如此，豈臣區區所能奏效？[2]

說明了調兵籌餉之難。現在，皇帝給了他一個巡撫位子，湖北全省都可以聽他指揮。他可以以湖北為根據地，從容籌劃徹底打敗太平天國的大業了。

---

1 《曾國藩全集・奏稿》2，岳麓書社，2011 年，第 222 頁。

2 《曾國藩全集・奏稿》1，岳麓書社，2011 年，第 116 頁。

不過，他還是得上疏辭謝一下。因為在出山之時，曾國藩已經告知天下親友，自己孝中出山，只為救國，不為當官，不能不有所表示。所以他給皇帝上了一道奏摺，恭謝天恩後又說：

奉命署理湖北巡撫，於公事毫無所益，於臣心萬難自安。母喪未除，遽就官職，得罪名教，何以自立？是以不敢接受關防，仍由督臣收存。[1]

咸豐皇帝接到這道摺子，這才後悔自己拿回巡撫職務的上諭發得太早了。對啊，曾國藩按慣例肯定會辭謝巡撫一職，等他自己主動辭謝，我再順水推舟，同意他的請求多好！現在倒成了自己出爾反爾，朝令夕改，實在是臉上火辣辣的。所以見了曾國藩這封奏疏，他自作聰明，在上面批了這樣一句：

朕料汝必辭，又念及整師東下，署撫空有其名，故已降旨，令汝毋庸署湖北巡撫，賞給兵部侍郎銜。[2]

就是說，我早就知道你肯定辭謝，所以你沒辭之時，我就已經降旨不讓你當了。

接着，轉羞為惱的咸豐還在奏摺上批了這樣一句：

汝此奏雖不盡屬固執，然官銜竟不書署撫，好名之過尚小，違旨之罪甚大，着嚴行申飭！[3]

---

1 熊治祁編：《湖南人物年譜》2，湖南人民出版社，2013 年，第 680 頁。

2 熊治祁編：《湖南人物年譜》2，湖南人民出版社，2013 年，第 680 頁。

3 熊治祁編：《湖南人物年譜》2，湖南人民出版社，2013 年，第 680 頁。

我上道上諭，已經任命你署理湖北巡撫，你這道奏摺，竟然不寫這個頭銜。違旨之罪甚大，傳軍機處對你嚴行申飭！

這句話倒打一耙，實可謂雞賊之至。

這道硃批批回來，曾國藩倒吸一口冷氣。他推辭一番，只是為了面子上好看，萬萬沒想到，辭謝奏疏還沒有送到北京，咸豐皇帝收回成命的上諭就下達了。可見咸豐對他的防範到了甚麼程度。

而且湖北巡撫一職，給的是曾在湖南與曾國藩屢次作對的陶恩培，陶未到任前，由剛剛因曾國藩攻佔武漢而從「署理」轉為「實授」的湖廣總督楊霈兼任。

曾國藩攻佔武漢，遠遠觀望的荊州將軍官文「論功被優敘」，並無功勞的署理湖廣總督楊霈和曾國藩的政敵陶恩培都得到重賞，而他本人不僅未得到地方實權，皇帝又無理找三分地追究曾國藩「違旨之罪」，並且「嚴行申飭」。這分明是大功不賞。

曾國藩不能不深思。他強烈地感受到了皇帝對他的猜忌和不信任。

曾國藩實在沒想到這個皇帝這麼糊塗。他曾國藩研習理學多年，最講的就是一個「誠」字。他對朝廷的血誠，天日可表。因為一戰失敗，他可以投水自殺，可見他出山作戰，絕不是為了自己，可是皇帝就是不能理解。

曾國藩不免憂懼傷心。他在給幾個弟弟的信中曾經說過的「功名之地，自古難居」[1]居然這麼快變成了現實。

恰在此時，「某大臣」之言也傳入了曾國藩耳中，更使他憂讒畏譏，傷心至極。

然而，不管皇帝對他如何，他已經開始的軍事生涯，還是得繼

1 《曾國藩全集・家書》1，岳麓書社，2011 年，第 247 頁。

續下去。因為他與太平天國的鬥爭，不僅是為了皇帝，更是為了天下，為了文化道統。

咸豐不給他官職，已經讓曾國藩非常痛苦。他的亂指揮，更是打亂了曾國藩的整體計劃。

一個高明的軍事家，首先應該是一個高明的戰略家。所謂戰略，就是基於宏觀性和長遠性，把各種紛繁複雜的要素按輕重緩急、先後次序進行整理排列，然後拿出最有效的行動方案。

咸豐皇帝是一個沒有戰略眼光的人，或者說他的戰略原則就是「頭疼醫頭，腳疼醫腳」。

太平天國定都南京，他非常害怕太平軍以此為基地，乘勝揮師北上，把他從皇位上掀下去，為此「寢不安席，食不甘味，憂心啾啾，終日莫釋」。因此咸豐皇帝的注意力只局限於東南一隅，認為戰爭的關鍵就是拿下南京。這樣「則各處逆眾自必聞風膽落」[1]，太平天國就徹底瓦解了。這個戰略叫「先伐根本，再剪枝葉」。他根本沒有意識到必須着眼於與太平軍爭奪整個長江流域，才能最終攻下南京。

所以咸豐皇帝的戰略思想就是「專伐根本」。他從東北等地抽調大清帝國最精銳的一萬多名馬隊步卒，起用出身正黃旗滿洲的親貴大臣琦善作為統帥，在南京北面建起了一座江北大營，同時命將軍向榮率綠營兵在南京西南建立了一座江南大營。

咸豐皇帝希望依靠這兩座南北相望的大營夾攻拿下南京。因此不惜舉全國之力，為兩座大營供應軍餉物資，同時一再命令嚴旨催逼兩座大營對南京發動大規模進攻，恨不得一個早上就把南京攻下來。

1 中國第一歷史檔案館編：《清政府鎮壓太平天國檔案史料》第 8 冊，社會科學文獻出版社，1993 年，第 498 頁。

這實際上是一個根本不可能實現的計劃。南京地勢險要，城牆堅厚，太平軍又嚴密設防，以萬餘官兵迅速攻破堅城，根本就不可能。兩座大營能在南京腳下站穩腳跟就已經不錯了。

所以大營統帥琦善和向榮等只能消極進攻，積極堵禦。咸豐皇帝希望的南北大夾擊一直發動不起來，他發去一道又一道上諭對琦善和向榮進行痛罵，威脅要砍掉他們的頭。他頻頻給江南大營的統帥向榮下達死命令：

> 若能迅克金陵，則汝功最大，前罪都無；若仍吃緊時巧為嘗試，則汝之罪難寬，朕必殺汝！[1]

他同樣威脅江北大營主帥琦善：

> 琦善老而無志，如再不知愧奮，朕必用從前賜賽尚阿之遏必隆刀將汝正法！[2]

他對曾國藩的指揮也是這種風格，總結起來就是一個字——快，快，再快些，快點兒殺向南京，和江南江北大營合力，把南京拿下來。曾國藩沒出湖南時，他罵曾國藩「以在籍紳士專顧湖南，不為通籌大局之計，平日所以自許者何在」[3]，要求他「迅速出境」，出了湖南仍然是一路緊催，「仍着督帶師船，迅速進剿……毋得再有遲誤」。拿下了岳州，他指示說：「乘此聲威，迅速東下。」[4] 曾

1 中國第一歷史檔案館編：《清政府鎮壓太平天國檔案史料》第 8 冊，社會科學文獻出版社，1993 年，第 294 頁。

2 中國第一歷史檔案館編：《清政府鎮壓太平天國檔案史料》第 9 冊，社會科學文獻出版社，1993 年，第 398 頁。

3 黎庶昌等撰：《曾國藩年譜》，岳麓書社，1986 年，第 11 頁。

4 《曾國藩全集・奏稿》1，岳麓書社，2011 年，第 183 頁。

國藩在嘉魚稍作整頓，他就急着催促：「汝等自湘潭大捷後，屢次得手。有此聲威，豈可自餒？惟利在速戰，莫待兩下相持，師勞餉乏。」[1] 攻下武漢後，他的命令是：「楚省大局已定，亟應分路進剿……直抵金陵。」「並隨時知照江、皖各撫及托明阿、向榮等，四路兜擊，以期直搗金陵……迅奏膚功。」[2]

在他看來，曾國藩幾個月就能攻到南京邊上，和國家正規軍會合。

然而曾國藩並不這樣想。曾國藩在軍事上的最大長處在於他有出色的戰略頭腦，善於對戰略環境做系統、全面的分析，從大處落墨，進行整體的戰略謀劃。他曾經說：「軍中閱歷有年，益知天下事當於大處着眼。」

曾國藩認為，咸豐把戰略重心放在南京是一個根本錯誤。自咸豐三年（1853），江南江北大營「屢進屢挫，迄不能克金陵……非兵力之尚單，實形勢之未得也」。

曾國藩認為平定太平天國遠比咸豐想像的困難。他總攬全局，認為太平天國通過掌握長江中下游的幾座重要城市，掌握了長江這條軍事運輸線，將自己的控制區變成了一個有生命力的整體，通過長江等水系，將各省的資源統合在一起，因此難以平定。對這個蔓延在長江中下游的整體來說，南京並不是其中最重要的點。

咸豐皇帝的軍事原則是直指根本，再伐枝葉。曾國藩的想法恰好相反，是先剪枝葉，再伐根本。曾國藩從全局出發，根據地理形勢，認為必須沿長江從上到下拿下幾個重要節點，最後再解決南京。曾國藩總結歷史經驗說：「自古平江南之策，必踞上游之勢，

---

1 《曾國藩全集・奏稿》1，岳麓書社，2011 年，第 228 頁。

2 《曾國藩全集・奏稿》1，岳麓書社，2011 年，第 280 頁。

建瓴而下，乃能成功。」[1] 東南大局的關鍵在武昌。湘軍奪得武昌後，已據有長江中游之險要，進可攻，退可守，有了立足的根本。曾國藩說，建立根據地，是軍事的基礎：「古者英雄立事，必有基業。如高祖之關中，光武之河內，魏（曹操）之兗州，唐之首陽，皆先據此為基，然後進可以戰，退可以守。」[2] 湘軍應以兩湖為根據地，特別是把湖北治理成自己的大本營，在長江中游積蓄足夠的力量後，再從武昌順流而下，先取九江，次奪安慶，最後包圍金陵。這就是「以上制下、取建瓴之勢」的戰略。事後證明，這是一個極為高明的戰略，清王朝正是在這個戰略指導下取得了最後的勝利。也正是因此曾國藩才那麼重視湖北巡撫這一職務。

但是咸豐皇帝根本不理曾國藩的這個大計劃，要求曾國藩馬上率師東下，一鼓作氣，「不可遷延觀望，坐失事機」[3]。

曾國藩曾上奏咸豐，提出立即東下的三個困難：

一是經過從岳州到武昌的一系列激烈戰鬥之後，湘軍減員嚴重，戰船大量損壞，武器彈藥不足，且「屢勝之餘，志驕氣溢，殊覺散佚，暗伏挫敗之機」，必須進行較長時間的休整和補充。

二是太平軍仍有相當實力，湘軍若孤軍深入，很有可能陷入太平軍的包圍之中。

三是湘軍沒有穩固的後方，迅速東下江西、安徽，沒人供給軍餉糧草，「軍火、銀米一有缺乏，軍士潰散，前功盡棄」[4]。

應該說，曾國藩的這些考慮是有遠見的。但咸豐皇帝拒絕接受曾國藩的意見，強硬地命令他迅速東下。這就打亂了曾國藩的計劃，也導致他陷入困境。

1 《曾國藩全集・奏稿》2，岳麓書社，2011 年，第 501 頁。

2 《曾國藩全集・詩文》，岳麓書社，2011 年，第 413 頁。

3 《曾國藩全集・奏稿》1，岳麓書社，2011 年，第 280 頁。

4 《曾國藩全集・奏稿》1，岳麓書社，2011 年，第 260 頁。

第八章

江西困境與「大悔大悟」

1. 九江大敗後差點兒自殺

咸豐四年（1854）九月上旬，曾國藩奉咸豐皇帝的命令，率師直向江西重鎮九江推進。

曾國藩此舉一方面是迫於皇帝的嚴旨，另一方面，應該說，在兩湖的一系列輝煌勝利，也讓曾國藩有些過於自信，認為如果乘勢東下，也不是沒有擴大戰果的可能。

九江位於長江與鄱陽湖之交，是長江中游的重要城市，戰略位置非常關鍵。在曾國藩的戰略佈局中，九江是繼武漢後的第二個重要戰略節點。

太平天國失去武漢後，再也不敢大意，派名將秦日綱在九江以上嚴密佈防。九江上游，有田家鎮、半壁山在大江兩岸對峙，乃自古「水戰必爭之地」。太平軍在此地集結了四萬重兵。除了在半壁山層層築壘之外，太平軍還在長江江面上橫攔了鐵索六道，一端連接田家鎮，一端連接半壁山，並且在鐵索下面按一定距離排列了數十隻小船，上面安放槍炮，用以保護鐵索。防禦不可謂不嚴密。

觀察形勢之後，因為半壁山敵人相對較弱，曾國藩決定先攻半壁山，後取田家鎮。

曾國藩先派大將羅澤南、李續賓從馬嶺坳強攻半壁山。太平軍在半壁山屯兵兩萬，而羅澤南、李續賓部僅兩千六百餘人，但這兩千多人是湘軍最精銳的部分，猛悍超羣，以寡擊眾，毫不怯陣，向半壁山發起堅決進攻。半壁山與馬嶺坳之間湖汊縱橫，只有左右兩條土堤可通行人馬。這種地勢，太平軍人數雖多，發揮不了作用。羅澤南「自帶敢死之士數十人，匹馬衝出，奮力堵殺。賊眾退歸堤北」。太平軍之前屢次失利，對湘軍已經畏之如虎，因此稍一接觸，就開始潰逃。湘軍分路包抄，緊追不捨，「搶入舟中，殺斃近千人，江水盡赤；覆舟溺斃者亦不下千人，浮屍蔽江」[1]。此役太平軍損失慘重，多名將領戰死，而湘軍陣亡者不過十三人，成為以少勝多的經典戰例。

水師面對的困難也不比陸軍小，他們的任務是攻破太平軍的六道攔江鐵索。

彭玉麟、楊載福商量之後，將水師分為四隊，第一隊專門負責破壞太平軍攔江鐵索；第二隊負責在破壞鐵索時壓制對方炮火；第三隊準備在鐵索斷後衝向下游，放火燒掉太平軍戰船；第四隊負責守護後方輜重船隻，防止太平軍的突然襲擊。

佈置就緒後，彭玉麟、楊載福親自出馬作戰。十三日，湘軍水師首先發炮擊沉太平軍列於鐵索下的數十隻護索小船，然後開船到鐵索之下，用巨鍋盛油脂置於船上，將鐵索燒熔砍斷。

攔江鐵索既斷，湘軍船隊拿下田家鎮。太平軍水營盛時，雖號稱有船萬餘艘，但是多為虜獲的民船，「船隻大小不一，未經訓練，其實不能接仗」[2]。相比之下湘軍水師的戰船和大炮則十分精良。湘軍在武穴截斷太平軍船隊的歸路，然後再溯江而上，沿途攻「剿」放火，使太平軍船隻頓時化為火海，總計燒毀太平軍水師船隻四千餘艘，繳獲五百餘艘。經此一戰，太平軍九江以上的船隻蕩然無存，水師基本瓦解了，失去了對長江九江以上的控制力。曾國藩不

---

1 《曾國藩全集・奏稿》1，岳麓書社，2011 年，第 302 頁。

2 中國史學會主編：《中國近代史資料叢刊・太平天國》3，上海人民出版社，1957 年，第 141 頁。

無得意地說:「長江之險,我已扼其上游,金陵賊巢所需米石、油、煤等物,來路半已斷絕。逆船有減無增,東南大局似有轉機。」[1]

半壁山田家鎮戰役是湘軍前期軍事勝利的最高點,接下來眼看就可以攻下九江,把長江中游全部收入囊中。鎮壓太平天國,似乎已經勝利在望。

湘軍佔領田家鎮後,順流而下,直取九江。

湘軍雖然節節勝利,由於長驅直進,其實兵力已疲。但曾國藩在屢次大勝之後,也不免揚揚得意。他派陸軍圍攻重鎮九江城,派水師攻打九江對岸的湖口,認為這次也能如以前那樣,迅速取勝。

但是這次太平軍的準備遠比以前要充分。田家鎮戰敗的消息傳到天京(即南京),楊秀清大驚,立刻派名將石達開、羅大綱趕赴西線指揮。太平軍西征軍自湘潭戰敗後,棄岳州,失武漢,節節退卻,直至九江、湖口,形勢十分不利。但另一方面,由於湘軍的進攻,太平軍被迫縮短了戰線,集中了兵力,加強了指揮,消除了戰線過長、兵力分散的弱點。太平軍全力據守九江、湖口兩城,準備與湘軍決一死戰。

負責守九江城的太平軍將領叫林啟容,他治軍嚴謹,「深溝固壘」,城外梅家洲等地營壘也非常堅固,湘軍在這裏頭一次見識到了太平軍的厲害,「環攻十餘日,賊堅閉不出」。湘軍將領羅澤南一籌莫展,也不得不對太平軍的防守之密表示佩服,他說:「九江城如斗大,梅家洲尤一小壘耳。而賊堅壁以老我師,靜若無人,夜無更柝號火。我軍一至城下,則旗舉炮發,環城數千堞旗幟皆立如林。啟容之善守,賊中一將才也!」[2]

---

1 《曾國藩全集・奏稿》1,岳麓書社,2011 年,第 328 頁。

2 熊治祁編:《湖南人物年譜》2,湖南人民出版社,2013 年,第 595 頁。

在堅守九江的同時，太平軍又琢磨着如何戰勝湘軍水師。

太平軍研究認為，湘軍之攻取戰勝，在很大程度上依仗水上優勢，欲戰勝湘軍，必先破其水師。湘軍水師分為大船和小船兩部分，大船笨重，小船靈活，二者互相配合，取長補短，才取得了水戰的勝利。若能將其分開，他們必然自顧不暇，失去戰鬥力。同時，太平軍大部分船隻被毀，所餘少數水軍難以與湘軍水師爭鋒，欲破強敵，亦只能智取，不能強攻。於是他們就在這方面大動腦筋，制定了一個奇策。

湖口的太平軍先用少數小船不斷襲擾湘軍水師，使其日夜不得安寧。太平軍天天「用小船百餘號，或二三隻一聯，或五隻一聯，堆積柴草，實以硝藥，灌以膏藥，分十餘起縱火下放，炮船隨之；兩岸出隊千餘人，呼聲鼎沸，兼放火箭、火球」[1]，對湘軍水師實施火攻。雖然由於湘軍防備甚嚴，未能取得多大戰果，但是湘軍不能不「徹夜戒嚴，不敢安枕」[2]。湘軍屢勝之後，已生驕氣；屢被襲擾而又求戰不得，又生躁氣；驕而且躁，遂令太平軍有可乘之隙。

湖口之所以得名，是由於它地處長江與鄱陽湖的唯一交匯口。一邊是寬闊的長江，另一邊則是廣袤的鄱陽湖。兩水之間，是一個狹窄的交匯口，只有小船輕舟能夠通過。十二月十二日，太平軍利用湘軍水師急於求戰的心理，再次用小船襲擾的方式，把湘軍惹得火起。水師營官蕭捷三等貿然率舢板等輕舟一百二十餘隻，載兵兩千，衝入湖內，企圖肅清鄱陽湖內不斷跑出來襲擾的太平軍戰船，太平軍抓住機會，設置水卡，修築工事，安裝大炮，將這一百二十多條船死死地封鎖在湖內。

就這樣，湘軍水師被肢解為外江和內湖兩部分，百餘「輕捷之

---

1 《曾國藩全集・奏稿》1，岳麓書社，2011 年，第 381 頁。

2 《曾國藩全集・奏稿》1，岳麓書社，2011 年，第 383 頁。

船」，兩千「精健之卒」，陷於鄱陽湖內，外江水師只剩下運轉不靈的大船，「多笨重船隻，運棹不靈，如鳥去翼，如蟲去足」，喪失了作戰能力，陷於被動捱打的局面，戰爭的主動權也就隨之轉移到太平軍手中。[1]

太平軍從容地對湘軍水師發動了更大規模的襲擊。一天晚上，一片漆黑，咫尺莫辨，太平軍分別從九江與小池口抬出小船三十艘放入江內，攜帶各種火器，鑽入湘軍大船船隊放火。湘軍水師頓時大亂，紛紛逃竄，船隻損失無數。曾國藩坐上舢板督陣，不許船隻退卻，也毫無作用。其情形如同靖港之再現。

更嚴重的是，曾國藩自己的座船也被太平軍攻佔俘獲，曾國藩管駕官、監印官全部死亡，船上存放着他帶兵數年的重要文件以及書信日記，至此「文案全失」。連皇帝賞賜他的白玉四喜扳指、白玉巴圖魯翎管、玉靶小刀、火鐮等東西，都成了太平軍的戰利品。連曾國藩自己也差點成了太平軍的俘虜，他在太平軍逼近的關鍵時刻投水自殺，幸被救起。

曾國藩遙望江內船隻紛紛潰逃，念及自己花費數年心血慘淡經營起來的水師竟遭如此下場，羞憤難當，遂欲效仿春秋時晉國大將先軫的榜樣，策馬赴敵而死，慌得羅澤南、劉蓉等人緊緊抓住馬韁，好一番拉扯勸解方始罷休。

屋漏偏逢連夜雨，不久，留在九江的楊載福水師又遭到風災襲擊，四十條船被完全毀掉，剩下七十多條也破爛不堪，不能使用。這樣，湖北武穴以下江面再沒有湘軍船隻，重新成為太平軍水師的天下。

太平軍取得湖口之戰的勝利，打破了曾國藩奪取九江、「克服安慶、直搗金陵」的夢想，更讓曾國藩陷入漫長的困境。

---

1 《曾國藩全集・奏稿》1，岳麓書社，2011 年，第 394 頁。

2. 曾國藩與胡林翼

太平軍在湖口襲擊湘軍水師成功之後，重新控制了長江航道，便分三路上行，發動戰略性反攻。咸豐五年（1855）二月十七日太平軍三克武昌，湖北的大片地區又一次落入太平天國手中。曾國藩一年多的戰果得而復失。

這時，曾國藩更加確信上年八月攻佔武漢後，不待後方鞏固、經濟恢復即迅速東下是錯誤的，並在奏摺中舊話重提，對咸豐的決策提出婉轉的批評。他說，細思臣等辦理錯誤之處蓋有兩端：一是武漢克復當留重兵駐守，並留戰船數千號以為後路聲援，穩紮穩打；二是九江未破不應進攻湖口，以致兵力分散，兩處受阻。[1]

然而咸豐皇帝不同意這一看法，他認為湘軍湖口之敗僅僅是因為水師舢板衝入內湖所致，即曾國藩指揮上的疏忽與無能造成的。至於要在武漢留兵駐守，他說那本來就沒有必要。他說：「所稱辦理錯誤之處，如水師衝入內湖，以致聲勢隔絕，誠不免銳進貪功。至武漢收復未留後路聲援一節，則其勢本有不及，水陸兩軍全數追剿，猶恐兵力單弱，若彼時即分剿武漢，兵數愈少，刻下更不知如何棘手。曾國藩等既定直搗金陵之計，即着迅速設法攻克九江，合軍東下，毋得再存顧慮。」[2] 仍命令曾國藩迅速攻克九江，然後合軍東下，直搗金陵。這種瞎指揮無異夢囈。

湖口之敗後，湘軍元氣大傷。曾國藩只好把希望全部寄託在陸師之上，指揮塔齊布、羅澤南兩部繼續圍攻九江，希望能早日攻陷城池。但是九江防守沒有絲毫破綻，「負固死守。其堅悍兇頑，實出意計之外」[3]。湘軍晝夜苦攻，士卒死傷慘重，而戰事仍毫無進展。

---

1 參考朱東安著：《曾國藩傳》，四川人民出版社，1985 年，第 103 頁。

2 黎庶昌等撰：《曾國藩年譜》，岳麓書社，1986 年，第 17 頁。

3 《曾國藩全集・奏稿》1，岳麓書社，2011 年，第 383 頁。

咸豐五年七月，曾國藩帳下得力大將塔齊布因為九江久攻不下，「日對堅城，徒增焦灼」[1]，吐血而亡，年僅三十九歲。曾國藩頓失依恃，撫屍大哭。

被困在內湖的湘軍水師為了衝回長江，也不斷進攻湖口水卡。由於進攻過急，在塔齊布死後第三天，內湖水師統領蕭捷三在湖口中炮陣亡。至此曾國藩手下能征之將，可用之兵，只剩下羅澤南一部。

恰在此時，太平軍又大舉進入江西，曾國藩的形勢非常困難。

就在這個時候，胡林翼又給曾國藩來信，要求把羅澤南派到湖北，幫助他收復武漢。

「曾胡」後世並稱，兩個人的事業緊密交織在一起。在這裏我們不妨蕩開一筆，追溯一下兩人的關係。

曾國藩比胡林翼大一歲，他們都是湖南人，而且同屬長沙府，是貨真價實的老鄉，曾國藩剛到北京之時，胡林翼也正在翰林院，兩人做過一段時間的同事，應該說淵源頗深。

然而我們翻遍曾國藩任京官時期的日記，關於與胡林翼交往的記載只有寥寥數條，可見在北京期間，兩個人的關係非常疏淡。

這看起來有點兒奇怪，其實也很好理解，因為曾、胡二人出身、門第、性格、作風大不相同。

我們提起胡林翼，馬上能想到的也許就是他年輕時候輕裘肥馬、放蕩不羈的故事。胡林翼的父親胡達源是探花出身，岳父則是兩江總督陶澍，家庭條件非常優渥。胡林翼很長時間內都以風流聞名，「常恣意聲伎」，出入色情場所。人們甚至給胡林翼起了個外號，叫作「駙驢」。之所以起這樣一個外號，一是比擬「駙馬」，二是借「潘驢鄧小閒」之典。

---

1 《曾國藩全集・奏稿》1，岳麓書社，2011 年，第 497 頁。

而曾國藩則出身普通農家，與胡林翼門第懸殊，生活水平和生活方式大不相同。到京不久，曾國藩就發誓要做「道學家」，「非禮勿視，非禮勿聽」，天天記檢身日記。因此胡林翼在曾國藩眼中，是一個驕奢淫逸的公子哥兒。而曾國藩在胡林翼眼中，則是一個土裏土氣的土包子。

除此之外，兩個人性格也大不相同。胡林翼是少年天才[1]，自幼非常聰明伶俐，成年後一表人才，「狀貌英偉」(郭嵩燾語)，「精悍之氣，見於眉宇」。而曾國藩天資平平，內向儒緩。兩個人的性格也並不投合[2]。因此兩個人共同在京的一年多，相互敬而遠之，只有一些禮節性的交往。

不過咸豐四年(1854)之後，兩個人卻在抵抗太平軍的征途中成為非常默契的戰友。

道光二十年(1840)，胡林翼做鄉試副主考時受主考牽連，在官場上遇到挫折，第二年父親去世，他扶棺南返，回家守制。鄉居期間，胡林翼開始反省自己早年的放浪形骸的生涯，究心理學，「專意道德」，為人處世風格發生巨大變化。胡林翼後來回憶說：「自辛丑見背於父，而痛念我父，克去利心。……其勉力自修者，謹守禮法，追思先人教訓，一言不妄發，一步不妄行。」[3]

再度出山之後，胡林翼出任貴州安順知府。安順位於貴州中西部，山嶺崎嶇，交通不便，最大問題是土匪橫行。胡林翼「躬往緝捕，短衣芒履，出入巇巖，幾忘寢食」[4]。穿着短衣草鞋，爬高山，入

1 據說胡林翼兩歲時，祖父右執書而左抱之，他「視書目不轉睛，隱隱有識之之狀」；五歲時，祖父「示以堂楹聯語，室壁圖書，輒能記誦不忘」。

2 曾國藩自己說過，有些人是天才，處事果斷：「敏，有得之天事者，才藝贍給，裁決如流，此不數數覯也。」胡林翼正是這樣的人。曾國藩則是另一個極端：「余性魯鈍，他人目下二三行，余或疾讀不能終一行。他人頃刻立辦者，余或沉吟數時不能了。」

3 熊治祁編：《湖南人物年譜》3，湖南人民出版社，2013 年，第 107 頁。

4 熊治祁編：《湖南人物年譜》3，湖南人民出版社，2013 年，第 21 頁。

深谷，親自率人去抓捕土匪。誰能想到，這個在大山老林裏艱苦跋涉的短衣芒鞋的漢子，幾年前還是一個輕裘寶馬、縱酒狂歌的紈絝子弟。他剿匪的成績非常突出，以至於咸豐皇帝也曾經問他「官聲何以如此之好」[1]。

咸豐二年（1852）年底，太平軍縱橫兩湖，在家鄉為母親守孝的曾國藩墨絰出山，創辦湘軍。咸豐三年（1853）年底，胡林翼帶領所募練勇六百人，離開奮鬥了八年的貴州，奔赴烽火處處的兩湖。正在訓練湘軍準備出師的曾國藩派人給胡林翼送去了大批軍用物資和兩千兩白銀，同時又上奏朝廷，表示胡林翼之才可以大用。「密疏論薦，謂其才勝臣十倍。」[2] 在奏摺中曾國藩稱胡林翼「膽識絕人，威望夙著」，「屢著戰功」，「才大心細，為軍中萬不可少之員」[3]。這種雪中送炭，傾心推舉，令胡林翼感激不已。

兩人在京城一別，再見面已經是十三年後的咸豐四年（1854）四月的妙高峰下。此時曾國藩正在長沙整軍。胡林翼發現，早年那個拘謹的曾國藩，此時已經成了湘軍大帥，性格在原來的沉穩踏實之外，又加入了幹練、堅毅、自信。而曾國藩則看到，中年胡林翼，氣質面貌和青年時代也已經完全不同。經數年邊遠地區政務歷練，胡林翼原來舉止中的睥睨一切、輕狂已經被磨得差不多了，「待人一秉大公，推誠相與，無粉飾周旋」[4]。其沉毅之氣、經世之識與曾國藩一拍即合。天下滔滔之際，兩個人更明確地意識到，只有他們這樣的人攜手並肩，齊心合力，才能挽回天命人心。[5]

---

1 熊治祁編：《湖南人物年譜》3，湖南人民出版社，2013 年，第 26 頁。

2 熊治祁編：《湖南人物年譜》3，湖南人民出版社，2013 年，第 40 頁。

3《曾國藩全集・奏稿》1，岳麓書社，2011 年，第 217 頁。

4 熊治祁編：《湖南人物年譜》3，湖南人民出版社，2013 年，第 122 頁。

5 胡林翼與曾國藩一見後，又被湖南巡撫派去湘西剿匪，後又赴湖北搜「剿」太平軍殘部，積功升為湖北按察使。兩湖地區雖然戰事倥傯，但有了曾國藩、左宗棠、張亮基等人的照顧協調，胡林翼的生存環境比在貴州要好很多。

不久曾國藩大軍圍攻九江，奏調胡林翼前來幫忙，從此胡林翼成為曾國藩的直接部下。在進攻九江的幾次戰役中，胡林翼與曾國藩其他部下配合良好，屢立戰功。他在這裏還結識了湘軍名將羅澤南。究心理學的胡林翼與羅澤南一拍即合，對他欽佩不已。胡林翼情商極高，善居人下，雖然他功名官位高於羅澤南，卻主動拜羅澤南為老師，「執弟子禮甚恭」，在軍中成天與羅澤南講道學，雖然相處時間不長，卻與他建立起極深的情誼。

在九江城下，湘軍遭遇挫折。太平軍軍勢由比復盛，揮兵湖北，武漢再度告急。在曾國藩的大力提攜下，胡林翼已經獲得湖北按察使的頭銜，因此自請回援武漢。雖然江西局勢非常緊張，但是曾國藩還是本着「欲立立人，欲達達人」之旨，慷慨地放胡林翼西上，以助他成就功名。胡林翼手中嫡系不過是六百貴州勇，曾國藩為了保證他回援成功，從緊張戰事中，撥出石清吉部與王國才部數千精兵交給胡林翼，讓他湊成了一支六千人的隊伍。這六千精兵，成了胡林翼起家的重要資本。

就在胡林翼竭盡全力在戰場上指揮戰士廝殺的時候，咸豐五年（1855）三月，一個意外的消息傳來：原湖北巡撫陶恩培因為城破自殺，朝廷任命胡林翼當湖北巡撫。胡林翼成了獨當一面的封疆大吏。

去年八月，咸豐讓曾國藩署理此職，但是僅僅九天之後，就收回了成命。沒想到現在，這個重要職務卻給了資歷甚淺的胡林翼。自咸豐四年（1854）二月至咸豐五年（1855）三月，一年時間，胡林翼由知府而道員而按察使而布政使而巡撫，連升五級。由此可見此人能力過人，也可見咸豐對他的信任遠勝於曾國藩。

曾國藩練成湘軍以來，這支生猛的漢人隊伍一直是咸豐心頭的隱憂。他「以國藩一人兼統水陸軍，心憂之」[1]。而胡林翼的實力此時

1　王闓運、郭振墉等著：《湘軍志　湘軍志評議　續湘軍志》，岳麓書社，1983 年，第 23 頁。

遠遜於曾國藩，對咸豐來說沒有尾大不掉之憂。胡林翼的能力，屢經曾國藩等保奏，早已經簡在帝心。咸豐如此破格提拔，相信胡林翼一定會感恩戴德。[1]

這就是咸豐的用人術。

曾國藩對此當然感覺很意外。自己夢想多年而不得的職位，部下胡林翼卻如此輕鬆地得到了。胡林翼成了湖北巡撫後，胡、曾二人雖然名義上是平級，但是曾國藩是以在籍身份帶兵，胡林翼則獲得一省實權，曾國藩的地位實際上已經處於胡林翼之下了。

曾國藩心頭也許會在第一時間掠過一絲嫉妒，但是這絲嫉妒一閃即逝，接下來更多的是高興。因為胡林翼畢竟是湘系人馬，由他來出鎮湖北，湖北就可能成為湘軍的戰略大後方，曾國藩在長江中游為湘軍建立根據地的計劃就有可能實現。

胡林翼受命之時當然受寵若驚。然而此時湖北還在太平軍手中，這個巡撫一時還是空頭。只有儘快拿下武漢，他才能在湖北立足。

因此胡林翼才想到了要向曾國藩請求援兵，並且最好是湘軍最有名的戰將羅澤南。

此時的曾國藩正頓兵九江城下，進退不得。胡林翼請求羅澤南赴援，確實給曾國藩出了個難題。不放羅澤南，武漢確實一時難以拿下來；放走羅澤南，曾國藩自身安危難保。

但是一番猶豫之後，曾國藩還是派出了羅澤南。因為從當時天下大局看，武漢確實更為重要，而自己的安危則次之。曾國藩不但同意派出羅澤南軍，而且從塔齊布軍中抽調彭三元部、普承堯部，

1　當然除此之外還有文慶所起的作用。文慶就是前文提到的胡林翼做鄉試副主考時那個因為自己的問題連累了胡林翼的主考。此時他已經成了咸豐面前的紅人，自然會為胡林翼説話。

編入羅軍，以增強其實力。由此可見，曾國藩在關鍵時刻顧全大局的胸懷實為普通人之所不及。

羅澤南一走，曾國藩在江西顯然就安危難卜了。因此聽到這一安排，曾國藩的手下紛紛反對，連曾國藩的好朋友劉蓉都坐不住了。

「幕府劉公蓉諫曰：公所賴以轉戰者塔、羅兩軍，今塔將軍亡，諸將可恃者獨羅公，又令遠行，脫有急，誰堪使者？」

曾國藩回答說：

> 吾極知其然，計東南大局宜如是。今俱困於此無益，此軍幸克武昌，天下大勢可為，吾雖困猶榮也。[1]

羅澤南開赴武漢，使得湘軍的重心從江西轉到湖北，曾國藩不但在政治上處於湘軍集團的第二位，軍事上也是第二號人物了。他坐困江西，一籌莫展，驚險萬狀。而胡林翼得此精兵，局面一下子大為改觀。雖然羅澤南不久戰死，但是這支精銳部隊卻歸了胡林翼。其後胡林翼能奪武漢、取九江、謀安徽，屢建大功，都是得益於他掌握了湘軍最精銳的羅澤南部。曾國藩關鍵時刻的自我犧牲，是曾胡一生交往中的一個關鍵點。

把最得力幹將派出的曾國藩不久就嘗到了惡果。太平天國攻下武昌後，石達開帶兵回到江西，在江西展開強大攻勢。此時，湘軍水師已經失去戰鬥力，曾國藩身邊又沒有得力將領。從咸豐五年（1855）十月起，石達開連下上高、瑞州、新喻（今新餘）、峽江、臨江、袁州、安府等城，控制了江西十三府中的八府五十四州縣。曾國藩的部隊困守在南昌和南康兩府的狹小地區，文報不通，聯繫

---

1 朱孔彰撰：《中興將帥別傳》，岳麓書社，1989 年，第 6 頁。

中斷，連送家書都不得不用隱語蠟丸，化裝潛行。即使如此，送信人還是往往被太平軍識破，被捕殺者達百人以上。

曾國藩當時時刻面臨被殺的危險，如果石達開再加上最後一把勁，曾國藩可能就在江西殉國了。後來王闓運在寫《湘軍志》時，連夜閱讀當時的文件，朦朧之中好似見到曾國藩當年的窘迫之態。他在當天的日記中寫道：「夜覽滌公奏，其在江西時，實悲苦，令人泣下。……『聞春風之怒號，則寸心欲碎；見賊船之上駛，則繞屋彷徨』。《出師表》無此沉痛。」[1] 曾國藩也講他在江西之時，「久困彭蠡之內，蓋幾幾不能自克。」[2] 由此可見曾國藩當年的處境是何等狼狽！

曾國藩在江西陷入困境，與家中不通信息，生死不明。曾家人非常焦急。曾氏兄弟五人，曾國藩居長，下面有四個弟弟，二弟曾國潢，三弟曾國華，四弟曾國荃，五弟曾國葆。在五弟國葆被曾國藩裁撤後，曾國藩曾命令幾個弟弟居家讀書，不要再參與軍事。但是此時情況緊急，一貫有主見的曾國華敢為人先，「間關」赴湖北找胡林翼想辦法去援救大哥。胡林翼對曾國藩胞弟的到來非常重視，儘管武漢現在正是膠着之際，回援江西會讓湖北兵力單薄，但胡林翼還是慷慨撥出四千軍隊，交給曾國華統領，開赴江西。這四千人「均係久經戰陣，驍果精卒」[3]。咸豐六年（1856）三四月間，曾國華率領這些湘軍將士，先後攻陷咸寧、蒲圻、崇陽、通城、新昌、上高等地，打通了江西與兩湖的通道。

就在曾國華從軍後數月，另一個弟弟曾國荃也棄文從武，率兵

1　王闓運、郭振墉、朱德裳、王定安撰：《湘軍史料四種》，岳麓書社，2008 年，第 183 頁。

2　《曾國藩全集・詩文》，岳麓書社，2011 年，第 157 頁。

3　胡林翼撰，胡漸逵、胡遂、鄧立勳校點：《胡林翼集》1，岳麓書社，2008 年，第 112 頁。

前往江西救援。咸豐六年（1856）十月，曾國荃廣招羅澤南、李續宜舊部及新募之兵，共計三千人，會合湘軍老將周鳳山部，進軍江西吉安。此軍名字就定為「吉字營」。

兄弟們的到來，讓曾國藩得到了一定程度的援助。同時，正當南昌指日可下，曾國藩「呼救無從」「魂夢屢驚」之際，洪秀全、楊秀清等從西征戰場大量抽調太平軍回救天京，參加攻破江南大營的戰鬥。此後，江西太平軍基本上停止了進攻，困處南昌的曾國藩終於絕路逢生，沒有了生命危險。

3. 被皇帝拿掉兵權

這一時期，曾國藩不僅軍事上陷入危局，政治上也陷入重重泥沼之中。

問題就在於曾國藩沒有實權。雖然屢獲大勝，但湘軍與清王朝體制上的矛盾仍然沒有解決，曾國藩的處境仍然十分艱難。這種艱難在江西表現得最為充分。

湘軍出省作戰實行的是「就地籌餉」，江西省官僚系統負有供餉之責。其時江西巡撫是陳啟邁，其人氣度狹隘，寸權必爭。在他眼裏，曾國藩不過是一個辦團練起家的在籍官員而已，地位等同紳士，湘軍不過是民團，跑到江西來，是他的額外負擔。他認為，湘軍要在江西吃自己的軍餉，就必須對自己唯命是從。因此他對曾國藩指手畫腳，呼來喝去。他所下命令又朝令夕改，令人左右為難。對這樣一個毫不知兵的巡撫，曾國藩實在無法敷衍，只好拒不從命。這下子惹火了陳啟邁，對曾國藩「多方掣肘，動以不肯給餉為詞」[1]。

1 《曾國藩全集・奏稿》1，岳麓書社，2011年，第482頁。

曾國藩忍無可忍，拍案而起，於咸豐五年（1855）六月十二日，以陳啟邁「劣跡較多，恐誤大局」，上奏參劾。陳啟邁所作所為確實讓人無法為之辯解，咸豐皇帝閱之大怒，立刻將陳啟邁革職查辦。[1]

然而，接下來發生的事情又重複了曾國藩湖南的經歷，這次參劾不但沒有使其他江西官員束手，反而讓他們變本加厲。接替陳啟邁任江西巡撫的文俊行事一如陳氏，江西官員在他的率領下團結起來處處給曾國藩下絆子、設障礙。曾國藩為了籌集軍餉，就要在江西抽釐，也就是收取商業稅，這樣就不能不聘用江西紳士來辦理釐局。這在江西地方官員看來無疑是侵越他們權力的事，因而就來個針鋒相對，寸權必爭。曾國藩要在哪兒辦釐局，江西也在哪兒辦釐局。曾國藩要用某個紳士，地方官就扣住不給，甚至對親近曾國藩的紳士進行打擊報復。早在陳啟邁當政時，有個名叫彭壽頤的江西舉人，甚得曾國藩的賞識，曾國藩欲將其招入幕府使用。陳啟邁收到曾國藩的咨文後，不僅不允調用，反而因事將彭壽頤投入獄中，嚴刑拷訊。久而久之，江西司、道、府、縣官員皆希上旨與曾國藩互為水火，甚至有人故意起而刁難、謾罵、攻擊曾國藩，以取悅自己的上司，甚至曾國藩的兵勇也經常被人痛罵毒打，遭受侮辱。

湘軍在江西的軍餉得不到保證，部下長期陷於飢困。為了吃到一口軍糧，甚至有湘軍部將冒險而死。湘軍畢金科部長期乏餉，士有飢色，地方官員告訴畢金科，如能攻佔景德鎮，便立刻為他發餉。畢金科一向莽撞，今又窮困至極，便決意一試。太平軍在景德鎮堅固設防，佈有重兵。畢金科率一千飢疲之卒貿然來攻，結果全軍覆沒，畢金科也喪命其地。曾國藩得知後又痛惜又氣憤。咸豐九年（1859）六月湘軍終於攻陷景德鎮後，曾國藩在畢金科喪命之處立下一塊石碑，親為撰寫碑文，其中有「內畏娼嫉，外逼強寇，進

---

1 《曾國藩全集・奏稿》1，岳麓書社，2011 年，第 485 頁。

退靡依，忍尤叢詬」[1] 等語。這不只是表達對畢金科的痛輓，也是為了抒發自己心中多年的憤懣。

曾國藩在江西數年之間步步荊棘，處處碰壁。他後來在給朋友的信中回憶說：「江西數載，人人以為詬病。」[2] 又形容當時的苦況說：「士飢將困，窘若拘囚；羣疑眾侮，積淚漲江，以求奪此一關而不可得，何其苦也！」[3] 他無時不想掛冠而去，「國藩昔在江西、湖南，幾於通國不能相容。六七年間，浩然不欲復聞世事」[4]。但時勢之危與聖人之教又不容許，只好百般隱忍，甘受煎熬，常年寸心如焚。「虹貫荊卿之心，而見者以為淫氛而薄之；碧化萇弘之血，而覽者以為頑石而棄之。古今同慨，我豈伊殊？屈累之所以一沉，而萬世不復返顧者，良有以也。」[5] 委屈痛苦，溢於筆端。他甚至這樣對好友劉蓉說：「所至齟齬，百不遂志。今計日且死矣，君他日誌墓，如不為我一鳴此屈，泉下不瞑目也。」[6] 種種不平之鳴，證明這是他一生中精神最痛苦的時期之一。

正在曾國藩痛苦萬分之時，咸豐七年（1857）二月十一日，曾國藩忽然接到父親曾麟書於二月四日去世的訃告。這個噩耗此刻倒成了擺脫困境的天賜良機。他立刻上疏要求回家守孝，並且不等皇帝的回覆，便把軍隊拋在江西，徑自回到了湖南老家。作為領兵大臣，不待批准即離開軍營，本來是要獲罪的，只是由於湖南巡撫駱秉章、湖北巡撫胡林翼反復為他說情，咸豐皇帝才免於追究，並且給假三個月，讓他在家治喪。

---

1 《曾國藩全集・詩文》，岳麓書社，2011 年，第 160 頁。

2 趙烈文撰：《能靜居日記》2，岳麓書社，2013 年，第 1083 頁。

3 《曾國藩全集・詩文》，岳麓書社，2011 年，第 156 頁。

4 《曾國藩全集・書信》7，岳麓書社，2011 年，第 296 頁。

5 《曾國藩全集・書信》1，岳麓書社，2011 年，第 466 頁。

6 《劉蓉集》2，岳麓書社，2008 年，第 33 頁。

咸豐七年五月，曾國藩假期將滿，他不想再過客寄虛懸的日子，遂奏請在家守三年之制。皇帝當然不會批准他在家守孝三年，在回覆中催他立刻回到軍中。曾國藩於是向咸豐皇帝攤牌，給皇帝上了一道奏摺，一股腦兒地把自己壓抑已久的愁苦憤懣都說了出來，期望皇帝會體諒他的苦衷，授予他職權。

他在這封叫《瀝陳辦事艱難仍懇終制摺》的著名奏摺中將官場的潛規則說得很清楚。

他說，帶兵打仗，必須依靠地方官員的支持。「至於籌餉之事，如地丁、漕折、勸捐、抽釐，何一不經州縣之手？」但地方官員只認他們權力體系內的運轉規則，只聽能掌握他們升遷權力者的話。他名義上為「部長」級官員，而「文武僚屬大率視臣為客，視本管上司為主。賓主既已歧視，呼應斷難靈通」。他「身非地方大吏，州縣未必奉行，百姓亦終難可信」，所以「或臣抽釐之處，而州縣故為阻撓；或臣營已捐之戶，而州縣另行逼勒。欲聽之，則深慮事勢之窒礙；欲懲之，則恐與大吏相齟齬」。[1]

他雖有保舉權，但由於所保人員非國家正規軍出身，「徒有保舉之名，永無履任之實」。許多戰功卓著的部下，「雖保舉至二三品，而充哨長者，仍領哨長額餉。充隊目者，仍領隊目額餉。一日告假，即時開除，終不得照綠營廉俸之例，長遠支領」。[2]

他直言不諱地說：「臣細察今日局勢，非位任巡撫，有察吏之權者，決不能以治軍。縱能治軍，決不能兼及籌餉。臣處客寄虛懸之位，又無圓通濟變之才，恐終不免於貽誤大局。」[3] 如果皇帝不給他督撫之權，他就只能「在籍終制」，就是說不復出山。

---

1 《曾國藩全集・奏稿》2，岳麓書社，2011 年，第 222 頁。

2 《曾國藩全集・奏稿》2，岳麓書社，2011 年，第 221 頁。

3 《曾國藩全集・奏稿》2，岳麓書社，2011 年，第 223 頁。

曾國藩以為他已經把委屈和困難說得夠充分了，皇帝沒有任何理由不給他以必要的支持，沒想到，剛愎自用的咸豐皇帝和曾國藩較上了勁。

咸豐在奏摺上批了這樣一段話：

> 江西軍務漸有起色，即楚南（湖南）亦就肅清，汝可暫守禮廬。[1]

批准他在家守制三年，實際上解除了他的兵權。

這當頭一棒差點把曾國藩打昏。他萬沒料到，苦戰數年竟是這樣一個結果。

咸豐皇帝為甚麼如此果斷地罷了曾國藩的軍權呢？

因為他另有了依靠。

前面我們說過，咸豐皇帝一直認為，鎮壓太平天國的關鍵是拿下南京，因此指揮八旗和綠營，在南京附近建立了江南江北兩座大營。

這兩座大營既是咸豐皇帝「捨棄枝葉、直指根本」的戰略思維的產物，也是「清廷中滿洲貴族集團對抗以曾國藩為首的新興漢族地主軍事集團——湘軍集團的產物」[2]。

曾國藩的湘軍崛起之後，雖然在長江中游屢立戰功，但是在咸豐眼中，始終只是為協助正規軍隊鎮壓太平軍而興辦的、臨時徵召的漢族「民兵」，一直不過是「外人」，頂多算是偏房生的孩子。

江南江北大營才是咸豐皇帝眼中的嫡系，是大清江山的支柱，也是國家正規軍的臉面。由漢人建立的「私家武裝」立下拯救王朝

1 《曾國藩全集・奏稿》2，岳麓書社，2011 年，第 225 頁。

2 趙亦彭著：《前後江南大營比較論》，河北師範大學 2007 年碩士論文。

之全功，以後國家正規軍的威信何在？皇帝的如意算盤是讓曾國藩游擊野戰，殲滅太平軍的有生力量，最後仍由盤踞在南京腳下的正規軍將領收功。

因此雖然江南江北兩座大營作戰並不給力，但對這兩個親生子，咸豐皇帝還是一直非常偏愛。湘軍堅忍能戰，但是咸豐皇帝卻不積極給湘軍供餉。江南江北兩座大營，皇帝卻委以專人負責，劃定若干省份專門供餉。胡林翼憤憤不平地說：「即如江西之援軍，及滌帥舊留江西之部曲，在今日總算強兵，然百日無餉矣。若吳若皖之兵，以十萬餘計，未必如此之厄，亦可慨矣。」

然而爛泥扶不上牆。兩座大營建立後，表現得卻非常差勁。兩座大營分峙南北，花了上千萬兩的銀子，不但不能迅速拿下南京，也阻擋不了太平軍北伐和西征的步伐。不僅如此，它們後來又被證明不能保衛自身，咸豐六年（1856）年初，太平軍為了消除清軍對南京的威脅，大舉進攻，二月擊潰江北大營，五月擊潰江南大營，讓咸豐多年心血付諸東流。

親生子實在指望不上，所以咸豐皇帝對曾國藩不得不一再優容，雖然不給曾國藩實權，但是卻能參誰准誰。湘軍坐困江西，軍事上一直沒有起色，但與對滿洲親貴和武將們動不動就破口大罵要殺要剮不同，咸豐對曾國藩一直還算客氣，沒有辱罵諷刺。

然而不久之後，形勢有了變化。

首先是天京事變，使太平天國實力大衰。

太平天國的最高領袖雖然是洪秀全，但是洪氏以教主自居，深居簡出，並不管理具體事務。軍政大權，掌握在東王楊秀清手裏。攻破江南大營後不久，楊秀清野心膨脹，自稱「天父下凡」，召天王洪秀全到東王府「逼封萬歲」，意圖謀取最高權力，引發天京內訌。洪秀全誅滅東王楊秀清，逼走翼王石達開，太平天國內部人心渙散，軍事形勢開始逆轉。

與此同時，江南大營的軍務也有了起色。

江南大營被攻破後，1856 年 10 月，清政府授江南提督和春為欽差大臣，重新建立江南大營。

和春是一個比較有頭腦的人，他走馬上任之後，向皇帝推薦長於理財的浙江巡撫何桂清為兩江總督。何桂清不負所望，理財有方，當上總督後每月撥解大營的軍餉多達四五十萬兩。在源源不斷的餉銀支持之下，和春大肆擴充軍隊，使所部兵力由向榮時期的不足萬人，迅速增加到八萬餘人。同時在上海購買了大量洋槍洋炮，使武器裝備大為改善。

江南大營戰鬥力因此明顯增強。和春抓住太平天國內訌導致力量衰弱的大好時機，積極進攻，不久成功收復鎮江，在南京城外「紮大小營盤一百三十餘里」，把南京「困如鐵桶一般」。和春得意揚揚地宣稱，此「實屬數年來未有之氣象」[1]。

這樣一來，南京腳下的江南大營和長江中游的湘軍在鎮壓太平天國的戰爭中就形成了針鋒相對的競爭關係。雙方都試圖凸顯自己在天下大局中的重要性。江南大營統領和春、兩江總督何桂清非常敵視湘軍集團，恨不得湘軍早日覆滅，以便自己收穫鎮壓太平天國的全功。特別是何桂清，不斷通過各種方式攻擊曾國藩。

何桂清是道光十五年（1835）的進士，此人幹練敏捷，官運頗為亨通，年僅三十八歲，就當上了浙江巡撫。何桂清官場上如此得意，除了能力突出外，更重要的是，他和曾國藩的政敵彭蘊章是同年好友，又很得祁寯藻的賞識。他由浙江巡撫升兩江總督的過程中，和春一個人說話並不管用，彭蘊章起到了更為關鍵的作用。此時彭蘊章在軍機大臣中的地位非常重要，他「以咸豐初年入政府，

1 《和春奏》，《方略》卷 190，第 34–36 頁。轉引自茅家琦主編：《太平天國通史》中冊，南京大學出版社，1991 年，第 183 頁。

後遂為首相，力薦何桂清兼資文武，必能保障江南」[1]。史載：

> 適闕兩江總督，上語軍機大臣：「此官以籌餉為命脈，孰能勝任者？」大學士彭蘊章奏稱：「何桂清在浙江，餉徽州全軍數萬人，未嘗闕乏。」上韙其言，授兩江總督。彭故與何同年進士，何頗謹事之。[2]

在彭蘊章和和春的聯手運作下，咸豐七年（1857）夏，何桂清被擢升為兩江總督。

何桂清基於朋黨習氣，對曾國藩從不親近。他在做浙江巡撫時，雖然供給江南大營軍餉非常及時，對曾國藩的湘軍，卻從無援助。咸豐五年（1855），曾國藩因為實在太困難，專門派郭嵩燾去向何桂清求助。「曾節相事機不順，坐窘豫章，遣太史郭筠仙（即郭嵩燾）商餉於何桂清」[3]。何桂清惜金如命，分文不借，和曾國藩結下了樑子。[4]「然浙江故無事於湘軍，湘帥、浙撫每不相能」[5]。

不但不借，何桂清還與彭蘊章等人書函往返不絕，不停地向彭和其他京中好友彙報對曾國藩不利的消息。何桂清經常在信中抱怨曾國藩無能，江西制敵不力，以致禍及浙江：「浙江為鄰封所害。」特別是咸豐六年（1856）二月湘軍連敗之後，何桂清彙報說：「江右誤於滌生之膽小，竟是坐觀，一籌莫展。中丞又不敢獨任仔肩，各路俱是客兵自辦，惟圍攻撫州係西省之事，並無悍賊，數月不開一

---

1 薛福成著，丁鳳麟、王欣之編：《薛福成選集》，上海人民出版社，1987 年，第 253 頁。

2 熊月之主編：《稀見上海史志資料叢書》1，上海書店出版社，2012 年，第 318 頁。

3 中國史學會主編：《中國近代史資料叢刊・太平天國》6，上海人民出版社，1957 年，第 590 頁。

4 有史料說曾國藩素來專橫跋扈，向浙江乞餉，先責備浙省揮金如土，何桂清、王有齡氣惱之餘，分文未給。「王壯愍（王有齡）為杭守，以全善之區而絲毫未允，實因來函有『平昔揮金如土』一語芥蒂其間。」從人之常情判斷，有求於人卻先盛氣批評，顯然不可信。

5 王闓運、郭振墉等著：《湘軍志　湘軍志評議　續湘軍志》，岳麓書社，1983 年，第 88 頁。

大仗。九月中旬不過數百賊出來，全軍已皆逃矣。」[1] 從這些書札看，何桂清十分輕視曾國藩。他向彭蘊章等人密報軍情，直接影響到朝廷對曾國藩及湘軍的看法。何桂清有時還直接向咸豐打小報告，攻擊湘軍。

1856 年 10 月，撫州太平軍出兵攻擊撫州城外湘軍李元度大營，撫州大營湘軍潰散。曾國藩彙報這件事稍晚了些。一個月後，曾國藩才上奏《撫州老營被賊撲陷摺》，向咸豐彙報了這次失敗。

結果，曾國藩接到咸豐的上諭說，他早已經知道了這個消息。上諭說：

> 曾國藩、文俊自八月三十日奏報瑞州、建昌勝仗之後，已及月餘，未見續報。昨據廉兆綸奏，有探聞撫州官軍失利之語，與本日何桂清奏報相同，亦未見曾國藩等入奏。[2]

曾國藩不知道，原來鄰省浙江巡撫何桂清早已搶先將撫州湘軍潰敗的情況密報清政府，所以咸豐才如此生氣申飭曾國藩不及時報告兵敗。

咸豐接着在上諭中語氣嚴厲地指責曾國藩在江西沒有作為，天京內訌，各路太平軍多回轉金陵，佔據江西各地的太平軍，並非嫡系，他卻沒能收復甚麼城池。

> 前聞賊匪多回至金陵，而江西失陷各郡，尚無一處克復。所有佔據城池之賊，聞皆石逆黨與，誘脅土匪，為之拒守。即廣東新附匪徒，亦皆係石逆所糾集，與金陵逆黨，尚未歸併。[3]

---

1 蘇州博物館等編：《何桂清等書札》，江蘇人民出版社，1981 年，第 39 頁。

2 《曾國藩全集・奏稿》2，岳麓書社，2011 年，第 158 頁。

3 《曾國藩全集・奏稿》2，岳麓書社，2011 年，第 158 頁。

這些顯然也都是何桂清密報的。咸豐要求曾國藩乘太平軍內亂時，趕緊收復江西，還語含諷刺地說：

> 若徒事遷延，勞師糜餉，日久無功，朕即不遽加該侍郎等以貽誤之罪，該侍郎等何顏對江西士民耶？[1]

皇帝這樣露骨的諷刺，曾國藩在江西時期還是頭一次收到。這顯然是彭蘊章、何桂清等人聯手排擠的結果。在咸豐看來，能積極配合滿洲軍隊的何桂清無疑比曾國藩馴服得多也可信得多。

在中央，以彭蘊章、祁寯藻為首，在地方，以和春、何桂清為首，組成了一個強大的反湘軍集團，影響着咸豐的決策。正是在何桂清不斷打小報告的作用下，咸豐皇帝越來越輕視曾國藩，也越來越把寶押在江南大營之上，「人人皆以為大功可企足待，文宗益倚重江南軍」[2]。恰在這時，曾國藩向咸豐伸手要官。

於是咸豐七年（1857）六月十九日，咸豐令曾國藩「着照所請，在籍守制」。後來雖有兵科給事中李鶴年、湖北巡撫胡林翼多次奏請起用曾國藩，均被咸豐拒絕。看來咸豐是堅決要棄掉曾國藩這顆無用的棋子了。

4. 蟄伏兩年，完成「脫胎換骨」

曾國藩被解除兵權，他的那些宿敵，也就是長沙城中的湖南官員聞聽此訊，一個個喜形於色。從傳統倫理上來說，不論曾國藩是何居心，如此要挾皇帝要官都有違臣道。以前曾國藩以唯我獨忠之

1 《曾國藩全集・奏稿》2，岳麓書社，2011 年，第 158–159 頁。

2 王定安著，朱純點校：《湘軍記》，岳麓書社，1983 年，第 112 頁。

態，居高臨下，睥睨眾人。而這次他們可抓住了把柄，舉城跳着腳大罵曾國藩是假道學、假忠義。蟄居荷葉塘的曾國藩有口難辯，遂「得不寐之疾」，患了「怔悸之症」，臥病在牀。他在給郭崑燾的信中亦稱：「以興舉太大，號召過多。公事私事，不乏未竟之緒；生者死者，猶多愧負之言。用是觸緒生感，不能自克；亦由心血積虧，不能養肝。本末均失其宜，遂成怔悸之象。」[1]

更讓曾國藩痛苦的是，建立不世功勳的千載難逢之良機眼睜睜地從自己眼前溜走了。此際正當太平軍由盛轉衰的轉折點，而他偏偏在這個時候回了家。他的許多部下，都因軍功飛黃騰達。比如以知府投身於他的胡林翼早當上了湖北巡撫，以千總這樣的低級軍官身份加入湘軍的楊載福也已經升為二品提督，而他仍然是一個在籍侍郎，職位沒有任何升遷。在他離開軍隊的這段日子，湘軍攻陷九江，楊載福、李續賓皆賞穿黃馬褂，官文、胡林翼皆加升太子太保，一時榮耀無比。只有他這個湘軍創始人冷冷清清地待在家裏，受人嘲罵。曾國藩雖被視為理學名臣，但功名心一向極熾，失去這個永載史冊的千載良機，他怎麼能不懊惱萬分！

原本自詡硬漢的他這回有點挺不住了，舉動大異常態，整日生悶氣，「心殊憂鬱」，動不動就罵人。他數着江西的一幫文武罵，罵夠了就找幾個弟弟的碴兒吆喝，一年當中和曾國荃、曾國華、曾國葆都發生過口角。弟弟們走了後，他又開始罵幾個弟媳婦。語言粗俗，蠻不講理，理學家的風度蕩然無存。

被酷熱擊中的荷葉鎮，夜半仍然如同火爐。徹夜不眠的曾國藩時而在牀上輾轉反側，時而在室內外踱來踱去。幾年來的種種經歷纏繞在他心頭，在給曾國荃的信中，他說自己在家中「回思往事，

---

1 《曾國藩全集・書信》1，岳麓書社，2011年，第590頁。

處處感懷」[1]，「心中糾纏，時憶往事，愧悔憧擾，不能擺脫」[2]，「近日天氣炎熱，余心緒尤劣，愧恨交集。每中夜起立，有懷吾弟，不得相見一為傾吐」[3]。

他判斷太平天國一年內便可蕩平，到時候論功行賞，獨沒有他的份兒，會是多麼難堪。所以這一段時間的家書裏，他經常流露出一種悔意。比如他說：

> 善始者不必善終，行百里者半九十里。譽望一損，遠近滋疑。弟目下名望正隆，務宜力持不懈，有始有卒。……願吾弟兢兢業業，日慎一日，到底不懈，則不特為兄補救前非，亦可為吾父增光於泉壤矣。……此次軍務，如楊、彭、二李、次青輩皆係磨煉出來，即潤翁、羅翁亦大有長進，幾於一日千里，獨余素有微抱，此次殊乏長進。[4]

在極端痛苦中，他拿起了朋友向他推薦的老莊著作。幾千年前的聖人之言給了他意想不到的啟示，讓他恍然見到了另一片天地。他像一個閉關的和尚一樣把自己關在屋子裏，一坐就是一整天，把自己起兵以來的種種情形在大腦中一遍遍地過。漸漸地，曾國藩靜下心來了。

曾國藩反思到，自己在官場上一再碰壁，碰得鼻青臉腫，不光是皇帝小心眼，大臣多私心，自己的個性、脾氣、氣質、風格上的諸多缺陷，也是重要原因。回想自己以前為人處世，總是懷着強烈的道德優越感，自以為居心正大，人濁我清，因此高己卑人，鋒

1 《曾國藩全集・家書》1，岳麓書社，2011 年，第 335 頁。
2 《曾國藩全集・家書》1，岳麓書社，2011 年，第 345 頁。
3 《曾國藩全集・家書》1，岳麓書社，2011 年，第 351 頁。
4 《曾國藩全集・家書》1，岳麓書社，2011 年，第 340 頁。

芒畢露，說話太衝，辦事太直，當然容易引起他人的反感。他翻閱舊日信稿，發現了當日武昌告急時，他請求駱秉章發兵援救的一封信。寫這封信時，他覺得字字有理有據，今天讀來，卻發現字字如錐如芒。信中稱湖南湖北「脣齒利害之間，此不待智者而知也」[1]，不僅沒有一點兒商量的口氣，還略帶嘲諷之意。為了防止駱秉章干預他募練水師，他又在信中早早地表明態度：「其水路籌備一端，則聽侍（曾自稱）在此興辦，老前輩不必分慮及之。斷不可又派員別為措置。」[2] 仍是一副捨我其誰、比誰都高明的架勢。

怪不得當日駱秉章批評他剛愎自用。駱秉章回信的原話是說他：「行事猶是獨行己見，不能擇善而從，故進言者安於緘默，引身而退。」[3] 說他做事聽不進別人意見，所以也就沒人願意給他出主意。當時聽了這話，他不以為然，今天想來，才發現確實說到了自己的痛處。他在給弟弟的信中承認說：「余生平在家在外，行事尚不十分悖謬，惟說些利害話，至今悔憾無極！」[4]

曾國藩回憶起在湖南時朋友們對他的批評：「近日友朋致書規我，多疑我近於妒功嫉能，忮薄險狠者之所為，遂使我憤恨無已……僕之不能推誠與人，蓋有歲年。」[5]

朋友們不能理解他，難道都是因為不明大義，身處局外？他自己就沒有任何責任？「行有不得，反求諸己」這句聖人之言，他雖然耳熟能詳，實際上卻沒有真正做到過。

他又想起弟弟對自己的批評：「曾記咸豐七年冬，余咎駱文、文、耆待我之薄，溫甫則曰：『兄之面色，每予人以難堪。』」[6]

---

1 《曾國藩全集・書信》1，岳麓書社，2011 年，第 256 頁。
2 《曾國藩全集・書信》1，岳麓書社，2011 年，第 256 頁。
3 《曾國藩全集・書信》1，岳麓書社，2011 年，第 437 頁。
4 《曾國藩全集・家書》1，岳麓書社，2011 年，第 401 頁。
5 《曾國藩全集・書信》1，岳麓書社，2011 年，第 466 頁。
6 《曾國藩全集・家書》2，岳麓書社，2011 年，第 24 頁。

溫甫是三弟曾國華。親兄弟比別人說話更直接。面對官場同僚，他確實常以聖賢自命，而以小人目人，面色如鐵，話語如刀。

不光是對同僚，就是對自己的親兄弟，他也成天一副「唯我正確」「你們都不爭氣」的神氣，處處批評教訓，弄得當年國荃、國華到北京投奔他，結果都待不了多久就返鄉了。設身處地，推己及人，那些自尊心受挫的同僚當然也會以冷面冷心甚至排斥辱罵來對待他。

曾國藩在家中致信各位好友，請大家給他多提意見，幫自己總結經驗教訓。咸豐七年（1857）年底，曾國藩的朋友，曾經給他做過幕友的羅汝懷寄來了一封長信。信中說：

> 唁慰之書俱付闕如者，良以閣下此次遭變，與尋常之以憂歸者有殊，既不敢輕易措辭，亦不欲徒為世俗周旋之語，故遂已焉。繼聞閣下以外人督過博諮眾論以求一是。……今者天恩高厚，許遂私情，賊勢衰微，不相敦逼，願償志遂，何幸如之，乃復追尋怨懟，苦索瘢疣，不用雅馴之辭，惟抒憤懣之氣，見與人書。亦何弗遊心廣大之域，而欲與擔夫爭道悍婦詬室邪？是殆德性問學之中或有窒閡之未辟、渣滓之未融已？[1]

也就是說，你丁憂回家後，我沒給你寫弔唁信，是因為你這次回家，不僅是因為奔喪，還有更重大的原因。我不願意寫那些世俗客套的話，所以就沒寫信。繼而我聽說你正在請大家給你提意見提建議，所以才寫這封信。如今皇帝天恩高厚，讓你在家守孝，太平軍勢力也衰微下去，本來是何等幸事，結果你內心如此不平靜，給朋友的信中，用詞非常不雅馴，找這個毛病找那個毛病，滿紙都是

1 羅汝懷撰，趙振興校點：《羅汝懷集》，岳麓書社，2013 年，第 310 頁。

憤懣不平。這就如同兩個挑擔的擔夫在道路中對峙，誰也不給對方讓路，或者像悍婦在家裏罵人一樣，都是你德行學問還不夠純粹，沒有進入化境的原因。

接下來他又說：

士氣蒽苶，百年不振，誠可痛矣。然欲矯之而一切屏棄不用，則亦安能？……若以一人者孤行其意，眾咻而一傅，勢固不行，萬介而一通，又誰適從也？……今試有人焉，伏闕上萬言書，謂悉除從來之法，而盡誅天下之吏，然後天下可得而治……其意既奇而古，其詞復典而文，將世之庸庸者聞而駭走，而聖人者獨從而取之乎？[1]

是的，現在世風日下，士風不振，官風不正，誠可痛惜。然而你想放着這些體制內的力量一概不用，赤手空拳成事，這可能嗎？你一個人逆眾人而獨行，則一傅眾咻（指一人施教時，眾人在旁喧擾，形容由於環境的干擾，難以取得成績），難以有成。比如今天有一個人上書皇上，說如果把所有的律法都廢除，把所有的官員都殺了，天下才能大治，你說這能行嗎？會有人聽從嗎？

蒙之從閣下於南康軍也……獨識閣下為奇士，所見四方之士無出其右。何者？天下惟平實堅樸之人可以幹事，軍務尤然，閣下無大僚尊貴之習，行履部伍，親操細事，庶幾大禹之櫛沐風雨手胼足胝，故能船炮堅利，壁壘峻固，即糞廁亦有方隅，所謂道在屎溺，此非高談渺論不知而作者所能望見也。乃復溫乎其容，抑然自下，慕好賢之雅，循周諮之節……閣下本

1　羅汝懷撰，趙振興校點：《羅汝懷集》，岳麓書社，2013年，第311頁。

奇而復好奇，斯不免太奇之病矣。夫救乏古無奇策，況在今日餉糈之匱，然生財之道未嘗無良法，尤貴有美意。……其折撥捐抽之法，要在使民無怨，且使官無怨，財源無窒塞之患。使民無怨，閣下所知而以為美談者也，使官無怨，則閣下所不知而以為臆説者也。惟其然也，故折漕自我，撥漕自我，捐貲、抽稅皆欲自我，而不復有人之見存焉。雖軍務者閣下之專司，而民者疆吏之職守，各持其是，易地皆然。閣下軍政必自己操，大權未嘗旁落，而欲兼掌一方土地人民之事，然則聖人之設官分職官事無攝者非乎。[1]

承蒙你的賞識，讓我在江西時能進入你的幕府。我之所以願意為你服務，是因為我認為你是天下奇士，沒有人能和你相比。為甚麼這樣說呢？天下只有平實樸素堅定的人能成事，特別是軍務。你雖然品級很高，但是沒有官僚習氣，做甚麼事都是親自動手，如同大禹治水那樣不畏難苦，所以才能練成湘軍。成語說道在屎溺，這對湘軍來說居然不是比喻而是實指，也就是說湘軍行軍時所修的廁所，也有明確的尺寸標準。這是那些只會高談闊論的人無法想像的。你同時又能做到謙虛謹慎、和藹可親，經常向別人請教，願意讓別人給你提意見。這些都是你的優點。

但問題是，你有些太特立獨行了。今天最嚴重的問題是籌集軍餉。籌集軍餉，一方面要靠百姓，另一方面要靠官員。要靠百姓，讓百姓不怨恨你，這個你是知道的。要靠官員，要讓官員不怨恨你，這個你就不夠注意了。所以關於籌餉，抽漕銀你想要自己來，抽稅你想要自己來，募捐你想要自己來，總之是想踢開官員體系，根本不管地方官的存在。你的本職是軍事，民政是歸地方官系統管理

1 羅汝懷撰，趙振興校點：《羅汝懷集》，岳麓書社，2013 年，第 312 頁。

的，你想讓一切大權都由自己操持，這本身是違反體制，行不通的。

羅汝懷這個人名氣雖然不大，這封信寫得倒真是直率而有見識。李鼎芳說：「羅汝懷之書，將國藩苛求及壟斷權力之病，一泄無遺。」

曾國藩閱讀好友來信，反復回憶既往，越來越清楚地看到了自身的致命弱點：太自傲、太急切、一味蠻幹、一味剛強。

曾國藩終於認識到，行事過於方剛者，表面上似乎是強者，實際上卻是弱者。這片土地上真正的強者，是表面上看起來柔弱退讓之人。所謂「天下之至柔，馳騁天下之至堅」，「江海所以能為百谷王者，以其善下之」。所謂「大柔非柔，至剛無剛」。中國社會的潛規則是不可能一下子被掃蕩的。那些他以前所看不起的虛偽、麻木、圓滑、機詐，是在這片土地上生存的必需手段。只有必要時和光同塵，圓滑柔軟，才能順利通過一個個困難的隘口。只有海納百川，兼收並蓄，才能調動各方面的力量，到達勝利的彼岸。

咸豐七年（1857）下半年，曾國藩寫下這樣一句自箴：

> 丈夫當死中圖生，禍中求福；
> 古人有困而修德，窮而著書。[1]

被解除兵權，當然是人生大禍。然而禍是福之基，在災禍中不能自暴自棄，應該置之死地而後生。

咸豐八年（1858）四月，曾國藩又寫下了這樣的自箴：

> 矯激近名，揚人之惡，有始無終，怠慢簡脫；
> 平易近人，樂道人善，慎終如始，修節莊敬。[2]

---

1 《曾國藩全集・詩文》，岳麓書社，2011 年，第 129 頁。

2 《曾國藩全集・詩文》，岳麓書社，2011 年，第 129 頁。

指出自己為人處世的四大缺點：偏激，好名，也就是過於重視獲得好名聲；喜歡公開批評、談論別人的過惡；做事有始無終；待人接物過於怠慢。

那麼怎麼做呢？也是四條：做事平心靜氣，更多地考慮他人的心理，站在他人立場想問題；更多地揄揚他人，表揚他人的長處；做事有始有終，越到後來越慎重；接人待物要更誠更敬。

曾國藩把家居的兩年稱為「大悔大悟」之年，經過兩年的鄉居，曾國藩的思維方式發生了重大轉變。後來他回憶自己的這一變化說：「昔年自負本領甚大，可屈可伸，可行可藏，又每見得人家不是。自從丁巳、戊午大悔大悟之後，乃知自己全無本領，凡事都見得人家有幾分是處，故自戊午至今九載，與四十歲前迥不相同。」[1]

人算不如天算。曾國藩本以為平定太平天國之戰與自己沒有關係了，但是機會又來了。曾國藩居鄉期間，心灰意懶。湖北巡撫胡林翼卻千方百計、絞盡腦汁，為曾國藩創造再次出山的機會。

胡林翼是一個懂得感恩之人，他不能忘記，當初自己從貴州回到兩湖時，手中不過是六百貴州勇。他離開九江戰局赴湖北作戰時，手下的兵將都是曾國藩送給他的。他後來攻克武漢，靠的也主要是曾國藩所派的羅澤南部。胡林翼對此一直感恩戴德，發跡後仍然念念不忘，他在給曾國藩的信中說自己的「皮匠小店」「昔年本錢出於老闆」。[2]

胡林翼政治能力極強，天京內訌後，胡林翼抓住機會，收復了湖北全境。不久，他就把全省治理得井井有條。當時湖南歲入不過二百五六十萬兩銀子，而湖北在胡林翼的治理下，歲入四百萬兩。

---

1 《曾國藩全集・家書》2，岳麓書社，2011 年，第 476 頁。

2 胡林翼撰，胡漸逵、胡遂、鄧立勳校點：《胡林翼集》2，岳麓書社，2008 年，第 496 頁。

曾國藩在江西帶兵，餉源極其緊張，只有胡林翼竭盡全力，把協濟曾軍作為自己的義務，「饋軍源源不絕」。湖北由此成了湘軍的血庫。

曾國藩被咸豐皇帝解除兵權，在家守孝，喪失了對軍隊的直接指揮權。原在他手下的不少重要將領，陸續改隸胡林翼。胡林翼就臨時接替了曾國藩湘軍領袖的地位，成了維繫湘系勢力的核心。正是因為他的苦心調護，才讓湘系勢力沒有四分五裂。所以李續賓當時說，「時事大艱」，他與楊載福、彭玉麟等人「共事一方，水陸士卒幸皆連成一心，和衷共濟，賴潤公（指胡）維持其間」[1]。曾國藩因此也放下心來，感激萬分。他說：「江、楚、皖、豫諸將帥，惟潤帥能調和一氣，聯合一家。」「萬一有它，四省大局，實虞其散。」[2]

曾國藩向皇帝伸手要官不成，湖南官員們紛紛譏笑批評曾國藩，胡林翼的反應卻完全不同，他完全理解曾國藩的苦衷，並且一再為曾國藩鳴冤。他在書信中屢屢歎曰：「此老有武侯之勳名，而尚未得位；有丙吉之陰德，而尚未即報。」[3]「頻年作客，仰食於人，金石孤忠，可敬可念。」[4]

這樣的人，才算得上是曾國藩的知音。曾國藩在家期間，胡林翼多次想辦法讓咸豐重新起用曾國藩。早在咸豐七年（1857）秋，他就曾上奏咸豐，藉口浙江形勢危急，請他起用曾國藩，「以一事權」。結果咸豐強硬拒絕。

天京內訌之後，石達開率二十萬大軍從南京出走，咸豐八年（1858）年初進入浙江。浙江是清朝重要財賦基地，也是軍隊餉銀的重要來源地。胡林翼於是抓住這個機會，說自己現在正欲用兵安徽，無力兼顧浙江，奏請由曾國藩帶兵去救援浙江。他特別指出，

---

1 《近代中國史料叢刊 573• 李忠武公（續賓）遺書》，文海出版社，第 167 頁。

2 《曾國藩全集・書信》3，岳麓書社，2011 年，第 464 頁。

3 胡林翼撰，胡漸逵、胡遂、鄧立勳校點：《胡林翼集》2，岳麓書社，2008 年，第 325 頁。

4 胡林翼撰，胡漸逵、胡遂、鄧立勳校點：《胡林翼集》2，岳麓書社，2008 年，第 459 頁。

蕭啟江、張運蘭、王開化等部湘軍，「多係侍郎臣曾國藩及羅澤南舊部」，非曾國藩統帶，別人難以有效指揮。

天京內訌之後，咸豐皇帝非常興奮，精神為之一振。史載他為此特意去瀛台涵元殿拈香，還下令各地官員「乘此機會，次第削平」。然而後來太平天國卻沒有如咸豐預想的那樣迅速崩潰，江南大營雖然軍事上屢有進展，卻不能取得關鍵性勝利。看來平定太平天國還需要一個比較長的過程，咸豐帝環顧四周，確實沒有其他合適人選，只好同意了胡林翼的請求，令曾國藩辦理浙江軍務。

命令發出，咸豐皇帝非常擔心曾國藩心裏生氣，賭氣不出。

當初曾國藩被奪了兵權，非常痛苦，內心也對咸豐充滿憤怒。皇帝說允許他在家守孝，但一旦軍情緊急，「仍當即赴軍營」。曾國藩的覆奏卻稱「自問本非有為之才，所處又非得為之地」，不能再出。且說「此後不輕具摺奏事，前在江西尚有一二經手未完事件，擬即函致江西撫臣耆齡請其代奏」[1]，大有與皇帝一刀兩斷、不再來往之勢。

所以咸豐在上諭結尾說道：「該侍郎前此墨絰從戎，不辭勞瘁，朕所深悉。現當浙省軍務吃緊之時，諒能仰體朕意，毋負委任。何日啟程？並着迅速奏聞，以慰廑念。」[2]

那意思是，你出不出來，給個痛快話，別像以前那樣，總是推託，讓我老等。

咸豐哪裏知道，曾國藩在家裏，日思夜想，就等着出山的一聲召喚。大喜過望的曾國藩不再提任何條件，立刻出山。

這次出山，曾國藩的朋友們驚訝地發現，曾國藩變了，變得他們幾乎不認識了。

---

1 《曾國藩全集・奏稿》2，岳麓書社，2011 年，第 225–226 頁。

2 《曾國藩全集・奏稿》2，岳麓書社，2011 年，第 230 頁。

第一，他變得和氣、謙虛、周到了。

以前他做事直來直去，不太講求虛文俗套。現在則和那些庸官俗吏一樣注意禮儀排場。他在給曾國荃的信中說，與人相處，不能過於拙直：「余生平不講文飾，到處行不動，近來大悟前非。」[1] 在官場生存，必須習慣官場上虛與委蛇的那一套：「與官員及紳士交際，則心雖有等差而外之儀文不可不稍隆，余之所以不獲於官場者，此也。」[2]

他在啟程前首先給各軍將領、各地大吏每人致信一封，以非常謙恭的語氣，乞惠「指針」。

到了長沙後，首先拜遍大小衙門，連小小的長沙縣衙他也親自造訪。

原來對那些無用的官樣文章，他不理不睬，現在則每信必覆。他對老朋友檢討說，以前「接人應事，恆多怠慢，公牘私書，或未酬答。坐是與時乖舛，動多齟齬」。因此「此次再赴軍中，消除事求可、功求成之宿見，虛與委蛇，絕去町畦。無不覆之緘咨，無不批之稟牘，小物克勤，酬應少周，藉以稍息浮言」。[3]

此前，他對人總是持有一種「眾人皆醉我獨醒」的心態。現在，他努力包容那些醜陋的官場生存者，設身處地地體諒他們的難處，交往時極盡拉攏撫慰之能事，必要時「啖之以厚利」。

以前曾國藩是斑馬羣中的野馬，自然引起斑馬們的羣起攻擊。現在他也塗上了斑紋，以便讓斑馬們誤認為他是他們的同類。然而這番變化太過迅速，甚至引起了好友們的誤解。郭嵩燾說：「曾司馬再出，頗務委曲周全。龍翰臣方伯寓書少鶴，言司馬再至江西，

1 《曾國藩全集・家書》1，岳麓書社，2011 年，第 326–327 頁。

2 《曾國藩全集・家書》1，岳麓書社，2011 年，第 328 頁。

3 《曾國藩全集・書信》2，岳麓書社，2011 年，第 225 頁。

人人慨望，而渠獨以為憂。憂其毀方瓦合，而任事之氣不如前此之堅也。」[1] 胡林翼則說他「漸趨圓熟之風，無復剛方之氣」[2]。曾國藩自己也承認：「寸心之沉毅憤發……尚不如前次之堅。至於應酬周到，有信必覆，公牘必於本日辦畢，則遠勝於前次。」[3]

然而這一做法在官場上卻如魚得水，「再至江西，人人慨望」[4]，從此他用人備餉比以前大為順利。他自己也滿意地說：「吾往年在外，與官場中落落不合，幾至到處荊榛。此次改弦易轍，稍覺相安。」[5]

第二，他對皇帝，不再那麼直言不諱，而是學會了打太極拳。曾氏早年奏摺，「戇直激切，不講究方式方法」，那道《敬陳聖德三端預防流弊疏》曾惹得皇帝大怒，差點兒引來殺身之禍。練兵之初，曾國藩不光對同僚不假辭色，甚至對皇帝說話也句句如鋼似鐵。皇帝給他下過多次指示，都被他以不合實際為由直接頂了回去。

這些奏摺，在皇帝頭腦中強化了曾國藩勇於犯上、桀驁不馴、難以駕馭的印象。這也是皇帝對他不能信任、不敢給他大權的重要原因之一。

而再次出山之後，他奏事風格大變。皇帝命他再出之旨六月初三日奉到，初七日他就啟程上路了。所上《恭報啟程日期摺》，平實沉穩，非常謙遜。無絲毫討價還價之意，他說：

> 臣才質凡陋，頻年飽歷憂虞，待罪行間，過多功寡。伏蒙皇上鴻慈，曲加矜宥，惟有殫竭愚忱，慎勉襄事，以求稍紓宵旰憂勤。[6]

---

1 郭嵩燾撰，梁小進主編：《郭嵩燾全集》8，岳麓書社，2012 年，第 150 頁。

2 《曾國藩全集・書信》3，岳麓書社，2011 年，第 579 頁。

3 《曾國藩全集・家書》1，岳麓書社，2011 年，第 427 頁。

4 郭嵩燾撰，梁小進主編：《郭嵩燾全集》8，岳麓書社，2012 年，第 150 頁。

5 《曾國藩全集・家書》1，岳麓書社，2011 年，第 400 頁。

6 《曾國藩全集・奏稿》2，岳麓書社，2011 年，第 231 頁。

這實際上也是一個檢討。咸豐皇帝一看，非常滿意，批覆：「汝此次奉命即行，足證關心大局，忠勇可尚。俟抵營後，迅將如何佈置進剿機宜，由驛馳奏可也。」[1] 皇帝頗為高興，對曾國藩的印象有了初步好轉。

第三，他不再慎於保舉，而是「同流合污」了。

晚清軍隊，「濫舉」之風很盛。每有小勝，領兵大員都會拼命保舉自己的屬下，這些屬下不管出沒出力，上沒上戰場，都會均沾好處。曾國藩領兵之初，因痛恨此風，從不濫舉。咸豐四年（1854），他帶兵攻下武漢，「僅保三百人」，受獎人數僅佔出征隊伍的百分之三。相比之下，胡林翼攻佔武漢一次即保奏「三千多人」，受獎人數竟達到百分之二三十。消息傳開，不少人認為投曾不如投胡，許多曾國藩挽留不住的人員主動投奔胡林翼門下。

曾國藩原「以忠誠為天下倡」，以為僅憑忠義相激，就可以讓部下出生入死，但閱歷既久，才發現真正的抱道之士並不如他想像中那樣多。他認識到「不妄保舉，不亂用錢」，則「人心不附」，只有誘之以「名」，籠之以「利」，才能網羅天下英才。因此復出之後，曾國藩「揣摩風會，一變前志」，大力保舉，將朝廷名器當作自己的私恩。在升任兩江總督後不久，他寫信給曾國荃說：

> 周俊大兄……昨來家中，以久試不進，欲投營博一功名……渠若果至吉營，望弟即日填功牌送之，兼送以來往途費。如有機可假，或恰逢克復之日，則望保以從九縣丞之類……以全余多年舊好。余昔在軍營不妄保舉，不亂用錢，是以人心不附，至今以為詬病。近日揣摩風會，一變前志。上次有孫、韓、王之託，此次又有周君之託，蓋亦情之不得已者。[2]

1 《曾國藩全集・奏稿》2，岳麓書社，2011 年，第 231 頁。

2 《曾國藩全集・家書》1，岳麓書社，2011 年，第 348 頁。

他要弟弟移花接木，給從未上戰場的周氏送上一頂九品烏紗。這表明，在官場混跡多年的曾國藩不再是憤世嫉俗的憤怒青年，而已成為善於「揣摩風會」的油滑官僚。他已把當年痛斥的「是非不明，黑白不分」看作正常現象，並身體力行了。到後來，他不但自己勇於保舉，甚至鼓勵部下不要有太多顧慮而放手保舉：「鄙人前銜奏補實缺，最足新耳目而鼓士氣，不可畏幹部詰而預自縮手也。」[1]

就這樣，曾國藩完成了自己的「中年變法」。用他自己的話說：「自八年夏間再出視師，痛改前此客氣用事之弊，以一勤字自勖。」李鼎芳則說：「國藩（對羅汝懷的信）能虛懷而接受之，其咸豐八年（1858）以後之立身行事宜乎受其影響。……待人接物，前後勢若兩人矣。」[2]

1 《曾國藩全集・書信》4，岳麓書社，2011 年，第 122 頁。

2 蕭一山著：《曾國藩傳》，江蘇人民出版社，2014 年，第 222 頁。

第九章

安慶這塊難啃的骨頭

1. 曾國藩的二次出山

曾國藩再度出山之後，一開始境遇仍然處於困難當中。因為皇帝仍然不想給他督撫之權，只是拿他救急，讓他當抵擋石達開的游擊之師。

咸豐八年（1858）九月，曾國藩到達江西。此時石達開已經轉赴福建，曾國藩遂計劃追隨入閩。不料咸豐九年（1859）秋，石達開部又試圖轉戰四川以開闢新局面。咸豐皇帝見狀大驚，倉皇議防，命曾國藩率軍入川。

胡林翼一看，認為這是幫曾國藩爭取一個督撫頭銜的好機會。於是他與咸豐皇帝的親信官文合作，幫曾國藩運動「四川總督」這一職位。

胡林翼的性格特點是明敏、堅毅、精於權術。此時他已經以極為高明的手腕，籠絡住了湖廣總督官文。

咸豐五年（1855）四月，即胡林翼署湖北巡撫才一個多月，朝廷即將當時任荊州將軍的官文擢授為湖廣總督，其用意顯然是以滿族親信來監視和牽制胡林翼。

胡林翼的政治信條是「一朝權在手，便把令來行」，既然當了巡撫，就一定要包攬湖北全權，把權力用足用全，全面治理整頓，來實現自己的政治理想。但是，要包攬全權，他就必須先收服自己的頂頭上司官文。

官文是個成事不足、敗事有餘的庸官，為人「忌刻傾險，盡是內務府氣習」。官文手下的官員，也多是無恥之輩。胡林翼與官文刻意交好，凡有功勞，皆推讓於官文。他還千方百計討好官文的小妾，讓自己的母親收其為義女，「家人往來如骨肉焉」[1]。官文出身內務府，驕奢成性，揮霍無度。胡林翼就給他提供大筆錢財。官文既收了這些好處，也就不得不被胡林翼「左右之」，成了被胡林翼操縱的牽線木偶。

胡林翼聽說皇帝命曾國藩入川，便「頻說官文合奏，請詔曾國藩援蜀，冀朝命以授總督」[2]。他要求官文「精心結撰」一封奏摺，密薦曾國藩取代新任川督黃宗漢，「尤以必得總督為要」[3]。

官文倒也聽話，真的花了心思寫了一封奏摺說：

> 奴才不揣愚昧，伏求皇上天恩，飭令曾國藩酌帶江西、湖北、湖南、四川水陸精銳將士，責以守蜀之任……抑奴才更有請者，凡客兵之人，他省非有統轄之權，不能與本省兵勇連為一氣；又軍行餉糈為重，未有封圻之責，即無籌餉之方。曾國藩廉潔性成，於財賦兵農素所深究，若得假以尺寸之柄，必能通籌全局，以浚餉源而裕天儲。[4]

理由說得非常充分。可是咸豐皇帝實在是太固執了，親信的意見竟也不起作用。疏入之後，咸豐仍施故技，只令曾國藩入川督軍，並不授予總督之職。這樣一來，如果曾國藩應命入川，就會重複他在江西被當地官員玩得團團轉的悲慘經歷。何況曾國藩和胡林

1 徐凌霄、徐一士著：《凌霄一士隨筆》4，山西古籍出版社，1997 年，第 1429–1430 頁。
2 王闓運、郭振墉等著：《湘軍志　湘軍志評議　續湘軍志》，岳麓書社，1983 年，第 55 頁。
3 胡林翼撰，胡漸逵、胡遂、鄧立勳校點：《胡林翼集》2，岳麓書社，2008 年，第 299 頁。
4 薛瑞錄主編，中國第一歷史檔案館編：《清政府鎮壓太平天國檔案史料》第 21 冊，社會科學文獻出版社，1996 年，第 354 頁。

翼都知道，石達開西進，表面上聲勢浩大，實際上已經成為流賊，變成強弩之末，並不足為慮。

於是，胡林翼轉而計劃留下曾國藩和他一起進軍安徽。原來在曾國藩出山不久，就發生了三河慘敗，安徽全省陷入危局。

曾國藩居家期間，在胡林翼的調護下，湘軍抓住了天京內訌的機會，本來在戰局上取得了很大進展。咸豐七年（1857），胡林翼視師九江，制定圍攻方略。湘軍於圍城十六個月之後，終於次年四月攻佔九江，並基本收復江西全境。接下來，胡林翼就準備進軍安徽。同時江南江北大營軍進展也不錯，本來形勢似乎一片大好。

誰也沒想到，已經瀕死的太平天國居然又漸漸恢復活力。石達開出走之後，洪秀全放手起用陳玉成、李秀成等一批年輕有為的將領，解決了失去楊秀清、石達開導致的人才危機。李秀成、陳玉成為了解天京之圍，施圍魏救趙之計，進軍安徽，攻下了廬州（今安徽合肥），把江北大營的清軍調動出來，破了江北大營。這一勝利使李秀成、陳玉成威名遠揚，太平軍又重新找到了一度喪失的信心。

廬州就是今天的合肥，安慶失陷後這裏就是安徽的省府了。省會失陷當然是大事，所以咸豐皇帝命令正準備進攻安徽他處的湘軍名將、羅澤南的接班人李續賓立即移師奪回廬州。李續賓十天之內七奉咸豐皇帝的嚴命，於是不得不前往攻城。其實咸豐這又是一次瞎指揮，李續賓部只有八千人，並且正當連續作戰之後，讓他們奔襲數百里，破太平軍重重防線，再攻下廬州，是一個幾乎不可能完成的任務。但是咸豐一再嚴命，李續賓也只能盡力而為，他二十天內連陷桐城、舒城，九月底進紮廬州城南七十里的三河鎮。

李續賓部連年苦戰未得休整，進入安徽後又懸軍深入，一再分兵，屢犯兵家大忌。三河城小而堅，地當要道，又是太平軍的屯糧之所，太平軍在此堅固設防，駐紮重兵，使李續賓寸步難行。太平軍抓住機會發起圍攻，李續賓六千精銳被全殲，李續賓及曾國藩的親弟弟曾國華皆死於軍中。三河一敗，太平軍乘勝連續拿下舒城、桐城、潛山、太湖，安徽全省糜爛。

李續賓是羅澤南之後湘軍最重要的骨幹，李續賓部也是湘軍最精銳的核心。陳玉成殲此一軍，不僅使太平軍重振軍威，也使整個戰局發生重大扭轉。曾國藩得信「中夜以思，淚如雨下」。他說：「三河之大變，全局破壞，與咸豐四年冬間相似，情懷難堪。」[1] 也就是說，三河之敗對全局的影響與當年湖口之敗差不多。胡林翼聞訊也「大慟仆地，嘔血不能起」[2]。此時胡林翼正因母喪丁憂，因此一敗，不得不倉皇復出。

元氣大傷的湘軍需要整頓，糜爛的安徽局勢需要規復。胡林翼於是慫恿官文再次上奏，建議不要讓曾國藩入蜀，而是留下來圖皖。

官文確實與胡林翼「團結如一人」，馬上又老老實實地寫了一封奏摺，說四川沒有安徽重要，不如讓曾國藩進軍安徽。與此同時，曾國藩雖然不願奉命入蜀，但也不再像以前那樣公開抗旨，而是連上數摺，或託詞所部正攻打景德鎮，無法分身，或者講可以滅敵於湖南而不必入蜀，或託言江西、安徽當守，多方周旋，剛柔相濟。

兩方合力之下，皇帝同意曾國藩留下來與胡林翼合軍一處，修復湘軍戰鬥力，共謀恢復安徽。曾國藩終於擺脫了西上四川、客軍虛寄之苦。

曾國藩後來回憶這段歷史說：「（咸豐）八年起復後，倏而入川，倏而援閩，毫不能自主。到九年與鄂合軍，胡詠芝（胡林翼）事事相顧，彼此一家，始得稍自展佈以有今日，誠令人念之不忘。」[3]

---

1 《曾國藩全集・家書》1，岳麓書社，2011 年，第 394 頁。

2 熊治祁編：《湖南人物年譜》3，湖南人民出版社，2013 年，第 78 頁。

3 太平天國歷史博物館編：《太平天國史料叢編簡輯》第 3 冊，中華書局，1962 年，第 416 頁。

2. 和胡林翼聯手攻佔安慶

曾、胡二人收復安徽的重點是安慶。

早在創建湘軍之初，曾國藩就把平定太平軍的重點放在四個城市：武昌、九江、安慶、南京。他的總體計劃是穩紮穩打，沿着長江，一個個地拔釘子。現在，武昌、九江已下，下一個重點自然就成了安慶。

安慶是長江邊上的重鎮，決定着長江上的航運安全，南京之所以能一直保障安全和糧餉供給，就是因為太平軍掌握了安慶，掌握了長江的運輸線。

關於安慶地理位置的重要，裴士鋒曾經有過描寫：

> 安慶不是中國最大的省會，但是一座宏大的要塞，面積超過二點五平方公里，俯瞰長江和周遭鄉間。從軍事角度看，它位置絕佳。它坐落在一塊高地上，高地四邊皆向下斜，視野良好，具有地利。而且從陸路極難接近它……從戰略上看，安慶猶如一個槓桿支點。往東看，它扼守從長江北岸前往南京的各個要道，太平軍往北與往西經安徽進入湖北的所有征戰，也以安慶為基地。而且它無疑扼控緊鄰其南邊的長江。安慶段長江寬約八百米，但吃水較深的船所走的水道緊鄰北岸，近到行經船隻的船長可以看到城牆上對着他的火炮炮管內部。因此，清軍即使越過安慶，攻進太平天國領土，其水上補給線仍逃不過安慶守軍的截斷。曾國藩得先拿下安慶，才能往南京推進。[1]

曾國藩在給咸豐的奏摺中這樣分析：「自洪、楊內亂，鎮江克復，金陵逆首兇焰久衰，徒以陳玉成往來江北，勾結捻匪，廬州、

1 ［美］裴士鋒著，黃中憲譯：《天國之秋》，社會科學文獻出版社，2014 年，第 107 頁。

浦口、三河等處，迭挫我師，遂令皖北糜爛日廣，江南之賊糧不絕。」[1] 在他看來，南京之所以長期不能攻陷，太平天國之所以能在內訌之後聲威再振，就是因為有安慶作為南京的屏障。若集中力量進攻安慶，陳玉成必然全力來爭，這樣就可迫其進行戰略決戰。如能攻陷安慶，消滅陳玉成這支部隊，南京的攻陷也就只是時間問題了。所以他把攻陷安慶當作中心目標，甚至把它看成清王朝生死存亡的關鍵。

這個計劃順利地得到了咸豐皇帝的批准。他之所以批准，不是因為他在心裏怎麼認同曾國藩的這個戰略。相反，是因為此時他對湘軍已經不再那麼關注，他的關注重心全部都放到江南大營身上了。

此時天下戰局中，國家正規軍即江南大營和湘軍的競爭態勢更加鮮明。李秀成、陳玉成雖然用計徹底掃滅了江北大營，但是江南大營卻沒有受到影響。江南大營在和春與何桂清的合力經營下，戰果相當喜人。特別是進入咸豐九年後，江南大營攻下了南京城外的重鎮浦口，對南京形成了合圍之勢。按江南大營方面的估計，南京城有可能在一年多的時間內被攻陷。南京拿下之後，「根本既失，枝葉自仆」，一切就都好辦了。

而湘軍經三河之敗，最能戰的一部全軍覆沒，實力已經大衰。現在整頓之後，進兵安徽，安慶城牆堅固，防守嚴密，按以往經驗，要拿下來需要兩年左右時間，很難迅速建功。

這其實正合咸豐之意。這樣一來，江南大營終將建立平定太平天國的首功，在與湘軍的競爭中完勝。咸豐依靠正規軍、「直指根本」的戰略最終會被證明成功。

但是曾國藩和胡林翼卻不這樣想。他們認為，依靠江南大營拿

1 《曾國藩全集・奏稿》2，岳麓書社，2011 年，第 369 頁。

下南京的計劃是一塊畫出來的餅，根本不可能實現。三河慘敗後不久，胡林翼寫給陝西巡撫曾卓如的信中說，雖然經歷三河慘敗，元氣大傷，但是湘軍的戰鬥力仍然是綠營兵無法比擬的。「所自信者，此軍人才，殄於三河，志氣骨力，或遜於前。規模肅括，資地樸謹，尚較東南各省為優。數月之後，仍可奮發有為耳。」[1] 寫給李續宜的信則說得更直率：「天下兵將，只靠吾楚耳！」[2] 就是說，要最終平定太平天國，還要靠湘軍，江南大營根本不中用。

為甚麼胡林翼話說得這樣篤定呢？因為他們對江南大營太了解了。

江南大營典型地體現了清代國家軍隊的所有缺點。在一切方面，它幾乎都是恰恰和湘軍反着來的。

首先是兵源。前文講過，曾國藩招兵，以「樸實而有農夫土氣者為上。其油頭滑面，有市井氣者，有衙門氣者，概不收用」[3]。而江南大營多數勇丁皆募自沿海地區的城市遊民，尤以廣東潮勇為多，這些人恰恰正是湘軍堅決不用的市井無賴之徒。向榮曾指出，潮勇「從前或當洋船水手，或仰給粵海關，借資糊口。……迫五口通商以後，一切洋貨無須華商轉運，洋船歇業者多，粵海關截私充公，該遊民等無從覓食，遂以護送鴉片為事。……迄於軍興，更借甲充當潮勇，紛然而至」[4]。正如曾國藩所說，這樣募來的士兵實際上只能是一羣「烏合之眾，漫無紀律，無事則虛糜糧餉，有事則臨陣潰逃」[5]。

其次是組織。湘軍強調兵為將有，利用門生故吏宗族鄉黨等關係，對全軍官兵將弁逐層逐級加以控制，因此上級指揮下級如臂

1 胡林翼撰，胡漸逵、胡遂、鄧立勳校點：《胡林翼集》2，岳麓書社，2008 年，第 268 頁。

2 胡林翼撰，胡漸逵、胡遂、鄧立勳校點：《胡林翼集》2，岳麓書社，2008 年，第 482 頁。

3 《曾國藩全集・詩文》，岳麓書社，2011 年，第 406 頁。

4 《向榮奏稿》，《太平天國資料叢刊》第 8 冊，第 546–647 頁。轉引自郭豫明著：《上海小刀會起義史》，中國大百科全書出版社，1993 年，第 24 頁。

5 《曾國藩全集・奏稿》2，岳麓書社，2011 年，第 517 頁。

使指，全軍非常團結。江南大營的兵丁則是抽自各省，派系眾多，心志不一。兵丁籍貫南達兩廣，西及川、楚，東到江、浙，北抵山東。各省部隊間矛盾重重。往往一隊接仗而他隊鼓譟先退，一隊獲勝而他隊掣肘致敗。更有甚者，各省兵勇「往往自相仇殺」。有一次，川、楚兵為爭一民間幼婦而大動干戈，「戰聲馳如雷，大刀狂有風⋯⋯雖各數十人，半里暗塵土」，目擊者不由得慨歎，「從來攻城時，未見今日武」。[1]

士兵不團結，將領之間芥蒂更深。江南大營早期，向榮和下屬中的滿族將領和春、蘇布通阿、福興均不和。和春繼任之後，因「權勢既大，矜驕不免，喜諛惡直，是其素性」[2]，與主將張國樑的矛盾非常突出。和、張之間積不相能，連在上海的外國人亦有所聞，評論說：「清朝軍務欽差大臣和春與前叛軍將領張國樑之間所存在的衝突，是如此嚴重，以致他們不能取得合作。」[3] 這更加削弱了戰鬥力。

最後是軍紀。曾國藩對軍中廉政建設抓得很緊，他反復告誡軍官們說：「欲服軍心，必先尚廉介。」[4]「弁勇之於本管將領，他事尚不深求，惟銀錢之潔否，保舉之當否，則眾目眈眈，以此相伺，眾口嘖嘖，以此相譏。惟自處於廉，公私出入款項，使闔營共見共聞，清潔之行，已早有以服弁勇之心。」[5]「兵勇心目之中，專從銀錢上着意。如營官於銀錢上不苟，則兵勇畏而且服；若銀錢苟且，則兵勇心中不服，口中譏議，不特扣減口糧缺額截曠而後議之也。」[6] 一

1 錢仲聯主編：《清詩紀事》15，江蘇古籍出版社，1989 年，第 10555–10556 頁。

2 太平天國歷史博物館編：《吳煦檔案選編》第 2 輯，江蘇人民出版社，1983 年，第 14 頁。

3 上海社會科學院歷史研究所編譯：《太平軍在上海 ——〈北華捷報〉選譯》，上海人民出版社，1983 年，第 79–80 頁。

4 《曾國藩全集・詩文》，岳麓書社，2011 年，第 446 頁。

5 《曾國藩全集・批牘》，岳麓書社，2011 年，第 125 頁。

6 《曾國藩全集・詩文》，岳麓書社，2011 年，第 446 頁。

旦發現貪污中飽私囊行為，曾國藩就嚴懲不貸，從不姑息。副將楊復成、彭得勝因克扣軍餉，曾國藩上奏朝廷正法處之。

而江南大營卻極為腐敗。和春、張國樑除了互相鬥爭外，還各自任用私人，培植親信，腐敗不堪。軍中「賄賂公行，毫無顧忌。大營將帥故意克扣，中飽私囊」。從和春到張國樑以下各級將領無不朋比分肥，貪污中飽。大營翼長王浚為和春親信，「婪索無厭……每營按月納賄，自百餘金至二百金不等」。將領們渾水摸魚，貪污私吞，兵勇卻在風雪中忍飢受凍，也難怪大敵當前，士兵不肯出力。江南大營潰敗後，「兵趨蘇州，騎千餘先至，女兵居半，謂是張玉良兵妻女」[1]。倉皇逃命之際，軍中婦女尚如此之多，平日如何，自然可知。

咸豐十一年（1861），後來成為曾國藩幕僚的趙烈文第一次來到湘軍大營中。他對比江南大營與湘軍營地，得出結論說：

> 吾八年春，省吾兄於秣營，遍觀長壕營壘，識其兵帥，與此間有三異：一、欽差總統大營，離壕十餘里，而此處統領營逼近壕牆，且正當衝要；二、長壕深不及二丈，當敵衝處名龍脖子，以在石山上，不能開掘，僅壘小石作牆，高不及丈，而此處壕深廣皆倍之；三、壕內各營，雖頭敵俱不設嚴備，無坑塹，而此繞營小壕亦復寬深，鹿角梅坑，無不得法。又人事異者復有二：一、營中飲食，咄嗟立辦，客至無不留飲，而此間客至，方謀到城中飯肆買菜，客卒不及候而罷；二、營官及隨身親勇皆華服，此皆如田人，不可辨識。此五者，嚴既勝懈，儉復勝奢。嗚呼，一成一敗，非偶然矣！[2]

1 太平天國歷史博物館編：《太平天國史料叢編簡輯》第 2 冊，中華書局，1962 年，第 231 頁。
2 趙烈文撰：《能靜居日記》1，岳麓書社， 2013 年，第 369–370 頁。

作為抵抗太平軍的主力，主帥穿着破舊衣衫，軍官們寒儉如農民，來了客人來不及備飯，天下軍隊做到這個程度的，僅湘軍一家。因此趙烈文才感動到「可為流涕」的地步。

胡林翼對江南大營腐敗非常了解，他稱江南大營「將驕兵惰，終日酣嬉，不以賊匪為意。或樂桑中之喜，或戀家室之私，或羣與縱酒酣歌，或日在賭場煙館，淫心蕩志，極樂忘疲。以致兵氣不揚」[1]。

胡林翼雖然對咸豐忠心耿耿，但是對咸豐偏心江南大營，一直非常不滿。他說：「此軍（指湘軍）頗強，頗知恥，並無鬧事之人。天下惟要臉者不招人愛，而不要臉者，偏愛之矣。」這無疑是在批評咸豐。

因此，曾國藩和胡林翼認為，在國家正規軍和湘軍的競爭中，笑到最後的肯定是湘軍。

要攻下安慶，首先要拿下由湖北進軍安慶的孔道太湖（安徽太湖，非江蘇太湖）。進攻太湖的軍隊，由多隆阿、鮑超等部組成。

多隆阿隸屬滿洲正白旗，擅長指揮馬隊。1856 年，他被湖廣總督官文調至湖北，成為胡林翼統領下的一員將領，按湘軍營規統領馬隊，成為湘軍的一員。多隆阿「臨陣料賊，明決如神，驍果冠倫，實有可憑」[2]，通過一系列戰鬥，逐漸與湘軍第一名將鮑超齊名，有「多龍鮑虎」之譽。

胡林翼命多隆阿出任總指揮進攻太湖。咸豐九年（1859）十月，湘軍對太湖發動進攻。多隆阿在戰爭中「謀勇兼優」，指揮合理。咸豐十年（1860）正月二十五日太平軍放棄太湖，連夜撤走。湘軍

1 胡林翼撰，胡漸逵、胡遂、鄧立勳校點：《胡林翼集》2，岳麓書社，2008 年，第 932 頁。
2 胡林翼撰，胡漸逵、胡遂、鄧立勳校點：《胡林翼集》2，岳麓書社，2008 年，第 369 頁。

取得了太湖、潛山大勝，擊斃太平軍兩萬餘人。

湘軍拿下太湖，就掃清了進軍安慶的門戶。因此這是一場關鍵性的勝利，曾、胡興高采烈地向咸豐皇帝彙報。

然而，咸豐皇帝對此卻不甚重視，因為和江南大營的勝利比起來，太湖的勝利似乎黯然失色了。咸豐十年（1860）正月初十日，江南大營攻佔了戰略要地江心九洑洲。

九洑洲居大江之中，扼南北交通之咽喉，此地既失，城內接濟基本斷絕，「城內米糧殆盡，賊眾驚慌，先則殺馬而食，繼則餓死不少」[1]。因此消息傳來，咸豐皇帝和何桂清的舉主彭蘊章等人都額手稱慶。江南大營的勝利似乎指日可待。

然而，聽到這一消息，胡林翼卻致書曾國藩說：「東南成功尚早，我輩自行其志，不睬他人！」[2] 胡林翼說，南京城高池深，沒有幾年工夫是拿不下來的。江南大營現在看起來勢頭不錯，但是早晚會有慘敗的時候。

曾國藩和胡林翼繼續從容由太湖長驅直入，進圍安慶。

湘軍攻城的時間，通常不是一天、兩天，也不是一月、兩月，而往往是一年、兩年，甚至三年。因為湘軍攻城，最主要的辦法就是挖溝。如同巨蟒纏人一樣，用一道一道的壕溝把一座城池活活困住，等着裏邊的人被活活困死餓死。

因此湘軍一到安慶城下，馬上着手，圍着安慶城挖了兩道足足七十里長的長壕，又沿壕修起兩道長牆，把安慶牢牢圍了起來。

為甚麼採取這種笨拙的方式攻城呢？這也是基於曾國藩「以靜制動、反客為主」的戰略思想。

1　太平天國歷史博物館編：《太平天國史料叢編簡輯》第 1 冊，中華書局，1961 年，第 50 頁。
2　胡林翼撰，胡漸逵、胡遂、鄧立勳校點：《胡林翼集》2，岳麓書社，2008 年，第 442 頁。

3. 湘軍的戰術：「結硬寨、打呆仗」

我們以前講了湘軍的組織原則、用人原則，但是還沒有系統介紹過湘軍的作戰原則。

湘軍的作戰原則也非常能體現曾國藩的性格特點，那就是「以靜制動」「自固為本」。

太平軍作戰是頗有謀略的。張德堅《賊情彙纂》中說，太平軍「山川形勢，頗能諳習。雖不讀書，罔知兵法，然皆譎詐機警，逞其毒焰，竟能成燎原之勢者，蓋盜亦有道也」[1]。太平軍「熟於《三國演義》《水滸傳》，用兵頗有紀律，詭計百出」[2]。

確實，太平軍在與清軍的作戰中，善於運用靈活機動的游擊戰術，總是能夠避實擊虛，「審勢度力」，「靈變應敵」，打得贏就打，打不贏就走。太平軍在作戰時的另一個重要特點是裹脅大量民眾為兵源，造成漫山遍野、聲勢浩大的樣子，使敵人震眩失措。太平軍每佔一地，常習慣將百姓的房屋燒毀，然後擄掠無家可歸的民眾一同撤走。[3] 打仗的時候，經常把大量流民驅上前線以壯聲勢，剛剛和他們交手的人，很容易被他們的陣勢嚇倒。後來曾國藩的弟弟曾國葆之所以在與太平軍作戰過程中失利，就是因此。

> 與此賊戰有兩難禦者：一則以多人張虛聲，紅衣黃旗漫山彌谷，動輒二萬三四萬不等，季洪岳州之敗，梧岡樟樹之挫，皆為人多所震眩也；一則以久戰伺暇隙，我進則彼退，我退則

---

1 中國史學會主編：《太平天國》3，上海人民出版社，上海書店出版社，2000 年，第 117 頁。

2 姚瑩著：《中復堂遺稿》卷 5，見《東溟文集》。轉引自北京太平天國歷史研究會編：《太平天國史論文選》下，生活・讀書・新知三聯書店，1981 年，第 1170 頁。

3 太平軍常以「裹脅」為補充兵員的手段，「盡擄州民暨沿途裹脅之眾，編伍而部署之」。「太平天國確實採取了『擄人』的擴軍方式，而且起義一開始就實行了。」關於太平軍「沿路裹脅」「到處裹脅，愈聚愈多」等記載比比皆是。

彼又進，頑鈍詭詐，揉來揉去，若生手遇之，或有破綻可伺，則彼必乘隙而入，次青在撫州諸戰是也。二者皆難於拒禦。[1]

那麼，曾國藩以甚麼戰法對付太平軍呢？

笨人曾國藩的戰術方法就是六個字，叫作「結硬寨、打呆仗」，或者叫「打死仗」。曾國藩後來自己總結說：「十餘年來，但知結硬寨、打呆仗，從未用一奇謀，施一方略制敵於意計之外。」[2]

這種打仗風格，用一個字總結，就是「笨」。

怎麼個笨法呢？我們先來看這個「結硬寨」。

湘軍行軍打仗，有一個最大的特點，就是最重視紮營，在紮營上花的時間和精力特別多。

湘軍行軍，是半天行軍，半天紮營。「以晝四十六刻率之，行十六刻而三十里，其十六刻以築營壘，餘十二刻而後昏暮，則神暇形壯，可以待敵。故百里而趨利者蹶，此軍家之大忌也。」[3] 湘軍行軍作息表，是每天要花四小時行軍，走三十里，然後就不走了，幹甚麼呢？再花四小時挖溝修牆。

每天紮下營盤之後，不管軍隊多麼勞累，都必須首先環繞營地挖出兩道深溝，沿着溝再築起兩道高牆，把自己保護起來。壕溝的寬度、深度和營牆的高度、厚度都有明確要求：「作壕之法，外內重設，外壕廣六尺，深八尺，內壕半之。」就是說，外面的一條壕溝寬要達兩米，深要近三米，裏面的一條尺寸減半。「作牆如城，其高七尺，其厚六尺，子牆半之。」營牆也是兩層，外面的一層，高兩米多，寬兩米，裏面的一道尺寸減半。[4]

---

1 《曾國藩全集・家書》1，岳麓書社，2011 年，第 300 頁。

2 《曾國藩全集・奏稿》9，岳麓書社，2011 年，第 201–213 頁。

3 王闓運、郭振墉、朱德裳、王定安撰：《湘軍史料四種》，岳麓書社，2008 年，第 164–165 頁。

4 王闓運、郭振墉、朱德裳、王定安撰：《湘軍史料四種》，岳麓書社，2008 年，第 164 頁。

修好之後，晚上再把軍隊分為三班，兩班睡覺，一班輪流站崗。這叫「站牆子」。

這種做法確實極為笨拙，因為修牆挖壕是極為費工費力的事。這樣，湘軍就從一支軍隊變成了「民工建築隊」，行起軍來如同蝸牛爬行一般，每天行程不過三十里。

湘軍為甚麼這樣做呢？因為剛剛成軍出戰的時候，湘軍沒有經驗，營地紮得不牢，在岳州湘軍的營盤曾受到太平軍的突然襲擊，遭受了嚴重損失。曾國藩總結經驗，提出的應對之策就是「紮硬寨」「站牆子」。

咸豐九年（1859），李鴻章剛到曾國藩大營，跑到前線學習軍事技能，見湘軍每天做的不過是挖溝砌牆站牆子這一套，很不以為然，事後對人說：「吾以為湘軍有異術也，今而知其術之無他，惟聞寇至而站牆子耳。」[1]

其實曾國藩一生做事，都沒有甚麼特殊的地方，就是做得扎實，做得牢靠。這種作戰方式，也是曾國藩獨特的人生哲學和思維方式的體現。曾國藩打仗的第一秘訣是「穩」，先立於不敗之地。軍事首重「自固」，就是先要保存自我，然後才能談到爭取勝利。因為軍事不比別的事情，不容許你犯錯誤，一犯錯誤，可能生命就沒了，沒有改正的機會。所以他才要紮硬寨，保證軍隊先生存下來。

曾國藩一生打仗不貪小利，不求奇謀，踏踏實實，穩紮穩打。他一生不打無準備、無把握之仗。每次打仗，他都花極大心血去研究敵我雙方情況、戰鬥的部署、後勤供應、出現不利情況如何救援等，直到每個環節都算到了，算透了，才下定打仗的決心。

在具體作戰原則上，曾國藩的戰略思想是「以靜制動、反客為主」。不主動出擊，總是誘使敵人先來攻他，後發制人。曾國藩反

1 劉體仁著，張國寧點校：《異辭錄》，山西古籍出版社，1996 年，第 23 頁。

復強調，湘軍打仗，不能浪戰，先不要急於進攻，而是先站穩腳步，等着敵人露出破綻，你再出手。

在《中國革命戰爭的戰略問題》一文中，毛澤東引用了《水滸傳》中「林沖打洪教頭」的故事。林沖和洪教頭比武，一開始是洪教頭主動，林沖被動。林沖先不出手，先往後退，觀察洪教頭。等洪教頭進攻了幾棒，林沖看清了他的套路，才出手，一出手，就把洪教頭打倒了。

毛澤東引用了這個故事，說：「誰人不知，兩個拳師放對，聰明的拳師往往退讓一步，而蠢人則其勢洶洶，辟頭就使出全副本領，結果卻往往被退讓者打倒。」他由此得出一個結論，弱軍通過誘敵深入可以後發制人、制勝強敵。他說：「楚漢成皋之戰、新漢昆陽之戰、袁曹官渡之戰、吳魏赤壁之戰、吳蜀彝陵之戰、秦晉淝水之戰等等有名的大戰，都是雙方強弱不同，弱者先讓一步，後發制人，因而戰勝的。」[1]

曾國藩的作戰思想正是這樣。他說：「兩人持矛格鬥，先動手戳第一下者為客，後動手即格開而戮者為主。」[2] 他又說：「主氣常靜，客氣常動。客氣先盛而後衰，主氣先微而後壯。故用兵者喜為主，不喜作為客。」[3]

兩個人打仗，在那兒等着對方進攻的是主，主動進攻的是客。主佔優勢，客佔劣勢。所以打仗，一定要為主，而不要為客，要善於變客為主。

正是這種「主客」思維，導致湘軍採取「挖溝法」圍城。曾國藩說：「守城者為主，攻城者為客。」[4] 守城的人是主，你去攻城，你就

---

1 《毛澤東選集》第 1 卷，人民出版社，1991 年，第 204 頁。

2 《曾國藩全集・詩文》，岳麓書社，2011 年，第 436 頁。

3 《曾國藩全集・書信》3，岳麓書社，2011 年，第 402 頁。

4 《曾國藩全集・詩文》，岳麓書社，2011 年，第 436 頁。

是客。太平軍戰爭經驗豐富，要攻下太平軍把守的城池是一件非常難的事。守城者依託高大的城牆，上面還準備了滾木礌石。堅城之下，如果強攻，人家從城牆上往下放槍放炮，湘軍死亡率極高。而且你攻城的時候，背後還往往受到敵人援軍的攻擊，裏外夾擊，導致攻城失敗。

那麼怎麼變客為主呢？湘軍的攻城法就是變客為主。每攻一座城市，先發揮湘軍「民工建築隊」的特長，在城外挖兩道長壕，把城圍困起來，裏面的一道長壕，是為了斷絕城中的糧草接濟，防止城裏人突圍。外面的一道長壕，是為了抵抗外來敵方援軍的攻擊。這樣湘軍在城牆下有了自己的營盤，就成了主。被圍在城裏的軍隊就心慌了，為了不餓死，就不得不主動突圍，來到溝邊攻打湘軍，而不是站在城頭上等湘軍，太平軍就從主成了客。曾國荃拿下吉安，胡林翼拿下九江，都是運用的這個戰法。

曾國藩的這種打仗方式，看起來很笨拙，其實是很高明的，非常符合《孫子兵法》。《孫子兵法》說：「昔之善戰者，先為不可勝，以待敵之可勝。」就是說，你自己先要立於不敗之地，再等着敵人給你機會。湘軍這種挖溝式攻城法，確實能保證自己的生存概率最大，問題是時間成本很高，攻下一座城池往往要花兩年到三年時間，土木工程量也很大，等戰爭結束，城牆外的地形地貌都被湘軍徹底改變了。

在清廷對抗太平天國的戰爭之中，雙方戰略戰術均有可圈可點之處。太平軍的得意之筆是圍魏救趙、指東打西，用這個計策多次解了南京之圍。而這一次安慶之戰，湘軍在巨蟒纏人式的攻城法基礎上，又創造了「圍城打援」的戰法。

所謂「圍城打援」，就是用一支軍隊圍困住城市，同時安排多支軍隊在城外要路上阻擊援兵。圍城的主要目的從拿下城池變成吸引援兵，然後通過打援消滅太平軍有生力量。這就跳出了過去以一城一地得失為勝負標準的舊的戰爭觀念。

明確提出這一概念的是胡林翼。他認為湘軍攻打安慶，不光是為了收復這個舊省城，更是為了吸引太平軍主力，進行戰略決戰。所以他在給湖北湘軍統帥多隆阿的信中說：「今天下之大局，不以得城為喜，而以破援賊為功。蓋髮逆自粵西起事以來，每以堅城堅壘牽綴我兵，而轉於無兵及兵弱之處狡焉思逞。故賊日見其多，兵日見其少；賊處乎有餘，而我轉處於不足。善乎！李左車戒韓信之言曰：『頓兵城下，情見勢絀。』實為古今不易之論。」[1] 也就是說，戰爭的目的，不在於一城一地的得失，而在於消滅對方有生力量。太平軍起兵以來，經常用一兩個城市吸引清方大量兵力圍攻，他們轉而在清方兵力不足的地方得手。故「用軍之道，全軍旅為上策，得土地次之；殺賊為上策，破援賊為大功，得城池次之」[2]。

曾國藩對胡林翼的這一戰法舉雙手贊成。因為這一戰不僅要奪取安慶，打開進攻南京的大門，更要力求殲滅太平軍主力陳玉成部，從而解決戰爭的勝負問題。所以湘軍兵力一分為多，以一支圍城，多支打援。

但問題是，誰來圍城，誰來打援呢？顯而易見，大家更願意承擔圍城任務。因為圍城打援，任務更重、壓力更大的是打援者。打援部隊需要通過一次又一次的硬仗來消滅敵軍有生力量，所處境地更危險，面臨的戰鬥也更激烈，但是最後論功行賞的時候，人們記住的往往是直接拿下城池的隊伍。

曾國藩和胡林翼左右權衡，決定讓曾國藩的弟弟曾國荃圍城，讓胡林翼的部下湖北湘軍多隆阿等打援。曾國藩這一安排，主要是

1 胡林翼撰，胡漸逵、胡遂、鄧立勳校點：《胡林翼集》2，岳麓書社，2008 年，第 641 頁。

2 胡林翼撰，胡漸逵、胡遂、鄧立勳校點：《胡林翼集》2，岳麓書社，2008 年，第 641 頁。

讓弟弟通過這一戰成名。

曾國荃比曾國藩小十三歲，在族中大排行是第九，字沅甫，所以曾國藩在家書中常稱他為「九弟」「沅弟」。曾國藩曾經寫過一句詩來評價他，「屈指老沅真白眉」。這句詩典出「馬氏五常，白眉最良」，漢代馬家兄弟五人，唯白眉馬良最為出色。可見曾國藩對這個弟弟的器重。曾國荃為人好強，用湖南話說，吃得苦、霸得蠻，做事一條道走到黑。曾國荃從軍後，曾國藩從各個方面對他加以提攜幫助，特別是在餉械供應上向他傾斜，因此「吉字營」在湘軍中雖成軍很晚，卻建功極速。曾國荃以後起之輩的身份，很快取得了與鮑超、彭玉麟等湘軍名將平起平坐的地位。

有人比較曾國藩和胡林翼，認為曾國藩不如胡林翼「忠純」。確實，在胡林翼的心中，國重於家。他一生立身行事很少慮及家族和親人，為朝廷做到了鞠躬盡瘁，死而後已。

相比之下，曾國藩的「雜念」要多很多。曾國藩一生有兩個核心焦慮：一個是自己能不能成為聖賢，挽救國家；另一個是曾氏家族能不能光大和永久。在曾國藩心目中，家族的分量，不亞於朝廷的興亡。曾國藩在家書中不停地在討論自己家族的興衰，「我家氣運太盛，不可不格外小心，以為持盈保泰之道」[1]。他自己的進退考慮，很多時候都是和對家族命運的考慮聯繫在一起的。

之所以有如此差別，一個重要原因也許是曾國藩和胡林翼身處不同的家族之中：胡林翼是獨生子，又膝下無兒，領兵之時父親也已經去世，沒有太多的直系親屬可以掛念；而曾國藩兄弟五人，姊妹四人，上有父母，下有二子。儒家的理念是家大於國，孝高於忠。一個人，可以為父絕君，卻不能為君絕父。因此，曾國藩必須家國兼顧。在為國家鞠躬盡瘁的同時，他對家庭、對家族也投入了大量

---

1 《曾國藩全集・家書》1，岳麓書社，2011 年，第 66 頁。

的時間和精力。這些努力的印跡，就是今天的《曾國藩家書》。

正是因為這種考慮，曾國藩提出，要讓曾國荃擔任安慶圍城的指揮者。當然，曾國藩這個建議也有靠得住的理由。我們說過，湘軍圍城用的是挖溝法，而曾國荃最善於挖溝圍城，圍得嚴嚴實實，滴水不漏，甚至因此得了一個著名的外號「曾鐵桶」。

胡林翼理解曾國藩的苦心，同意直攻安慶任務由曾國荃負責。多隆阿則駐桐城掛車河，李續宜駐青草塥，鮑超的霆軍駐紮機動位置，負責打援。

曾國荃聞訊非常振奮。這次要打的是在整個鎮壓太平天國戰爭中位置極為關鍵的名城——安徽省城安慶。通過這一戰，他的名字必將傳揚天下。

於是曾國荃率軍進駐安慶城下，發揚「民工建築隊」的本色，修建雙層壕牆，湘軍居於內外壕牆之間，以逸待勞。這一工事修得非常扎實，後來拿下安慶後巡視戰場，曾國藩對壕溝的深與寬頗感驚訝。

但是，整個安慶戰役中，戰功更大的，其實是多隆阿。

由於出身正規軍，多隆阿作風與其他湘軍將領有所不同，官軍習氣嚴重，「意忌情深，忮心尤勝」[1]，誰都瞧不起。但是此人驕傲有驕傲的理由，他確實有謀能戰，他駐守掛車河，成了保護身後曾國荃部的一道有力屏障，打了多次硬仗。咸豐十年（1860）十月，素來有「用兵如神」之名的陳玉成提兵解救安慶。陳玉成部包括陳玉成本人的家眷，大都在安慶城內，所以這次救援是出了死力。他們聯營四十餘座，在掛車河與湘軍展開激戰，雙方都殺紅了眼。多隆阿指揮有方，大獲全勝，殲滅太平軍萬餘名，解散脅從人員一萬多名，重創了太平軍有生力量。

1　胡林翼撰，胡漸逵、胡遂、鄧立勳校點：《胡林翼集》2，岳麓書社，2008 年，第 364 頁。

第二年，陳玉成又聯合洪秀全新派來救援安慶的洪仁玕部、林紹璋部，再次對掛車河發動猛攻。多隆阿作戰勇猛，用兵機智，以一當十，多次打退敵軍。

應該說，安慶之戰中的大部分險戰、惡戰，都是多隆阿打的。在多隆阿的掩護下，曾國荃部把安慶圍得越來越緊，進展順利，安慶一步步陷入絕境之中。然而就在這個時候，天下形勢突變，對曾國藩專注安慶的戰略形成挑戰。

4. 命運之戰

前文講過，咸豐十年（1860）正月，江南大營攻佔了戰略要地江心九洑洲，南京的喉嚨被扼住。咸豐十年是咸豐本人三十大壽（虛歲）之年，一開年就傳來如此振奮人心的消息，如果這一年能拿下南京，實在是雙喜臨門。

江南大營的將士更認為搗穴擒賊「功在眉睫，人人有裂土拜爵之想」[1]。直到咸豐十年（1860）二月，何桂清還在信中說：

> 軍務已有把握，金陵之接濟真斷，指日即可克復。和帥報九洑洲之捷，歸功於殿臣與弟暨雪軒。雖係實情，然弟久甘恬退，願為無足輕重之人，聲名愈大，愈不得了。[2]

說南京指日即下，並且已經在設想自己立下了頭等大功以後怎麼辦，裝模作樣地說自己是一個恬退之人，恐怕將來「聲名愈大，愈不得了」。

1　陳康祺撰：《郎潛紀聞初筆　二筆　三筆》下，中華書局，1984 年，第 348 頁。

2　蘇州博物館等編：《何桂清等書札》，江蘇人民出版社，1981 年，第 83 頁。

哪知突然發生了意想不到的劇變。

江南大營步步緊逼，太平天國自然不能坐以待斃。太平軍各路將領齊集天京，共商破敵之策，總理朝政的干王洪仁玕再獻「圍魏救趙」之計。他認為欲解天京之圍，不可力攻，只可智取，攻其必救，分其兵力。「京圍難以力攻，必向湖、杭虛處力攻其背，彼必返湖、杭，俟其撤兵遠去，即行返旆自救。」[1] 須先發兵一支直指杭州，攻敵必救，待清軍分兵遠去，再回軍猛攻江南大營，必然奏捷。

洪秀全採納了這一建議。1860 年春，李秀成奇襲沒有防備的杭州，希望調動江南大營的兵力到杭州。

太平天國的計策並不太高明，明眼人一看就知。因此和春一開始沒有派大部隊往援杭州。然而咸豐皇帝的直線思維又一次壞了大事，他深恐失掉浙江這個財賦之區，嚴令和春增調勁旅赴浙。和春沒辦法，只得遵旨派張玉良率領一萬三千多人赴援，江南大營清軍主力被順利調出，太平軍達到了預期目的。

1860 年 5 月，李秀成佔領杭州後，又從杭州虛晃一槍，急速回兵，會合陳玉成、楊輔清、李世賢等部，猛攻毫無防備又軍力空虛的江南大營。半日之內，將江南大營西半部的五十餘座營壘全行攻破，殲滅清軍總兵黃靖以下數千人。太平軍連夜乘勝猛攻，江南大營總部很快也被攻破，和春逃跑。太平軍乘勝追擊，連下蘇州、常州等江南名城。蘇南財賦之區一下子全落入太平軍之手。太平天國勢力死灰復燃，達到第二個極盛期。

咸豐皇帝的心情再一次從高峰落到了谷底，很長時間回不過神來。他實在搞不懂命運為甚麼總是這樣給他突然襲擊。

---

1 《李秀成自述》，《太平天國》第二冊，第 795 頁。轉引自蘇雙碧著：《太平天國人物論集》，福建人民出版社，1981 年，第 175 頁。

從表面上看，江南大營的失敗是因為中了太平軍圍魏救趙之計，實際上，則是咸豐皇帝的錯誤戰略原則導致的。在咸豐「先拔本根」的原則指導下，和春等人輕敵貪功，戰略目光短淺，專注南京一隅，輕視上游。大營進圍南京之後，和春孤注一擲，頓兵堅城之下，將全部主力都投入圍城任務，沒留游擊部隊。這一戰法帶來了極為嚴重的後果，使大營「有圍兵而無備戰之兵，有守兵而無備剿之兵」[1]。再加上中了太平軍圍魏救趙之計，調出一萬多名精兵，導致防線全面崩潰。

江南大營的失敗，標誌着咸豐皇帝戰略思想的徹底失敗，也標誌着清代舊軍事體制的徹底瓦解。事實證明，要消滅太平天國，只能按曾國藩說的「先剪枝葉，再拔本根」，從上到下一步步來。

聽到江南大營崩潰的消息，湘軍內部的反應不是同情難過，而是倍感鼓舞。左宗棠「聞而歎曰：『天意其有轉機乎？』」有人問其故，他說：

> 江南大營將蹇兵罷，萬不足資以討賊，得此一洗蕩，而後來者可以措手。[2]

確實，江南大營的徹底崩潰，讓反曾國藩集團土崩瓦解。在地方上，清軍將帥和春自殺，張國樑戰死，兩江總督何桂清從常州棄城逃走，與其他江蘇官員逃往上海。在中央，向咸豐皇帝力薦何桂清的彭蘊章也被解職。「不數日，警報押至，蘇、常相繼陷矣。上訝彭相言不讎，且無知人之明，解彭相軍機大臣。」[3] 早在數年之

1 胡林翼撰，胡漸逵、胡遂、鄧立勳校點：《胡林翼集》2，岳麓書社，2008 年，第 509 頁。

2 朱孔彰撰：《中興將帥別傳》，岳麓書社，1989 年，第 8 頁。

3 左舜選輯：《中國近百年史資料》上，上海中華書局，1926 年，第 152 頁。

前，祁寯藻就離開了軍機。至此，反曾國藩的勢力幾乎全部失勢。咸豐皇帝也不得不承認自己的戰略構想的錯誤，不得不把全部希望放在湘軍身上。何桂清棄城逃走，兩江總督的位置空了出來。這個位置順理成章應該落到正在兩江領兵作戰的湘軍第一號人物曾國藩頭上。

然而直到此時，咸豐皇帝還是沒有徹底扭轉他對曾國藩的偏見。一開始，他想讓胡林翼來擔任這個職務。

這個時候，著名權臣肅順的一句話起了關鍵作用。

肅順是皇族，大咸豐十五歲，此人性格果決，敢說敢做。「肅順一人差強毅，敢任事。」[1] 他那種知無不言、直抒己見的風格，與那些察言觀色、見風使舵的滑頭老臣形成鮮明的對照，頗得咸豐帝的賞識。「肅公才識開朗，文宗信任之。」[2]「入贊密勿，所言蔑不見聽。」[3]

肅順這個人最大的特點是認識到王朝末路，滿族統治者中已經產生不了人才，要挽救朝廷，只能靠漢人中的傑出之士。他曾說：「滿人胡塗不通，不能為國家出力，惟知要錢耳。」[4] 國家遇大疑難事，非重用漢人不可。

曾國藩的朋友湖南人王闓運曾在肅順家裏教書，郭嵩燾也與他來往頗多。所以他對曾國藩、胡林翼二人非常重視，平日與客談論，常心折曾國藩之「識量」和胡林翼之「才略」。曾國藩的四大弟子之一薛福成後來說「肅順推服楚賢」。所以他才在咸豐皇帝猶豫的時候，力主曾國藩出任兩江總督。

---

1 沃丘仲子著：《慈禧傳信錄》，崇文書局 1918 年版。轉引自高中華著：《肅順與咸豐政局》，齊魯書社，2005 年，第 3 頁。

2 徐一士著：《一士類稿》，中華書局，2007 年，第 57 頁。

3 沃丘仲子著：《近代名人小傳・肅順傳》，崇文書局 1918 年版，中國書店 1988 年影印，第 75 頁。

4 坐觀老人、許指嚴著：《清代野記》，重慶出版社，1998 年，第 129 頁。

肅順說：「胡林翼在湖北措注盡善，未可挪動，不如用曾國藩督兩江，則上下游俱得人矣。」[1]

確實，胡林翼在湖北和官文配合得很好，而湖北對整個天下局勢非常重要。如果把胡林翼調到兩江，草包官文很可能把湖北蒸蒸日上的大好局面搞砸了。

咸豐左思右想，終於把這個職位給了湘軍的頭號人物曾國藩。咸豐十年（1860）四月二十一日，咸豐帝下令賞曾國藩加兵部尚書銜，署理兩江總督。六月二十四日實授。

趙烈文後來評論這一任命時說：「迨文宗末造，江左覆亡，始有督帥之授。受任危難之間，蓋朝廷四顧無人，不得已而用之。」[2]

在曾國藩獲實授總督的謝恩摺上，咸豐意味深長地批了這樣一句話：

> 卿數載軍營，歷練已深。惟不可師心自用，務期虛己用人，和衷共濟，但不可無定見耳。[3]

可見還是擔心曾國藩師心自用。曾國藩以前屢次不聽指揮，堅執己見，給皇帝的印象太深了。

獲得兩江總督當然是好事，但是也對曾國藩圍攻安慶的戰略造成了嚴重干擾。

為甚麼呢？因為咸豐皇帝任命曾國藩做兩江總督是有附加條件的。

甚麼條件呢？撤安慶之圍，全力救援江南。

1　薛福成著：《庸庵筆記》，江蘇人民出版社，1983 年，第 14–15 頁。

2　趙烈文撰：《能靜居日記》2，岳麓書社，2013 年，第 771 頁。

3　《曾國藩全集・奏稿》2，岳麓書社，2011 年，第 557 頁。

江南大營潰敗，導致江南富庶之地全部落入了太平軍的手中。江蘇、浙江向來是清政府的主要賦稅來源地，所以咸豐非常着急，急令曾國藩從安慶撤圍東下，救援蘇、常。咸豐說：

> 江南大局，幾同瓦解。……為今之計，自以保衛蘇、常為第一要務……即令曾國藩統領所部各軍，赴援蘇、常。……以保全東南大局，毋稍遲誤。[1]

並說湘軍現在頓兵堅城之下，很難馬上得手，即使能夠很快攻下安慶，倘若丟掉蘇、常，也是得不償失的。

曾國藩接過了兩江總督的官帽，卻堅決反對咸豐皇帝的附加條件，拒絕撤圍安慶。

古今中外，具有雄才大略的用兵者，無不能夠始終從戰略的高度來把握問題，能夠透過暫時的紛亂看到重點，在利害交織中看清本質，牢牢把握長遠與眼前、全局與局部的關係。

曾國藩始終具有強烈的全局觀念，他曾說：「我對於大利大害所在，都能悉心考究。」他還說，「用兵以審勢為第一要義」[2]，「『勢』則指大計大局」[3]。還說應該從大的地方去分清界限，不要斤斤於小處去剖析微芒。這個大利大害、大計大局，就是戰略重心的所在。所以湘軍雖然在局部的戰鬥中會吃敗仗，但在戰略態勢上卻總是處於有利位置。而太平天國儘管在局部的戰役上取得了一些勝利，但整個戰略態勢卻越來越不利。這是湘軍最終能夠將太平天國鎮壓下去的重要原因之一。

---

1 《曾國藩全集・奏稿》2，岳麓書社，2011 年，第 496 頁。

2 《曾國藩全集・家書》2，岳麓書社，2011 年，第 10 頁。

3 《曾國藩全集・書信》9，岳麓書社，2011 年，第 206 頁。

當然，制定了正確的戰略決策，還要有排除各種干擾，將這種戰略決策執行到底的決心和定力。王定安在《湘軍記》中曾評曾國藩成功在於「堅決不動搖，排眾意而孤行己意，其成功亦卒以此，由學力勝也」。李瀚章曾經說，曾國藩的過人之處，在於他的定力不是一般人所能比的。只要他認準的，他就會排除一切干擾，爭取一切機會，去將勝利的可能變成勝利的現實。

他專門給咸豐上奏，再次陳說自古平江南之賊，必須佔據上游建瓴而下的道理。他說，向榮的江南大營不但不能打下南京，反而丟掉了蘇州、常州，這並不是兵力不夠，而是因為從下游進攻上游，形勢不利。

> 自咸豐三年金陵被陷，向榮、和春等皆督軍由東面進攻，原欲屏蔽蘇、浙，因時制宜。而屢進屢挫，迄不能克金陵，而轉失蘇、常。非兵力之尚單，實形勢之未得也。

因此安慶之兵不但不能撤，反而應該進一步加強，因為安慶一軍，目前關係整個皖北的大局，將來是進攻南京的基礎。

> 臣所部萬餘人，已進薄安慶城下，深溝固壘，挖浚長壕。若一撤動……則軍氣餒而賊氣盛。……是安慶一軍，目前關係淮南之全局，將來即為克復金陵之張本。此臣反復籌思，安慶城圍不可遽撤之實情也。[1]

曾國藩頂住皇帝壓力，先不顧蘇浙糜爛，依然將戰略重點放在安慶會戰上，他的分析透徹、態度堅決。咸豐皇帝也深知他的脾氣，不得不同意了他的安慶會戰計劃。

---

1 《曾國藩全集・奏稿》2，岳麓書社，2011 年，第 501 頁。

除了這一次被咸豐皇帝要求撤圍之外，安慶之戰還遇到了很多次干擾。比如遇到過來自湘軍集團本身的壓力。

陳玉成看到援軍始終無法衝過多隆阿這一關，試了其他幾個方向也沒有結果，只好重施圍魏救趙之計，咸豐十年（1860）八月，發動第二次西征，揮軍湖北，直指武漢，準備調開多隆阿和李續宜這兩支防守力量後，再回攻安慶。當時湘軍的主力都在安慶前線，湖北兵力極為空虛，只有湖廣總督官文所率三千防兵駐守武昌，而且戰鬥力極差。聽說太平軍來攻，整個武漢三鎮的官員富戶逃徙一空。

關於是否回援武漢，曾、胡二人發生了分歧。

胡林翼身為湖北巡撫，看到陳玉成揮兵武漢，當然急得吐血，罵自己「笨人下棋，死不顧家」[1]。他先調李續宜回援湖北，接下來還要調鮑超和多隆阿，撤安慶之圍，回救武漢，但是均遭曾國藩堅決反對。

曾國藩看出這是陳玉成的調虎離山之計，因此不為所動。他在給曾國荃的信中說，太平軍在江西、湖北攻城略地，都無非是要分散他的兵力而已。他只求攻破安慶，此外的得失一概不與之爭，再過一兩個月，大局就可以定了。

> 此次賊救安慶，取勢乃在千里以外，如湖北則破黃州，破德安，破孝感，破隨州、雲夢、黃梅、蘄州等屬，江西則破吉安，破瑞州、吉水、新淦、永豐等屬，皆所以分兵力，亟肄以疲我，多方以誤我……吾但求力破安慶一關，此外皆不遽與之爭得失。[2]

1 胡林翼撰，胡漸逵、胡遂、鄧立勳校點：《胡林翼集》2，岳麓書社，2008 年，第 758 頁。

2 《曾國藩全集・家書》1，岳麓書社，2011 年，第 612 頁。

曾國藩說，去年以圍魏救趙之計破江南大營，是太平軍的「得意之筆」，今年肯定是「抄寫前文無疑」，目標仍在安慶。「去年之棄浙江南昌解金陵之圍，乃賊中得意筆也。今年抄寫前文無疑。」太平軍的重心並不是真的要拿下武漢。即使拿下武漢，對整個戰局的影響也並不特別大。因為太平軍即使有破湖北之勢，也無守湖北之力，武漢即使一時失陷，也有能力馬上收復，而圍攻安慶的軍隊一撤，就再也沒有拿下安慶的機會了。「無論武漢之或保或否，總以狗逆回撲安慶時，官軍之能守不能守以定乾坤之能轉不能轉。」[1]

因而他咬定青山不放鬆，堅持留住多隆阿和鮑超，繼續圍困安慶。他下定決心，即使是武漢落入太平軍之手，圍攻安慶的湘軍仍然不可退。他視雙層壕牆是否會被陳玉成攻破為整個戰役的關鍵。他在給曾國荃的信中說：「此次安慶之得失，關係吾家之氣運，即關係天下之安危。」[2] 而整個戰役之成敗，又以陳玉成大軍「回撲安慶時，官軍之能守不能守以定乾坤之能轉不能轉。安慶之壕牆能守，則武漢雖失，必復為希庵所克，是乾坤有轉機也；安慶之壕牆不能守，則武漢雖無恙，賊之氣燄復振，是乾坤無轉機也」[3]。

戰略上有一條基本的原則，就是致人而不致於人，也就是要迫使對方按照自己的戰略安排行動，迫使對方跟着自己的步子走，而不是按照對方的戰略安排行動。說白了，就是將戰略的主動權掌握在自己的手中。

應該說，曾國藩做出這個決策，也是承受着很大的壓力。因為陳玉成領導的太平軍，在湖北勢如破竹，取得了多次勝利，讓身為湖北巡撫的胡林翼日夜不能安枕。如果武昌真的失守，曾國藩此

1 《曾國藩全集・家書》1，岳麓書社，2011 年，第 584 頁。

2 《曾國藩全集・家書》1，岳麓書社，2011 年，第 604 頁。

3 《曾國藩全集・家書》1，岳麓書社，2011 年，第 584 頁。

舉，也容易背上背信棄義的罵名。但是曾國藩仍然不為所動，表現出極強的戰略定力。幸好陳玉成最後沒能拿下武漢，曾胡都免去了一場虛驚。在曾國藩的堅持下，湘軍不解安慶之圍。陳玉成部攻武漢受阻後，不得不直接救援安慶，按曾國藩的計劃與湘軍在安慶進行戰略性的決戰。

在圍攻安慶的過程中，曾國藩與朝廷還發生過另一次戰略爭執。

1860 年 5 月，就在江南大營崩潰的同時，第二次鴉片戰爭進入白熱化。

咸豐十年（1860）八月二十五日深夜，正在祁門的曾國藩收到一封十萬火急的寄諭。原來，第二次鴉片戰爭中英法聯軍不斷取勝，此時已經逼近北京，咸豐皇帝倉皇出逃承德，發文命曾國藩火速派鮑超帶三千人「兼程前進，克日赴京，交勝保調遣」[1]。

雖然以忠誠自命，這一次曾國藩卻不想赴援。為甚麼呢？因為現在調勁兵北上，安慶勢必撤圍，功虧一簣。同時即使他聽從皇帝命令，派鮑超帶兵北上，其實也無濟於事。第二次鴉片戰爭進行到此時，形勢已經非常明朗，英法聯軍攻下北京是早晚的事，未來只有議和一途。派幾千人北上，根本改變不了這個大局。所以曾國藩說：「此事無益於北，有損於南。」

但是，君父處於急難當中，「勤王」事關人臣大節，不可討價還價，曾國藩說：「余忝竊高位，又竊虛名，若不赴君父之難，則既詒後日之悔，復懼沒世之譏，成敗利鈍，不敢計也。」[2]

曾國藩左思右想之下，決定採納幕僚李鴻章的建議，用「拖」

1 《曾國藩全集・奏稿》2，岳麓書社，2011 年，第 587 頁。

2 《曾國藩全集・家書》1，岳麓書社，2011 年，第 522 頁。

字訣，拖以待變。如果拖上十多天，北京城很可能就已經被洋人攻佔，雙方自然會議和，那時也就不用湘軍北上了。因此他八月二十五日接到上諭，九月初六日才回覆了一道奏摺。曾國藩在奏摺中說，鮑超人地生疏，長途遠行，無法在指定時間到達京城。同時鮑超品級太低，在指揮作戰中起不到甚麼太大作用，所以他請求朝廷在他和胡林翼二人中選定一人帶兵進京。他預料這樣經過幾次奏摺往返，不待湘軍北上，大局應該已經塵埃落定。

果然，英法聯軍不久攻入北京城，在恭親王奕訢的主持下和議達成，英法聯軍退回天津。十月初四日，曾國藩接到朝廷寄諭，稱曾國藩不必北上。這一「拖」字訣用得可謂非常高明。

曾國藩排除了一切干擾，鐵下心來一定要拿下安慶。他的弟弟曾國荃在這一戰中，也表現出非同一般的能力。

咸豐十年（1860）四月，曾國荃挖長壕開始圍城，圍困到咸豐十一年（1861）七月，安慶城內終於斷糧。太平軍將士和城內百姓開始時每天喝粥，後來吃城裏的貓和老鼠，再後來只能吃樹葉和草根。餓死的人越來越多，活着的人無力掩埋，只好堆在露天，白骨沿路，慘不忍睹。洪秀全見狀，傾盡全力進行救援，派出洪仁玕、林紹璋、吳如孝以及黃文金等部，分別從天京、廬江、蕪湖趕來，加入陳玉成的救援戰鬥，準備用盡全力，最後一搏，解救安慶。這一年七月，他們與多隆阿再次激戰，仍然不能得手，只好安排一部分軍隊牽制住多隆阿，其他軍隊迂迴三百多公里，繞道西北再轉東南，分成十餘路，直撲曾國荃部的長壕。同時安慶守將葉芸來也從城內出兵，攻打內壕。試圖夾擊之下，打破封鎖。

決定安慶命運的決戰開始了。太平軍衝鋒部隊每人背着一大捆草衝向湘軍的長壕，到了壕邊就擲草填壕，填滿後就越壕衝擊。曾國荃命令部隊開足火力，在壕前織起了一道猛烈的火力網，太平軍屍如山積。但後續太平軍完全不顧生死，將同伴屍體搬開一層，復冒死衝突。

趙烈文描述戰況說：

> 二十二日巳刻，大股撲西北長壕，人持束草，蜂擁而至，擲草填壕，頃刻即滿。我開炮轟擊，每炮決，血衢一道，賊進如故，前者僵仆，後者乘之。壕牆舊列之炮，裝放不及，更密排輪放，增調抬、鳥槍八百桿，般訇之聲，如連珠不絕，賊死無算而進不已，積屍如山。路斷，賊分股曳去一層，復冒死衝突，直攻至二十三日寅刻，連撲一十二次……[1]

也就是說，湘軍用大炮轟擊太平軍密集衝鋒隊伍，每一炮都會轟倒一片士兵，轟出一片血泊。但是太平軍毫不畏死，仍然持續突進。湘軍八百桿抬槍、鳥槍片刻不停，太平軍一片片倒在陣前，以致後面的軍隊無法進攻。所以太平軍專門派人抬開死屍，清出道路，繼續進攻。

太平軍連續猛攻十二次，苦戰一日一夜，就是不能攻破湘軍壕牆，付出的代價是一萬餘人的傷亡。「凡苦戰一日一夜，賊死者萬數千人，我軍死者百餘人，用火藥十七萬斤，鉛子五十萬斤。」[2] 湘軍方面，僅這一日一夜，就消耗火藥十七萬斤，鉛子五十萬斤，雙方戰鬥之慘烈可見一斑。

在這一戰中，雙方將英勇這一品質發揮到了極限。陳玉成一看確實無法突破曾國荃的防線，只好引兵稍稍後退。

---

1 趙烈文撰：《能靜居士日記》，《太平天國史料叢編簡輯》第 3 冊，中華書局，1962 年，第 200 頁。

2 趙烈文撰：《能靜居士日記》，《太平天國史料叢編簡輯》第 3 冊，中華書局，1962 年，第 200–201 頁。

咸豐十一年（1861）八月初一日，湘軍挖成了一道通到安慶城下的地道，用火藥轟塌數十丈城牆，像決堤的洪水般湧入城內。安慶城中的守兵已經多日沒吃到任何東西，「飢極僵仆」，一萬餘人皆被殺死，安慶城陷。

城外的陳玉成等人在遠處遙望安慶的滿城大火，知道事已無可挽回，只好相望長歎，率軍退走。

安慶的戰功，多隆阿與曾國荃貢獻最多，多隆阿某種程度上作用更大。曾國荃通過這一戰也對多隆阿非常佩服。咸豐十一年（1861）九月，他在給曾國藩的信中說：「多公才智膽略冠絕羣雄，實可將四五萬人。」但是在戰後論功行賞之時，正如曾國藩所預計的那樣，曾國荃所獲卻是更多，「道員曾國荃智勇兼施，着賞加布政使銜，以按察使記名遇缺題奏，並加恩賞穿黃馬褂，以示優獎」[1]。不久又實授為江蘇布政使。而多隆阿僅與楊載福等「均着加恩賞給雲騎尉世職」[2]。這個獎賞連曾國藩都感覺太薄了。他在家書中說：「安慶克城，人人優獎，惟多公尚嫌其薄。」[3]

多隆阿自然非常生氣，安慶之戰結束後就和曾氏兄弟生了嫌隙，不久之後他離曾國藩而去。

收復安慶是湘軍與太平天國戰爭中最重要的轉折點。從此之後，天京失去西線屏障，太平軍對清軍轉入防禦階段，平定太平天國就已經沒有太大懸念了。「而後大局有挽回之望，金陵有恢復之期矣。」[4]

1　熊治祁編：《湖南人物年譜》4，湖南人民出版社，2013 年，第 206 頁。

2　《達斡爾資料集》編輯委員會、全國少數民族古籍整理研究室編：《達斡爾資料集》第 7 集，民族出版社，2007 年，第 285 頁。

3　《曾國藩全集・家書》1，岳麓書社，2011 年，第 706 頁。

4　黎庶昌等撰：《曾國藩年譜》，岳麓書社，1986 年，第 134 頁。

曾國藩和胡林翼都非常激動，曾國藩迅即向皇帝奏報克復安慶省城大概情形，以「仰慰宸懷」。這是一個極大的喜訊，曾國藩希望這個消息能給咸豐一些安慰。

結果，就在奏摺送走後沒幾天，八月十日，曾國藩接奉咨文，「驚聞……文宗顯皇帝龍馭上賓」[1]。咸豐皇帝死了，生前根本沒有看到這個捷報。

原來，第二次鴉片戰爭爆發後，咸豐倉皇逃到承德。不久，戰爭以中國與列強簽訂《北京條約》的方式結束。條約簽訂之後，按理他應該回到北京。但是他待在熱河，遲遲不歸。因為他喜歡上了行宮的生活。

曾國藩說：「思我大行皇帝即位至今，十有二年，無日不在憂危之中。」[2] 確實如此。咸豐剛當上皇帝，廣西就發生了起義。他無日不派兵，無日不努力，結果局勢越來越亂。就在太平天國越來越亂的時候，北方又有捻軍起事，活躍於淮河南北，兵力超過十萬。東南沿海又有天地會起事，福建、上海、兩廣到處都有起義者。此外，貴州、雲南、四川也是小股起義遍地。關內十八省，已經有十四省戰火熊熊。內亂正盛，外夷交並。就在江南大營崩潰的同時，第二次鴉片戰爭爆發，英法聯軍縱火焚燒了萬園之園圓明園。中國割地賠款，丟失了 150 多萬平方公里的土地。

咸豐經受不了這樣密集的打擊，已經接近崩潰。做了十年的皇帝，挑了十年的重擔，他終於得出了一個結論：自己不適合當這個皇帝，甚麼事情，他越是投入指揮，結果就越是不可收拾。如今遠離了政務中心北京，來到了邊遠的熱河，這一地理位置的變化使得他頓感輕鬆。

---

1 黎庶昌等撰：《曾國藩年譜》，岳麓書社，1986 年，第 136 頁。

2 《曾國藩全集・日記》2，岳麓書社，2011 年，第 194 頁。

其實在北京的末期，咸豐皇帝就已經從早年的勵精圖治轉入了另一種生活，那就是醇酒婦人。「咸豐季年，天下糜爛，幾於不可收拾，故文宗以醇酒婦人自戕。」[1]就是說，他不想再承擔皇帝的責任，想早一天死了得了。他四處蒐羅美女，以「打更民婦」名義入值圓明園，每夜以三人到咸豐寢宮前「打更」。

到了承德，他更是得過且過，混吃等死。一時興起，他竟然寫了「且樂道人」的條幅，命太監在寢宮內張掛，願像遠離塵囂的道人那樣得樂且樂。在承德，他迷上了聽戲，每兩三天就要演一齣。有時上午已經花唱，又傳旨中午還要清唱。咸豐十一年（1861）六月初九日，是他三十一歲生日，剛剛過完生日，咸豐就病倒了，接連躺了十多天。到了七月初，病情稍有好轉，便下令繼續演戲。

咸豐十一年（1861）七月十六日，咸豐終於感到病情不妙，傳旨：「如意洲承應戲不必了。」當日午後，咸豐帝突然暈厥，醒來後安排後事，命八大臣輔政。第二天凌晨氣絕升天。一直到死，咸豐都不知道安慶克復的消息，更不知道平定太平天國起義終於大局已定。回首咸豐這一生，實在是太悲催了。

接到訃聞，曾國藩百感交集。這個和他作對一生的皇帝，竟然是這樣一個結局。「公慟哭失聲，自以十餘年來受上知遇，值四方多難，聖心無日不在憂勤惕厲之中。現值安慶克復，軍務方有轉機，不及以捷報博玉几末命之歡，尤為感慟無已。」[2]

曾國藩在日記中說：

> 痛悉我咸豐聖主已於七月十六日龍馭上賓，天崩地坼，攀號莫及！多難之秋，四海無主，此中外臣民無福，膺此大變

1 梁溪坐觀老人著，王淑敏點校：《清代野記》，山西古籍出版社，1996 年，第 3 頁。

2 熊治祁編：《湖南人物年譜》2，湖南人民出版社，2013 年，第 764 頁。

也。……二更三點睡，不甚成寐。伏念新主年僅六歲，敵國外患，紛至迭乘，實不知所以善其後。又思我大行皇帝即位至今，十有二年，無日不在憂危之中。今安慶克復，長髮始衰，大局似有轉機，而大行皇帝竟不及聞此捷報，鬱悒終古，為臣子者尤深感痛！[1]

在咸豐皇帝去世之後不久，曾國藩又失去了他最親密的戰友胡林翼。

咸豐十一年（1861），胡林翼肺病加重，吐血不止，神形委頓，不到五十，望之幾乎近八十歲人。他仍然不顧醫生的警告，勤於職守，在寫給曾國藩的信中說：「然願即軍中以畢此生，無他念也。」[2]

八月一日安慶克復的消息給了他最後一絲安慰，「捷書至，公憂稍釋」[3]。但是咸豐去世的消息，又成了壓垮他的最後一根稻草。因為咸豐對他有難得的知遇之恩，他是發自內心悲痛。「文宗凶問至，公自以受主知深，追慕沉摯，拊心悲泣。」[4]八月二十六日，胡林翼走到了生命的終點，時年五十歲。

得知胡林翼病逝，曾國藩傷痛不能自已，徹夜難眠，「惘惘若有所失」。曾、胡二人，可謂相互理解、相互支持、相互砥礪、相互敬佩的人際交往的典範。胡林翼終生對曾國藩尊重有加，嘗謂人曰：「吾於當世賢者，可謂傾心以事矣。而人終樂從曾公，其至誠出於天性，感人深故也。」[5]曾國藩則說，胡氏一死，「從此共事之人，無極合心者矣」[6]！多年之後，位重勢隆的曾國藩追憶當年，尚

1 《曾國藩全集・日記》2，岳麓書社，2011 年，第 194 頁。

2 胡林翼撰，胡漸逵、胡遂、鄧立勳校點：《胡林翼集》2，岳麓書社，2008 年，第 764 頁。

3 熊治祁編：《湖南人物年譜》3，湖南人民出版社，2013 年，第 117 頁。

4 熊治祁編：《湖南人物年譜》3，湖南人民出版社，2013 年，第 118 頁。

5 郭嵩燾撰，梁小進主編：《郭嵩燾全集》15，岳麓書社，2012 年，第 497 頁。

6 《曾國藩全集・家書》1，岳麓書社，2011 年，第 692 頁。

不免感慨萬端，說靠胡林翼「事事相顧，彼此一家，始得稍自展佈有今日，誠令人念之不忘」[1]。「胡宮保……憂國之誠，進德之猛，好賢之篤，馭將之厚，察吏之嚴，理財之精，何美不備？何日不新？天下寧復有逮斯人者耶？」[2]

1 趙烈文撰：《能靜居日記》2，岳麓書社，2013 年，第 1083 頁。

2 《曾國藩全集・書信》3，岳麓書社，2011 年，第 517 頁。

第十章

與何桂清的恩怨糾葛

1. 成為大清帝國最有權勢的人

在攻打安慶的過程中，曾國藩獲得了夢寐以求的兩江總督的任命。

兩江總督是清代光緒朝以前唯一統轄三省的總督：江蘇、江西和安徽。三個省為甚麼叫兩江呢？這是因為明代的江蘇和安徽是一個省，叫江南省。兩江地區正當中國南北之接合部，在軍事上十分重要，在經濟上更舉足輕重。兩江所徵收的漕糧，佔全國漕糧總數的一半以上，因此牽動着全國的財政命脈。

咸豐八年（1858）再次出山之後，曾國藩仍然為得不到督撫大權而感到苦惱。咸豐九年（1859）十一月初七日，在獲得兩江總督一職之前半年，他還在日記中寫道：「思身世之際甚多，抑鬱不適於懷者，一由褊淺，一由所處之極不得位也。」[1] 毫無疑問，所謂「所處之極不得位」，就是指統兵而未能兼管地方。

如今，出任兩江總督，又手握湘軍軍權，曾國藩毫無疑問地成了當時大清帝國最有權勢的人物之一。他終於可以從容展佈了。之所以順利拿下了關鍵的戰略據點安慶，即與他得到總督之位，能調動各種資源有關。

1 《曾國藩全集・日記》1，岳麓書社，2011 年，第 485 頁。

胡林翼在生前判斷說，曾國藩獲得此位，是天下大局真正轉機之始，兩三年後，江南將獲得甦息：

> 滌帥（曾國藩）誠得督符兵符則否極而泰，剝極而復。天下士氣為之一振，二三年後，吳患當少紓耳。[1]

2. 慈禧與奕訢發動宮廷政變

然而克復安慶的喜悅還沒有過去，朝中又出現重大變局。咸豐皇帝在承德以三十周歲的盛年突然去世，繼位的載淳年僅六歲。

咸豐死前安排了以肅順為核心的八位顧命大臣輔佐載淳，肅順是湘軍集團的堅定支持者。因此這一安排表面上非常有利於曾國藩。

然而咸豐留下來的權力結構是極不穩定的，顧命八大臣中，竟然沒有咸豐帝的親弟弟、手握外交大權在北京處理與洋人交涉事宜的恭親王奕訢。這顯然是極不正常的。關於小皇帝的兩個母親，嫡母慈安和生母慈禧，也沒有明確的權力安排。與此同時，長期以來，肅順利用咸豐的信任嚴刑峻法、獨斷專行，得罪了很多人，在朝中已經相當孤立。因此胡林翼死前預測中樞必將發生非常之變故，他在寫給曾國藩的信中說，「主少國危，又鮮哲輔，殊堪憂懼」[2]。

曾國藩也是這樣想的。他與咸豐磨合十年，好不容易獲得了皇帝的信任，與最高權力的關係進入穩定期，結果出任兩江總督不過一年，皇帝就去世了，他的前途是吉是凶，又懸在不定之天。

1　胡林翼撰，胡漸逵、胡遂、鄧立勳校點：《胡林翼集》2，岳麓書社，2008 年，第 521 頁。

2　胡林翼撰，胡漸逵、胡遂、鄧立勳校點：《胡林翼集》2，岳麓書社，2008 年，第 866 頁。

胡林翼的預測是準確的。果然，就在咸豐去世後不過兩個多月，太后慈禧和恭親王奕訢就聯手發動了宮廷政變，肅順等三位贊襄大臣被誅。消息傳來，曾國藩惶懼不安，在日記中說：「少荃來，與之暢談。因本日見閻丹初與李申夫書，有云贊襄政務王大臣八人中，載垣、端華、肅順並拿問，餘五人逐出樞垣。服皇太后之英斷，為自古帝王所僅見，相與欽悚久之。」[1]

雖然曾國藩一生的原則是不攀附權貴，和肅順的個人關係並不親密，但是誰都知道，曾國藩是「肅順這條線」上的人。肅順已倒，他會不會受到牽連？曾國藩連日「悚仄憂皇」[2]，不能自安。

出乎意料的是，曾國藩的權位在政變後不但沒有受到任何影響，反而還進一步得到了提升。咸豐十一年（1861）十月十八日，政變後不到二十天，朝廷就發佈諭旨：「欽差大臣兩江總督曾國藩，着統轄江蘇、安徽、江西三省，並浙江全省軍務，所有四省巡撫、提鎮以下各官，悉歸節制。浙江軍務，着杭州將軍瑞昌幫辦。」[3]

一總督而節制四省，以及駐防將軍為總督幫辦軍務，在清朝都是前所未見之事。

事實證明，慈禧和奕訢的組合，比咸豐要明智。相對咸豐，奕訢更清楚要消滅太平天國，就必須重用曾國藩。他「雖與肅順為敵，但對肅順的政策、路線毫不存成見，善則留，惡則去，絕不似一般政爭中人亡政息、全盤否定的習見形態」[4]。而慈禧掌權之始，也能對奕訢的建議從善如流。

當然，他們做出這一決定，也與曾國藩「不結交京中權貴」這一一貫原則有關。肅順雖然極推重曾國藩，但是曾國藩卻與肅順走

1 《曾國藩全集・日記》2，岳麓書社，2011 年，第 228 頁。

2 《曾國藩全集・日記》2，岳麓書社，2011 年，第 227 頁。

3 《曾國藩全集・奏稿》3，岳麓書社，2011 年，第 251 頁。

4 楊劍利著：《同治王朝》，中國青年出版社，2014 年，第 206 頁。

得不近，據說肅順被誅後，「籍其家，搜出私信一箱，內唯曾文正無一字。太后歎息，褒為第一正人」[1]。

曾國藩表示謙抑，上疏辭謝節制四省，並且說「臣一人權位太重，恐開斯世爭權競勢之風，兼防他日外重內輕之漸」。也就是說，我怕我一個人手中權力太重，以後會導致地方尾大不掉，影響中央的權威。新班子回覆了一段頗帶感情色彩的硃批：「具見謙卑遜順，慮遠思深，得古大臣之體。在曾國藩遠避權勢，自應如此存心，方不至起驕矜之漸。而國家優待重臣，假以事權，從前本有實例。曾國藩曉暢戎機，公忠體國，中外咸知。當此江浙軍務吃緊生民塗炭，我兩宮皇太后孜孜求治，南望增憂，若非曾國藩之悃忱真摯，亦豈能輕假事權？」

也就是說，曾國藩這道奏摺非常謙遜，而且想得很遠，有古大臣之風。從曾國藩來說，當然應該存着避嫌之心，才不會在以後變成權臣，這是臣子的本分。而從國家來看，給曾國藩以大權，是經過慎重考慮的。曾國藩一方面有卓越的軍事才能，另一方面，能公忠體國，所以朝廷才這樣倚重。如果不是因為他對朝廷這樣真摯誠懇，朝廷也不會輕易給他如此大的權力。

3. 清除何桂清集團黨羽

曾國藩因此進入了在官場上境遇最順的一個時期。在安慶收復之前，曾國藩專心於軍事，於吏治還沒有充分着手，現在，他可以從容佈局兩江加上浙江的人事了。

兩江加上浙江這四省是曾國藩的對手何桂清經營多年的地盤，

1 歐陽昱著：《見聞瑣錄・曾文正不交權貴》。轉引自龍盛運著：《湘軍史稿》，四川人民出版社，1990 年，第 282 頁。

四省許多重要職務都在何桂清嫡系手中。在收復安慶前，曾國藩只把江西和安徽巡撫換成了自己人，江蘇巡撫和浙江巡撫這兩個舉足輕重的位置還在何桂清的嫡系手中。現在，他可以藉助朝廷對自己的充分信任，清除何桂清集團的殘餘勢力。

要清除的第一個人，是浙江巡撫王有齡。

一提起王有齡，曾國藩心中就湧起許多新仇舊恨。

王有齡是何桂清的死黨，與何桂清早年相識，據說何桂清之父是王有齡祖父的家奴，因此何桂清任浙江巡撫期間，為報舊恩而力薦原來只是個鹽大使的王有齡，讓他由一介小吏升為江蘇布政使。兩人「本有世誼，言聽計從，幾成死黨」[1]。

把王有齡提拔為布政使後，何桂清還不滿足。他的下一步計劃是把王安排為浙江巡撫。

早在曾國藩出任兩江總督前數年，湘軍集團與何桂清集團為了讓浙江成為自己的「勢力範圍」，就已經展開了激烈的明爭暗鬥。

浙江歷來是膏腴之區、籌餉要地。何桂清正是在浙江巡撫期間籌餉有功，才升任兩江總督的，因此浙江是何桂清的「故地」。兩江總督管理江西、安徽、江蘇三省，並不包括浙江。但這三省皆與浙江相鄰，因此何桂清非常希望把這塊自己治理過的土地納入勢力範圍，因此一再向京中好友和彭蘊章等吹噓：「東南半壁似非鄙人不能支持。」「若將江、浙兵勇歸弟一人調度，兩省大吏能籌餉接濟，定能迅奏膚功。」（《何桂清等書札》）直接向權要們申明了自己的計劃。

但是湘軍也非常希望能由自己派系的人主掌浙江，這樣可以為湘軍開闢新的餉源，解決軍餉困難。於是在肅順和胡林翼的活動

1 張集馨著：《道咸宦海見聞錄》，第 296 頁。轉引自高中華著：《肅順與咸豐政局》，齊魯書社，2005 年，第 159 頁。

下，咸豐以湘系的羅遵殿出任浙江巡撫。

羅遵殿是胡林翼的老部下，多年在湖北為官，深為胡林翼所倚重。羅遵殿撫浙，顯然是湘系集團的勝利。羅遵殿就任浙江巡撫後，「深知鄂力艱難」，擬解浙餉按月接濟湖北湘軍，而不再像以前那樣專供江南大營了。這就無異於挖何桂清集團的牆腳。何桂清必欲去羅遵殿而後快，他不停地向朝中大佬通報羅氏的缺點錯誤，還公開彈劾羅氏沒有戰守之才，「知守不知戰，守近不守遠」[1]，千方百計地尋找機會算計他。

不久，機會就來了。

前面提到，太平天國為破江南大營，實施「圍魏救趙」之計，發兵直指杭州，時任浙江巡撫正是羅遵殿。浙江本省沒有多少防守兵力，他馬上向最近的江南大營告急。

何桂清靠籌糧籌餉這張王牌，對江南大營用兵有着強大的影響力。在他看來，這正是除掉羅遵殿換上王有齡的最好機會。因此他抓住這個機會，施展手段。江南大營救援杭州的將領張玉良路過何桂清所駐的常州時，何桂清指示張玉良，路過蘇州時要聽候江蘇布政使王有齡的指示。張玉良到蘇州後，王有齡請張玉良巡視蘇州城垣，「留二日」，耽誤了兩天時間，又密囑其「率師救湖不必救杭」[2]。長期在浙江為官的許瑤光在《談浙》中說：「張雖受命於何督，而何督囑張商之蘇藩王壯愍（有齡），壯愍曾任湖守，左右湖州人居多，請張提督閱蘇城後，遂促張率師救湖，不必救杭。時署糧道何紹箕赴蘇乞援，爭於壯愍之前，不獲命。」「然壯愍令其救湖不救杭，亦不知何心也？」這正是何桂清、王有齡在暗算羅遵殿。

1 事見《能靜居日記》：「何督先劾浙撫羅遵殿知守不知戰，守近不守遠。」趙烈文撰：《能靜居日記》1，岳麓書社，2013 年，第 127 頁。

2 樂炳南著：《太平天國忠王李秀成年譜》，台灣商務印書館，1981 年，第 128 頁。

因此張玉良兵抵湖州後，即逗留不進。這直接導致 3 月 19 日太平軍攻破杭州。

張玉良「聞變」後才率軍馳往杭州，但是已經晚了，羅遵殿已經在城陷後自殺。何桂清、王有齡的計劃成功實現。1860 年（咸豐十年）4 月 2 日，清政府以王有齡署理浙江巡撫。何桂清終於從湘系手中奪取了浙江地盤。

這還不算，何桂清集團還在羅遵殿的恤典上大做文章，羞辱湘系人馬。羅遵殿死得非常慘烈，據曾國藩後來彙報：

> 本年二月十九日，賊犯杭城，羅遵殿誓以死守，諭家人：「願出城者，各自為計。」其妻徐氏慷慨言曰：「君以死報國，妾當同死。」孀女陳羅氏，嘗割股療母病，至是泣跪曰：「未亡人八年不死，以親在耳。今得從兩親地下，何去為？」先是，羅遵殿有族姪婦周氏，苦節而貧，挈以隨任，是日亦誓死不去。二月二十七日，賊用地雷轟城。羅遵殿督戰，被賊刃傷左額墜馬。親卒救之回署，登時仰藥。時徐氏及其孀女已先仰藥……[1]

朝廷按規定對盡節之臣從優撫卹，結果王有齡卻唆使御史高延祜奏參羅遵殿守城無方，「一籌莫展，貽誤生民」[2]，導致朝廷撤銷了羅遵殿的恤典。這明明是何桂清、王有齡等逼朝廷承認安排湘系人馬為浙江巡撫是錯誤的，更加激化了湘系與何桂清集團的矛盾。

曾國藩和胡林翼懷恨在心。曾國藩寫信給胡林翼說：「羅淡翁事，鄙人亦甚悲憫不平。」[3] 胡林翼更憤憤不平，致書羅遵殿的兒子說，令尊「明德正人，慍於羣小，屈於人者，將申於天地」[4]。這裏的

---

1 《曾國藩全集・奏稿》2，岳麓書社，2011 年，第 509 頁。

2 項文惠編：《明清實錄・杭州史料輯錄》，杭州出版社，2012 年，第 191 頁。

3 《曾國藩全集・書信》2，岳麓書社，2011 年，第 626 頁。

4 胡林翼撰，胡漸逵、胡遂、鄧立勳校點：《胡林翼集》2，岳麓書社，2008 年，第 706 頁。

「羣小」，當然是指何桂清、王有齡等人。湘系與何桂清集團為了爭奪浙江結下了深仇大恨。

王有齡用計害死了羅遵殿，他哪裏能料到，不久自己也遭到了同樣的下場。

浙江一直沒有屬於自己的軍隊，因此在防務上不能自主。攻破江南大營後，太平軍再度進軍浙江，咸豐十年（1860）八月佔領嘉善，十一年（1861）三月佔領桐鄉、海寧，一步步逼近杭州。浙江形勢異常緊張。湖廣總督官文頗不忍心，想拿出區區一萬兩銀救濟王有齡，胡林翼竟斷然不允。

咸豐十一年（1861）九月，李秀成再圍杭州，月餘，「城中日久望援而援不至，餉道竟無由通」[1]，糧食已經匱乏。至「十一月初，城中糧盡，升米銀一兩，尚無從購覓。飢民滿街市，哀號之聲不絕，死者相繼於道。凡草根樹皮以及水草浮萍舊皮箱等物，無不取食；甚有將人屍分割煮食以充飢」。城中大亂。「計一月餓死者不下十餘萬人。」[2]

王有齡嘗到了無援兵的苦。「瑞將軍昌託病不出，關副都統福不肯發滿兵相助，中丞日夜焦勞，心力俱瘁。」[3] 湘系集團此時更是袖手旁觀，拒不幫助。曾國藩本可以抽調李續宜、曾國荃、鮑超等部主力移軍入浙，干擾太平軍的後路，減輕杭州的壓力，但是他沒有採取任何措施。

王有齡連連向朝廷告急求援，清政府命令曾國藩設法解圍杭州。曾國藩看準了這是他為羅遵殿報仇雪恨，奪取浙江地方政權的絕好機會。咸豐十一年（1861）十一月十六日，曾國藩上奏朝廷，

1 中國史學會主編：《中國近代史資料叢刊：太平天國》6，上海人民出版社，1957 年，第 627 頁。

2 王國平主編：《西湖文獻集成》第 9 冊，杭州出版社，2004 年，第 773 頁。

3 王國平主編：《西湖文獻集成》第 9 冊，杭州出版社，2004 年，第 772 頁。

提出以自己的部下左宗棠援浙。幾天之後，他又密奏清廷，認為王有齡無法勝任浙撫一職。他說：

> 近年蘇、浙官場陋習，以夤緣錙刺為能，以巧猾譎詐為才。王有齡起自佐雜微員，歷居兩省權勢之地。往年曾帶浙員赴蘇，去歲又帶蘇員赴浙，袒庇私黨，多扼要津，上下朋比，風氣日敝。其委員派捐，但勒限以成數，不復問所從來。委員既取盈於公數，又欲飽其私囊，膠削斂怨，勢斷不免。[1]

王有齡不能勝任，誰能勝任呢？顯然是將要領兵入浙的左宗棠。但與此同時，曾國藩又寫信給左宗棠，讓他不要急於進兵。王有齡是通過阻滯救援借刀殺人的，曾國藩決定「以其人之道，還治其人之身」。他說：「在國藩之意，即慮春霆一入浙境，面面皆賊，全無方略，四顧失措，不足救浙，適足害鮑也……鮑既不能由衢州入浙，則東隅僅有閣下一軍，僅此七八千人，援浙保江不可兼得。故弟為捨浙守江之陋策，請閣下開重鎮於廣信、河口之間，極知以浙委賊之非計，特無可如何耳。若大力能毅然援浙，而又不至逼賊回竄江西，則請台旆竟為浙中之行，仍求蔽護廣信、撫、建一路。若江西再遭蹂躪，則弟與閣下之餉源斷矣。」[2]

一句話，叫左宗棠和鮑超不要急於援浙。他在用當年王有齡、何桂清逼死羅遵殿的辦法，來收拾王有齡。

於是左宗棠、鮑超等在浙、贛邊境勒馬觀變，咸豐十一年（1861）十一月底，李秀成軍攻破杭州。「十一月二十八日，城破有齡尚在城垣，服毒不死，回署自經。」[3] 王有齡和羅遵殿一樣，窮蹙自殺。

---

1 《曾國藩全集・奏稿》3，岳麓書社，2011 年，第 350 頁。

2 《曾國藩全集・書信》3，岳麓書社，2011 年，第 537 頁。

3 王國平主編：《西湖文獻集成》第 9 冊，杭州出版社，2004 年，第 1226 頁。

曾國藩達到了鏟除何桂清集團在浙江勢力的目的。咸豐十一年年底，清政府接受曾國藩的推薦，以左宗棠為浙江巡撫。

當初王有齡以羅遵殿「一籌莫展，貽誤生民」，建議朝廷撤銷了羅遵殿的恤典。現在王有齡重蹈羅遵殿的覆轍，曾國藩卻寬容大度，建議朝廷對他照例「賜恤」。曾國藩這樣做，主要是為了替羅遵殿昭雪冤抑，請求清政府對羅遵殿「從優賜恤」。在議及王有齡的恤典時，曾國藩夾雪夾雨，說王有齡污點很多，「迭被參劾」，「平昔苛派捐餉，嚴劾士紳，杭州之人感其死守，紹興之人恨其暴斂」，唯其堅守杭城，「見危授命，臣斷不敢以一眚掩其忠節。該撫惟仍應表揚忠烈，賜予恤典」。[1] 如此行文用筆，睚眥必報，可見他與何桂清集團積怨之深。

報復完了王有齡，曾國藩又收拾了何桂清的另一個嫡系，江蘇巡撫薛煥。

薛煥是四川人，曾入向榮幕襄贊江南大營軍事，在何桂清的提拔下任江寧布政使。薛煥和王有齡一樣，都是工巧之人。咸豐十年（1860）江南大營崩潰，太平軍進攻常州之時，兩江總督何桂清準備棄城逃走，但是苦於沒有藉口。薛煥等人看出何桂清的意思，適時進計，聯銜請求何桂清退兵保衛蘇州，其實意在同逃。後來他與何桂清一起逃到上海。江蘇巡撫徐有壬被殺死後，薛煥在上海繼任江蘇巡撫。

咸豐十一年（1861）十月，太平軍突然進攻上海，上海官紳代表抵達安慶乞師。[2] 曾國藩決定派李鴻章創建淮軍前往上海。不久

---

1 《曾國藩全集・奏稿》4，岳麓書社，2011 年，第 24 頁。

2 這封乞師信寫得「深切婉至」，錢鼎銘「力陳東南百姓阽危狀」，「往復數千言，繼以痛哭」，使曾國藩大為動容，稱讚他「真不異包胥秦廷之請矣」。當天晚上，曾氏即「與少荃久談」，此後又一連多次與李鴻章長談，「商救援江蘇之法」。

曾國藩上奏，指責薛煥不稱江蘇巡撫之職，要求以「勁氣內斂，才大心細」的李鴻章替換：

> 江蘇巡撫薛煥……駐紮上海，陸續募勇四萬餘人，每月糜餉二十餘萬，不能專辦一路之賊。……（上海）地少員多，人浮於事，每有差委，不能不由營求而得。……（所用）數人素工應酬，不愜人望，其所援引之人，類多夤緣之輩。……上海既繁盛異常，蘇州之書籍、字畫，自賊中販賣而出，亦充積市肆之中。薛煥設立書畫局，多延畫工，購買名跡。諭旨所詢「日享安富、娛情古玩」者，與臣之所聞相同。[1]

結論是巡撫薛煥用兵無能，吏治又復腐敗，「不能勝此重任」。因此同治元年（1862）三月二十七日，李鴻章到了上海後才十七天，清廷就正式任命李鴻章署理江蘇巡撫。

在拿下了薛煥之後，曾國藩又把報復的目標對準了何桂清集團的中心人物何桂清。

何桂清逃走的情節，是非常惡劣的。江南大營崩潰時，他本應在常州組織力守。一是清代律法規定，大員如果棄城走，是死罪。二是棄城先走，則軍心民心動搖，局面更不可問。所以已任浙江巡撫的王有齡知道他「欲棄城走」後，專門來信告誡何桂清，「事棘時危，身為大臣，萬目睽睽，視以動止。一舉足則人心瓦解矣」[2]。千萬不能逃走。

但何桂清驚惶之下，不顧一切，只想活命。他又是一個奸狡之人，逃跑前先想要給自己製造個說得過去的藉口。薛煥等人的聯

1 《曾國藩全集・奏稿》3，岳麓書社，2011 年，第 351 頁。

2 方國瑜主編：《雲南史料叢刊》第 7 卷，雲南大學出版社，2001 年，第 504 頁。

銜「稟請退保蘇州。何帥得稟牘大喜」，即以前往蘇州「力籌防剿，以圖根本」為名，準備離城出走。然而走之前，他竟然「特張榜禁遷徙，並派兵嚴查諸門」，不許百姓和他同逃。「紳民曰：『彼置吾輩死地，自示不走，無非使其獨走之私，毋寧留之，俾與吾輩同死。』」[1]

總督一走，常州肯定不保，全城人民都要遭殃。所以當何桂清率部隊逃離常州時，有許多紳民頂香跪留，堵塞道路，何桂清「遽令開洋槍縱擊，死者十九人」。

薛福成記：

> 紳民耆老數百人，即夕執香赴轅門跪請留常。文經諭之，不散。執鞭之士出拱之，猶不退。何帥怒，遽令開洋槍縱擊，死者十九人。[2]

何桂清一走，「城中文武皆奔散」[3]。城內外守軍羣龍無首，常州軍心大亂，迅速淪陷，太平軍屠城，死者不計其數。

消息傳出，各地憤怒。當何桂清逃至蘇州時，江蘇巡撫徐有壬堅閉城門不許其入城，何桂清不得已又轉赴常熟，結果又吃了閉門羹。何桂清走投無路，最後以借洋兵為名，「託言借外兵」逃到上海。到了上海，他還上奏為自己辯護：「金陵全省皆潰，丹陽已失，欽差大臣和春退至常州，軍務應歸督辦。而蘇州尚無準備，故臣赴蘇駐紮，以繫民望。」「和春溘逝，兵勇解體，大局搖動，非臣書生所能支持。」[4]

---

1 薛福成撰：《近代中國史料叢刊 943‧庸庵文編》，文海出版社，1973 年，第 1449 頁。

2 薛福成撰：《近代中國史料叢刊 943‧庸庵文編》，文海出版社，1973 年，第 1449 頁。

3 薛福成撰：《近代中國史料叢刊 943‧庸庵文編》，文海出版社，1973 年，第 1450 頁。

4 《清代野史》第 7 輯，巴蜀書社，1987 年，第 323 頁。

咸豐皇帝至此才發現自己看走了眼，竟然把天下大局託付給這樣一個厚顏無恥的人。何桂清和曾國藩是兩種類型的人，何桂清以才幹敏捷聞名，能言會道，一表人才，尤其善於和各方搞關係，是各方公認的辦事之才。曾國藩其貌不揚，不善言辭，做事拙笨。所以朝中公論一直是何優於曾。在何桂清棄城逃跑後，朝中仍然有人反對以曾國藩取代何桂清，持之最力的是漢軍機匡源。他的理由是何氏遠比曾氏「明練」：

何較曾尚明練，宜留任以觀後效。[1]

然而，事實證明，「明練」、善應對、小聰明，在天下大難前是沒用的。真正起作用的，還是曾國藩式的笨拙、扎實、從根本上做起。

咸豐對何桂清非常痛恨，在上諭中斥責他道：「聞風先逃，民望何在？該大臣既抵常州，有兵有將，聲勢自應更壯，何畏葸若此！」「平時無事侈談彼短，一旦決裂，尚不自知認罪，猶以書生自居，可歎可恨，殊有負書生。」將他革職拿問，命地方官逮送何氏進京。[2]

然而當何桂清逃到上海時，薛煥正以江蘇巡撫的職位駐紮上海，浙江巡撫王有齡也還在位，因此兩人聯手營救何桂清，一再上奏，多方庇護，請准何桂清留營效力，「請棄瑕錄用，俾奮後效，以贖前罪」[3]。說要利用何桂清的剩餘價值，讓他在上海激勵團練，運動內應，設法光復蘇州，請求等到蘇州克復，再赴京服罪。薛福

1 《清代野史》第 7 輯，巴蜀書社，1987 年，第 172 頁。

2 薛頌留主編：《皇朝掌故輯要》，華文書局，1970 年，第 1129 頁。

3 辜鴻銘、孟森等著：《清代野史》第 3 卷，巴蜀書社，1998 年，第 1641 頁。

成在《書兩江總督何桂清之獄》中說：「總督何桂清棄常州也，巡撫徐節愍公嚴劾之，上命褫職逮問，乃由常州奔上海屢以激團練，購內應，謀復蘇州為名，遷延兩年，竟不就逮。江蘇巡撫薛煥、浙江巡撫王有齡，皆桂清舊時屬吏，夙所薦達者也，頗力庇桂清，合疏奏請棄瑕錄用，俾奮後效，以贖前罪，詔不許。」不久恰好英法聯軍內犯，咸豐出奔承德，內憂外亂之中，沒有再騰出工夫處理他，容他在上海租界苟且偷生了兩年。

然而，曾國藩成了兩江總督，李鴻章就任江蘇巡撫，注定再沒有何桂清的好日子過了。李鴻章就任江蘇巡撫後，立即拿着恭親王奕訢的命令，與上海租界巡捕房洽談，逮捕了藏在租界內的何桂清，解送北京。

何桂清是個精通潛規則的人，被捕以前，已經「潛令心腹，以重貲入都，遍饋要津，凡有言責者，鮮不受其沾潤。自謂佈置停當，放膽而行，於同治元年（1862）春到京」[1]。1862 年 5 月，入刑部獄的他仍然信心滿滿，以為可以死灰復燃，重新出山。因為一是慈禧太后當時垂簾未幾，處事以君臣「同治」為宗旨，對於前朝罪臣，不肯輕做裁決；二是此時他的舉主彭蘊章雖然已經失去了軍機大臣的職位，但是另一位反對曾國藩的重臣祁寯藻已經重新出山，再掌大權。

早在咸豐四年（1854），祁寯藻因不得咸豐歡心，抽身引退，告老還鄉，在家做了六年寓公。[2] 祺祥政變後，祁寯藻作為前朝元老重臣，又是肅順的老對手，在新政局中具有不可忽略的影響力。立足未穩的兩宮皇太后為了安定局面，籠絡人心，於咸豐十一年（1861）十一月重新起用他，讓他做了年幼皇帝的領班師父，祁寯

1　沈守之著：《借巢筆記》，第 25 頁。轉引自寶成關著：《奕訢慈禧政爭記》，吉林文史出版社，1980 年，第 195 頁。

2　孫麗萍著：《人物・晉商・口述史研究》，山西人民出版社，2011 年，第 42 頁。

藻再次進入權力中心。

因此何桂清入京後，祁寯藻一馬當先，為營救何桂清首先上摺，他所持理由是：

> 刑部原奏即稱遍查刑律，如臨陣先退、棄城先逃等條，均罪至斬候而止，明知捨此本律，不能改引，又云情罪較重，擬以斬決，是為擬加非律，非臣下所得擅請……[1]

所謂「擬加非律」，即不依本律，另定刑罰之意，「非臣下所得擅請」，即在上者亦不宜判他斬決，否則就有殘暴之嫌。嗣君新立，兩宮垂簾，不宜以嚴刑峻法作為統治手段，否則將大失民心。這個邏輯聽起來似乎很有道理。薛福成評價說：「祁公之疏，尤令人不敢指駁。」

祁寯藻的手法是先由斬立決爭取到斬監候，然後在秋審案內，再活動減輕。他的行輩甚高，影響力非同凡響。在他的率領下，「救何派」一下子紛起，上疏申救何桂清者共十七人：「工部尚書萬青藜，通政使王拯，順天府尹石贊清，府丞林壽圖，九卿彭祖賢、倪傑，給事中唐壬森，御史高延祜、陳廷經、許其光、李培祜等，或一人自為一疏，或數人合具一疏，其餘五人則余忘之矣」[2]。可見何桂清奧援勢力之雄厚。

但是另一方面，要求殺掉何桂清的人勢力也很強大。何桂清逃亡情節殘忍卑劣，江南籍特別是蘇常籍的官員必欲殺之而後快，所以也是接連上疏，力爭不讓，稱「不殺何桂清，何以謝江南百萬戰難生靈」。

---

1 《清史列傳・何桂清傳》，轉引自孫家紅著：《清代的死刑監候》，社會科學文獻出版社，2007年，第348頁。

2 辜鴻銘、孟森等著：《清代野史》第3卷，巴蜀書社，1998年，第1641頁。

朝廷非常為難。

何桂清一案的一個關鍵點，是弄清他當初為甚麼由常州逃跑。如果是只為逃命，當然要殺。可是如果有證據能證明他確實是為了外出組織更有效的抵抗，他就可能不死。刑部審問他時，何桂清拿出一份薛煥等人所具的公稟，說是薛煥等數名部下請他退到蘇州，以保餉源重地，以此證明他本心並不打算棄地：「退至蘇州，從江蘇司道之請，欲保餉源重地也。因引薛煥等四人稟牘為左證。」[1]

那麼，這張公稟究竟真的出於當時，還是事後補具？當時的形勢，是否有必要退至蘇州？朝廷降旨，命兩江總督曾國藩查核這些情形具奏，以備朝廷定奪。

曾國藩在京師的耳目眾多，對何桂清一案的發展當然了解得清清楚楚。

咸豐八年（1858）再度出山之後，曾國藩在官場上已經修煉得相當老到。他的原則是不輕易得罪人，但是對何桂清不同。一是兩個集團積怨甚深，二是如果何桂清復出，與祁氏聯為一體，又將成為他強有力的對手。因此他一定要斬草除根，置何桂清於死地。

曾國藩的回奏很有特點。一向不大肯說題外之話的他，覆奏措辭，如老吏斷獄，犀利無比。首先他說，這道公稟是出於當時的實情抑或事後偽造，調查起來很複雜，也根本沒有必要查究，因為任何一個了解大清政治規則的人都知道，督撫權力巨大，可以主掌下屬一生榮辱，因此既能使下屬曲意逢迎在先，又可以使他們隱瞞粉飾於後。

接着，曾國藩又說，他掌握有何桂清造假的前科。咸豐十年（1860）七月，嘉興大營將弁數十人聯名上帖請求挽留何桂清在江蘇，暫時不要解往京師，求曾國藩代為轉奏。曾國藩通過調查發

1　辜鴻銘、孟森等著：《清代野史》第 3 卷，巴蜀書社，1998 年，第 1641–1642 頁。

現，此事只不過是軍中幾個人所為，因此沒有為他轉奏。所以薛煥等四人的稟牘不足為證。曾國藩在奏書中說：

> 臣在外多年，忝任封疆，竊見督撫權重，由來已久。黜陟司道，榮辱終身。風旨所在，能使人先事而逢迎，既事而隱飾。不特司道不肯違其情，即軍民亦不敢忤其意。十年七月，嘉興大營將弁聯名數十，具呈請留何桂清在蘇，暫不解京，求臣轉奏。由王有齡移咨到臣。臣暗加察訪，不過通知軍中數人，並非合營皆知，是以未及代奏，而王有齡已兩次具奏。觀營員請留之呈，則司道請移之稟，蓋可類推，毋庸深究。[1]

接着他又說出一段非常關鍵的話：「疆吏以城守為大節，不宜以僚屬之一言為進止；大臣以心跡定罪狀，不必以公稟之有無為權衡。」[2]

也就是說，封疆大吏要死守城池，這不光是朝廷的要求，更是一個讀書人的大節，本不容有絲毫含糊。高級大臣，為了逃亡忍心害理，槍殺百姓，就憑這一條就足以處死，不必追究有沒有這個公稟。

曾國藩的這道覆奏，高屋建瓴，理直氣壯，無法反駁，因此要了何的命。何桂清不久即被棄市。曾國藩集團終於痛痛快快出了一口氣。

1 《曾國藩全集・奏稿》5，岳麓書社，2011 年，第 75 頁。

2 《曾國藩全集・奏稿》5，岳麓書社，2011 年，第 75 頁。

第十一章

太平天國最後的戰役

1. 著名的「天京」攻堅戰

在奕訢和慈禧的聯合主政下，曾國藩得到了堅定的支持，進入一生中難得的順境。何桂清集團被徹底拔除，江蘇、安徽、江西、浙江四省巡撫全部成了曾國藩的嫡系。為了讓湘軍儘快建功，朝廷對曾國藩幾乎是言聽計從，全國範圍內相關的封疆大吏進行調整也以是否能配合湘軍作戰或籌餉為轉移。在兩廣，總督勞崇光因協餉不力被調離，換成和曾國藩關係很好的晏端書，之後曾國藩的好友郭嵩燾又署理廣東巡撫。在四川，原湖南巡撫駱秉章調任四川總督，四川布政使劉蓉則是曾國藩同鄉密友，在長江上游為湘軍協餉。湖南巡撫毛鴻賓是曾國藩同年、舊交，湖北巡撫胡林翼去世後，繼任者嚴樹森是胡林翼一手提拔起來的，也絕對可靠。

有了這樣好的政治大環境，曾國藩在拿下安慶後制訂了三路大進軍的計劃，大舉開始了對太平天國的全面反攻。

在中路，他的弟弟曾國荃部自安慶沿江直下南京，目標是攻取太平天國的首都。

在東路，李鴻章創建淮軍，奔赴上海，接任江蘇巡撫，準備以上海為根據地，進軍蘇州、常州，進而收復江蘇全省。

在南路，新任浙江巡撫左宗棠率領楚軍進軍浙江，收復杭州。

看起來萬事俱備，天時地利人和皆具，湘軍的大反攻應該會勢如破竹，馬到成功。然而曾國藩說過一句話，「天下無易境，天下無難境；終身有樂處，終身有憂處」[1]。大功克成之際，往往煩惱尤多。

拿下安慶之後，湘軍的下一個首要目標自然就是太平天國的首都。這將是平定太平天國起義最後也最重要的攻堅戰。

曾國藩佈下了四路用兵之策。第一路是曾國荃部直插南京城下。其他三路：西路一支，由多隆阿先攻下廬州，再向南京方向合圍；東路一支，鮑超先攻下寧國，再進兵金陵；北路一支是已任安徽巡撫的李續宜突破阻礙攻向南京。他的如意算盤是複製安慶之戰，讓曾國荃圍城，讓多隆阿、鮑超、李續宜等其他人打援。

通過安慶之戰，曾國荃名滿天下。領到主攻金陵的任務後，他先回鄉招募了大批士兵，擴大了自己的部隊，然後於同治元年（1862）初雄心勃勃地率領吉字營，循大江北岸一路摧城拔寨，斬將奪關，先後攻陷含山、秣陵關、大勝關等地，一直攻到金陵城南門外雨花台，紮下營盤，準備奪取天下第一功。

然而，曾國荃用兵太銳，進軍太速。其他三路援兵的速度都不如他快，或者被阻，或者出現意外情況，沒有一路能跟上來，一時之間形成了曾國荃一支孤軍深入之勢。

安徽巡撫李續宜剛準備出師，忽然接到父喪之信，匆匆回家奔喪，這一路於是落空了。

鮑超則被太平軍重兵阻於寧國，欲進不能。

至於多隆阿，在上次安慶之戰之後，因為功高賞薄，已經心涼了。多隆阿是旗人，對漢人本來就看不起，何況曾國荃仗着哥哥的權勢，飛揚跋扈，頗難相處。他之所以能為胡林翼所用，只是因為胡林翼籠絡人的手段特別高明。胡林翼去世後，他再也不願與

1 《曾國藩全集・詩文》，岳麓書社，2011 年，第 130 頁。

曾國荃協同作戰，因此攻下廬州之後，他按兵不動，遲遲不向南京進發，「不與曾國荃同處」[1]。恰好不久西北軍事緊急，他自請遠走陝西，再也沒有和曾國藩兄弟打過交道。

西路也因此沒有了。四路人馬，其餘三路都不能按期抵達，駐紮雨花台的吉字營，實際上成為孤軍。

曾國藩大吃一驚。因為曾國荃所處態勢和當年李續賓在三河鎮的情形非常相似，很可能被全部吃掉。

早在曾國荃一路殺向南京的時候，曾國藩就多次命令他先停一停，等等其他幾支，但曾國荃卻全不管這一套。

在湘軍的各將領中，曾國藩最難指揮的就是自己的這個親弟弟。曾國荃帶兵後，曾國藩對他的表現總體上是相當滿意的[2]，但是，曾國荃身上的缺點也非常突出。

曾國藩和曾國荃兩個人的性格大不相同。曾國藩人到中年，屢經挫折，久歷風波，老成持重，往往事情一發端，他已經看到了結尾。曾國荃則不過是一個湖南鄉下土秀才，從軍前除了去過一趟北京，沒出過遠門，也沒辦過大事，年紀輕，見識窄，經驗不足。曾國藩凡事從風險角度考慮比較多，遇事做加法。而曾國荃總是無知者無畏，把事情看得過於簡單，遇事做減法。

應該說，曾國荃的功名完全得益於老兄的指授安排。然而曾國荃對曾國藩卻不是特別地佩服，總認為老兄做事過於遲緩迂拙，提出的意見和建議過於迂腐。對曾國藩的批評，曾國荃虛心接受的時候不多。

因此他根本不把曾國藩的命令當回事，急於複製安慶的輝煌，

---

1 王闓運、郭振墉等著：《湘軍志　湘軍志評議　續湘軍志》，岳麓書社，1983 年，第 62 頁。

2 咸豐八年三月二十四日，曾國藩在家書中說：「弟在外數月，聲望頗隆。」參見《曾國藩全集・家書》，岳麓書社，1985 年，第 378 頁。

違抗軍令一路向前猛攻，「隨風直薄雨花台」[1]。在雨花台紮下大營，圍繞營盤挖好壕溝修好長牆之後，他興致勃勃地帶着李臣典、蕭孚泗等幾員心腹大將，到南京城外巡視，想領略一下這座江南名城的風采，同時估計一下要挖多長的溝才能把它圍起來。

這一走才發現大事不好。

南京城牆不僅是中國第一大城牆，也是世界第一大城牆。當初明太祖修這座城池，前後花了二十一年。它周長九十六里，高度、厚度都是全國其他城牆不能比的：城牆基礎寬十四米，最寬處達三十米，高十四至二十一米。基礎用巨大的條石砌起，牆體用巨磚築成，規模極其宏大。

曾國荃他們幾個人在城外走了一整天，也沒能周覽金陵城牆的全貌。這一下曾國荃傻了眼。安慶城牆不過「九里十八步」，他們修了七十里的長壕和長牆來圍困。南京城牆九十六里，還不得修七百里的長壕和高牆？那豈不是要和秦始皇一樣修起一道長城？

他可沒有秦始皇那樣的人力。他的吉字營不過兩萬人，撒在金陵城外，如同一把花椒粉撒到大鍋裏，根本看不到影。他這才明白老兄所說「金陵城大賊眾，合圍不易」到底是甚麼意思，開始後悔不該輕率進兵了。

但事已至此，倔強自負的曾國荃也不肯輕易退兵，輕進輕退，豈不被天下人恥笑？只有硬着頭皮先挺下去，等着其他幾路湘軍到來。

太平天國方面自從攻破江南大營以來，天京附近已經兩年沒見敵軍。曾國荃突然進兵雨花台，令太平天國領導層十分驚心。正在上海作戰的李秀成被調回救援，李秀成率軍十餘萬，號稱六十萬，迅速抵達雨花台外，抓住曾國荃孤軍暴露的機會，發起了猛攻。

---

1 《曾國藩全集・詩文》，岳麓書社，1986 年，第 97 頁。

屋漏偏逢連夜雨，正在此時，一場嚴重的瘟疫又突然襲來。咸豐、同治年間，世界範圍內暴發了第三次和第四次霍亂大流行，霍亂病菌隨着外國船隻逆長江向內陸擴散，通過湘軍水師的補給線，傳到了曾國荃的大營，給雨花台畔的湘軍帶來了巨大的災難。王定安《湘軍記》稱：「金陵圍師亦苦癘疫。閏八月，疾猶未已，軍士互傳染，死者山積。」[1] 事後統計，兩萬湘軍中，約一萬人得了傳染病。

因此雨花台這場戰役，看起來實在凶多吉少：太平軍人數佔絕對優勢，且從上海獲得了大量西式武器，裝備水平比湘軍先進很多。湘軍不但武器落後，而且因疾病減員嚴重。

太平軍援軍聯營數百里，以西洋開花炮晝息夜攻，曾國荃把那些患病的湘軍留下來守帳篷，能戰的全部上前線，頑強死守。到了這個時刻，曾國荃終於承認自己錯了，不應該孤軍深入。他請老兄急調救兵。「倘再一個月無援兵來助我打，則此軍竟有不堪設想者，務求老兄大人原諒弟從前之錯，而拯救弟今日之亟。……百叩求兄做主，迅賜厚援以救危局，切勿視為無可如何而不之救也。」[2]

也就是說，如果再有一個月沒有援兵，我這裏就不堪設想了。務求老兄原諒我從前違命的錯誤，救救老弟我。千萬不要不管我啊！

其實不待曾國荃請求，曾國藩已經四處發出調兵令。然而各路均軍情緊急，無兵可調，曾國藩也沒有任何辦法，最後居然把自己的親兵護衛四百人派了過去，但是這點人只能起到壯膽作用。

1　王定安著，朱純點校：《湘軍記》，岳麓書社，1983 年，第 123 頁。

2　曾麟書等撰，王澧華等整理：《曾氏三代家書》，岳麓書社，2002 年，第 208 頁。

2. 曾國藩人生最焦灼的四十六天

雨花台大戰一共持續了四十六天。這四十六天，不但是曾國荃一生中最兇險的日子，也是曾國藩生命中最焦灼的四十六天。曾國荃在金陵日日焦灼，曾國藩在後方的焦苦一點也不比曾國荃少。

從大勢上判斷，曾國藩知道這次圍攻不可能持續數月。他從人數上推算李秀成的大軍每天需要消耗六十噸米，然而，長江被湘軍水師牢牢控制，「根據最近在皖南的經驗，曾國藩知道走陸路運送補給有多困難。即便叛軍努力用南京城裏的存糧補給李秀成大軍，也將面臨將大量穀物運出城門，繞行城牆數公里運送時暴露於敵人攻擊範圍的難題。而且這支大軍每月將近兩千噸穀物的需求，將很快用光南京城裏的存糧」[1]。所以曾國藩給曾國荃寫信分析說：

> 賊數聞以十萬計，每日須食米千石，若無大舟搬運，何能持久？吾在徽用兵二載，深知陸路運米之難，即在金陵城內運至谷裏村一帶，數十里之內，月運三萬石，經理亦極不易。況城賊之米未必肯多搬出耶？弟守事既穩，以後余惟多辦銀米子藥接濟，弟可放心，斷不缺乏。[2]

也就是說，李秀成部至少十萬人，每天需要吃上千石的米。如果沒有船隊運輸，怎麼可能持久？我在安徽帶兵的兩年，深知陸路運米之難。即使從南京城內往外運，也要經過幾十里路，一個月運送三萬石，也是極其困難的。何況城內也沒有太多米可以運出。因此你不要太擔心，李秀成挺不了太久。

---

1 ［美］裴士鋒著，黃中憲譯：《天國之秋》，社會科學文獻出版社，2014 年，第 335 頁。

2 《曾國藩全集・家書》2，岳麓書社，2011 年，第 51 頁。

從這封信，我們可以看出曾國藩過人的戰略眼光。

然而，曾國荃能否頂住這一個多月的進攻，曾國藩沒有把握。曾家已經死了一個曾國華，他生恐這個弟弟也死於戰場。

同治元年（1862）閏八月二十七日，曾國藩在日記當中說：

> 接沅甫弟信，知偽忠王大股援賊撲金陵營壘。……深以為憂，寸心如焚。

第二天又說：「糧道可危，寸心如割。……旁皇繞屋，焦灼萬狀。……竟夕不克成寐，四更末即披衣起坐。」[1]

他本來和曾國荃約定要每天通信。九月初五日這一天，他沒有接到曾國荃的來信，以為出了甚麼意外，一夜無眠，心急如焚。「本日午刻不接沅信，懸繫之至。……繞室旁皇，莫知所以為計。不知沅弟所以無信來者，本身受傷乎？抑全軍決裂乎？……晡時，憂灼萬狀。……睡不能成寐，竟夜候沅弟二十九日信。」[2]

直到第二天上午，曾國藩才接到曾國荃的信。頭一天曾國藩擔心沅弟是不是受了傷，這封信中果然彙報說，二十八日曾國荃在營中被流彈擊傷，出血頗多。曾國藩在日記當中感歎：「足見天倫血脈感觸，息息相通。」[3]

曾國藩本人並不怕死，自帶兵以來，曾國藩早已經置生死於度外，但是他承受不起弟弟的死。既然無兵可調，曾國藩只好全力保障後勤供應，讓曾國荃部得到充足的糧米和彈藥。

哪知就在這個時候，軍餉供應又出現了意外。江西巡撫沈葆楨突然宣佈，因本省財政緊張，停止每月供給曾國藩的四萬兩漕折，

---

1 《曾國藩全集・日記》2，岳麓書社，2011 年，第 334–335 頁。

2 《曾國藩全集・日記》2，岳麓書社，2011 年，第 337 頁。

3 《曾國藩全集・日記》2，岳麓書社，2011 年，第 338 頁。

「九月，葆楨以本省防軍需餉，截留漕折月四萬兩」[1]。這個決定非常突然，少了這四萬兩的採購經費，曾國荃部不但武器彈藥的供應會出現問題，甚至可能連飯都吃不飽了。

這大出曾國藩的意料。

沈葆楨算是曾國藩的嫡系。他是福建人，林則徐的女婿，曾入過曾國藩幕府，後來又任廣信知府。因防守廣信有功，被曾國藩保舉為道員。沈葆楨為官幹練清廉，甚得曾國藩欣賞，曾國藩認為他是一個不可多得的人才，說：

> 沈在江西之初，束修自好，且有膽識，吾常器之。[2]

咸豐十年（1860）五月初三日，曾國藩出任兩江總督後第一次上摺，就是奏調沈葆楨赴自己的安慶大營幫忙，他在給朝廷的奏摺中說「該道器識才略，實堪大用，臣目中罕見其匹」[3]。第二年他又保舉沈葆楨出任江西巡撫。這是不符合清代政治慣例的一次破格舉薦。沈葆楨以前不過是個道員，沒有經過布政使等歷練直接出任巡撫，而且沒有經過署理而直接實授，在清朝歷史上十分罕見。可見曾國藩對他的欣賞和信任。

按照官場傳統，曾國藩是沈葆楨的「舉主」，沈葆楨應該感激涕零並大力回報，不想沈氏卻在此時做出了斷餉之舉。

沈葆楨之所以這樣做，第一個原因是他和曾國藩對江西巡撫這個職務的認識不同。

作為節制四省、指揮整個戰局的第一責任人，曾國藩破格保舉沈葆楨出任江西巡撫，主要目的是讓他給湘軍提供軍餉。

1　王定安著，朱純點校：《湘軍記》，岳麓書社，1983 年，第 798 頁。

2　趙烈文撰：《能靜居日記》2，岳麓書社，2013 年，第 1134 頁。

3　《曾國藩全集・奏稿》2，岳麓書社，2011 年，第 503 頁。

軍餉是湘軍的生命線，也是曾國藩帶兵打仗過程中最頭疼的問題。現在江西已經成為後方，不再有重大戰事，因此他對江西的供餉能力寄予極大希望，希望沈葆楨能迅速把江西治理好，以源源不斷地供給湘軍軍餉。

但沈葆楨卻不是這樣想的。沈葆楨是一個極有主見的人。他自幼即自視極高，凡事不做則已，要做就要做到最好。他想在這片土地上，建立屬於自己的而不是曾國藩的功業。「曾國藩舉薦沈葆楨的目的，是要他把江西變成湘軍的後方據點，而沈葆楨的志向，卻決不在做曾國藩的附庸。」[1]

江西以前的巡撫在軍務上一直倚仗湘軍。「江西巡撫，自陳啟邁、文俊、耆齡、惲光宸、毓科，皆守承平制，委權司道；其禦大寇，皆倚客軍。」[2] 沒有人着力建設屬於自己的軍隊。沈葆楨卻不想成為一個把命運交由別人去掌握的人，曾國藩雖然承諾由湘軍保衛江西的安全，然而軍事瞬息萬變，救援豈能總是那麼及時？因此他一反以前歷任的做法，不顧曾國藩的反對，開始招兵買馬，決心要建立起一支自己的軍隊。然而，供養軍隊需要大量的金錢。這就和曾國藩的需要發生了衝突。沈葆楨因此決定每個月截留四萬兩漕折，用於建設本省軍隊。

沈葆楨截留四萬兩軍餉本來已經出格，更為出格的是，沈葆楨在做出這一決定之前，並沒有和曾國藩商量過。因此曾國藩後來說沈氏「既不函商，又不咨商，實屬不近人情」[3]。沈葆楨為甚麼不打招呼呢？因為他知道自己獨立建軍的做法是違反曾國藩的指示的，因

1 史林編：《曾國藩和他的幕僚》，中國言實出版社，1997 年，第 302 頁。

2 王定安著，朱純點校：《湘軍記》，岳麓書社，1983 年，第 62 頁。

3 《曾國藩全集・奏稿》7，岳麓書社，2011 年，第 86 頁。

此乾脆不商而行。後來朝廷在公文中也指出：「沈葆楨……未經先與曾國藩商酌辦理，似疑曾國藩不允所商而然。」[1]

事出意外，曾國藩一下子陷入焦慮之中。九月十三日，曾國藩在日記當中說：

又未接沅弟信，憂灼之至。又因沈中丞奏截留江西漕折，銀兩每月少此四萬，士卒更苦，焦慮無已。[2]

沈葆楨此舉，實在是恩將仇報。曾國藩的第一反應當然是憤怒。維繫湘軍集團的，就是兩個字——「恩」與「義」。雖然曾國藩舉薦他人，從不是為了讓他們報答自己的私恩，但是也從來沒有想到自己舉薦之人會成為自己的敵人。

他的心情惡劣到極點，在日記中記道：

以江西撫、藩二人似有處處與我為難之意，寸心鬱鬱不自得。因思日內以金陵、寧國危險之狀，憂灼過度。又以江西諸事掣肘，悶損不堪。[3]

因為江西巡撫和管財政的布政使兩個人似乎處處與我為難，我心中抑鬱不自得。本來我因為南京和寧國的軍事危局憂灼不已，現在又因為江西官員的掣肘而悶損不堪。

三更睡，五更醒，展轉不能成寐，蓋寸心為金陵、寧國之賊憂悸者十分之八，而因僚屬不和順、恩怨憤懣者亦十之二三。[4]

1 《曾國藩全集・奏稿》7，岳麓書社，2011 年，第 99 頁。

2 《曾國藩全集・日記》2，岳麓書社，2011 年，第 340 頁。

3 《曾國藩全集・日記》2，岳麓書社，2011 年，第 341 頁。

4 《曾國藩全集・日記》2，岳麓書社，2011 年，第 343 頁。

三更睡下，五更又醒了，在牀上輾轉反側，不能成寐。十分之八是因為南京、寧國戰事緊張而擔憂，十分之二三是因為與屬下的恩恩怨怨而憤懣。

這段時間是曾國藩一生最痛苦的時期之一。他白天頻繁聯繫各處，全力保障曾國荃的供應，傍晚到後院的小房間裏去，跪在蒲墊上默默對天禱告，求老天保佑弟弟平安。上了牀又常常一夜無眠，沈葆楨此舉如同扎在他心上的一根刺，每一翻身，都感到鑽心的痛。

內心憤怒糾纏如此，但是曾國藩的外在表現卻沒有任何失態之處。

早在同治元年（1862），因為與當時的江西藩司鬧矛盾，曾國藩就曾在日記中說過這樣一段話：

> 日內因江西藩司有意掣肘，心為忿恚。然細思古人辦事，掣肘之處，拂逆之端，世世有之。人人不免惡其拂逆，而必欲順從，設法以誅鋤異己者，權臣之行徑也；聽其拂逆而動心忍性，委曲求全，且以無敵國外患而亡為慮者，聖賢之用心也。吾正可藉人之拂逆以磨礪我之德性，其庶幾乎！[1]

也就是說，這些天因為江西布政使有意和自己作對，心裏非常憤懣。但是我細思古人辦事，豈不也是和我一樣，經常會遇到掣肘和拂逆。如果怒他人之拂逆，必欲使之順從，就會採取霸道手段，誅除異己。時間長了，就會成為不可一世的權臣，給自己帶來禍患。如果在他人的反對面前能夠動心忍性，修煉自己的心性，委曲求全，而且還以沒有「對立面」而憂心，這才是聖賢的用心。所以我正可以藉這個不順心的事來磨礪我的心性。

---

1 《曾國藩全集・日記》2，岳麓書社，2011 年，第 347 頁。

這是曾國藩在遇到困難阻礙時的一貫心態。很多大人物都喜歡其他人如同秋草伏風一樣，偃伏在自己腳下，讓自己的所有決定都得到「堅決貫徹」，「理解的要執行，不理解的也要執行」。曾國藩卻不是這樣。他的齋名為求闕，一生勤求己過，最喜歡聽別人的批評。越是位高權重，他越是主動聽取逆耳之言，以克除自己身上的「意氣」「客氣」和「矜氣」。他曾說：「安得一二好友，胸襟曠達、蕭然自得者，與之相處，砭吾之短。」[1] 他有意識地在身邊安排幾個耿直高潔之人，時時給自己指出缺點。「身旁須有一胸襟恬淡者，時時伺余之短，以相箴規，不使矜心生於不自覺。」[2] 在給朋友的信中，也經常請求他們「常惠箴言，並賜危論」[3]。

經過反思和調整，他應對此事的態度非常理智平和。曾國藩的幕僚們紛紛大罵不已，要求曾國藩馬上參奏。曾國藩卻沒有這樣做。沈葆楨是他提拔起來的，現在又進行參奏，不光沈氏臉上不好看，他自己臉上也不好看。況且沈氏用錢也是為公，所爭畢竟不過四萬兩，為數不算太多，隨他去吧。曾國藩念起「忍」字訣，選擇悄悄吞下這顆苦果，「遂未奏請，以全寅誼」[4]，沒有向外界公開他和沈氏的矛盾。

沈葆楨截留軍餉一事對雨花台大戰沒有產生嚴重影響，主要是因為太平軍沒有湘軍那樣堅定的意志力。特別是李秀成部，遠沒有陳玉成部兇悍耐戰。這一次戰役雙方相持到十月四日，天氣已寒，太平軍不但沒有冬衣，而且正如曾國藩判斷的那樣，糧食補給也不能持續，只好撤退。曾國荃終於頂過來了。這場驚心動魄的戰鬥整整持續了四十六天。

---

1 《曾國藩全集・日記》2，岳麓書社，2011 年，第 9 頁。
2 《曾國藩全集・日記》2，岳麓書社，2011 年，第 73 頁。
3 《曾國藩全集・日記》2，岳麓書社，2011 年，第 599 頁。
4 《曾國藩全集・奏稿》7，岳麓書社，2011 年，第 88 頁。

但是湘軍付出的代價也非常慘重，湘軍「傷亡五千，將士皮肉幾盡，軍興以來未有如此苦戰也」[1]。郭嵩燾亦認為此「極古今之惡戰」[2]，特別是隨曾國荃作戰的曾國葆戰後不久就因為操勞患病而死，令曾國藩又失掉了一個弟弟。

雨花台大戰後，曾國荃膽氣復壯。他堅持駐紮雨花台，不肯少退，「派得力哨官回湘募勇」，增加人力，以圖合圍金陵，所統部隊很快增加到三萬五千人。曾國藩也調兵遣將，全力支持，將蕭慶衍部一萬五千人調至天京城下助攻，這樣圍城的湘軍陸軍人數達到了五萬人。曾國藩又調鮑超攻佔江浦，為曾國荃掃清周圍。

曾國藩為弟弟獲得這一首功，做好了一切準備。曾國荃也很爭氣，在水師的配合下，接連拿下了天京城外的多個戰略要地，特別是與水軍聯合攻陷了太平軍堅固設防的九洑洲，軍事進展看起來很順利。曾國荃本來聽降卒稱，南京城中「糧不足半年」，所以認為一年多拿下南京應該沒有問題。

然而事實卻出乎他的意料。

正如曾國藩說過的「洪逆非諸賊可比，金陵非他城可比」[3]，南京確實比其他城市難攻。湘軍進攻南京的辦法，一是乘夜偷爬城牆，二是開挖地道用炸藥轟城。然而南京城牆體堅固，墉堞高峻，「至低之處猶及七丈以外」。太平軍捍衛首都的決心非常堅定，在防禦上又經營多年。他們「復工於設守，梯衝百具，無所用之」。要靠爬城牆進去，幾無可能。

那就只剩下地道戰一法。然而太平軍除在城牆上嚴密巡哨之

1 王定安著，朱純點校：《湘軍記》，岳麓書社，1983 年，第 125 頁。

2 郭嵩燾撰，梁小進主編：《郭嵩燾全集》5，岳麓書社，2012 年，第 512 頁。

3 《曾國藩全集・家書》2，岳麓書社，2011 年，第 272 頁。

外，還在城內沿城牆挖了很多地窖，埋放許多大缸，令人蹲在缸裏細聽，以確定湘軍開挖地道的方位。然後或與敵人對挖地道，使其炸藥不能奏效，或用重錘將敵人的地道砸塌，破壞其轟城計劃。有一次，湘軍雖然轟倒了一段城牆，但仍隔着護城河，不能迅速湧進，遂被太平軍重新封起，堅守如故。

曾國荃百計無效，看來「止可為嚴守長圍，絕其接濟，以待其自斃之一策」。[1] 只有等城裏糧絕，太平軍活活餓死。然而天京的存糧實際上也遠多於他城，特別是有許多普通人不知道的秘密窖藏，所以曾國荃雖然已經截斷城外的接濟，但是城中糧食仍然可以堅持很長時間。曾國荃向城內派出間諜，希圖策反。然而南京城中多是太平軍「老兄弟」，信心堅定，不能奏效。

曾國荃百計盡施，攻堅戰、偷城戰、地道戰、間諜戰，想盡了一切辦法，皆不成功。眼看着三年快要過去了，在這三年時間裏，李鴻章、左宗棠等人在江浙各地的進展都非常順利。

李鴻章到上海之後不久，藉上海地利之便，讓淮軍從武器到訓練都迅速西方化，軍隊戰鬥力提高很快，用西洋開花大炮拿下蘇州、常州等名城，戰功赫赫。

而左宗棠的戰功也一樣不凡。左宗棠先後收復了金華、富陽，圍困杭州。大致在李鴻章收復蘇州的同時，左宗棠也攻佔了杭州。

這樣，到了同治三年（1864）年初，各地戰事陸續平息，天下大城，只剩下金陵未下了。

天下的目光都聚焦到了南京，看「曾鐵桶」圍城。相比李鴻章用開花大炮幾個月就攻下一座堅城，曾國荃的鐵桶戰法顯得太「原始」、太「笨」了。人們議論紛紛，譏諷曾國荃無能，各種「不入耳

1　趙烈文撰：《能靜居日記》2，岳麓書社，2013 年，第 744 頁。

之言語紛至迭乘」[1]，還有人「作《老婦行》，以諷金陵戰事」[2]。

曾國荃為了拿下這座城市，想盡了一切辦法，他常年圍着南京城轉，察看敵人漏洞，常常策馬日行百里，精疲力竭，剛滿四十歲，頭髮居然白了一半，連曾國藩聽了都大為驚訝。

3. 恩將仇報的沈葆楨

就在曾國荃焦急萬分的時候，糧餉供應上又一次出現了嚴重問題。

為了進一步將南京包圍嚴密，曾國藩不斷向南京城下增兵，曾國荃部兵員迅速增長，但是因為各地財政緊張，糧餉供應卻無法跟上來。同治三年（1864）以來「得餉項之少，為歷年所無」。曾國藩說，南京城下湘軍已達十萬，每月需餉至少五十萬兩，但是收入從來沒有超過二十四萬兩的時候。各軍欠餉已長達十一個月，大部分軍隊只能發三成軍餉，甚至連買藥都沒錢。曾國荃部的士卒只好靠稀粥度日。

同治三年（1864）二月底，趙烈文從雨花台大營寫信給朋友說：「勇丁每月所領，不及一旬之糧，扣除米價等項，零用一無所出。兼之食米將盡，採辦無資，勇夫食粥度日，困苦萬狀。」士兵們每個月能領到的錢，只夠買十天糧食的，所以每天只能喝粥。「若再過月餘，並粥俱無，則雖兄弟子姪，亦不能責其忍死奉法。每念及此，不覺通身汗下。」[3] 如果再過一個多月，可能連粥都喝不上了。圍城本來是想餓死敵人，沒想到「賊賫未盡，我食先匱」。湘軍紀

1 《曾國藩全集・家書》2，岳麓書社，2011 年，第 274 頁。

2 趙烈文撰：《能靜居日記》2，岳麓書社，2013 年，第 716 頁。

3 趙烈文撰：《能靜居日記》2，岳麓書社，2013 年，第 743–744 頁。

律開始一天天壞起來，九年來頭一次出現「逃散現象」，並呈逐步增多之勢，「達千人之眾」。這讓曾國藩擔心不已，「深懼不能竟此一簣之功」[1]。蕭慶衍部發生鬧餉事件後，「曾國荃憂惶無計」，急忙向其老兄請示對策。曾國藩「函囑」曾國荃，因「其欠餉太久，不可過繩以法，只宜多方撫慰，蕆此一簣之功」[2]。從此曾國荃開始對部下放任自流，聽任他們去搶吃搶喝。[3]

這種危險的情形讓曾國藩感到壓力巨大，他全力羅掘，四處求援。

就在這個關鍵時刻，江西巡撫沈葆楨突然又一次上奏朝廷，奏請將江西全省的釐金完全歸本省處置，不再提供給曾國藩了。這意味着曾國藩掌握的軍餉每月將減少二十萬兩。這實在是雪上加霜。沈葆楨的理由是江西受到來自江蘇、浙江入侵叛軍的威脅，同時曾國藩已經有了上海等其他更為充沛的餉源。曾國藩在日記當中說：

> 日來因金陵未復，沅弟焦灼，餉項大虧，江西截留釐金，及楊復成侵餉見殺等事，寸心鬱悶，常不自得。甚矣，任事之難也！[4]

上一次爭餉，以曾國藩忍讓告終，但是這一次曾國藩不能再忍了。因為南京的爭奪正處於關鍵時刻，而軍餉供應已達極為困難的

1 《曾國藩全集・書信》6，岳麓書社，2011 年，第 539 頁。

2 《曾國藩全集・奏稿》7，岳麓書社，2011 年，第 118 頁。

3 趙烈文對曾國荃部的紀律混亂實在看不下去了。有一次，他因為陳湜部扣留城內放出婦女一事去找曾國荃，要求曾國荃出面制止。曾國荃不提如何處理陳湜，只對他訴苦，說：「欠餉過多，勇丁多食糜粥，各統領營官俱愧見之，無顏更繩以法。目下食米將盡，採辦無地，更一月不破城，必成瓦解之勢。」「又言夜夢登山至頂，顧視無返路，進退不可，疑非吉兆。言次神色憂沮。」紀律問題沒有解決，反而勾起了曾國荃的滿腹憂傷，能言善辯的趙烈文也感到「無言可以慰解」。趙烈文撰：《能靜居日記》2，岳麓書社，2013 年，第 742 頁。

4 《曾國藩全集・日記》3，岳麓書社，2011 年，第 28 頁。

境地。以前所爭，不過三四萬兩，這次卻數額甚巨，影響全局。曾國藩決定不再客氣，上奏摺對沈葆楨進行堅決反擊。他在奏摺中首先點明，江西停止供餉極為危險，可能導致曾國荃圍軍像江南江北大營一樣崩潰：

今蘇、浙之省會已克，金陵之長圍已合。……往昔庚申之春，和春、張國樑大軍合圍，功敗垂成……全局決裂。況今日餉需奇絀，朝不謀夕，安得不爭江西之釐以慰軍士之心？

過去，和春等人領導的江南大營也曾經完成對南京的合圍，但是最後一着不慎，功敗垂成。如今，如果軍餉不繼，導致嘩變，全局將不可收拾，因此他才不得不爭江西的釐金。

接下來，曾國藩又直揭沈葆楨的老底，歷數他的錯謬之處。他說，不論是從官場規則還是個人情分來看，沈葆楨的這些做法都是沒有任何道理的。從公事看，總督和巡撫的分工不同，總督主管軍事，巡撫主管民政，因此本為籌集軍餉而興的釐金自然應該歸總督支配：

臣嘗細繹《會典事例》，大抵吏事應由撫臣主政，兵事應由督臣主政。就江西餉項論之，丁漕應歸沈葆楨主政，以其與吏事相附麗也；釐金應歸臣處主政，以其與兵事相附麗也。

……臣忝督兩江，又綰兵符，凡江西土地所出之財，臣皆得奏明提用。[1]

自己身為兩江總督，又是節制江西等四省的欽差大臣，江西為

1 《曾國藩全集・奏稿》7，岳麓書社，2011 年，第 84 頁。

自己轄境，凡江西土地所出之財，無論是丁賦、漕折銀、洋稅還是釐金，自己本就有權提用。沈葆楨作為下屬，事前不與自己商量，就擅自做主一再截留，自己很難理解和接受，也不知沈葆楨此舉將朝廷數百年的規矩置於何地！

以私情論，官場上的舉主通常憑藉權勢以上欺下，或者總對被舉薦者擺出一副恩主的臭架子，導致兩人成仇。但是曾國藩平時對這兩點一直特別注意，並沒有發現自己對待沈葆楨有甚麼過分之處，從來說話辦事都是特別謙和。而沈葆楨卻得寸進尺，不顧情理，讓他實在不能再忍。

> 人恆苦不自知，或臣明於責沈葆楨而暗於自責？臣例可節制江西，或因此而生挾權之咎？臣曾保奏沈葆楨數次，或因此而生市德之咎？殘微不慎，動成仇隙？然臣閱世已深，素以挾權、市德為可羞，頗能虛心檢點。[1]

為了證明自己的觀點，曾國藩還罕見地附上為餉事與沈葆楨往來信咨抄件，讓沈葆楨那些倨傲無理的言辭公之天下。

> 自此二案外，臣之公牘、私函，在江西者極多，其中如有挾權、市德、措辭失當者，請旨飭下沈葆楨多抄數件進呈。倘蒙皇上摘出指示，或有顯過，臣固甘受譴罰；即有隱匿，臣亦必痛自懲艾。若臣返躬內省，則自覺對沈葆楨而無愧，即訊諸大廷、質諸鬼神而無慚。而沈葆楨專尚客氣，不顧情理，實有令人難堪者，臣亦不復能隱忍不言矣。[2]

---

1 《曾國藩全集・奏稿》7，岳麓書社，2011 年，第 86 頁。

2 《曾國藩全集・奏稿》7，岳麓書社，2011 年，第 86 頁。

也就是說，除了這兩次爭餉中的公文之外，他與沈葆楨之間的公文來往還有很多。他也請沈葆楨都發給皇上，請朝廷看看其中有沒有任何一句涉及挾權欺人、市德賣好、措辭不夠謙和的地方。如果有，請皇上指出，他甘受懲罰。之所以如此，是因為沈葆楨這個人做事，專尚意氣，不顧情理，讓他這個上司實在不能忍受，不能再退讓了。

這封奏摺文字稍嫌激烈，不過數年積鬱至此一發，也是理所當然。畢竟把矛盾徹底揭開，理由又如此充分，以宰牛刀殺雞，曾國藩認為朝廷支持自己應該沒有問題。

誰知朝廷的回覆大出他的意料。

太平天國興起，內外交困之下，清廷和地方已經形成了「強枝弱幹」的局面。奕訢和慈禧上台之初，曾將天下資源全力向曾國藩傾斜。而現在，形勢已經今非昔比，因為除了南京之外，其他地方都大局已定，拿下南京只是時間問題。朝廷的注意力已經開始從對付太平軍轉移到對付湘軍。

為了避免地方勢力尾大不掉，朝廷計劃要對湘軍集團採取「分而治之」政策，竭力將權力收歸中央。現在，湘軍集團成員之間矛盾暴露，為朝廷施展政治手段提供了空間。

因此，在曾國藩和沈葆楨的矛盾中，中央選擇了偏袒沈葆楨。這是一枚可以用來牽制和制衡曾國藩的重要棋子。沈葆楨截留這些財源本來沒有道理，朝廷卻判定江西的這些錢，曾國藩和沈葆楨兩家各分一半：

> 其江西茶稅、牙釐，擬照該撫所請，即歸江西本省經收，分提一半作為該省防餉，其餘一半仍歸曾國藩軍營。[1]

---

1 《曾國藩全集・奏稿》7，岳麓書社，2011 年，第 95 頁。

從表面上看，清朝政府左右為難，只好做和事佬，實際上這次鬥爭的結果，還是以沈葆楨的勝利而告終。

曾國藩對此感覺非常意外，他敏感地意識到，這是朝廷懷疑他權力太大的抑制措施。他在同治三年三月二十二日日記中說：

> 酉刻，與紀澤兒一談出處進退之道。……日內鬱鬱不自得，愁腸九回者，一則以餉項太絀，恐金陵兵嘩，功敗垂成，徽州賊多，恐三城全失，貽患江西；一則以用事太久，恐中外疑我擅權專利。江西爭釐之事不勝，則餉缺兵潰，固屬可慮；勝則專利之名尤著，亦為可懼。反復籌思，惟告病引退，少息二三年，庶幾害取其輕之義。若能從此事機日順，四海銷兵不用，吾引退而長終山林，不復出而與聞政事，則公私之幸也。[1]

這一天他罕見地與兒子曾紀澤談到出處進退之道，為大功告成之後的仕途選擇做準備。他說，爭餉一事導致他愁腸九回，與沈葆楨的爭執如果不勝，則怕缺餉導致功敗垂成；如果獲勝，則自己手握重權太久，已經導致朝廷和各省懷疑自己擅權貪利，此時更加令各處懷疑自己過於專權霸道。反復思考，只有一個辦法，那就是告病請退，回家休息二三年。如果太平天國戰爭順利結果，他終老於山林之中，不再復出，那麼對公家、對個人都是幸事。

朝廷雖然偏袒沈葆楨，但曾國藩說金陵如果餉銀不繼恐怕決裂的話，對朝廷當然也不是沒有震懾作用。所以數日之後，朝廷又發來一道公文，將李泰國所購輪船的退款五十萬兩撥歸曾國藩使用。「以金陵功在垂成，而餉需短絀，竭力籌濟，以期迅速蕆事。着即照所請，將該衙門總稅務司赫德所呈上年奏撥輪船回國經費等項銀

---

1 《曾國藩全集・日記》3，岳麓書社，2011 年，第 33 頁。

五十萬有奇，如果均係實存，即全數撥歸曾國藩軍營充餉。」[1]

五十萬兩輪船退款中二十一萬兩尚存上海、九江等關，可以立刻提取。此外，曾國藩還得到李昭壽捐款三十萬串，乏餉問題才基本解決。[2]但是曾國藩卻已經明確了將來功成身退的想法，為將來裁撤湘軍埋下了伏筆。

對於沈葆楨的忘恩負義，曾氏大營的所有人都義憤填膺，他們紛紛說，如果朝廷設一個「絕無良心科」，沈一定取得第一名。曾、沈二人至此也徹底決裂，形同陌路，多年不通音信。直至 1867 年沈葆楨出任福建船政大臣時才又有了偶爾的聯繫，但書信疏淡，門面敷衍而已。

軍餉問題暫時解決，但是曾國荃還是拿不出甚麼可以迅速攻下南京的辦法。曾國荃情緒焦躁，因為常常生氣，身體越來越差，「肝病已深」[3]，給曾國藩的書信中也常有「詞氣戇激」。

曾國藩一封又一封地寫信勸慰曾國荃，要求他放寬心胸，不要把得失看得那樣重。曾國藩說，天下氣運，自有天意做主，像攻下南京城這樣重要的歷史節點，時間掌握在上天手裏，而不是他們兄弟手裏。因此，只要盡了人事，就可以心地坦然。

青年時代的曾國藩是「人定勝天」主義者，非常推崇意志的力量。他認為人的意志是無所不能的：「志之所向，金石為開，誰能禦之？」[4]在湘軍連打勝仗之際，曾國藩對自己的主觀能動性相當自負，以為「天下事，果能堅忍不懈，總可有志竟成」[5]。

---

1 《曾國藩全集・奏稿》7，岳麓書社，2011 年，第 100 頁。

2 朱東安著：《曾國藩傳》，遼寧人民出版社，2014 年，第 170 頁。

3 《曾國藩全集・家書》2，岳麓書社，2011 年，第 286 頁。

4 《曾國藩全集・詩文》，岳麓書社，2011 年，第 487 頁。

5 《曾國藩全集・批牘》，岳麓書社，2011 年，第 362 頁。

但是從經歷咸豐七年（1857）被皇帝罷黜回家的大挫折後，「天命」二字開始出現在曾國藩的辭典中。仰觀宇宙之大，俯察品類之盛，他悟到，人力其實是很弱小的。

> 古今億萬年無有窮期，人生其間數十寒暑，僅須臾耳。……事變萬端，美名百途，人生才力之所能辦者，不過太倉之一粒耳。[1]

時間沒有窮盡，人生幾十年實在是一瞬即過。天下至大，人力所能為者至小。

他相信，太平天國何時能平，不是某一個人甚至某一個集團能夠決定的。在這些大事件背後，有着天時、歷史、人心等諸多深層次力量在起作用，個人所能發揮的作用是很有限的。因此，他所要做的只是在可能的範圍內盡自己的能力而已，而不必杞人憂天，將太多無法承受之重攬到自己肩上。他對弟弟說：「凡成大事，人謀居半，天意居半……牆壕之堅，軍心之固，嚴斷接濟，痛剿援賊，此可以人謀主張者也。克城之遲速，殺賊之多寡，我軍士卒之病否，良將之有無損折……此皆由天意主張者也……弟現急求克城，頗有代天主張之意……願弟常存畏天之念，而慎靜以緩圖之，則善耳。」[2]

也就是說，凡做大事，大的環境因素佔一半，人的力量佔一半。我們所能致力的就是把溝挖深，把營盤紮好，整固軍心，截斷城內外接濟，痛「剿」前來支援的敵人。此外，到底甚麼時候能拿下這座城池，我軍會否發生傳染病，戰場整體上的順逆，都是上天決定的。你現在急着馬上拿下城池，這是要左右上天的意志，是不可能的。

---

1 《曾國藩全集・日記》2，岳麓書社，2011 年，第 280 頁。

2 《曾國藩全集・家書》2，岳麓書社，2011 年，第 189–190 頁。

除了這封重要的信之外，曾國藩還反復講過很多勸誡的話。比如：「古來大戰爭、大事業，人謀僅佔十分之三，天意恆居十分之七。往往積勞之人非即成名之人，成名之人非即享福之人。」[1] 真正出力的人不一定成名，而成名的人不一定能享福，這都是常見的事。「富貴功名皆人世浮榮，惟胸次浩大是真正受用。」[2] 富貴功名都是給別人看的，只有心胸開闊，自己才能得到好處。「功不必自己出，名不必自己成，總以保全身體，莫生肝病為要。」[3]

曾國藩、曾國荃有充分的耐心和太平天國耗下去，但是朝廷卻忍不住了。其他地方戰火都已經陸續熄滅，只有曾國荃遲遲不能建功，總不能讓眾人都無事可做，袖手旁觀。朝廷於是命令李鴻章攜威力強大的西洋武器來南京會攻。

曾國荃一心想獨佔攻陷南京的「首功」，當然反對淮軍染指，李鴻章當然也知道曾國藩兄弟的心理，礙於曾國藩的情面，只得軟磨硬抗，甚至不惜裝病（他奏稱「感冒風濕，眠食頓減」，即行回蘇「就醫」），一次次抗旨。他在致曾國荃的信中說：「屢奉寄諭，飭派敝軍協剿金陵。鄙意以我公兩載辛勞，一簣未竟，不敢近禁臠而窺臥榻。況入滬以來，幸得肅清吳境，冒犯越疆，怨忌叢生，何可輕言遠略。常州克復，附片藉病回蘇，及奏報丹陽克復，摺尾聲明金陵不日可克，弦外之音，當入清聽。」[4]

這番話，一是表明他不願前來搶奪曾國荃的戰功；二是催促湘軍加快攻城動作，以減輕朝廷對他的壓力。

曾國荃的壓力因此達到了極點。

---

1 《曾國藩全集・家書》2，岳麓書社，2011 年，第 226 頁。

2 《曾國藩全集・家書》2，岳麓書社，2011 年，第 248 頁。

3 《曾國藩全集・家書》2，岳麓書社，2011 年，第 276 頁。

4 顧廷龍、戴逸主編：《李鴻章全集 29・信函一》，安徽教育出版社，2008 年，第 316 頁。

第十二章

「將權位二字，推讓少許」

1. 朝廷的兩記悶棍

在各方壓力下，曾國荃精神幾乎達到崩潰的邊緣，身體也出現嚴重症狀，他身上大面積長癬，吃不下飯，多日連續失眠。

沒有其他辦法，曾國荃只好繼續瘋狂地開挖地道。進入同治三年（1864）以來，湘軍已經挖了三十三處地道。不過，太平軍對付地道也有非常豐富的經驗。李秀成登城遙望，只需觀察地面野草的顏色，就可以知道下面是否有地道。因為挖了地道的地方，草色會由於缺水而發黃。太平軍以地道治地道，從城裏向外挖，提前進行破壞，所以湘軍挖了幾十條地道，炸藥費去十數萬斤，工兵死了一兩千人，都難以奏效。

曾國荃做事，就是有一股不到南牆不回頭的倔勁。九十九條地道不成，我再挖第一百條。

終於，同治三年（1864）六月十六日，湘軍所挖地道有一條僥倖穿到南京城下。第二天中午，曾國荃下令點火，埋在地道內的數萬斤火藥爆炸，聲如巨雷，城牆崩塌二十餘丈。湘軍蜂擁而入，太平軍陣腳大亂。到黃昏之時，南京外城各門全部陷落。

曾國荃仰天長歎。多年的辛苦，這次終於到頭了！兩年多來，曾國荃精神上無時無刻不處於緊繃當中，如今眼見湘軍已攻進城中，終於鬆了一口氣。此時巷戰正在激烈進行，內城還沒有攻破，太平天國首領們的下落也還沒有結果，但是曾國荃實在支持不住了。他已經三天三夜沒睡覺了，所以沒有繼續指揮戰鬥，而是回到大營。幕僚們見他穿着短衣，光着腳，由於激動，汗水和淚水順着臉頰一齊流下。此刻他只想馬上躺到牀上，好好睡上一覺。[1]

但是睡覺前還有一件事必須做，那就是給皇帝和皇太后寫封奏摺，彙報這一天大的喜訊。正像曾國藩當初囑咐他的一樣，奏摺寫得很簡短，主要內容如下：

> 臣國荃……見攻克省城大勢已定，遂趕回老營，將大略情形一面具報，一面飭官軍環城內外紮定，兼扼各路要隘。……惟首逆洪酋等所居，築有偽城甚大，死黨不下萬人，經官軍四面環攻，尚未破入，大約一二日內即能剿洗淨盡……[2]

這封奏摺的意思是，朝廷日夜盼望捷音，所以外城攻破之時，我立刻回營寫摺子，簡要彙報一下，以慰主上焦急之心，讓主上早一日高興寬心。至於南京內城，因為很大，現在還沒有攻下，估計得一兩天後才能得手。

寫好了這封奏摺，已經是夜裏十點多鐘，曾國荃安排以八百里加急的速度送往北京，只需四天工夫就可送到皇帝和皇太后面前。奏摺的副本，曾國荃也安排人以四百里的速度送往安慶曾國藩處。然後疲倦至極的曾國荃再也支撐不住，倒頭便睡，任由將士們在城內廝殺。

六月十八日午夜，氣喘吁吁的信使叩響了曾國藩大營的營門。已經於二更四點睡下的曾國藩在三更三點被人叫醒，披衣復起。他已經猜到是甚麼消息，顫抖的手握住咨文，讀後「思前想後，喜懼

1　趙烈文描述：「中丞衣短布衣，跣足，汗淚交下。」趙烈文撰：《能靜居日記》2，岳麓書社，2013 年，第 799–800 頁。

2　曾國荃撰，梁小進主編：《曾國荃集》1，岳麓書社，2008 年，第 20 頁。

悲歡，萬端交集，竟夕不復成寐」[1]。

是啊，曾國藩有太多理由百感交集了。從咸豐三年（1853）創建湘軍到今天，整整十二年了。這十二年裏，他失去了曾國華、曾國葆兩個親兄弟，也親手把數萬名湘籍老鄉送入鬼門關。自己更是三次自殺，數度瀕危，承受了超過普通人耐受極限十倍百倍的艱巨，才換來這一張捷報。

湘軍平定太平天國，到底是功還是過，長久以來眾說紛紜。從晚清民國時期的革命黨人到今天，很多人認為曾國藩鎮壓了代表進步力量的太平天國運動，是不可饒恕的罪惡。但是也有一些不同角度的分析和判斷。

蔣廷黻在《中國近代史大綱》中說：

> 洪秀全想打倒大清，恢復漢族的自由，這當然是我們應該佩服的……但是他的人格上及才能上的缺點很多而且很大。倘若他成了功，他也不能為我民族造福。總而言之，太平天國的失敗，證明我國舊式的民間運動是不能救國救民族的。[2]

太平天國的最大問題是要毀滅全部中國文化。錢穆認為，太平天國如果只致力推翻清王朝，是可能成功的；但是他們還要全部推翻中國歷史文化，那就不可能成功了。他說：

> 洪楊集團……到處焚毀孔廟，孔子的書被稱為妖書，他們想把民族傳統文化完全推翻……哪裏有全不讀書，把自己國家以往歷史傳統全部推翻，只抄襲一些外洋宗教粗跡，天父天

1 《曾國藩全集・日記》3，岳麓書社，2011 年，第 65 頁。

2 蔣廷黻著：《中國近代史大綱》，東方出版社，1996 年，第 41 頁。

兄，一派胡言，便能成了事？我們不必縱論其他之一切，單看他們那些國名官名，就知其必然會失敗。若太平天國成功了，便是全部中國歷史失敗了。當時的洪楊，並不是推不翻滿清，但他們同時又要推翻中國全部歷史，所以他們只可有失敗。[1]

除了文化理念外，太平天國的地方治理能力遠低於清政權。在長達十多年的革命過程中，太平天國始終沒有建立起正規的地方財政體系，物資供應一直靠搶劫或者「包租」。在太平天國後期，對新佔領的地區，他們通常先是大搶三日：「關於太平軍的軍餉問題。作為一條業已確立的規定，叛軍士兵不領餉銀；他們像海盜一樣靠劫掠為生。……可能是作為一種補償和對作戰英勇的一種獎賞，似乎在業已佔領而當地居民未及逃脫的城市，太平軍士兵被給予整整三天的時間去做他們想做的任何事情——施展一切暴行，在光天化日之下做出一切令人憎惡的事。」[2]

搶過之後，太平軍才開始在地方上建立「包租制度」。他們在地方上選擇舊衙役、舊紳士或者地痞流氓來作為代理人，需要甚麼東西，就向他們下命令。

然後，附近地區被迫向叛軍捐獻供給物資（幾乎所有的事例都是如此）。例如，寧波周圍的農村被迫按照配額，交納大米、豬、家禽、蔬菜和農產品之類的食物來供養軍隊。我曾經親眼看見被迫運送這些供給物的農民將食物等東西運到城裏，他們的脖子上套有鐵鏈和繩索作為服役的標誌……[3]

---

1 錢行編：《思親補讀錄—走近父親錢穆》，九州出版社，2011 年，第 109 頁。

2 夏福禮的報告，原文載於《英國議會文書》，1862 年，C.2992，第 13–16 頁。夏福禮當時是英國駐寧波領事，他在報告中詳細記載了太平軍在寧波「解散軍紀」三天的野蠻行為。

3 夏福禮的報告，原文載於《英國議會文書》，1862 年，C.2992，第 13–16 頁。

包租制肯定會產生嚴重後果。這些敢於替太平天國包租的人都是鋌而走險的大膽之徒，而太平軍對他們又沒有甚麼監督考核機制，所以他們的貪婪殘忍超過清政權的徵收者十倍百倍。上面要求收一百兩，到他們這兒，就可能變成二百兩、三百兩甚至一千兩。「其收漕也，仍用故衙門吏胥，仍貪酷舊規，以零尖、插替浮收三石、四石不等。百姓大怨。」[1]

這些包租者的後盾是太平軍的武器。「到太平天國後期，太平天國地方政權從允許地主收租，到保護地主收租，甚至派兵鎮壓農民抗租。」[2] 所以他們對抗租者異常殘忍。嘉興盛澤設的籌餉總局，連人們使用「洋錢」都要上稅。一洋要交七十文。「有某生偶有一洋未用印，鎖至公估莊內，打折脛骨。」[3]

定都天京後，太平天國官僚隊伍迅速膨脹，官員們大肆追求物質享受，所以雖然洪秀全聲明「輕傜薄賦」，但攤派下來的任務遠遠超過老百姓的負擔能力。再加上包租者的層層加碼、趁機搜刮，老百姓的生存狀況遠不如清政府的治下。

> 三月，蕎麥勃然興起，賊忽而要米數百石，忽而要金數百兩，忽而要水木工作衣匠，忽而要油鹽柴燭，忽而要封船數十，忽而要小工數百，時時變，局局新，其橫徵暴斂莫可名狀……現青黃不接，挪措絲毫無告，糧食極貴，絲織無利，家家洗蕩一空，已所謂室如懸罄。而賊之迫催嚴比，無出其右……農家……甚有情極自盡。[4]

1 沈梓著：《避寇日記》卷一，咸豐十年十二月初一日。轉引自北京太平天國歷史研究會編：《太平天國史論文選》下，生活・讀書・新知三聯書店，1981 年，第 826 頁。

2 崔之清、胡臣友著：《洪秀全評傳》，南京大學出版社，1994 年，第 226 頁。

3 太平天國歷史博物館編：《太平天國史料叢編簡輯》第 2 冊，中華書局，1962 年，第 184 頁。

4 戴璐、柯悟遲撰：《藤陰雜記　漏網喁魚集》，《近代中國史料叢刊三編》第 26 輯，文海出版社，1987 年，第 56–57 頁。

也就是說，麥苗剛長出來，太平軍就開始橫徵暴斂。一會兒要幾百石米，一會兒要幾百兩銀子，一會兒要各種工匠去服役，一會兒又要油要鹽要柴要燭，一會兒又要幾十條大船，一會兒又要幾百個人去做小工。一會兒一變，毫無章程，搞得地方雞犬不寧。現在正是青黃不接的時候，各家都已經被掃蕩一空，借錢都沒處借，但是太平軍卻前來催逼，有的人情急之下，只好自盡。

因此很自然，在當時長江中下游太平軍控制區，經濟遭遇巨大破壞，民眾的生活遠比以前悲慘。《中國陸上之友》雜誌 1857 年 1 月 15 、 21 、 31 日刊登了兩名歐洲人的記述：

> 從南京到鎮江的途中，我們看到窮人提着藍色的黏土。侍童告訴我們，由於糧食極為匱乏，他們便用黏土摻和着大米吃。在侍童剃頭的地方，我們曾見過他們吃這種混合食物。

西洋人富禮賜在 1860 年曾到過蘇州，那時蘇州尚處於清政府的統治之下，其繁華給他留下了極為深刻的印象。而時過一年再到蘇州，蘇州已經被太平軍控制，其變化令他驚訝不已：

> 完全的廢墟和荒蕪成為太平軍從南京到蘇州之間進軍路線的標誌，無法用語言來表達對這些場面的任何感受。……我們在城門外遇到幾個可憐兮兮的人在兜售豆腐和藥草，但除此之外，我們沒有看到任何一個當地人。在護城河裏，我們居然驚飛了一羣野鴨，而就在一年前，從忙於做生意和趕路的眾多過往船隻中找到一條通道幾乎是不可能的。城裏同樣也是一片荒涼，所有房屋的正面都已被毀，許多河道裏滿是破損的家具、腐爛的船隻和廢棄物。[1]

1 富禮賜的報告，原文載於《英國議會文書》，1862 年， C.2840 ，第 27–30 頁。

城市的變化如此，農村的變化也同樣令人唏噓。另一個外國人是這樣記載的：

他們在行軍時，通常在其身後留下被殺害的農民和被毀的住所作為遺跡。偏遠的廣闊地區的村民為避免同他們接觸而紛紛逃跑，把僅有的一些東西轉移到他們認為較為安全的地方。在揚子江兩岸，在荒蕪的土地的另一側，可以看到許許多多用茅草蓋的大村落，它們是由不幸的難民匆忙搭建的。……人們所遭受的災難和悲慘景象是難以描述的。大量的家庭擠在低矮、窄小、用蘆葦搭成的帳篷式小屋裏，刺骨的寒風陣陣呼嘯，人們擠在一起取暖，老年人神情沮喪，虛弱得不能工作，瘦弱的小孩子因飢餓而表現出渴望的神情。凡是親眼看到過這些情景的人永遠也忘不了。對大多數人來説，他們僅有的問題是疲弱的生命還能支撐多少天；許多人似乎已經是行將就木了。[1]

相反，清政府治下的地方卻顯得富有希望：

在仍為帝國的邊境內走上一段路以後，倘若不是親眼所見，周圍景象的鮮明對比會使人感到難以置信。靠近叛軍佔領區的揚子江是一條巨大而又荒涼的航道，而這裏的江面卻佈滿了商船，江邊延伸着精耕細作的農田。兩岸星星點點地坐落着建造精巧和外觀整潔的村舍。[2]

另一處的記載是：

1 盧海鳴、鄧攀編：《金陵物語》，南京出版社，2014 年，第 110–111 頁。

2 盧海鳴、鄧攀編：《金陵物語》，南京出版社，2014 年，第 111 頁。

> 我們在寶堰棄船登岸，從而有了更多的機會來接觸老百姓，當地人見到陌生人並不像運河沿線寥寥無幾的可憐人那樣恐慌。事實上，我們可以感受到那種相當自信和安全的氛圍。許多老百姓已經返回自己的家，並且重操舊業。……當地人向我們講述了太平軍戰事爆發後的令人悲傷的歷史，以及他們對新近征服地區的處置方法。一開始先是不分青紅皂白地大量殺戮；然後擄走年輕的男人和女子；所有能夠帶走的值錢的財物都成了征服者的戰利品，僅撇下年老的男人和婦女。大批難民逃到揚子江北岸以等待局面的好轉。[1]

所以親臨其地的夏福禮如此總結：「在其耽於飲宴作樂的這十年中，它是否有甚麼業績？甚麼也沒有。它是否曾對人民給予了最起碼的尊重或一般的同情，哪怕是淡漠的寬容？有誰敢做出肯定的回答嗎？它究竟是一場抱着擺脫沉重枷鎖之宗旨的民眾運動，還是一種血腥的劫掠行為和蔓延全國的焚毀、破壞、殺戮一切具有生命的東西的盜賊行徑？唉！答案實在是再明顯不過了。」[2]

不光是西方資產階級對太平天國評價十分負面，連革命領袖馬克思在《中國紀事》中也毫不留情地否定太平天國：「顯然，太平軍就是中國人的幻想所描繪的那個魔鬼的化身。但是，只有在中國才能有這類魔鬼，這類魔鬼是停滯的社會生活的產物。」[3]

馮友蘭在 1999 年人民出版社出版的《中國哲學史新編》序言中說：

---

1 富禮賜的報告，原文載於《英國議會文書》，1862 年，C.2840，第 27–30 頁。

2 夏福禮的報告，原文載於《英國議會文書》，1862 年，C.2992，第 13–16 頁。

3 ［德］馬克思著：《中國紀事》，《馬克思恩格斯全集》第 15 卷，人民出版社，1963 年，第 545 頁。

中國所需要向西方學習的是西方的長處，並不是西方的缺點。洪秀全和太平天國所要學習而搬到中國來的是西方中世紀的神權政治，那正是西方的缺點。西方的近代化正是和這個缺點的鬥爭而生長出來的。中國所需要的是西方的現代化，並不是西方中世紀的神權政治。洪秀全和太平天國如果統一了中國，那就要使中國倒退幾個世紀，這是我對洪秀全和太平天國的評價。這個評價把洪秀全和太平天國貶低了，其自然的結果就是把太平天國的對立面曾國藩抬高了。曾國藩是不是把中國推向前進是可以討論的，但他確實阻止了中國的倒退。這就是一個貢獻。……阻止中國的中世紀化，這是曾國藩的大功。[1]

美國學者何炳棣稱太平天國戰爭是「世界史上規模最大的內戰」。太平天國戰爭的主要戰場正是中國人口最為稠密的長江中下游地區的湖北、江西、安徽、江蘇、浙江五省。葛劍雄先生等人口史專家的研究認為，在太平天國戰爭中這五個省人口損失數至少達 8700 萬人（包括直接死於戰爭的人口和出生率下降導致的人口減少）。如果再考慮太平天國戰爭的其他戰場湖南、廣西、福建、四川等省的人口損失，那麼太平天國戰爭給中國帶來的人口損失在一億以上。

不管怎麼樣，戰爭的結束，標誌着長達十四年的大範圍的屠殺和動蕩告一段落，大清江山歸復一統，中國傳統文化得以保存，愛新覺羅氏的統治也得以繼續。

按曾國藩與曾國荃事先的計劃，城破之後，先由曾國荃上一個簡短的摺子報喜，然後詳細情況再由曾國藩這裏上報。曾國藩主要

1　馮友蘭著：《中國哲學史新編》下，人民出版社，1999 年，第 334–335 頁。

是怕弟弟考慮不周，出甚麼婁子。這是他們兄弟血戰多年的收官之摺，也將決定他和弟弟的功名，怎麼能不謹慎從事？

六月二十三日，在陸續收到後續消息之後，曾國藩才上奏了一個精心結撰的摺子，名字叫《奏報攻克金陵盡殲全股悍賊並生俘逆酋李秀成洪仁達摺》。這是曾國藩全部存世的兩千多道奏摺中，文字第二長的，「也是曾氏三十年從政生涯中最為重要的一份報告」[1]。在奏摺中，曾國藩回顧整個平定戰爭：

> 臣等伏查洪逆倡亂粵西，於今十有五年，竊踞金陵亦十二年。我朝武功之盛超越前古，屢次削平大難，焜耀史編。然如嘉慶川楚之役，蹂躪僅及四省，淪陷不過十餘城。康熙三藩之役，蹂躪尚止十二省，淪陷亦第三百餘城。今粵匪之變，蹂躪竟及十六省，淪陷至六百餘城之多，而其中兇酋悍黨如李開芳守馮官屯，林啟容守九江，葉芸來守安慶，皆堅忍不屈。此次金陵城破，十萬餘賊無一降者，至聚眾自焚而不悔，實為古今罕見之劇寇。然卒能次第蕩平，剗除元惡，臣等深為其故，蓋由我文宗顯皇帝盛德宏謨，早裕戡亂之本。宮禁雖極儉嗇，而不惜巨餉以募戰士；名器雖極慎重，而不惜破格以獎有功；廟算雖極精密，而不惜屈己以從將士之謀。皇太后、皇上守此三者，悉循舊章而加之，去邪彌果，求賢彌廣，用能誅除僭偽，蔚成中興之業。[2]

這表面上是推功於皇帝、太后，實際上是說明自己和弟弟功勞之大，烈於前古。康熙皇帝平定三藩，當時戰爭蔓延十二省，三百

1 唐浩明著：《唐浩明評點曾國藩奏摺》，山東人民出版社，2014 年，第 210 頁。

2 《曾國藩全集・奏稿》7，岳麓書社，2011 年，第 299–300 頁。

多座城市曾落入敵手。嘉慶朝平定白蓮教起義，涉及四省，收復不過十多座城市。而這次平定太平天國起義，戰爭持續十五年，戰火燃遍十六省，收復城市六百餘座，而且其中收復馮官屯、九江、安慶及南京，均極為艱難。規模之大，過程之艱難，遠過於其他戰爭。之所以最終成功，主要是以前的咸豐皇帝和現在的皇太后領導得好。宮中雖然儉省，但是軍費並不顧惜。平時不輕易賞人，但對功臣經常破格。自己雖然很有本領，但是能尊重前方將士的意見。

推功於領導，這是政治的慣例，同時稱頌領導「不惜破格以獎有功」，顯然就是為自己和部下請功的意思。唐浩明評價說：「正是在客觀的敘述和理智的分析中，時時處處、字裏行間全是在為湘軍為吉字營評功擺好。」「然而，這一切都包裹在一種平淡質樸的氛圍中，既不見大功告成後揚揚自得的氣燄，也不見報捷文章常有的華麗誇飾的辭藻，與領銜者一貫低調收斂的處世作風渾然一致。」[1]

曾國藩兄弟滿心以為，立下如此天字第一號的大功，朝廷會立加頒賞。不料六月二十六日，就是還沒有收到曾國藩的詳細彙報之前，朝廷先發下諭旨，曾國荃等來的不是表揚，而是嚴厲指責。

上諭說：「該逆死黨尚有萬餘，曾國荃於攻克外城時，即應一鼓作氣，將偽城盡力攻拔，生擒首逆。乃因大勢粗定，遽回老營，恐將士等貪取財物，因而懈弛萬一。……倘曾國荃驟勝而驕，令垂成之功或有中變，致稽時日，必惟曾國荃是問。」[2]

通篇沒有一句表揚，而是嚴厲批評曾國荃不應在攻破外城之後就馬上返回老營。曾國荃原奏說「見攻克省城大勢已定，遂趕回老營，將大略情形一面具報」，朝廷意思是說南京城外城之中，還有內城，他應該一鼓作氣，將全城攻下，生擒太平天國首領，然後再

1 唐浩明著：《唐浩明評點曾國藩奏摺》，山東人民出版社，2014 年，第 211–212 頁。

2 《湖湘文庫：曾國藩全集》7，岳麓書社，2011 年，第 293 頁。

上奏不遲。先頭部隊剛剛衝進城裏，你不忙着指揮戰鬥，忙着回營寫奏摺幹甚麼！為甚麼這麼急着表功？

這道上諭，語氣非常不客氣，提醒曾國荃不要「驟勝而驕」，字裏行間顯露出對曾國荃的厭惡，簡直是一記悶棍，打得曾國荃暈頭轉向。

這還不算完。

七月十一日，朝廷又給曾國藩發下一道廷寄，追問天京財富下落。上諭說南京城下之前，人人都說城中財富如山，現在怎麼沒聽你們兄弟提起？如果金陵真有巨款，自然應該交給國家，作為軍餉賑災之用。但是，這道上諭的重點還不在這裏，而是其中借題發揮的幾句話：「曾國藩以儒臣從戎，歷年最久，戰功最多，自能慎終如始，永保勳名。惟所部諸將，自曾國荃以下，均應由該大臣隨時申儆，勿使驟勝而驕，庶可長承恩眷。」[1]

這是旁敲側擊，訓斥曾國荃，而且語氣相當不善，意思是說，曾國藩是儒臣出身，修養有素，朝廷是能放心的，而曾國荃則不那麼令人放心，可能承受不了幾天皇恩，就被拿下。

連續捱了這兩記悶棍，曾國荃獲勝的喜悅雲消霧散。他不禁納悶，這到底是怎麼回事？

2. 曾國荃的「經濟問題」

原因有兩個。

一個是朝廷的猜忌。

湘軍攻陷天京不久，朝廷論功行賞，「特沛殊恩，用酬勞勩」，曾國藩被封為一等侯，賜名毅勇，世襲罔替，晉太子太保；曾國荃

1 《曾國藩全集・奏稿》7，岳麓書社，2011 年，第 353–354 頁。

則「加太子少保，封一等伯爵，賜名威毅」。有清二百年裏，漢人得此異數者，少之又少。真是兄弟二人皆列土，可憐光彩生門戶。[1]表面上看，曾氏二人聲望達到最高點。

但實際上，曾國藩兄弟已經步入一個危險的轉折點。因為狡兔已死，走狗當烹。曾國藩手握重兵，他直接指揮的部隊，包括曾國荃的五萬嫡系，一共達十二萬人。太平軍一滅，這支漢人隊伍就成了清王朝最大的威脅。所以慈禧對湘軍疑懼之心大增。七月十八日（8 月 19 日），江寧將軍富明阿來金陵，託言是查看金陵原駐八旗兵的旗城情形，實際是僧格林沁寫信讓他來查訪擒獲李秀成的真偽及曾氏兄弟的虛實。[2]為了制衡曾國藩，清廷採取了兩方面的措施：一方面迅速提拔和積極扶植其他湘軍將領，特別是那些與曾國藩關係不好的人，比如左宗棠、沈葆楨等，造成湘軍分裂；另一方面則大力打擊曾國藩的嫡系曾國荃。

另一個原因，是朝廷對曾國荃的貪婪素來厭惡，南京城下之後湘軍的大搶劫大屠殺讓他進一步臭名昭著。

六月二十六日上諭中，朝廷擔心曾國荃部「將士等貪取財物，因而懈弛」，專心搶劫財物，導致城中精銳「委棄輜重，餌我軍士而

---

1 當然，對這次封賞，曾國藩其實並不滿意。功績遠過平定三藩，但獲封遠不如平定三藩或者其他戰爭中的一些人高。咸豐本來許諾平定之後，首功者封王。同治三年七月初九日，曾國藩在致曾紀澤信中沒説本人獲封低，但是説這次獲封爵之人太少：「得五等之封者似無多人。余藉人之力而竊上賞，寸心深抱不安。從前三藩之役，封爵之人較多，求闕齋西間有《皇朝文獻通考》一部，爾試查《封建考》中三藩之役共封幾人？平準部封幾人？平回部封幾人？」《曾國藩全集・家書》2，岳麓書社，2011 年，第 309 頁。

2 曾國藩的幕僚趙烈文在同治三年四月八日日記中寫道，拿下南京之後，曾國藩在朝中馬上不如以前吃香了。最早朝廷把兩江總督大權給他，是迫於形勢，沒有辦法。現在太平天國既滅，很多人也就看他不順眼了：「中堂（指曾國藩）近歲主眷日衰，外侮交至，無他，不得內主奧援耳。……同治改元至今，東南大局日有起色，泄沓之流以為已安已治，故態復萌，以私亂公。愛憎是非，風起泉湧，輒修往日之文法，以濟其予奪之權。數期之間，朝政一變。於是天下識時俊傑之士，皆結故舊、馳竿牘、揣摩迎合，以固權勢而便興作。外之風氣亦一變。」趙烈文撰：《能靜居日記》2，岳麓書社，2013 年，第 772 頁。

潛出別道，乘我不備，冀圖一逞，或伺間奔竄，衝出重圍」[1]。事實證明，這道上諭是有先見之明的，說明朝廷對曾國荃部了解很深。

曾國荃帶的部隊有兩個特點，一個是貪財能搶，另一個是殘酷好殺。

《清稗類鈔・忠藎類》記載光緒十年（1884），左宗棠問兩江總督曾國荃：「老九一生得力何處？」曾說：「揮金如土，殺人如麻。」左宗棠聽了，大笑說：「我固謂老九才氣勝乃兄。」

這雖然是一則野史，不過也透露了一點真實。那就是曾國荃雖然也是秀才出身，但是他做事直截了當，沒有曾國藩那麼多道理可講。他講究的只有兩條：在戰場上，誰敢後退，殺；打了勝仗，搶。這就是他所說的「賞罰嚴明」。在曾國荃的指揮下，吉字營形成一個「慣例」：每攻下一座城池，都要以「搜剿」為名，大搶三天。這就是曾國荃兵法所謂「用貪用憨」。

咸豐十一年（1861）曾國荃拿下安慶後，歷史上首次留下了曾國荃部搶劫的詳細記載。據《能靜居日記》載，城破之後，城內「房屋賊俱未毀，金銀衣物之富不可勝計」。曾國荃的士兵在殘酷殺害戰俘的同時，展開了大規模的搶劫。「兵士有一人得金七百兩者。城中凡可取之物掃地以盡，不可取者皆毀之。壞垣斸地，至剖棺以求財物。」[2] 有一個士兵搶到了七百兩白銀。城中凡是能拿的東西都拿光了，不能拿的都毀掉了。毀牆挖地，甚至連棺材都被打開，來尋找財物。

曾國荃部在南京城下之所以能喝着粥堅持下來，其實主要靠一個信念：如果拿下南京，大家都發財。太平天國經營多年的「天京」，金銀如山，財貨似海。這是攻城前所有人的預期。這是湘軍

---

1 《曾國藩全集・奏稿》7，岳麓書社，2011 年，第 293 頁。

2 趙烈文撰：《能靜居日記》1，岳麓書社，2013 年，第 355 頁。

最大也是最後的一次發財機會，百戰艱辛，都為了這一刻，軍官們渴望再暴富一次，士兵們則渴望撈足一生的資本。「但願多得金，還鄉願已足。」[1] 湘軍上上下下都做好了充分的心理準備。曾國荃對將士們的這種心態當然心知肚明。他是一個極重鄉情的人，正想以此作為對這些追隨自己的老鄉的最後報償。

在這種情況下，南京城一攻下，城裏會發生甚麼事，也就可以想見了。奪佔天京後，湘軍焚掠屠殺，大火七天不熄。

趙烈文是曾國藩晚年幕府的重要秘書之一。此人雖然年輕，但是明敏有遠見，深得曾國藩器重。同治二年（1863），曾國藩派他到曾國荃身邊，希望多謀能斷的他在大事上能替九弟把把關。7 月 26 日，趙烈文在日記中寫道：

> 破城後，精壯長毛除抗拒時被斬殺外，其餘死者寥寥，大半為兵勇扛抬什物出城，或引各勇挖窖，得後即行縱放。城上四面縋下老廣賊匪不知若干，其老弱本地人民不能挑擔，又無窖可挖者，盡情殺死。沿街死屍十之九皆老者，其幼孩未滿二三歲者亦斫戮以為戲，匍匐道上。婦女四十歲以下者，一人俱無，老者無不負傷，或十餘刀，數十刀，哀號之聲達於四遠，其亂如此，可為髮指。[2]

也就是說，城破之後，那些強壯的太平軍除了抵抗而被殺的外，其他的大多活了下來，因為湘軍需要他們抬財物，需要他們指路來挖地窖，找到財物之後他們就被放走了。從城牆上用繩子吊出去的兩廣出身的太平軍有很多，而本地的老弱婦孺，因為不能挑

1 孫文川著：《讀雪齋詩集・兵官謠》，《太平天國史料叢編簡輯》第 6 冊，第 405 頁。

2 趙烈文撰：《能靜居日記》1，岳麓書社，2013 年，第 805–806 頁。

搶，又沒有地窖可挖，就被殺死。沿街的死屍，十有八九是老年人。連不到兩三歲的小孩子，也被湘軍砍着玩，死在路上。四十歲以下的婦女都被搶走，四十歲以上的，都被砍傷，身上或中十多刀，或中幾十刀，哀號之聲響徹街道。殘酷如此，令人髮指。

趙烈文是江蘇人，不忍見故鄉遭此劫難，找到曾國荃，要求他馬上制止搶劫。

曾國荃卻不以為然。當趙烈文勸他整頓紀律時，他居然發了脾氣。

> 余恐事中變，勸中丞再出鎮壓。中丞時乏甚，聞言意頗忤，張目曰，君欲余何往？余曰聞缺口甚大，恐當親往堵禦，中丞搖首不答。[1]

就是說，我怕軍紀太亂，出現問題，勸曾國荃前去鎮壓。曾國荃那時候很疲乏，聽了我的話很不高興，瞪着我問，你讓我去哪兒？我說，城牆缺口很寬，怕太平軍逃出，您應該親自指揮堵禦。曾國荃卻搖頭不答。

經過一個多月的大燒大殺大搶，無名小卒全都發了橫財。他們不僅將城內的金銀財物洗劫一空，甚至連建築物上的木料也拆下來，從城牆上吊出，用船運回湖南。「泊船水西門，見城上吊出木料、器具紛紛。」[2] 頓時整個長江中千船百舸，聯檣而上，滿載從天京搶來的財物婦女，日夜不停地向湖南行駛。經過這場大劫掠，「江寧錙貨盡入軍中」[3]，太平天國慘淡經營十餘年，其轉移到天京的大

1 趙烈文撰：《能靜居日記》2，岳麓書社，2013 年，第 800 頁。

2 陳乃乾著：《陽湖趙惠甫先生年譜》，《近代中國史料叢刊續輯》985，文海出版社，1983 年，第 47 頁。

3 王闓運、郭振墉等著：《湘軍志　湘軍志評議　續湘軍志》，岳麓書社，1983 年，第 70 頁。

量財富，大多成了湘軍的囊中之物。而曾國荃「老饕」之名從此滿天下。有野史說：

> 聞忠襄於此中獲資數千萬。除報效若干外，其餘悉輦於家。[1]

聽說曾國荃撈了幾千萬兩，除了給上級上貢一些外，都運回老家了。

曾國藩兄弟兩個因為如何處理個人經濟問題，發生過多次爭論。

曾國荃的貪婪殘酷，與曾國藩其實有着直接的關係。曾國荃從軍後雖然有發財之願，不過出山之初，一直受到曾國藩比較嚴格的約束。但是經過咸豐七年（1857）到八年居家期間的「大悔大悟」之後，曾國藩不僅在個人居官風格上發生突變，對弟弟曾國荃在金錢方面的要求也開始放鬆了。咸豐八年（1858）五月初五日，他寫信給曾國荃說：

> 弟之取與，與塔、羅、楊、彭、二李諸公相仿，有其不及，無或過也；盡可如此辦理，不必多疑。[2]

塔齊布、李續賓等人取與如何呢？李續賓帶兵六年，積金數萬兩。這封信，意味着曾國藩允許曾國荃「適當」撈錢。原來曾國藩一直在外當官領兵，每年寄回家裏的銀子極少。父喪家居時期他才了解到曾家經濟上非常困難，父親曾麟書支撐這個家非常不容易。

---

1 李伯元著：《南亭筆記》卷八，山西古籍出版社，1999 年，第 174 頁。

2 《曾國藩全集・家書》1，岳麓書社，2011 年，第 346 頁。

同時，自己的很多親戚族人也都為窮困所窘。比如曾國藩的大姐王曾氏，出嫁後不久丈夫就患瘋痰之症，大姐支撐着整個家，「備歷艱苦，貧窮抑鬱」[1]。

因此曾國藩放鬆對曾國荃搶劫發財的約束，一定程度上是為了整個湘鄉曾氏家族考慮。曾國荃性格慷慨，在自肥的同時，源源不斷地大手筆資助同族以及親友，彌補了曾國藩對家族的愧疚心理。因此曾國藩對曾國荃替他「照顧家族」的「功勞」是肯定的。

曾國荃的好殺，也受到過曾國藩的鼓勵。曾國藩在鎮壓太平軍期間，一直要求曾國荃在城破之日，太平軍骨幹不論降否，一律殺掉。[2]

在南京圍攻戰的緊張時刻，太平天國因糧食緊張，從城內放出大批婦孺，一開始，曾國荃並沒有阻止。他的部下陳湜等部「收留」了大量的年輕婦女。

然而，曾國藩反對這樣做。並不是因為這樣會導致軍紀敗壞，而是因為這樣不利於軍事進展。三月二十日，他在家書中說了這樣一段讓人毛骨悚然的話：

> 城內放出之婦幼，迪庵前在九江一概不收，仍送進城內。一則城內飢餓者多可致內亂，二則恐賊之眷口從此得生也。望弟參酌。[3]

也就是說，李續賓圍九江的時候也遇到了同樣的問題。李續賓

1 《曾國藩全集・日記》2，岳麓書社，2011 年，第 394 頁。

2 曾國荃在拿下第一個城市吉安後，就曾經大殺過一回俘虜。他在家書中說：「十一早，弟營納千餘人。……弟先與各軍商定，原只赦其婦女小孩，仍殺其強壯能為賊者（弟營殺四百餘人，赦七百餘人）。」這其實是貫徹曾國藩「於投誠之賊，兇悍者一概殺之」的要求。曾國荃撰，梁小進主編：《曾國荃集》5，岳麓書社，2008 年，第 71 頁。

3 《曾國藩全集・家書》2，岳麓書社，2011 年，第 266 頁。

的處理手段是不放城裏人出來。一方面可以導致城中因飢餓內亂，另一方面怕太平軍的家屬趁亂逃出。你可以參考他的辦法。

由此可見，曾國藩的殘忍，比他弟弟有過之而無不及。

但是，曾國藩對曾國荃也不是完全沒有進行約束。事實上，他經常敲打曾國荃，撈錢要有節制，不要在經濟上把自己的名聲搞臭。

曾紀芬說：

> （曾國荃）每克一名城，奏一凱戰，必請假回家一次，頗以求田問舍自晦。[1]

也就是說，每下一城，他都會發一次財，回家買地建屋一次。咸豐九年（1859）冬，曾國荃在老家開建自己的住宅，名為「大夫第」。從那之後，幾乎曾國荃每回家一次，大夫第就要擴建一次。大夫第修建總共歷時八年，巍峨浩大，看上去猶如王宮帝府。曾紀芬在《崇德老人自訂年譜》中回憶道：「前有轅門，後仿公署之制，為門數重。鄉人頗有浮議。」[2] 那些嫉妒眼紅曾老九的老鄉則「譏之……以為似廟宇」[3]。王闓運甚至說「新宅有城市之氣」[4]。

對於曾國荃修建大夫第這座大宅，曾國藩很不同意。除了怕求田問舍影響曾氏兄弟的聲望外，凡事謹慎小心的曾國藩還有另一重擔憂：亂世之中，露富顯財，實為不智之舉。因此，在曾國荃修建大夫第的過程中，他一直勸誡不斷。咸豐九年正月初八日，在看到曾國荃所畫的房屋圖樣後，他寫信說：

1　曾寶蓀、曾紀芬著：《曾寶蓀回憶錄》，岳麓書社，1986年，第12頁。

2　曾寶蓀、曾紀芬著：《曾寶蓀回憶錄》，岳麓書社，1986年，第8–9頁。

3　趙烈文撰：《能靜居日記》2，岳麓書社，2013年，第1107頁。

4　王闓運著：《湘綺樓日記》，岳麓書社，1997年，第66頁。

我家若太修造壯麗，則沅弟（曾國荃）必為眾人所指摘，且亂世而居華屋廣廈，尤非所宜。[1]

無奈曾國荃對這位提攜了他一輩子的老兄的話，總是當作耳旁風，回信蠻橫地說：

外間訾議，沅自任之。[2]

曾國藩再次寫信說，他之所以一再強調這些，是因為這關乎曾國荃在官場上的發展。一個人一生的發展，與名望關係很大。在官場上要注意細節，不能給人以口實。如果不拘小節，經常做出引起物議的事，則小事積累起來，有一天可能驀然颳起輿論風暴，把一個人吹倒：

眾口悠悠，初不知其所自起，亦不知其所由止。有才者忿疑謗之無因，因悍然不顧，則謗且日騰；有德者畏疑謗之無因，而抑然自修，則謗亦日熄。吾願弟等之抑然，不願弟等之悍然。

他還說，如果你讀一遍二十三史，就會知道，歷史上做到我這樣功名地位的，能得到好下場的極少。我怕我在高位時，不能給你們帶來多少好處，當我倒霉時，反倒會帶累你們。所以我們兄弟在太平時應該相互提醒勸誡，不要犯大錯。

---

1 《曾國藩全集‧家書》1，岳麓書社，2011年，第406頁。

2 《曾國藩全集‧家書》1，岳麓書社，2011年，第411頁。

至阿兄忝竊高位，又竊虛名，時時有顛墜之虞。吾通閱古今人物，似此名位權勢，能保全善終者極少。深恐吾全盛之時，不克庇蔭弟等，吾顛墜之際，或致連累弟等，惟於無事時，常以危詞苦語，互相勸誡，庶幾免於大戾。[1]

曾國藩表面上是說不要讓自己連累了弟弟，實際上是告訴曾國荃，不要犯錯誤，連累了哥哥。

對於曾國藩的這些話，曾國荃一如既往地不往心裏去，因此才有了攻入南京後對部下的肆意放縱。

然而，攻下南京後，曾國荃才發現曾國藩確實有先見之明。天京之戰，曾國荃一戰成名，不過所成卻是貪名惡名大於功名美名。以前安慶等搶劫，知聞者尚局限於當地和湘軍內部。對曾國荃「良田美宅」的評品指摘，則多來自其湘鄉老家。這一次不同了。湘軍由南京運輸戰利品回湖南這一情景，距離既遠，時間又長，數量又是如此巨大，為長江上下諸省人民所共見。富明阿來暗訪，泊船水西門，恰好見到湘軍紛紛從城上吊出木料、器具。湘軍的行徑，一時哄傳遍及全國，直至上達「天聽」。很多消息一旦經過重重傳說，就會誇張到令人無法相信的程度。關於曾國荃這次到底得到了甚麼好東西，有許多說法。其中最有名的一個說法是天京城破後，曾國荃得到部下所獻明珠一串，這串珠子像今天的巨峰葡萄那樣大，而且還會放光。「大於指頂，懸之項下。則晶瑩的鑠，光射鬚眉。珠凡一百零八顆，配以背雲之類，改作朝珠。」[2]

又說「（曾國荃）獲一翡翠西瓜，裂一縫，黑斑如子，紅質如瓤，朗潤鮮明，殆無其匹」。就是說他還得到了一個翡翠西瓜，比

1 《曾國藩全集・家書》2，岳麓書社，2011 年，第 33 頁。

2 徐珂編輯：《清稗類鈔》第 24 冊，商務印書館，1984 年，第 969 頁。

大南瓜還大。中間裂開一道縫，裏面黑子紅瓤，都是天然形成，絕對是無價之寶。

這些傳說有鼻子有眼，十分富於轟動效應。不過，這些傳說其實都靠不住。比如這個「翡翠西瓜」，其實不是第一次出現在野史傳說中。早在嘉慶皇帝抄和珅的家的時候，人們就傳說和珅財寶中有這麼一個東西。後來人們說孫殿英炸慈禧陵的時候，慈禧的棺材裏也發現了一個「翡翠西瓜」。這個西瓜，做了太多歷史故事的道具了。

不論如何，慈禧和恭親王本寄希望於用南京城中的巨額財富來緩解當前的財政困難，沒想到被曾國荃部搶得一毫不剩，豈能不惱怒異常。南京附近的普通百姓對曾國荃更是恨之入骨。李鴻章說：「沅翁百戰艱苦而得此地，乃至婦孺怨詛。」[1]

其實曾國荃是有點兒冤枉的。雖然曾國荃的部下搶了很多東西，但是曾國荃本人並沒有直接染指太多。我們來看曾國藩派駐曾國荃軍中做軍師的趙烈文的說法。趙烈文在日記中記錄了很多湘軍搶劫的情況，我們由此判斷，趙烈文日記是比較真實的。在他後來的日記中，卻有以下這樣的話。

同治六年（1867）六月十七日，曾國藩與趙烈文「言及沅師收城時事。余云：『沅師已實無所沾，但前後左右無一人對得住沅師耳。』」[2]。

就是說，在天京之戰三年之後，曾國藩和趙烈文聊起這次戰爭。趙烈文說，雖然曾國荃的部下都參與了搶劫，但是曾國荃本人，卻沒有撈甚麼東西。

按趙烈文的這種說法，曾國荃在天京之劫中即使有所收穫，也絕對不會是湘軍中收穫最多之人。

---

1 顧廷龍、戴逸主編：《李鴻章全集 29・信函一》，安徽教育出版社，2008 年，第 406 頁。

2 趙烈文撰：《能靜居日記》2，岳麓書社，2013 年，第 1066 頁。

除了趙烈文這個說法以外，還有一些人給曾國荃做過辯解，他們的論點論據，也都比較有說服力。

比如曾國荃的一位朋友說：「國荃甲子（指同治三年）乞病歸，傾所儲，置田屋，實不過銀三萬而已。」[1] 就是說曾國荃同治三年（1864）辭職回家後，他的所有家產，不過三萬兩白銀。我們知道，在回家以前，他做了六年高級將領。湘軍高級將領每年的合法收入是五千四百兩，那麼六年收入就三萬二千四百兩，而他這次回家所置家業也不過三萬兩銀子左右。這和他的合法收入大體相仿。

所以曾國荃雖然放縱部下搶掠，但自己在天京之劫中的收穫並不是特別巨大。曾國荃和曾國藩相比，當然很貪財，但是他的貪婪程度並沒有超過湘軍將領的平均水平，畢竟他也算是一個讀書人。然而關於曾九暴富的傳說卻滿天飛，並且如此有鼻子有眼。正如曾國藩所說，影響之來，無聲無跡。很多時候，報應不是專因某事，而是各種因素綜合作用的結果。曾國荃長期以來不恤人言，多年積累的不佳名聲，此時放大成「漫天箕口復縱橫」[2]。

在此之前，曾國荃雖然名聲不佳，但是朝廷畢竟需要這員猛將衝鋒陷陣，有甚麼不滿只能忍着。現在，仗已經打完了，曾國荃終於遭到了報應，收穫了那道聲色俱厲的上諭。

3. 自剪羽毛，讓曾老九離職

曾國藩深知，慈禧那道聲色俱厲的上諭雖然是下達給曾國荃的，實際上也是為了敲打他。

1 費行簡著：《近代名人小傳》。

2 《曾國藩全集・詩文》，岳麓書社，2011 年，第 85 頁。

對朝廷的猜忌，曾國藩早就有心理準備。他熟讀史書，更精通易理。《易傳》中說：「日中則昃，月盈則虧。」當一個人的地位、權勢、聲望達到頂點的時候，也就是要走下坡路的時候。稍微處理不慎，就會招致無法預計的危險。因此，越是輝煌的時候，越應該努力保持清醒的頭腦，趨福避禍。

怎麼趨福避禍呢？關鍵是處理好「權」和「利」兩個字。

早在攻下南京前，曾國藩就在給曾國荃的信中說：「然處大位大權而兼享大名，自古曾有幾人能善其末路者？總須設法將『權、位』二字推讓少許，減去幾成，則晚節漸漸可以收場耳。」[1] 同時兼有高位、大權和大名的人，自古以來，幾個人下場是好的？翻讀二十三史，可能只有郭子儀一個人結局不錯。所以要想收場，就要把「權」和「位」這兩個字推掉一些、減去幾成。

在寫給朋友的信中他又說：「入世已深，居位過高，中宵默念，但覺世味日多，天機日淺，若不早謀引退，將來鬥智競力，日入俗吏功利之途而不自覺。」就是說，我為了做事，入世越來越深，地位越來越高，夜裏睡不着自我反省，感覺身上世俗味道越來越重，天真越來越少。如果不早點謀劃引退，將來陷入爭權奪利中去，就會變成一個庸俗的政客。因此倘若攻克金陵，「決計引退」[2]。

他知道自己兄弟二人權勢已達峰巔，現在最需要做的是自剪羽毛。他的應對，一是奏請曾國荃辭職返鄉，另一個是主動裁撤湘軍。

曾氏兄弟二人同居高位，勢力太大，要讓清廷放心，兄弟二人須有一人暫時離職，韜光養晦。就目前情形看，因為朝廷最不放心也最厭惡的是曾國荃，不妨讓他先回家避避風頭。等到時過境遷，朝廷的猜疑之心解除之後，自然還會想起曾國荃來，曾國荃受到大

1 《曾國藩全集・家書》2，岳麓書社，2011 年，第 108 頁。

2 《曾國藩全集・書信》6，岳麓書社，2011 年，第 517 頁。

用的機會還很多。現在外間雖有閒話，但隨着老九的隱退，也必然會慢慢消解。曾國藩勸解老九說：「弟少耐數月以待之，而後知吾言之不謬也。」[1]

讓曾國荃暫時離職（當時叫「開缺」）的理由，自然是身體欠佳，「萬難再當大任」。曾國藩代曾國荃正式奏請「開缺回籍」，調理身體。不過他在奏摺中也點明，此舉也是「求所為善聚不如善散，善始不如善終之道」，說明了曾氏兄弟希望與朝廷有始有終的願望。[2]

按傳統時代政治慣例，朝廷在這種情況下應該適當挽留一下，所以曾國藩的第一道奏摺沒有得到批准。曾國藩遂於八月二十七日上了第二道奏摺。這一次朝廷反應奇快，九月初四日即發下上諭批准，其間僅僅隔了七天。可見慈禧和恭親王是多麼迫切地希望曾國荃從他們眼前消失。

清廷對曾國藩更不放心的是他手裏的軍隊。曾國藩在同治三年（1864）四月初三日致李鴻章的函中說：

> 長江三千里，幾無一船不張鄙人之旗幟，外間疑敝處兵權過重，利權過大，蓋謂四省釐金，絡繹輸送，各處兵將，一呼百諾，其相疑良非無因……[3]

長江三千里上下，幾乎沒有一條大船不掛着「曾」字旗幟。因此別人懷疑我手中兵權過大，說我掌握四省財政，對天下各處軍隊都有影響力，這種說法也不是沒有道理。

---

1 《曾國藩全集・家書》2，岳麓書社，2011 年，第 318 頁。

2 《曾國藩全集・奏稿》7，岳麓書社，2011 年，第 346 頁。

3 《曾國藩全集・書信》6，岳麓書社，2011 年，第 564 頁。

曾國藩總結歷史，得出一個結論：「自古握兵柄而兼竊利權者，無一不凶於國，而害於家。」因此毅然決定裁撤湘軍。

七月十三日，距離湘軍攻佔金陵還不到一個月，曾國藩就下令裁撤曾國荃直接指揮的湘軍兩萬五千人。一年多後，除湘軍水師改編為經制長江水師，其餘曾氏兄弟直轄湘軍均被裁撤。與此同時，左宗棠部湘軍也由六萬餘人裁去四萬多，其餘江西、湖南等地湘軍也大部遣散。

曾國藩大規模自裁湘軍，既減輕了朝廷對他的疑慮，也使湘軍後期出現的諸多問題一了百了。此時湘軍已染上很深的暮氣，紀律已經敗壞，經常騷擾地方。隨着軍隊的遣散，這些問題也就解決了。

朱東安說：「曾國藩主要依靠這條策略完成了政治上的退卻，緩和了同清政府的矛盾，鞏固了自己的地位，化險為夷，渡過難關。能夠做到這一點絕非易事，在中國封建社會中，像曾國藩這樣恰如其分地完成這種轉變的事例是不很多的，而身敗名裂、兔死狗烹者則史不絕書。此亦足見其歷史經驗之豐富、政治嗅覺之靈敏，審事詳明，處事果斷。」[1]

朝廷因此對曾國藩態度大為改變，一是不再追究曾國荃的問題，放手讓曾國藩治理兩江，對湘軍其他骨幹照舊放手任用，二是不再追究天京城內財寶的下落，還宣佈湘軍軍費不必逐一造冊送戶部審查，直接報銷，以表示對曾國藩的信任。曾國藩寫信給他的財務總管李瀚章說：「各路軍營免辦報銷，近日皇恩浩蕩，此旨尤為出人意表。……聞此恩旨，直如罪人遇赦，大病將愈，感激涕零。」[2]

1 朱東安著：《曾國藩傳》，遼寧人民出版社，2014 年，第 197 頁。

2 《曾國藩全集・書信》7，岳麓書社，2011 年，第 113 頁。

4. 與左宗棠的恩怨情仇

不過，處理好撤軍事宜，並不意味着曾國藩解決了全部危機。在平定太平天國後不久，湘軍集團就遇到了另一個危機：曾國藩和左宗棠這兩個湘軍領袖公開決裂。

曾國藩與左宗棠淵源也很深，他們也是湖南老鄉，年齡只差一歲。左宗棠自幼聰明，才華出眾，可惜中舉之後三次會試都不能中進士，因此無法以正常方式進入仕途。咸豐二年（1852）年底，曾國藩墨絰出山到長沙辦團練之時，左宗棠正給當時的湖南巡撫張亮基當幕友。左宗棠以師爺身份，給曾國藩幫了很多忙。

咸豐九年（1859），左宗棠因為在巡撫幕府中盛氣凌人，凌辱朝廷命官樊燮，朝廷發下諭旨，命人逮捕左氏，「果有不法情事，可即就地正法」[1]。曾國藩聞訊「焦灼極切」，全力以赴，託關係走後門，幫左氏解脫。在眾人的幫助下，左宗棠此難最終得到了化解。

左宗棠脫身以後，來到曾國藩大營。曾國藩保舉左宗棠「剛明耐苦，曉暢兵機」[2]，皇帝於是命左氏作為曾國藩的助手，襄辦湖南軍務。曾國藩派左宗棠回到湖南募勇，左宗棠募得楚軍五千人，屢立戰功。

咸豐十一年（1861），朝廷命曾國藩督辦江蘇、安徽、江西、浙江四省軍事後，曾國藩決定將浙江軍務全盤交給左宗棠，讓他從此獨當一面。不久清政府在曾國藩的建議下任命左宗棠為浙江巡撫，從此，舉人出身的左宗棠正式步入大員行列。同治二年（1863）三月，清廷更超擢他為閩浙總督。

---

1 《清代野史》第 6 輯，巴蜀書社，1987 年，第 284 頁。

2 《曾國藩全集・奏稿》2，岳麓書社，2011 年，第 488 頁。

應該說，左宗棠的一生事業，受曾國藩之提攜甚力。然而在攻下南京之後，兩個人的關係卻迅速惡化。

天京陷落，曾國藩兄弟封侯。然而，就在封侯的喧鬧喜慶過去不久，曾國藩又一次陷入了苦惱之中。

原來，曾國荃午夜送來的那張捷報存在一個致命的問題。南京城破前，洪秀全已經去世，他的兒子、十六歲的洪天貴福登基，被稱為「幼天王」。曾國荃在湘軍攻破外城後即回營大睡，未進行嚴密佈置，吉字營上上下下忙着搶劫各王府裏的金銀財寶，為此而放鬆了防守，讓李秀成等人護送着幼天王衝出城牆。曾國荃沒有掌握這個情況，他的判斷是天王府火勢猛烈，幼天王等應該已經死於火中。因此他第一時間貿然向曾國藩彙報說，幼天王「積薪宮殿，舉火自焚」。曾國藩相信了弟弟，向朝廷彙報說：

> 據城內各賊供稱，首逆洪秀全實係本年五月間官軍猛攻時服毒而死，瘞於偽宮院內，立幼主洪福瑱重襲偽號。城破後，偽幼主積薪宮殿，舉火自焚等語。應俟偽宮火熄，挖出洪秀全逆屍，查明自焚確據，續行具奏。[1]

也就是說，根據城內太平軍俘虜供稱，洪秀全已經在同治三年（1864）五月服毒而死（事實上並非服毒，曾國藩這樣說，只是為了凸顯洪秀全是死於湘軍攻城的壓力之下），埋在了偽王宮之中，他的兒子洪福瑱繼位。城破之後，幼主已經在宮中舉火自焚。等以後火熄，當挖出洪秀全的屍體，查到洪福瑱自焚的確切證據，再行上奏。

這樣說來，南京城內十萬太平軍皆被消滅，南京一役，圓滿成功。

---

1 《曾國藩全集・奏稿》2，岳麓書社，2011年，第299頁。

但是不久之後，李秀成就在城外被抓，供出幼天王已經遠走。曾國藩得知真相後，如同兜頭一瓢涼水。自古用兵，講究擒賊擒王斬草除根，幼天王逃走，則太平軍殘部猶心有所繫，鎮壓太平天國自然不能算徹底成功，曾國荃血戰兩年得來的「首功」由此也大打折扣。曾國藩只能盼佈防的湘軍在南京城外迅速抓住幼天王。這樣，他也可以從容向朝廷彙報，措辭中極力迴旋，使他們兄弟不至於十分難堪。

讓他想不到的是，幼天王居然一路逃過湘軍在南京城外的層層佈防，千里奔逃到湖州，投奔了當時太平軍餘部中的堵王黃文金部。更讓他想不到的是，居然有湘軍將領不先稟告他，直接將此消息報告了朝廷。

此人就是左宗棠。

左宗棠通過線人，得知了幼天王的蹤跡。按常理，他應該及時把這個消息告訴曾國藩，讓曾國藩決定如何處置整件事情。再退一步，即使是由他來向朝廷彙報，他無論如何也應該先向曾氏兄弟通報一下情況。這樣於國家無損，而於私誼有益。事實上，在以前的軍務大端上，左宗棠一直是這麼做的，只有這次，在涉及曾氏兄弟根本利益的大事上，左宗棠沒有這樣做。在獲得了幼天王的下落後，他立刻於七月初六日直接奏報朝廷：

> 據金陵逃出難民供，偽幼主洪瑱福（洪福瑱）於六月二十一日由東壩逃至廣德，二十六日，堵逆黃文金迎其入湖州府城，查湖郡守賊黃文金、楊輔清、李遠繼等皆積年逋寇，賊數之多，約計尚十餘萬，此次互相勾結，本有拼命相持之意。玆復藉偽幼主為名，號召賊黨，則其勢不遽他竄可知。[1]

1　左宗棠撰，劉泱泱校點：《左宗棠全集・奏稿》1，岳麓書社，2014年，第421頁。

也就是說，據金陵逃出來的難民交代，幼天王逃到了廣德，被堵王黃文金接入湖州城。黃文金等都是太平天國骨幹，又擁十萬殘部，本來就要戰鬥到最後一刻。如今又得到了幼主作為號召，實在十分危險。其他太平軍殘部，有可能前來會合。

這道奏摺，有實情，也有誇大。幼天王逃至湖州是實，但是所謂他受到太平天國十萬殘部的熱烈歡迎，「拼命相持」，卻是誇大不實之詞。其實，洪秀全在天國覆亡之前已經人心喪盡，毫無政治經驗、與臣下素無交往的幼主更談不上甚麼號召力。李世賢、汪海洋等殘餘將領對「迎駕」「護駕」根本不感興趣，不想給自己找麻煩，所以幼天王在逃亡途中總是「趕不上」他們。堵王黃文金雖有「迎主」的舉動，其後卻對幼天王本人避而不見。由此可見，幼天王這條小泥鰍已經翻不起大浪，不值得人們那樣大為緊張了。

左宗棠誇大幼天王的影響力，意圖十分明顯，那就是要貶損曾氏兄弟的戰功。他告訴朝廷，幼天王遠比南京城更重要。幼天王逃出，並且受到十萬殘部的熱烈歡迎，那麼太平天國各地殘部聯合起來，重新興盛，並非沒有可能。看來鎮壓太平天國大業，只是完成了一半。而曾氏兄弟就是憑着這一半成功，騙得了封侯之賞。

左宗棠的目的果然達到了，朝廷勃然大怒。慈禧太后萬萬沒想到素稱老實厚道的曾國藩居然敢如此欺君罔上，於是降下嚴旨，切責曾國藩：

> 據曾國藩奏洪福瑱積薪自焚，茫無實據，似已逃出偽宮。李秀成供曾經挾之出城，後始分散。其為逃出，已無疑義。湖熟防軍所報斬殺淨盡之說，全不可靠。着曾國藩查明。此外究有逸出若干？並將防範不力之員弁，從重參辦。[1]

1 《曾國藩全集・奏稿》7，岳麓書社，2011 年，第 356 頁。

這道諭旨語氣空前嚴厲，不僅指責曾國藩以前的奏摺「茫無實據」「全不可靠」，而且要嚴懲曾國藩的部下，「將防範不力之員弁從重參辦」。不要說慈禧主政以來，對曾國藩一直是客客氣氣的，就是對曾國藩不太感冒的咸豐皇帝，也從來沒有說過這樣的重話。曾國藩的自尊心受到了空前打擊，聲譽也大大受損。

推動左宗棠做出這個舉動的，是糾纏了他一生的「科舉情結」和「瑜亮情結」。

雖然一生多次得到曾國藩的幫助，但是左宗棠對曾國藩的評價卻一直不高。當初曾國藩以二品大員身份到長沙「幫辦團練」，左宗棠以一介小小的師爺身份與他初次接談，就得出了曾氏才略平平的結論。左宗棠在給朋友的信中談說：

> 曾滌生侍郎來此幫辦團防。其人正派而肯任事，但才具稍欠開展。[1]

後來雖然曾國藩創建湘軍，在兩湖接連取勝，左宗棠仍然看不起曾國藩。他在與胡林翼等朋友的通信中提到曾國藩時經常說，「滌公方略本不甚長」[2]，「鄉曲氣太重」，「才亦太缺」[3]，「於兵事終鮮悟處」[4]。

左宗棠看不起曾國藩，有一個重要的心理上的原因。左宗棠自幼就自命不凡，認為自己是天縱之才，以為自己肯定能早早科名發達，不料連年落第，因此對於那些高中科甲之人，下意識中一直有一股莫名的敵意。在他後來的家書中，經常能看到他對科名中人的

1 左宗棠撰，劉泱泱校點：《左宗棠全集・書信》1，岳麓書社，2014年，第80頁。
2 左宗棠撰，劉泱泱校點：《左宗棠全集・書信》1，岳麓書社，2014年，第186頁。
3 左宗棠撰，劉泱泱校點：《左宗棠全集・書信》1，岳麓書社，2014年，第271頁。
4 左宗棠撰，劉泱泱校點：《左宗棠全集・書信》1，岳麓書社，2014年，第264頁。

譏評之語，比如：「人生精力有限，盡用之科名之學，到一旦大事當前，心神耗盡，膽氣薄弱……八股愈做得入格，人才愈見庸下。」[1]換句話說，在他看來，科舉越成功的人，能力往往就越差。

曾國藩中進士，點翰林，很快做到侍郎。左宗棠才華橫溢，卻進身無門，只好充當幕僚。所以左宗棠看待曾國藩，下意識地一直戴着有色眼鏡，千方百計放大曾國藩身上的缺點和毛病，來驗證自己的「上天不公論」和「科舉無用論」，為自己尋找一個心理平衡。

除了「科舉情結」外，左宗棠內心還深藏着「瑜亮情結」。左宗棠平生以諸葛自命。「每與友人書，自署『老亮』，以漢武侯自比。繼又言：『今亮或勝於古亮。』」[2]每提起曾氏，他心中總會湧起一股難言的怨氣。原因只有一個，那就是曾國藩在舞台當中佔據了本來應該屬於他的「主角」位置。曾國藩正是直接阻礙他成為「今亮」的罪魁禍首。以主帥身份平定了太平天國，這就是曾國藩對不起他左宗棠之處。

如謂不信，請看這樣一個故事。左宗棠晚年，曾經為一幅叫《銅官感舊圖》的畫作序。銅官就是曾國藩靖港之敗後自投湘江之處，《銅官感舊圖》畫的就是曾國藩當年自殺之事。左宗棠的序中有這樣一句：「公（曾國藩）不死於銅官，幸也。即死於銅官，而謂蕩平東南，誅巢馘讓，遂無望於繼起者乎？殆不然矣。」[3]

這句話揭開了左宗棠心底的秘密。翻譯成白話，這句話的意思就是，曾國藩那次投水沒死，當然是天下之幸。但是如果說他死了，天下就沒救了，也不是那麼回事兒。

從這句話不難看出，左宗棠真恨不得曾氏死於當時，那麼，「蕩

1　左宗棠撰，劉泱泱校點：《左宗棠全集・家書詩文》，岳麓書社，2014 年，第 20 頁。

2　朱孔彰撰：《中興將帥別傳》，岳麓書社，1989 年，第 63 頁。

3　左宗棠撰，劉泱泱校點：《左宗棠全集・家書詩文》，岳麓書社，2014 年，第 239 頁。

平東南，誅巢馘讓」的應該就是他了。他相信，如杲這齣大戲由他來導演，一定會比曾國藩導得精彩許多。所以在平定太平天國的戰爭中，他多次在與朋友的通信中認為曾氏用兵呆滯，「非辦賊之人」，以為曾氏之才不足以平定太平天國，要拯救大清王朝，還需要別人出手。

曾國藩是寬厚之人，左宗棠的惡評當然或多或少會傳入曾國藩的耳朵，曾國藩卻沒有做出過任何反駁或者辯白，對左宗棠仍然一如既往地推重。

左宗棠在曾國藩的推薦下擔任巡撫，已經屬於破格超升。而僅僅一年時間，並無特殊建樹，朝廷居然又擢升他為閩浙總督，讓他與曾國藩平起平坐。

這個決定的背後隱藏着清廷極為深刻的用心。他們怕曾國藩尾大不掉，使左氏與曾分庭抗禮，就是為了分裂湘軍，牽制「兵權過重」的曾國藩，達到分湘系集團而治之的目的。

這一策略很快奏效。南京城破，曾國藩獲得封侯首功，左宗棠心裏非常不平衡。在平定太平天國之後，當時之人品評天下人物，每以曾、左、李為序，大家認為這是左宗棠的榮耀，左宗棠對此卻相當不以為然。後來，他曾這樣對郭嵩燾說：「閣下……生平惟知曾侯、李伯及胡文忠而已，以阿好之故，並欲儕我於曾、李之列。於不佞生平志行，若無所窺，而但以強目之，何其不達之甚也。」[1] 也就是說，你一直只推崇曾國藩、李鴻章和胡林翼。為了討好我，說我可以和曾、李並列。其實你這樣做，是不了解我。言下之意是，我比他們高明得太多了。

所以，獲知幼天王的下落後，他想也沒想，憑着條件反射式的本能反應，第一時間做出了這個舉動。

1　左宗棠撰，劉泱泱校點：《左宗棠全集・書信》1，岳麓書社，2014 年，第 648 頁。

如果僅關乎個人名譽，曾國藩可能會坦承自己調查不周，引咎自責，但事情涉及他的部下，特別是兄弟曾國荃，他無法讓步。特別是左宗棠奏摺中的蓄意誣陷，更讓他氣憤難平。他固然知道左宗棠臉酸心硬，但想不到他忘恩負義、恩將仇報到如此地步。

曾國藩輕易不會攻擊別人，但一旦出手，那鋒芒也是常人難敵。他在回奏中這樣向左宗棠發起了攻擊：

> 至防範不力之員弁，是夕賊從缺口衝出，我軍巷戰終日，並未派有專員防守缺口，無可指之汛地，礙難查參。且杭州省城克復時，偽康王汪海洋，偽聽王陳炳文兩股十萬之眾，全數逸出，尚未糾參。此次逸出數百人，亦應暫緩參辦。[1]

諭旨威脅要將「防範不力之員弁，從重參辦」。曾國藩卻說，當時全軍都忙於戰鬥，「並未派有專員防守缺口，無可指之汛地」，由此推卸了部下的責任。接下來，他反戈一擊，揭出左宗棠當年的一樁老底：原來，同治三年（1864），左宗棠攻陷杭州後，曾有數萬太平軍逃出，左宗棠卻彙報成只有數千人。這事曾國藩早就心知肚明，卻一直為左宗棠保密，直到今天，才不得不作為撒手鐧拋了出來。

左宗棠沒想到曾國藩會來這一手。事情鬧到這一步，左宗棠已經騎虎難下，況且他本是好辯之人，怎能偃旗息鼓？他馬上再次上奏，絞盡腦汁進行反駁。雙方你來我往，攻防都很精彩。讓他們互揭老底、自相殘殺，本來就符合朝廷分而治之之計，中樞看到這些奏摺，心中暗喜，但是現在畢竟敵人沒有徹底被「剿」滅，還不到烹走狗之時，所以不得不和一下稀泥：

1 《曾國藩全集・奏稿》7，岳麓書社，2011 年，第 350 頁。

朝廷於有功諸臣，不欲苛求細故。該督（謂左宗棠）於洪幼逆之入浙則據實入告，於其出境則派兵跟追，均屬正辦。所稱此後公事仍與曾國藩和衷商辦，不敢稍存意見，尤得大臣之體，深堪嘉尚。朝廷所望於該督者至大且遠，該督其益加勉勵，為一代名臣，以副厚望。[1]

雖沒有過多地指責曾國藩，卻大大地表揚了左宗棠的公忠正大，稱左宗棠「為一代名臣」，其貶低曾國藩抬高左宗棠之意顯然。

這年九月，清軍終於在江西擒獲幼天王，從事實上證明了左勝曾敗，曾國藩更陷於難言的尷尬。雙方徹底失和，自此而始。直到曾國藩去世，兩人之間再沒任何私下交往。正如薛福成云：「左文襄公自同治甲子與曾文正公絕交以後，彼此不通書問。」[2]

左宗棠如此對待曾國藩，可謂恩將仇報，實出乎常情常理之外。其實左宗棠一生於朋友之道不屑於用心講求，先後絕交的朋友不止曾國藩一人。他和郭嵩燾、李鴻章、沈葆楨也無不鬧翻。

相比之下，曾國藩的人際交往就比左宗棠成功多了。曾國藩一生朋友如雲，且其所深交，都是相當傑出的人物。曾國藩一生功業，半受朋友之助。他事業的成功，從某個角度來說，是善於用人的結果。反過來說，他更善於設身處地為他人着想，對朋友提攜報答，不遺餘力。

失和之後，曾國藩從來沒有公開說過左氏一句壞話，私下裏也不怎麼對人談論他與左氏的是非短長，真的做到了「相忘於江湖」。

---

1 左宗棠撰，劉泱泱校點：《左宗棠全集・奏稿》1，岳麓書社，2014 年，第 435 頁。

2 薛福成著：《庸庵筆記》，江蘇人民出版社，1983 年，第 49 頁。

然而，左宗棠停止不了對曾國藩的評論。許多筆記資料都記載，曾左失和之後，左宗棠每見一人，都要談他與曾國藩關係的來龍去脈。每談此事，則必「大罵」曾國藩。

曾國藩的部下薛福成就這樣記載說：

> 文襄每接見部下諸將，必罵文正。然諸將多舊隸文正者，退而愠曰：「大帥自不快於曾公斯已矣，何必對我輩煩聒？且其理不直，其說不圓，聆其前後所述，不過如是。吾耳中已生繭矣。」[1]

就是說，左宗棠每次接見部下時，都有一個保留節目，就是罵曾國藩。然而，他的部下，以前大部分都是曾國藩的部下，因此聽了都很不高興，出來後都說，你和曾公的恩怨是你們的私事，老跟我們說個甚麼勁兒呢？何況聽來聽去，你也沒甚麼理，聽得我們耳朵都長了繭了。

同治五年（1866），郭嵩燾寫給曾國藩的一封信也驗證了薛福成的這一說法。

郭嵩燾對曾國藩彙報說：「退庵言在營日兩食，與左君同席，未嘗一飯忘公，動至狂詬。」[2] 就是說，吳士邁（號退庵）在左宗棠營中吃了兩頓飯，都和左宗棠一桌。左宗棠沒有一頓飯不提你的，動不動就破口大罵。

面對左宗棠的不斷攻擊，曾國藩採取了如下對策：

一是要求自己的親朋好友及家人不要回擊左宗棠，避免火上澆油，反而鼓勵他們儘量與左宗棠搞好關係。他一再讚揚李鴻章：「閣

1　薛福成著：《庸庵筆記》，江蘇人民出版社，1983 年，第 49 頁。

2　郭嵩燾撰，梁小進主編：《郭嵩燾全集》13，岳麓書社，2012 年，第 207 頁。

下不與左帥爭意氣，遠近欽企。」[1] 並說這是李進德甚猛的表現。他還囑咐自己的兒子，不要因此與左宗棠、沈葆楨等人交惡：「余於左、沈二公之以怨報德，此中誠不能無芥蒂，然老年篤畏天命，力求克去褊心忮心。爾輩少年，尤不宜妄生意氣，於二公但不通聞問而已，此外着不得絲毫意見。切記切記。」[2]

二是對左宗棠的攻擊不聞不問，不予回答。

曾國藩收到郭嵩燾的信後，並不生氣，蓋這早在他意料之中。他在覆郭氏信中委婉地說：

> 左公之朝夕詬詈，鄙人蓋亦粗聞一二，然使朝夕以詬詈答之，則素拙於口而鈍於辯，終亦處於不勝之勢。故以不詬、不詈、不見、不聞、不生、不滅之法處之，其不勝也終同，而平日則心差閒而口差逸。
>
> 年來精力日頹，畏暑特甚。雖公牘最要之件，瀏覽不及什一輒已棄去，即賀稟諛頌之尤美者，略觀數語，一笑置之。故有告以詈我之事者，亦但聞其緒，不令竟其說也。[3]

也就是說，我早就聽說左公早晚不停地罵我。然而如果讓我也這樣罵他，我口笨心拙，肯定罵不過他。不如以一不罵二不聽三不管的辦法處理，結果也一樣是「不勝」，但省心省力。老來精力日頹，正事還忙不過來，聽那些頌揚我的話還聽不過來，所以有告訴我別人罵我的事，我只聽個大概，不讓他們說完。

曾國藩的回信不溫不火，你可以說他達觀，可以說他淡然，也

---

1 《曾國藩全集・書信》6，岳麓書社，2011 年，第 590 頁。

2 《曾國藩全集・家書》2，岳麓書社，2011 年，第 490–491 頁。

3 《曾國藩全集・書信》9，岳麓書社，2011 年，第 172–173 頁。

可以說他幽默。他相信自己的拙誠終能白於天下，不必浪費精力與左宗棠爭無謂之口舌。

同治五年（1866），左宗棠出任陝甘總督，受命鎮壓西捻軍。後又因為西北地區回教起義導致局勢動蕩不安，左宗棠繼續西征。曾、左二人因此也有了平生最後一次交集。

左宗棠十分看重這次出兵，平定太平天國，他只是曾國藩的配角，這次西征他卻成了主角。雖然頭髮已白，他卻豪情萬丈，決心傾情出演。

然而這次出征面臨着一個最大的難題，那就是籌餉。因為西北乃天下貧瘠之區，餉源不能指望當地，勢必要「用東南之財賦，贍西北之甲兵」。西征之初，他就對朝廷聲明，這次戰爭籌餉重於指揮戰鬥。他在信中甚至這樣說：「仰給各省協款，如嬰孩性命寄於乳媼，乳之則生，斷哺則絕也。」[1] 仰仗各省提供的軍餉，如同嬰兒仰仗乳汁一樣，一旦停了，命就沒了。

這樣，曾國藩與左宗棠不可避免地又要打起交道。因為同治九年（1870），曾國藩回任兩江總督，其轄下的江蘇乃西征軍重要的餉源地。

晚清督、撫之間的個人關係，對政治運作影響極為重大。事實上，雖然朝廷規定各省要按份額及時供給西征軍軍費，但只有少數與左宗棠個人關係好的省份盡力供應，而那些與左宗棠個人關係一般的省份都沒能做到如數按期。《光緒朝東華錄》概括西征之餉的落實情況說：「各省撥解之數，有過半者，有不及一半者。惟湖南止解三分之一，河南撥解不及十分之一，廣東、福建、四川欠解亦多。」

---

1 左宗棠撰，劉泱泱校點：《左宗棠全集・奏稿》6，岳麓書社，2014 年，第 305 頁。

所以，當左宗棠聽說曾國藩回任兩江後，第一反應是擔心曾國藩不實心實意支持他，破壞他成就大功：「我既與曾公不協，今彼總督兩江，恐其隱扼我餉源，敗我功也。」[1]

然而不久他就發現自己判斷錯了。其後，曾國藩分內的那份軍餉就源源不斷，穩定而可靠地輸送而來，不但足額而且及時。這讓左宗棠大為意外。「文正為西征籌的餉，始終不遺餘力，士馬實賴以飽騰。」[2]

除此之外，在左宗棠「剿」捻及西征中，曾國藩又將最得意的部下劉松山交給左宗棠使用。劉松山屢立巨功，對左宗棠幫助極大。「又選部下兵最練、將最健者，遣劉忠壯公（松山）一軍西征，文襄之肅清陝甘乃新疆，皆倚此軍之力。是則文襄之功，文正實助成之。」[3]

曾、左晚年這最後一次交集，確實頭一次感動了左宗棠。左宗棠第一次對曾國藩產生了發自內心的敬重和欽佩。這是曾、左關係上的一個重要轉折點。因此曾國藩去世後，身在西北前線的左宗棠派人千里迢迢送來一副誰也沒有料到的輓聯，終於承認自己不如曾國藩。其文曰：

> 謀國之忠，知人之明，自愧不如元輔。
> 同心若金，攻錯若石，相期無負平生。[4]

對曾、左一生的恩恩怨怨，人們評價議論得很多。其中郭嵩燾的評價值得一讀。

---

1 薛福成著：《庸庵筆記》，江蘇人民出版社， 1983 年，第 43 頁。
2 薛福成著：《庸庵筆記》，江蘇人民出版社， 1983 年，第 49 頁。
3 薛福成著：《庸庵筆記》，江蘇人民出版社， 1983 年，第 49 頁。
4 薛福成著：《庸庵筆記》，江蘇人民出版社， 1983 年，第 49 頁。

對於一生至交曾國藩，郭嵩燾由親近而敬佩，最後甚至達到崇拜的地步。有一次，郭嵩燾在曾氏大營中待了幾天，在日記中記下他人如何評曾：

> 相國好諛而不廢逆耳之言，好霸氣而一準諸情理之正，是從豪傑入者。其於用人處事，大含元氣，細入無間，外面似疏而思慮卻極縝密，說話似廣大不落邊際而處事卻極精細，可為苦心孤詣。嘗言李申甫能知我深處，不能知我淺處。又嘗言古人辦事不可及處，只是運用得極輕，庖丁解牛，匠石運斤成風，有此手段，所謂不動聲色措天下於太山之安者，輕而已矣。[1]

也就是說，曾國藩喜歡聽好話，也能聽壞話。做事能決斷、有霸氣，但都是憑情理。用人處事，從大的格局到小的細節，都值得學習。表面上看很疏朗大氣，其實思維極縝密。說話表面上聽起來不着邊際，實際上辦事極精細。他曾經說，李榕只了解我的深處，不了解我的淺處。又說，古人辦事，之所以不可及，只是能夠舉重若輕。為甚麼能夠不動聲色就改變天下大勢呢？舉重若輕而已。

這哪是寫曾國藩，簡直就是在描寫活聖人。在另一處日記中，他這樣評價曾、左二人的不同：

> 左帥以盛氣行事而不求其安，以立功名有餘，以語聖賢之道，殆未也。[2]

1　郭嵩燾撰，梁小進主編：《郭嵩燾全集》8，岳麓書社，2012 年，第 556 頁。

2　郭嵩燾撰，梁小進主編：《郭嵩燾全集》9，岳麓書社，2012 年，第 190 頁。

左宗棠做事，憑的是一股氣，但不管這件事千萬年後能否經得住評價。王船山說，聖賢一定是豪傑，而豪傑不一定是聖賢。在郭嵩燾看來，曾國藩是聖賢，而左宗棠僅止於豪傑，這就是二人的根本區別。

第三卷

總督生涯

第十三章

兩江總督的清與濁

1. 不准大排場，只收小禮物

咸豐十年（1860）四月十九日，曾國藩署理兩江總督。同治十一年（1872）二月初四日，他在兩江總督任上去世。他一生三次總督兩江，時間累計長達八年。[1] 這是他擔任的時間最長、任務最重的一個地方職務。

在同治三年（1864）攻佔南京以前，軍事是他的工作重心，但是隨着大局日益明朗，民生和吏治在他工作日程表中的分量越來越重。

曾國藩從政和治軍的初衷是「濟世人於水火，解生民於倒懸」，而兩江地區的百姓確實經受了太多痛苦。

和大清王朝的其他地區的人民不同，兩江一帶民眾受的是夾板罪。

在太平軍到來之前，百姓受的是清王朝官吏的百般魚肉和沉重剝削。晚清政治腐敗，地方官幾乎無不貪污。李鴻章曾在奏章中描述晚清的吏治狀況說：「政以賄成，婪索相競。自大府以至牧令，

1 同治四年五月初三日他接奉上諭，北上「剿」捻，兩江總督由李鴻章署理，首任兩江總督幾乎整整五年。「剿」捻約一年半後，同治五年十一月初六，曾國藩回到兩江總督本任。同治七年七月二十日，他奉命調任直隸總督，二任兩江總督不到兩年。同治九年八月初二日，曾國藩與李鴻章對調，仍回任兩江總督。這次他在江督任上一直做到同治十一年二月初四日去世。總計他一生擔任總督長達十年多，其中兩江總督約八年，直隸總督約兩年。

罕能以廉公自持。取之僚屬者，節壽有賀儀，到任有規禮，補缺署缺有酬謝。取之商民者，街市舖戶有攤派。變本加厲，上下相沿，不以為怪。」[1]

所謂羊毛出在羊身上，官場上這些花樣百出的腐敗的來源，都是民脂民膏。官員們剝削百姓的主要方式，是以辦公經費不足等藉口收取「附加費」。本來在正稅之外多收百分之十的附加費就可以滿足辦公經費需要，但是他們可能收取百分之二十、百分之五十，甚至百分之百至幾百。至於其名目，則多如牛毛，總名之下，還有子名，子名之外又有別稱，同一名目又因官、因地、因時，各有不同的內容。[2] 如胡林翼所稱：「州縣書役樣米、淋尖、踢斛、拋散、溷淆，以及由單、串票、號錢、差費等等名目……計每縣陋規多至數十款、百餘款。」[3] 因此大清王朝雖然總是聲稱自己愛惜民力，「輕徭薄賦」，優於前代，但是實際稅率卻非常高。

在太平天國起義之前，江南各省的「附加費」也就是「浮賦」問題在全國非常突出。比如江蘇省在咸豐前期，如果給國家交一石米的漕糧，老百姓本來只需要交兩千文錢。但是官府卻層層加碼，各地需要交八千、十千至十八千文不等，附加稅達到了正稅的三倍至八倍不等。[4]「浙江杭、嘉、湖三府漕糧折徵，最初每石收六千餘文，以後逐漸提高，致一石之漕糧，合時價達兩石以上。」[5] 當時就有人說：「江南必反於漕。」[6] 果然，太平軍一到，那些活不下去的貧民紛紛隨之而去。

---

1 顧廷龍、戴逸主編：《李鴻章全集・奏議十四》，安徽教育出版社，2008 年，第 305 頁。

2 張晨著：《清代部費陋規問題研究》，武漢大學 2013 年博士學位論文，第 67 頁。

3 胡林翼撰，胡漸逵、胡遂、鄧立勳校點：《胡林翼集》1，岳麓書社，2008 年，第 332 頁。

4 吳雲著：《兩罍軒尺牘》卷 5，第 13 頁。轉引自潘國旗著：《太平天國後期清政府的「減賦」政策芻議》，《財經論叢》2006 年第 1 期，第 98 頁。

5 潘國旗著：《太平天國後期清政府的「減賦」政策芻議》，《財經論叢》2006 年第 1 期，第 98 頁。

6 馮桂芬著：《均賦稅議》，《顯志堂稿》卷十，光緒二年校邠廬刻本。

那麼，太平軍來了，百姓們就享了福嗎？也沒有。追隨太平軍的百姓很快發現，他們的日子並沒有好轉，反而從十七層地獄轉入第十八層。清王朝的地方治理已經一塌糊塗，而太平天國的地方治理能力又遠低於清王朝。

十餘年來，兩江總督所轄的江蘇、安徽、江西都是清軍與太平天國作戰的主要戰場。在清朝一方的貪官污吏和太平軍的包租制度交相摧殘下，兩江這個從前最富庶的地方，處處「白骨露於野，千里無雞鳴」。曾國藩在給郭嵩燾的信中感歎：「皖省羣盜如毛，人民相食，或百里不見炊煙。」[1] 過去，南京到蘇州一帶，「皆富饒殷實，沿運河十八里，廛舍櫛比，人民熙熙攘攘，往來不絕」，現在，則「房舍、橋樑，盡被拆毀，十八里中杳無人煙，雞、犬、牛、馬絕跡。自此至無錫，沿途如沙漠，荒涼萬里」。[2] 要解民眾於倒懸，第一步是通過戰爭收復領土，第二步則是整頓吏治，革除陋規。

早在京官時代，曾國藩就認為當時天下一切弊端根子都在吏治。他說，要挽救國家危局，就必須從吏治入手。「若不從吏治人心痛下功夫，滌腸蕩胃，斷無挽回之理。」[3]「務須從吏治上痛下功夫，斯民庶可少甦。」[4] 問題是，那時他是一介京官，只有發言權，沒有行動權。如今成了地方大吏，終於可以對吏治採取切實行動了。

官場上講究「亮相」。一位新官以甚麼姿態出現在官場之上，在任何時代都是個需要認真斟酌的問題。

咸豐十年（1860）五月十五日，也就是升任兩江總督二十六天後，曾國藩要從大本營沿江東下，前往祁門。這次出行，對於兩江

1 《曾國藩全集・書信》6，岳麓書社，2011 年，第 68 頁。

2 李文治編：《中國近代農業史資料第一輯（1840—1911）》，生活・讀書・新知三聯書店，1957 年，第 148 頁。

3 《曾國藩全集・書信》2，岳麓書社，2011 年，第 641 頁。

4 《曾國藩全集・書信》2，岳麓書社，2011 年，第 662 頁。

地區的官場來說，就是新任總督的「亮相」之舉。

湘軍官兵盼着曾國藩成為總督，眼睛都盼綠了。如今曾國藩如願以償，湘軍上下也都揚眉吐氣，歡欣鼓舞。曾國藩預料到，各處水師一定會大擺宴席，對他大搞迎送儀式。

清代官場上，對迎送排場非常講究，有許多精細的「尺寸」。比如上級來視察，地方官是不是要到邊界迎接，是不是要出城迎接，出城的話，不同的級別，要出城多少里，都有說法。來到之後，用甚麼級別的宴席款待，安排幾次聽戲，臨走時送多少錢，也都有微妙而明確的「潛規則」。晚清官員張集馨在他的自敘年譜中說，自己的從政歲月，「終日送往迎來，聽戲宴會，有識者恥之」[1]，主要精力都花在迎來送往、花天酒地上了。因為地方上來往的官員實在太多了，所以搞得他連休息的時間也沒有，「來往過客，攀輓流連，余等復迭為賓主，幾於無日不花天酒地」[2]，他因此不得不天天泡在酒海裏，喝壞了官風，喝壞了胃。

對於這種風氣，曾國藩自然非常清楚，所以出發之前，他特別致信水師將領楊載福、彭玉麟，要求他們不要搞迎送儀式：

> 國藩赴水營，請閣下告誡各營，無迎接，無辦席，無放大炮。[3]

這封信，也可以說是曾國藩整頓吏治的第一份宣言書。

然而官場的潛規則是，上級的本分是嚴格律己，宣佈禁令，下級的本分卻是必須過格招待，不遵守這些禁令，這才叫「各得其

1 張集馨著：《道咸宦海見聞錄》，中華書局，1981 年，第 80 頁。

2 張集馨著：《道咸宦海見聞錄》，中華書局，1981 年，第 82 頁。

3 《曾國藩全集・書信》2，岳麓書社，2011 年，第 581 頁。

所」，皆大歡喜。特別是曾國藩苦熬了這麼多年，終於獲得總督職務，軍官們都是發自內心地高興。所以曾國藩到達橫壩頭時，他發現各營仍然在江邊列隊迎接，而且還放起了鞭炮。

曾國藩十分不悅，立刻再次寫信給楊載福、彭玉麟，懇請他們不要再搞這些儀式。下屬們這才確信，曾國藩的上封信不是官樣文章，因此這次要求得到了不折不扣的執行。以後曾國藩再到哪兒，下屬就不再擺甚麼儀式。曾國藩以這樣的舉動，為自己的總督生涯開了個好頭。

成為地方大吏後，曾國藩還遇到另一個無法迴避的重要問題，那就是如何處理禮品。身在官場，你想自始至終片禮不沾是不可能的。因為官員送禮，送的不光是錢，還是人情。你一點兒不收，就顯得你「不近人情」，這不符合曾國藩「和光同塵」的作風，也不利於他與下屬建立基本的情感聯繫。所以在實在拒絕不了的情況下，他會從下屬送來的禮物中挑一兩樣價值最低的收下來。

咸豐十一年（1861），曾國藩派人把家眷從湖南接到安徽。以前曾國藩一個人住，到哪兒都對付一下就行。現在一大家子來了，就得簡單裝修一下房間，佈置點兒家具。廬州知府唐景皋知道了這個情況，就給曾國藩送去了大批居家日用之物，從家具到被褥，林林總總，幾乎無所不有。

這是官場的慣例，因為廬州知府就駐在安慶，官場上通常都是由駐在省城的地方官為總督佈置總督府。曾國藩本不打算讓下屬來準備，但是東西已經送來了，曾國藩又不忍心違了下屬一片心意，於是將其他東西一概推卻，只收了草席七領。他寫信給唐知府說：

頃接手書，復承惠貺多珍，錫比百朋，情殷千尺，至以為感！惟各物嫌於過費，萬不敢當。謹領草席七種，取藉茅無咎、連茹匯徵之象，且祝災區遺黎咸登衽席，頌使君生成之績也。餘件奉璧，即希查收。[1]

您送來這麼多好東西，我十分感謝。只是它們價值過於昂貴，我不敢當。所以只收七領草席。

官員過生日是收禮的好時機。咸豐十一年（1861）十月初九日，湘軍名將鮑超親赴安慶，給曾國藩賀壽。鮑超的軍隊向以能戰、能搶聞名，因此他既是一個粗人，也是一個富人。其他部下不敢給曾國藩送禮，鮑超卻不管這一套，他一共帶來十六大包禮物，其中包括許多珍貴的珠寶、古玩。曾國藩一看笑了，說你打開我看看是甚麼。鮑超打開來，曾國藩細細看了一遍，從中挑了一件收下，其他都送還鮑超。收了一件甚麼呢？一頂繡花小帽。曾國藩在日記中這樣記載：

鮑春霆來，帶禮物十六包，以余生日也。多珍貴之件，將受小帽一頂，餘則全璧耳。[2]

鮑超知道曾國藩脾氣，也無可奈何，只好又帶了十六大包東西回去了。

從史料上判斷，曾國藩還收過美籍華人容閎「報效」的禮物。

原來，耶魯大學畢業的第一位華人容閎曾受曾國藩委託，以「出洋委員」身份，攜六萬八千兩白銀出洋採購機器。同治四年（1865），容閎從美國採購機器回到中國，赴南京向曾國藩彙報工作。

此時曾國藩已經離開南京，北上「剿」捻。曾國藩知道，按中國官場慣例，容閎一定會向他致送禮物，因為曾國藩給他的是一個

1 《曾國藩全集・書信》4，岳麓書社，2011 年，第 257 頁。

2 《曾國藩全集・書信》2，岳麓書社，2011 年，第 214 頁。

「肥缺」。所以曾國藩特意寫信給兒子曾紀澤囑咐說：「容閎所送等件如在二十金以內，即可收留，多則璧還為是。」[1]

由此可見，這個時候的曾國藩收受禮品，有一條默認的「價格線」。至於容閎所送的是甚麼，價值多少，沒有留下記載。

曾國藩剛開始當總督的時候，給他送禮的人每天都在門外排成行。因為他拒收禮物，慢慢形成習慣，後來便很少再有人給他送禮了。幕僚趙烈文到了曾國藩家，看到曾國藩的菜裏沒有肉沒有雞也沒有魚，就問他，總督府裏連火腿也沒有嗎？

曾國藩回答：「無之，往時人送皆不受，今成風氣，久不見人餽送矣。即紹酒亦每斤零沽。」[2]

也就是說，過去有人給曾國藩送火腿等食物，被曾國藩拒絕。漸漸地曾國藩之不收禮成了風氣，甚麼都沒人送了。就是想喝點兒黃酒，也要到街上現打。

趙烈文一聽，笑着說：「大清二百年，不可無此總督衙門！」[3]

曾國藩樹立官場新風的另一個入手點，是管好身邊的工作人員。

在做了兩江總督之後，曾國藩給身邊的工作人員制定了一份工作準則。

工作準則的第一條，是要求身邊的門子，也就是守門人等工作人員不要欺凌地方官員。

> 不許凌辱州縣。人無貴賤賢愚，皆宜以禮貌相待。凡簡慢傲惰，人施於己而不能堪者，己施於人亦不能堪也。往嘗見督撫過境，其巡捕、門印、簽押及委員等，見州縣官皆有倨侮之

1 《曾國藩全集・家書》2，岳麓書社，2011 年，第 400 頁。

2 趙烈文撰：《能靜居日記》2，岳麓書社，2013 年，第 1100 頁。

3 趙烈文撰：《能靜居日記》2，岳麓書社，2013 年，第 1100 頁。

色、嚴厲之聲，實可痛恨。今當痛改惡習。凡見州縣及文武屬員，總以和顏遜詞為主，不可稍涉傲慢，致啟凌辱之漸。[1]

不准凌辱州縣官員。對人不論高低貴賤，都要以禮相待。以前我經常見到督撫過境之時，身邊的工作人員對州縣官員皆有倨傲之色、嚴厲之聲，這種作風實在令人痛恨。你們見到州縣官員時，不可稍涉傲慢。

第二條是不許給親友們安排工作。

不許薦引私人。凡巡捕、門印、簽押，勢之所在，人或不敢不從：或其親族，或其舊識，或薦至各將營盤，或薦入州縣衙門，縱有過失，互相隱蔽，勾通袒護，為患甚大。自此次告誡之後，概不准薦人入將領之營，入州縣之署，亦不准各營各署收受。[2]

不准向有關衙門薦舉自己的親友。但凡門子等人，由於勢之所在，其他人或不敢不從，所以經常會把他的親戚同族，或者舊友相識，推薦到軍隊或者州縣衙門去工作。你們概不准薦人入軍隊或者州縣衙門。

門子不過是總督身邊的低級服務人員，身份低微，無權無勢，何以居然敢欺凌州縣官員，並且還能給自己的親戚朋友安排工作呢？

這裏我們就需要對清代衙門的內部結構有一些了解。門子從地位上說，至低至賤，但中國式權力的運用之妙就在於經手人是否

1 《曾國藩全集・詩文》，岳麓書社，2011 年，第 440 頁。

2 《曾國藩全集・詩文》，岳麓書社，2011 年，第 441 頁。

能充分挖掘每份工作的尋租潛力。一個門子如果充分發揮其能量，也能辦成很多事。為甚麼呢？因為「門房」是專門看管衙門內外交通的咽喉要道。客人來拜訪官員，首先要由門子通報。由於求見的人太多，門子擁有代官員擋駕之權。因此門子「合法收入」的第一項是門包，想見長官的人先得給門子一筆錢，才有可能進這個門。同時，門子掌握着官府內部的許多情報。官員心情怎麼樣？家裏來了甚麼客人？和人聊了些甚麼？甚至今天官員對某件事做了甚麼批覆？這些門子都能打聽到。因此那些想找官員辦事的，就必須籠絡門子。有人要給官員送禮，也必須經過門子這一關口。所謂雁過拔毛，要想讓你的禮品能到長官面前，你先得給門房一份謝禮。《紅樓夢》第六十回中，柳五兒的舅舅給賈家當門房，官員們給賈家送禮，都要給門房一份，因此他們經常有「外財」可發。廣東官員給賈家送了兩小簍子茯苓霜，就得先拿一簍作為門禮。所以門子有太多機會可以弄權營私。

除了門子，總督身邊的其他工作人員，比如僕從、長隨、巡捕等也都有很多弄權的機會。如何選用和管理這些人，對地方官來講也是吏治的關鍵環節。所以曾國藩才專門寫了這樣一篇約章，對他們作出要求。

2. 總督的「養廉銀」與「裁撤陋規」

不搞迎送，不大吃大喝，不收禮品，管好身邊人員，這些對於吏治來說，雖然重要，但畢竟都是小節。

曾國藩整頓吏治，最核心的舉措是挑戰「陋規」問題。晚清地方官員的主要貪污方式，是營謀「陋規」。

甚麼叫「陋規」呢？用今天的話解釋，大致相當於「灰色收入」。不過每一個官員每年撈取的「陋規」是有一個約定俗成的大致數目的。比如大清王朝總督和巡撫一級的官員，平均每年的「陋規」是十八萬兩，相當於今天的三千六百萬元人民幣。而曾國藩這個兩江總督因為權力巨大，可以達到三十萬兩。

這些數字在當時幾乎是公開的，連皇帝都知道得清清楚楚。但是皇帝們對這些「陋規」也沒辦法。為甚麼呢？因為地方官有一個收「陋規」的藉口，叫「辦公經費不足」。

辦公經費不足，這確實是實情。

清代的財政制度之離奇，表現之一在於清代督撫衙門裏，有正式「編制」的只有總督和巡撫本人，其他工作人員國家都不負責開支。總督和巡撫為了辦公需要，要請數名師爺，每人年工資至少一千兩白銀。這些錢，國家不負擔，要總督和巡撫自己出。除此之外，還有很多公家的開支，比如總督和皇帝之間通信，也就是專人往返護送奏摺和聖旨，每年需要幾千兩白銀的路費，這個錢皇帝也不出，要總督自己出。加到一起，一名總督一年需要支出數萬兩。

而總督和巡撫的年工資是多少呢？只有區區一百五十五兩！因此這種財政制度簡直是開玩笑。雍正時期，富於改革精神的雍正皇帝知道督撫們錢不夠花，批給他們一筆重大補貼，叫「養廉銀」。兩江總督的養廉銀是一萬八千兩，但是仍然不夠花。

不夠花怎麼辦呢？靠山吃山，靠水吃水。督撫們靠他們的權力，藉口辦公經費不足，通過「勒索下屬」來自肥，讓他們每年送上固定數額的錢款，就形成了「陋規」。清代官場的基本生態是大魚吃小魚。總督、巡撫吃他直接主管的下級，布政使、各稅關、糧道衙門和鹽政衙門。布政使、糧道衙門則吃他們的下級，各州各縣。各州各縣吃甚麼呢？「小魚吃蝦米」，他們吃老百姓。

州縣等基層政府同樣面臨着經費不足的問題，比如縣官要負責給師爺、書吏和衙役開工資，所以他們就以辦公經費不足為由，向百姓收取國家稅收之外的附加費。羊毛出在羊身上，大清帝國各級官員的「陋規」其實都是百姓的血汗。

從辦公經費不足的角度看，收取附加費開始也是不得已而為之。問題是，隨着時間的演進，「陋規」越來越「醜陋」。因為這份收入民不舉官不究，皇帝也不好深管，所以是肥己營私的最佳空間。於是，本來收一萬兩就可以滿足公用，官員會收兩萬兩、三萬兩，甚至十萬兩。多餘的部分，裝入私囊，或者送給上級。關於這部分內容的詳細分析，感興趣的讀者可以參考我的《給曾國藩算算賬（湘軍及總督時期）》。

因此「陋規」盛行的第一個後果就是官員集體腐敗。陋規的滋生和惡性發展，使得地方政府形成了從督撫到司道到知府再到州縣的分肥體制。在你贈我饋中，整個官場編織成一張張關係網，官官相護，盤根錯節，結成利益集團，牢不可破。

第二個後果是百姓負擔過重，導致前述江南諸省嚴重的「浮賦」問題。

早在就任總督之初，曾國藩就開始思考「陋規」問題。同治元年（1862），江西全境基本收復，曾國藩與江西巡撫沈葆楨開始了減負改革。江西省田賦的附加稅率，原來是在百分之一百五十到百分之一百七十。曾國藩與沈葆楨將田賦附加稅率減為百分之五十，所有州縣辦公等費一概在內。

同治二年（1863）五月，江蘇大部收復，曾國藩與江蘇巡撫李鴻章開始研究江蘇的減稅問題。「將松蘇太屬漕額，統按原額減去三分之一，常鎮二府照原額酌減去十分之一」[1]，合計全省為三十分減去八分。

1 《松江府續志（第 13 卷）・減賦全案》。轉引自鄭起東、史建雲主編：《晚清以降的經濟與社會》，社會科學文獻出版社，2008 年，第 216 頁。

安徽的改革進行得稍晚。1864 年，朝廷批准安徽巡撫喬松年的裁撤浮賦建議。漕糧折色章程規定，漕米除部定每石折銀一兩三錢外，另加八錢上下作為司庫提存之款，廢止「陋規」和捐攤等費。[1]

降低附加稅必然就要裁減「陋規」。曾國藩與沈葆楨「仿照湖北定章，先將州縣一切捐攤款項全行停止，饋贈『陋規』悉數裁革，以清其源，再將各屬徵收丁漕數目大加刪減，以節其流」。

曾國藩預料到改革會遇到巨大阻力。「他擔心由於這項計劃『不利於官』，官府會多方加以阻撓。」因此，裁撤陋規必須以官員的汰換相配合。「他決心要彈劾那些『違抗新章』的州縣官員。」[2] 事實上，早在出任兩江總督之初，他就曾寫信給胡林翼等好友，請他們推薦好官：「唯須得極清廉極勤之州縣一二人來此，樹之風聲。」[3] 他甚至想把安徽省北部的地方官全都換掉，為此寫信向胡林翼求助：「皖北州縣一一皆請公以夾袋中人才換之，侍當附片奏之。」[4]

曾國藩的一系列舉措使官員們的貪婪榨取得到一定程度的約束，對澄清兩江地區吏治也起了重要作用，有效地促進了太平天國戰爭後經濟的恢復。

戰爭停止幾年之後，原本被蹂躪得毫無生氣的江南地區已經重現繁榮，許多地方已經見不到戰爭的痕跡。太平天國戰爭後，江南經濟迅速恢復，減賦政策功不可沒。西方傳教士目睹了太平天國戰後經濟迅速恢復的情況，衛三畏寫道：「1865 年中國所面臨的形勢」，「其被破壞的程度是一般人難以想像的。然而，恢復的速度——居民不僅恢復了舊業，而且重建了住所，整頓了貿易——甚至使那些一貫詆毀他們的人也感到吃驚，並轉而讚譽很被人瞧不

---

1 潘國旗著：《太平天國後期清政府的「減賦」政策芻議》，《財經論叢》2006 年第 1 期，第 99 頁。

2 費正清等著：《劍橋中國晚清史》，中國社會科學出版社，1985 年，第 486 頁。

3 《曾國藩全集・書信》2，岳麓書社，2011 年，第 642 頁。

4 《曾國藩全集・書信》2，岳麓書社，2011 年，第 673 頁。

起的中國文化所顯示出的復興活力」[1]。同治九年（1870），曾國藩回任兩江總督，經過瓜洲，看到瓜洲港口興旺的景象，「荒江寂寞之濱，今則廛市樓閣，千牆林立矣」[2]，回憶起十年前經過瓜洲時看到的殘破情景，他不禁百感交集。

要裁撤別人的「陋規」，曾國藩首先就要裁撤總督衙門的「陋規」。在曾國藩之前，兩江總督每年可收的「陋規」浮動於十萬兩到三十萬兩。而曾國藩拒絕了其中的絕大部分。同時如前所述，他也拒絕任何昂貴的禮物。這在當時的督撫當中，是非常罕見的。

曾國藩在兩江期間，生活非常簡樸。

同治二年（1863），戈登在安慶與曾國藩會面，這名外國人驚訝地發現：「他的穿着陳舊，衣服打皺，上面還有斑斑的油漬……」[3]

趙烈文說他第一次見到曾國藩時，曾國藩「所衣不過練帛，冠靴敝舊」。

在做京官的時候，因為需要面對上級，所以曾國藩對官服是非常講究的。離開京城之後，曾國藩不再有出入宮廷之需要，他每天面對的都是自己的同僚和下屬，所以穿衣越來越簡單。豈止簡單，有時候簡直到了不修邊幅的程度。

在吃的方面，曾國藩更不講究。有一次宴客，客人發現總督大學士請客居然用一個破瓦盆。

> 竇蘭泉侍御來，予亦陪飲，食鱘魚止一大瓦缶。蘭泉笑曰：「大學士飲客用瓦缶，無乃太簡乎？」公大笑而已。[4]

---

1 ［美］衛三畏著：《中國總論》下，上海古籍出版社，2005 年，第 692 頁。

2 《曾國藩全集・日記》3，岳麓書社，2011 年，第 382 頁。

3 ［英］伯納特・M・艾倫著：《戈登在中國》，上海古籍出版社，1995 年，第 278 頁。

4 朱漢民、丁平一主編：《湘軍 8》，社會科學文獻出版社，2013 年，第 502 頁。

不光自己的生活一如既往地簡單，他對家人的要求也一如既往地嚴苛。清代官員有一個慣例，那就是把家人接到官衙裏生活。同治二年（1863），曾國藩將歐陽夫人、兩個兒子及兩個女兒和兩個女婿接到了安慶。

曾國藩兄弟分家之後，曾國藩一支只分到五十五畝田地。分家以前，吃大鍋飯，借曾國荃、曾國潢的光，曾家生活水平還算得上不錯。分了家之後，歐陽夫人帶領子女住在「黃金堂」，只靠這五十五畝田生活。既然曾國藩要求自己「以廉率屬，以儉治家，誓不以軍中一錢寄家用」，曾國藩妻兒的生活馬上變得貧窘了。曾國藩幼女曾紀芬就曾經回憶說：

> 先公在軍時，先母居鄉，手中竟無零錢可用，拮据情形，為他人所不諒，以為督撫大帥之家，不應窘乏若此。其時鄉間有言修善堂殺一豬之油，止能供三日之食；黃金堂殺一雞之油，亦須作三日之用。修善堂者，先叔澄侯公所居，因辦理鄉團，公事客多，常飯數桌。黃金堂則先母所居之宅也，即此可知當時先母節儉之情形矣。[1]

歐陽夫人在家手無餘錢，只能事事躬親，下廚燒灶、紡紗織布……

歐陽夫人在鄉下的苦日子過夠了，和孩子興沖沖來到安慶，想享享總督家眷的福，沒想到總督府中的日子過得比鄉下還要緊張。

整個總督府中，只有兩個女僕。一個是歐陽夫人從湘鄉老家帶來的老嫗，另一個是大女兒身邊的小丫鬟。

---

1 曾寶蓀、曾紀芬著：《曾寶蓀回憶錄》，岳麓書社，1986 年，第 60 頁。

因為人手不夠用，歐陽夫人花十多千錢，買了一個女僕，曾國藩知道後大為生氣。歐陽夫人沒辦法，只好「遂以轉贈仲嫂母家郭氏」。

無僕人，那麼總督府中的日子怎麼過呢？只有自力更生。「文正馭家嚴肅守儉若此，嫂氏及諸姊等梳妝不敢假手於婢媼也。」[1]

曾家的女人們，每天都要進行體力勞動。從洗衣做飯醃製小菜，到紡線繡花縫衣做鞋，都要親力親為。從早上睜開眼睛，直到晚上睡覺，基本上不得休息。

同治七年（1868），曾國藩「剿」捻回任再督兩江後，為家中女人們制了個工作日程表：早飯後，做小菜點心酒醬之類，然後再紡紗或績麻；中飯後，做針線活兒；晚上，則做鞋子。如此辛苦的總督府家眷，恐怕大清天下找不到第二家了。當時每晚南京城兩江總督府內，曾國藩秉燭夜閱公事，全家長幼女眷都在麻油燈下做鞋子，成為中國歷史上的一幅動人畫面。

3. 曾國藩的「小金庫」

從以上這些敍述，我們可以確認曾國藩是一個清官，他為晚清官場帶來了一陣新風。但是人們在歷數清代著名清官時，很少有人會提到曾國藩。這是為甚麼呢？因為曾國藩做官還有另外一面，就是與其他官員同流合污的一面。

曾國藩並非所有作為都如此光明正大，無可挑剔。有一些舉動，很有「潛規則」之嫌。

第一項是吃喝應酬。在官場應酬上，曾國藩並不標新立異，而是儘量從俗。剛剛就任總督時，他曾經拒絕一切「公款吃喝」，不

1　曾寶蓀、曾紀芬著：《曾寶蓀回憶錄》，岳麓書社，1986 年，第 10 頁。

久以後，他發現這種要求實在難以貫徹，所以後來有一些特殊的場合他也就隨波逐流了。

同治十年（1871），曾國藩到蘇州閱兵。我們從他寫給兒子曾紀澤的信中，可以看出他在蘇州這幾天都忙了些甚麼：

> 余於二十八日抵蘇後，二十九竟日拜客，夜宴張子青中丞處。三十日在家會客，織造及質堂、眉生、季玉公請戲酒。初一日在惲次山家題主，後接見候補百六十餘人，司道府縣公請戲酒。初二日早看操，夜湖南同鄉公請戲酒。

天天拜客，日日戲酒，曾國藩的所作所為，與一般官僚別無二致。只不過在遵從成規的同時，他儘量減小規模，簡化形式，處處為他人考慮，不想給下屬造成過大負擔。十月初他到達上海，正好趕上他要過生日。十月初十日，生日前一天，地方官員們請戲酒給他預祝。十一日正生日，接慣例又要正祝一番。曾國藩怕大家破費太多，竭力辭退，自己花錢請了幾桌客。

> 初十日，各官備音尊為余預祝。十一日又將備音尊正祝。余力辭之，而自備酒面款接各客。內廳撫、提、藩等二席，外廳文武印委等二十席。雖費錢稍多，而免得擾累僚屬，此心難安。[1]

這二十多席想必花了他不少錢，然而吃吃喝喝只是他日常開銷中最小的部分。

第二項是冰敬、炭敬、程儀之類的「灰色支出」。

---

1 《曾國藩全集・家書》2，岳麓書社，2011年，第573頁。

地方官的一項固定支出，就是給京官送冰敬、炭敬。曾國藩做京官多年，深知每年冬天那筆炭敬對京官們來說意義何等重大。曾國藩所送的對象，主要是湖南籍的京官。這筆錢，每年至少三千兩。

除了炭敬，另一筆比較大的花銷是程儀，也就是給出差路過本地的中央官員送的路費。

同治九年（1870），曾國藩寫信給兒子曾紀澤囑咐說：「仙屏（許振禕）差旋，若過保定，余當送程儀百金，是星使過境，有交誼者酬贈之常例。」[1] 也就是說，清代官場上，皇帝派出的欽差路過轄地，與之相識的大吏在迎送宴請之外，通常還會送給他一百兩左右的程儀。他準備用這個標準來對待許振禕。

我們所能查到的曾國藩所送的最大一筆程儀是在同治三年（1864）。那年年底，因太平天國戰爭停止多年的江南鄉試恢復舉行。朝廷派來一名正主考、一名副主考。我們說過，曾國藩做京官時，曾經到四川主持過一次鄉試，收穫頗豐。所以這一次，他也決定做好主人，「一切均從其厚」，在慣例許可範圍內，儘量多送主考一些銀子。考試結束後，曾國藩送了兩名主考每人三千兩銀子。[2]

除了「炭敬」「程儀」這些官場上經常發生的支出，還有一項不常發生的支出，叫「別敬」。這在地方官進京辦事時才會發生。所謂「別敬」，就是地方官離開北京時送給京官的分手禮。

同治七年（1868）七月，曾國藩由兩江總督調任直隸總督，這就需要進京面聖，進京見慈禧。在出發之前，曾國藩身上帶了一張兩萬兩現銀的銀票。為甚麼要帶這麼多錢呢？主要就是為了給京官們送「別敬」。多年沒有入京，那些在窮京官生活中掙扎的故友新朋已經盼他多年了。離京之時，他送了多少別敬？他在給兒子的信

1 《曾國藩全集・家書》2，岳麓書社，2011 年，第 520 頁。

2 《曾國藩全集・家書》2，岳麓書社，2011 年，第 341 頁。

中說：「余送別敬一萬四千餘金，三江兩湖五省全送，但不厚耳。」[1]總共送了江蘇、安徽、江西籍以及湖南、湖北籍的京官一萬四千兩銀子。

除去人情往來，官場上的「潛規則」更需要大筆銀子。

同治七年（1868），捻軍被消滅，天下大致平定，太平天國戰爭軍費報銷被提上了議事日程。

報銷就不可避免地會遇到「部費」問題。

按照清代財務制度，曾國藩需要先將這些年來的軍費開支逐項進行統計，編成清冊，送交戶部。戶部要對報銷清冊進行審查，檢查有無「以少作多、以賤作貴、數目不符、核估不實」等「虛開浮估」的情況，如發現此類情況，則要退回重報。審查合格，才呈報皇帝予以報銷。

因此，報銷過程中，最關鍵的是戶部的態度。如果戶部高抬貴手，甚麼不合規定的費用都能報銷；如果他們雞蛋裏找骨頭，再光明正大的支出也過不了他們的審計關。那麼，戶部的態度是由甚麼決定的呢？視「部費」多少而定。「部費」主要落在具體經辦的「書吏」也就是辦事員的腰包裏。

不過他們的胃口實在是太大了。曾國藩託李鴻章打聽一下戶部打算要多少部費，李鴻章回信說：

> 報銷一節……託人探詢則部吏所欲甚奢，雖一釐三毫無可再減。……皖蘇兩局前後數年用餉約三千萬，則需銀近四十萬。如何籌措，亦殊不值細繹。……若輩溪壑，真難厭也。[2]

---

1 《曾國藩全集・家書》2，岳麓書社，2011 年，第 506 頁。

2 《李鴻章全集》，時代文藝出版社，1998 年，第 3381 頁。

也就是說，李鴻章託人去找戶部的書吏，探探他們的口風。反饋回來的消息說，書吏們要一釐三毫的回扣，也就是報銷一百兩給一兩三錢。曾國藩需要報銷的軍費總額是三千多萬兩銀子，按一釐三毫算「部費」需要四十萬兩。

曾國藩一聽，也嚇了一跳。四十萬之巨，無論如何是不能答應的。怎麼辦呢？只有繼續託人。曾國藩命江寧（南京）布政使李宗羲託人，李又託了一個叫許緣仲的人出面和戶部書吏接洽，做了大量工作，討價還價的結果是給八萬兩，顯然書吏做了極大讓步。

恰好在這時，中樞的批覆到了。出於對他們平定太平天國、捻軍的卓越功勳，皇帝（實際是太后）同意他們免於報銷，曾國藩對此感激涕零，同治七年（1868）十一月二十七日在給兒子曾紀澤的信中說：

> 摺弁劉高山歸，報銷摺奉批旨：「着照所請，該部知道。」竟不復部核議，殊屬曠典。前雨亭方伯託許緣仲關說部中書吏，余與李相前後軍餉三千餘萬，擬花部費銀八萬兩。今雖得此恩旨，不復部議，而許緣仲所託部吏擬姑聽之，不遽翻異前說。但八萬已嫌太多，不可再加絲毫。[1]

他對此「感激次骨，較之得高爵穹官，其感百倍過之」。按理說，皇帝發了話，這八萬兩就可以省下了。不過，曾國藩卻說，這說好的八萬兩銀子「部費」還是照給。因為閻王好見小鬼難搪，畢竟以後他還需要和戶部打交道。

那麼，曾國藩一年的合法收入，也就是工資加養廉銀不過才一萬八千多兩。以上這些請客吃飯、給京官送禮以及給戶部的部費

1 《曾國藩全集・家書》2，岳麓書社，2011 年，第 502 頁。

錢，每年加到一起，起碼得三萬多兩，遠遠超過他的合法收入。這些錢都是從哪兒來的呢？

我們先來看看同治七年（1868）年底那一萬四千兩別敬的開支來源。

那一次北京之行，包括一萬四千兩別敬，曾國藩共花費了兩萬兩。這筆巨款的來源，曾國藩在信中說得很清楚：「已寫信寄應敏齋，由作梅於余所存緝私經費項下提出歸款。」[1]

「緝私經費」出自兩淮鹽運司。管理鹽業的一個重要手段是「緝拿私鹽」，以保障官鹽的銷售。所以鹽運司每年都會提出一大筆經費用來緝私。不過緝私只是「緝私經費」的用途之一，其實鹽運司許多不好處理的開支，都用「緝私經費」的名義處理。比如，他們每年「孝敬」給兩江總督的「陋規」，也以這個名義致送。

從同治七年（1868）十一月初八日曾國藩信中「運司派曾德麟解到緝私經費二千餘金」來看，鹽運司定期會給曾國藩送來「緝私經費」，曾國藩將其都存放在「後路糧台」（「吾令其解金陵後路糧台」），也就是財政司中。此外，上海海關每月也要送公費給他。同信之中，曾國藩說：「存於作梅台中（即後路糧台）者，係運司緝私經費及滬關月送公費（現聞近三萬金），為余此次進京之用（連來往途費恐近二萬）。」[2] 後來同治八年（1869）二月初三日信中又說：「後路糧台所存緝私經費，除在京兌用二萬外，計尚有萬餘金……此外淮北公費尚有應解余者（十月間書辦曾擬札稿去提，余未判行）……」[3]

從這封信的前後文推測，曾國藩在「後路糧台」建有一個「小金庫」。鹽運司送的「緝私經費」，上海海關、淮北海關等幾個海關

1 《曾國藩全集・家書》2，岳麓書社，2011 年，第 506 頁。

2 《曾國藩全集・家書》2，岳麓書社，2011 年，第 500 頁。

3 《曾國藩全集・家書》2，岳麓書社，2011 年，第 508 頁。

送的「公費」，就是曾國藩這個「小金庫」的金錢來源。而其用途，則主要供曾國藩官場應酬打點之用。以上我們所說的各種官場應酬支出，都是出自這個小金庫。至於曾國藩的養廉銀則存放在布政使衙門，主要供自己家庭開支所用。可以看出，曾國藩對公與私，分得很清楚。

綜觀曾國藩一生，他的為官風格十分獨特。一方面，曾國藩確實是一個清官。他的「清」貨真價實，問心無愧。在現存資料中，我們找不到曾國藩把任何一分公款裝入自己腰包的記錄。但另一方面，曾國藩的逸事中缺少「囊橐蕭然」「貧不能殮」、在官府裏種菜吃這樣容易讓人覺得悲情的極端化情節。在中國人眼裏，真正的清官，必須清可見底，一塵不染，清到成為海瑞式的「自虐狂」或者「受虐狂」，才叫人佩服。曾國藩遠沒有清到這個程度。如果給清官分類的話，曾國藩應該歸入「非典型類清官」。也就是說，骨子裏清廉刻苦，表面上和光同塵。這是因為曾國藩的志向不是做「清官」，而是做大事。

以海瑞為代表的傳統清官，他們的特點是寧折不彎，只承認字面上的規章制度，而對事實存在的潛規則絕不妥協。所以海瑞拒絕任何灰色收入，工資不夠花，不得不在官署之中自辟菜園才能維持生活，而偶爾買幾斤肉也能成為轟動性事件。

然而這樣一清到底的清官，只能成為官場上的公敵，無法獲得別人的配合。海瑞一清如水，必然反襯出他人的不潔。因此海瑞一生被官場排擠打擊，無法調動一切可能的力量，來辦成一些真正有益國計民生的大事。

曾國藩不想成為海瑞式的清官。他刻苦自礪，全力內聖，是為了達到外王之業。因此，他做事更重效果，而非虛名。曾國藩從自身經驗總結出，一個人特立獨行，必然為眾所排斥：「人之好名，誰不如我？我有美名，則人必有受不美之名與雖美遠不能及之名者。相形之際，蓋難為情。」[1] 因此，曾國藩有意取海瑞一塵不染之實，卻竭力避免一清如水之名。他的選擇，遠比做清官更複雜更沉重。因此，他才具有大力量，才能成就大事業。

1 《曾國藩全集・家書》1，岳麓書社，2011 年，第 247 頁。

第十四章

洋人也是人

1. 蠻夷之人，居然也有信義

平定太平天國後，朝廷是大大鬆了一口氣，曾國藩卻沒有放鬆下來。因為在曾國藩看來，中國還面對着一個比太平天國更危險的對手。

甚麼對手呢？

洋人。

前面說過，就在曾國藩全力以赴與太平天國爭奪安慶的時候，爆發了第二次鴉片戰爭，英法聯軍攻陷京師，咸豐皇帝倉皇出逃。曾國藩聽到這一消息時，不禁下淚悲泣。這一年（1860）九月初三日，曾國藩在日記中說：「接恭親王咨文，敬悉鑾輿已出巡熱河，夷氛逼近京城僅二十里，為之悲泣，不知所以為計。」[1]

雖然最終決定不派兵北上勤王，但是曾國藩的悲愴是發自內心的。圓明園被焚後，曾國藩在日記裏說：「接胡宮保信，知京城業被逆夷闌入，淀園亦被焚，傷痛之至，無可與語。」[2]

咸豐十年（1860）十一月三十日，曾國藩在南方看到第二次鴉片戰爭後簽訂的《北京條約》的具體條款，不覺嗚咽失聲，老淚縱

1 《曾國藩全集・家書》2，岳麓書社，2011 年，第 82 頁。

2 《曾國藩全集・家書》2，岳麓書社，2011 年，第 87 頁。

橫：「閱之，不覺嗚咽，比之五胡亂華，氣象更加難堪。」[1]

曾國藩認識到，洋人是比太平軍更大也更為根本的禍患。「不怕柴狗子，只怕洋鬼子。」[2] 太平天國是中國歷史這齣老戲中的常見角色，官逼民反無代無之。洋人則是這片舞台上新出現的事物。這些金髮碧眼的傢伙，不同於歷史上的匈奴和蒙古。他們穿着的不是骯髒的獸皮而是筆挺的西服，他們乘的不是草原馬而是艦船，他們手裏拿的不是弓箭而是威力強大的新式武器。他們不是在草原遭遇雪災時才南下，而是如潮水一樣不停地拍打着中國脆弱的海岸線，隨時可能再次淹沒中國。

怎麼對付洋人，老祖宗並沒有留下辦法。

因此，一想到他們，與太平軍對抗之中的曾國藩就睡不着覺。他在日記中記載：「四更成眠，五更復醒，念（夷人）縱橫中原，無以禦之，為之憂悸。」[3]

曾國藩的國際觀最初和絕大多數帝國官僚並沒有甚麼兩樣，那就是天朝高高在上，外夷自應該俯首稱臣。

第一次鴉片戰爭時，曾國藩在家書中多次提到這場戰爭。他說：「英吉利豕突定海，沿海游弋。聖恩寬大，不欲遽彰天討。命大學士琦善往廣東查辦，乃逆夷性同犬羊，貪求無厭。」[4]

這段話說明，他完全是以傳統的士大夫的眼光來看待此事，除了發現「洋人船堅炮利」這一點外，沒有看到他們與歷史上其他蠻夷的區別。歷史上中原王朝因為武力不濟敗給「蠻夷」是常見的事。比如明代對倭寇毫無辦法，而清代全盛時也曾經遭遇烏蘭布通

---

1 《曾國藩全集・家書》2，岳麓書社，2011 年，第 105 頁。

2 《曾國藩全集・家書》1，岳麓書社，2011 年，第 588 頁。

3 《曾國藩全集・日記》2，岳麓書社，2011 年，第 212 頁。

4 《曾國藩全集・日記》1，岳麓書社，2011 年，第 60 頁。

之敗。因此第一次鴉片戰爭的失敗並沒有甚麼可奇怪的，曾國藩認為，如果中國整軍經武，全力與戰，早晚會扳回一局。因此這次戰爭的失敗並不能說明中國有從根本上進行變革的任何必要。直到道光三十年（1850），曾國藩仍然認為：「獨至我朝，則凡百庶政，皆已著有成憲，既備既詳，未可輕議。」[1]

直到咸豐八年（1858），曾國藩還對左宗棠說，與洋人不是不可一戰，關鍵是選好將帥。第一次鴉片戰爭主要是因為將帥不行，所以失敗了。這次如果要罷和主戰，必須有一批靠得住的將領。「夷務果有翻局，不悉聽其所要，是極好機會。然國家之強，以得人為強……昔在宣宗皇帝，亦嘗切齒發憤，屢悔和議而主戰守，卒以無良將帥，不獲大雪國恥。今欲罷和主戰，亦必得三數引重致遠、折衝禦侮之人以擬之。」[2]

然而，第二次鴉片戰爭的進程和結局讓曾國藩的想法發生了根本變化。

首先，這次戰爭讓曾國藩深刻認識到，中西方武力的差距是極其懸殊的。第一次鴉片戰爭，道光皇帝並沒有舉全國之力，特別是沒有動用清朝視為根本的騎兵力量。而這一次，僧格林沁是朝中最能戰的親貴，所轄又是大清最精銳的滿蒙騎兵部隊，在洋人的軍隊面前，仍然如同以卵擊石，敗得一塌糊塗。「大清王朝賴以立命的騎射之本被無情地動搖了。八里橋之戰，清軍集中優勢騎兵向英法聯軍發動衝擊，卻在對手的槍炮打擊下如同撞上銅牆一般，馬步隊損失慘重，損失數千人，大潰而歸，相比之下，英法軍隊的損失卻微乎其微……死掉的僅 5 人。」[3] 曾國藩發現，大清軍隊面對洋人武

1 《曾國藩全集・奏稿》1，岳麓書社，2011 年，第 5 頁。

2 《曾國藩全集・書信》1，岳麓書社，2011 年，第 677 頁。

3 興河著：《天朝師夷路：中國近代對世界軍事技術的引進（1840—1860）》，解放軍出版社，2014 年，第 422 頁。

裝，如同幼兒面對成年人，並不在同一個水平面上。這種差距並不是決心、勇氣、「良將帥」所能彌補的。

曾國藩說，「當此積弱之際，斷難與爭錐刀之末」[1]。遇事喜歡深思，尋求從根本上解決問題的他，開始日夜思考洋人的武裝力量為甚麼如此強大，那些神奇的西式武器背後隱藏着甚麼樣的秘密。

其次，這次戰爭更讓曾國藩發現，這些洋人不光是武器與中國歷史上的那些蠻族不同，他們的行為方式體現出的文明水平也完全不同。

歷史上的那些蠻族如果攻佔了中國京城，通常會建立一個新的王朝。而這些洋人卻並不這樣。他們雖然野蠻地焚燒和搶劫，但只是燒了皇帝的別墅，也就是沒有太多政治含義的圓明園，而對於清王朝統治權威的象徵紫禁城及太廟、天壇等地，卻沒有動。

這當然不是隨機的選擇，而是有明確的含義。這說明，洋人並不想推翻清王朝，他們所志，一是通商，二是要清王朝放下高高在上的架子，以平等的態度和他們交往。

更令曾國藩意外的，是外國人在結束戰爭之後，立刻提出，可以幫助清王朝鎮壓國內太平天國，並且迅速付諸行動。沙俄贈予清方「一萬支來復槍及附件和五十門大口徑大炮及炮彈」[2]。太平軍攻打上海時，上海正式成立「中外會防局」，英、法軍隊直接參與對太平軍作戰，其後幫助清政府收復寧波。後來英法等國又在華組成「常勝軍」「常捷軍」「常安軍」等混合部隊，與湘軍淮軍一起作戰。這更證明洋人確實想維持大清王朝的統治。

後來曾國藩說，外國人「不傷毀我宗廟社稷，目下在上海、寧

1 《曾國藩全集・書信》3，岳麓書社，2011 年，第 663 頁。

2 中國社會科學院近代史研究所近代史資料編輯組：《近代史資料(〈總 36 號〉)》，中華書局，1978 年，第 38 頁。

波等處助我攻剿髮匪」,「二者皆有德於我,我中國不宜忘此大者而怨其小者」[1]。

其實在此之前,曾國藩通過「一件小事」已經感覺到這些洋人的與眾不同之處。

咸豐三年,也就是 1853 年,上海爆發了小刀會起義,在混亂期間,上海海關運轉失靈,海關官員逃到了租界。但是外商的船隻還在港口等待,貿易還是得繼續進行,英、法、美三國的領事商量了一下,決定三國各派一人,成立了稅務司,「代替中國政府」管理上海海關。這顯然是對中國主權的一種嚴重侵犯。不過令中方官員意外的是,外國人居然能誠實認真地收稅。過了兩年,上海收復,外國人居然將他們管理時收到的稅款七十餘萬兩白銀,移交給清政府。而且,在外國人的管理下,上海海關貪污腐敗明顯減少,徵收額明顯上升。「稅收大增,政府善之。」[2]

清政府事後腦洞大開,竟然很高興地同意由英國人代管中國海關,並寫入與英美等國簽訂的《通商章程善後條約:海關稅則》第十款:「任憑總理大臣邀請英人推行幫辦稅務,並嚴查漏稅、判定口界、派人指泊船隻及分設浮樁、號船、塔表、望樓等事。」從此開始由外國人代管海關行政,最高長官稱「總稅務司」,意即「總司海關稅務之事」,實際上全權負責管理海關事務。

外國人管理中國政府事務,這當然是西方侵犯中國主權的一個鐵證。但是清朝政府在這件事情上並非完全出於被動。在英國外交官威妥瑪與清朝總理衙門大臣文祥談論海關改革事宜之時,威妥瑪曾表示,如果能按「外國制度越來越劃一推行」中國海關的改革,並不一定由英國人來管理,「中國盡可以僱用中國人、英國

1 《曾國藩全集・日記》2,岳麓書社,2011 年,第 289 頁。

2 呂思勉著:《中國制度史》,上海三聯書店,2009 年,第 373 頁。

人、法國人，等等」。沒想到文祥馬上回答，「用中國人不行，因為顯然他們都不按照實徵數目呈報」，並且以原來管理上海海關的薛煥為例，說他近三年來根本沒有報過一次賬。後來當英國人赫德（Robert Hart）來到北京，與恭親王奕訢具體談到海關改革時，「恭親王與赫德談了一些中國官場上極為敏感的話題。恭親王說，中國官員幾乎無人可信。對比之下，外國人的報告較為可靠」[1]。

外國人將七十多萬關稅交給清朝政府，這一舉動讓曾國藩大為意外。想不到蠻夷之人，居然也有信義。起碼此舉可稱為君子之行。所以後來他在信中曾讚歎道：「咸豐三年劉麗川攻上海，至五年元旦克復，洋人代收海關之稅，猶交還七十餘萬與監督吳道。國藩嘗歎彼雖商賈之國，頗有君子之行。」

後來曾國藩又看到，西洋各國協助中國管理稅關，廉明有效，收到的稅款居然比清朝收到的多兩倍甚至三倍。「即令滬、鎮、潯、漢凡有領事官之處，皆我國令管關者，一體稽查，一體呈驗，正稅，子稅，較我釐金之科則業已倍之三之，在彼固自謂仁至義盡矣。」[2]

這些事情，讓曾國藩認識到，這些洋人，不同於中國歷史上傳統的沒有文化根基的蠻夷。他們有自己的獨特信仰、文化系統和做事原則。

從此曾國藩對西方國家的態度發生了重大轉變。「英法兩國，素重信義」「米利堅人性質醇厚，其於中國者素稱恭順」[3]等語言後來居然出現在曾國藩的文件當中。這在以前是不可想像的。

第二次鴉片戰爭後，湘淮軍和西方人直接合作，鎮壓太平天國。通過與戈登、赫德等人的直接交往，曾國藩發現這些洋鬼子雖

1　王宏斌著：《赫德爵士傳 —— 大清海關洋總管》，文化藝術出版社，2000 年，第 37–43 頁。

2　《曾國藩全集・書信》4，岳麓書社，2011 年，第 48 頁。

3　《曾國藩全集・奏稿》2，岳麓書社，2011 年，第 618 頁。

然毛髮濃重、相貌怪異，但是為人舉止並不粗野，也有其原則和風度。比如戈登治軍居然能做到公正嚴明，為了鼓舞士氣，行軍時走在隊伍的前面，除了一支手杖並不攜帶任何武器。

特別是在拿下蘇州後，戈登因為李鴻章違背諾言殺害投降的太平軍首領而大為憤怒，據說盛怒的戈登拎着手槍到處尋找李鴻章，要和他決鬥以挽回自己的名譽。後來戈登又拒絕接受朝廷的一萬兩白銀賞金，「由於攻佔蘇州後所發生的情況，我不能接受任何標誌皇帝陛下賞識的東西」。這件事讓曾國藩對外國人的行事風格有了更深了解。

2. 師夷長技以制夷

因此，在第二次鴉片戰爭後，曾國藩的對外觀念和思路發生了巨大轉變。

首先，他認識到，洋人的到來標誌着歷史進入了一個新的階段，這是不以人的意志為轉移的，而是天或者說造物的安排。他說，「洋人之患，此天所為，實非一手一足所能補救」[1]。這意思其實也就如李鴻章所說的「數千年未有之大變局」。雖然曾國藩還不知道「全球化」這個詞，但是他已經知道這些洋人不可能如同歷史上那些蠻夷一樣被消滅或者驅逐，因此不能指望單純以戰爭解決問題。後來在天津教案中，李興銳等建議調鮑超等名將，不惜與西方列強一拼，曾國藩卻說：「各國不可猝滅，諸將不可常恃。且謂夷非匈奴、金、遼比，天下後世必另有一段論斷。將來有能制此敵者，然必內外一心，困心衡慮，未可輕率開釁也。」[2]

---

1 《曾國藩全集・批牘》，岳麓書社，2011 年，第 356 頁。

2 朱漢民、丁平一主編：《湘軍 7・日記・地方志》，社會科學文獻出版社，2013 年，第 324 頁。

既然如此，那麼知己知彼，百戰不殆，必須積極主動地研究外情。

福建布政使徐繼畬在鴉片戰爭之後，曾窮數年之力，寫成《瀛寰志略》一書。這本書按地理脈絡介紹了世界各國的風土及各種文明，並且摒棄了以往士大夫們對於中國以外地區的偏見，儘可能地做到了客觀真實。因此在當時看來，確實是有些離經叛道。比如對於美國的總統制度，書中做了如下介紹：

> 華盛頓，異人也。起事勇於勝廣，割據雄於曹劉，既已提三尺劍，開疆萬里，乃不僭位號，不傳子孫，而創為推舉之法，幾於天下為公，駸駸乎三代之遺意。其治國崇讓善俗，不尚武功，亦迥與諸國異。

> 美利堅合眾國之為國，幅員萬里，不設王侯之號，不循世襲之規，公器付之公論，創古今未有之局，一何奇也！[1]

曾國藩剛開始知道這本書的時候，和其他傳統的「愛國官員」一樣，有些不以為然，認為徐繼畬「張大英夷」，把洋人說得太好了，長他人志氣，滅自己威風。但是第二次鴉片戰爭之後，他開始認真研讀起這本書來。自己看完之後，他還將此書寄給他的好朋友劉蓉看。1867 年回到兩江，他又將《瀛寰志略》仔細閱讀了兩遍。

除了閱讀書本，他還努力接觸能接觸到的西洋事物。1867 年回任兩江總督之初，曾國藩曾到湖南會館參觀方子愷所造的大地球儀，非常喜歡，特地在總督府中造了三間大屋來放這個地球儀，以便可以隨時察看。這對花錢節儉的他來說堪稱豪舉。

1　徐繼畬著：《瀛寰志略》，上海書店出版社，2001 年，第 277 頁。

通過不斷研究，曾國藩對西方地理學有了比較深的了解。同治九年（1870）三月，曾國藩在致一位研究世界地理的友人的信中曾經這樣說：

> 大約海外地形當以洋人之圖為藍本。洋人於地輿之學既所究心，所至又多經目驗，惜其文字不能盡識也。若得熟識西字者與之往返商定，或遇西土之有學者，從之訪問形勢，考核字體，必能有益此書。至於中國諸儒之書，率皆懸度影響以自炫於華人而已，不足據依也。[1]

也就是說，世界地理這一塊，還是洋人權威。可惜我們不識洋文。如果通西文，能夠與西方學者深入探討，肯定對你寫好這本書有幫助。中國學者所寫的這方面的書，水平太差，只能用來唬唬國人，不足為據。

曾國藩更感興趣的當然是西方的軍事秘密。早在剛剛署理兩江總督時，他聽說上海有一艘破舊洋船，就想買來先試用：「臣擬先調現泊上海之『土只坡』輪船一隻，由長江上駛安慶一帶，就近察勘使用，督令楚軍水師將弁，預為練習。俟明年洋船購到，庶易收駕輕就熟之功。」[2] 只是朝廷並未回覆，所以沒有下文。

同治元年（1862）正月，曾國藩用五萬五千兩銀買了一艘「洋船」，親自上船考察。雖然倉促之間，曾國藩對輪船的「火激水轉輪之處」，即蒸汽輪機及傳動裝置，沒有看得完全明白，但他在日記中讚道：「無一物不工緻。」[3]

---

1 《曾國藩全集・書信》10，岳麓書社，2011 年，第 181 頁。

2 《曾國藩全集・奏稿》3，岳麓書社，2011 年，第 187 頁。

3 《曾國藩全集・日記》2，岳麓書社，2011 年，第 254 頁。

除了地理學和軍艦，對其他西方事物，他也感興趣。同治七年（1868），曾國藩到上海考察，看到丁日昌送的「洋鏡內山水畫圖」，感覺「甚為奇麗」。第二天他還專門參觀了法國駐上海領事白來尼的住處，與軍事工業之外的其他西方物質文明有了直接接觸。他在當天的日記中寫道：「午初出門，至洋涇回拜法國領事白來尼，傾誠款待。雖其母其妻之臥室，亦預為騰出，引余與中丞、軍門閱看。所居樓閣四層，一一登覽。玉宇瓊樓，鏤金錯彩，我中國帝王之居殆不及也。」[1]

在深入研究外情的基礎上，曾國藩將「師夷長技以制夷」的思路深化並升級。

第一次鴉片戰爭之後，曾國藩就已經開始了「師夷長技」的過程。早在創辦湘軍水師之初，曾國藩就非「夷炮」不用，水師非船炮齊備不出，最後終以重金派專人從廣東購來大量洋炮，並克服重重困難把它安裝在炮船上，很快將千里長江控制在湘軍手中。

第二次鴉片戰爭之後，他認識到，「師夷智」不能停留在購買使用西式武器階段，而必須深入學習研究西式武器背後的秘密，也就是進入學習掌握西方科學和技術階段。只有把這些秘密掌握在自己手裏，才有與洋人平起平坐乃至戰而勝之的可能。

而曾國藩沒有想到的是外國人居然肯主動給中國提供這樣的機會。按照傳統的東方式思維，軍事科技是洋人的命根子，洋人肯定會視若珍寶，絕不外泄。但是洋人卻願意以貿易等方式，向中國出售最先進的武器，並且傾囊教授使用之法，這令曾國藩大感意外和興奮。「武器裝備是一種極富政治性的商品……1860 年後，隨着條約利益的擴大，西方政府更是給予了清政府公然、直接的支持，

---

1 《曾國藩全集・日記》4，岳麓書社，2011 年，第 47–48 頁。

大量供給清軍新式裝備，幫其訓練軍隊，甚至直接派兵助戰。」[1]

1861 年 8 月，曾國藩在討論購買外洋船炮時上奏說，對西洋武器，第一步是購買，第二步是研究其中的秘密，以便自己可以製造，這樣，外國列強就失去了可以依恃的根本。

> 購買外洋船炮，則為今日救時之第一要務。凡恃己之所有誇人所無者，世之常情也；忽於所習見、震於所罕見者，亦世之常情也。輪船之速，洋炮之遠，在英、法則誇其所獨有，在中華則震於所罕見。若能陸續購買，據為己物，在中華，則見慣不驚，在英、法，亦漸失其所恃……購成之後，訪募覃思之士，智巧之匠，始而演習，繼而試造，不過一二年，火輪船必為中外官民通行之物，可以剿髮逆，可以勤遠略。[2]

在當時地方督撫中，曾國藩是對興辦近代工業最感興趣，也是最為努力的一人。湘軍攻下安慶不久，他就建立了「安慶內軍械所」，集中了中國當時最出色的幾位科學技術人員，專門仿造西洋式的槍炮彈藥，並把試製輪船作為軍械所的一項重要任務。第二年，徐壽、華蘅芳就造成了一台輪船用蒸汽機。1862 年 7 月 30 日，曾國藩應邀觀看了蒸汽機的試驗，他在日記中寫道：

> 中飯後，華蘅芳、徐壽所作火輪船之機來此試演。其法以火蒸水，氣貫入筒，筒中三竅，閉前二竅，則氣入前竅，其機自退，而輪行上弦；閉後二竅，則氣入後竅，其機自進，而輪

1 興河著：《天朝師夷路：中國近代對世界軍事技術的引進（1840—1860）》，解放軍出版社，2014 年，第 423 頁。

2 《曾國藩全集・奏稿》3，岳麓書社，2011 年，第 186 頁。

行下弦。火愈大，則氣愈盛，機之進退如飛，輪行亦如飛。約試演一時。[1]

曾國藩所看到的可能是中國人自己製造的第一台動力機器。曾國藩最高興的，是中國人也掌握了西方科技的核心秘密：「洋人之智巧，我中國人亦能為之。彼不能傲我以其所不知矣。」

同治二年（1863）十二月二十日，中國人製造的第一艘火輪船下水了。曾國藩的日記中說：

出門至河下看……新造之小火輪。船長約二丈八九尺，因坐至江中，行八九里，計約一個時辰可行二十五六里。試造此船，將以次放大，續造多隻。[2]

曾國藩不顧深冬寒冷，親自乘坐這艘試航的小火輪走了八九里遠，可見興致之高。所謂「試造此船，以次放大」，「放大」到甚麼地步？那就是與西洋比肩匹敵甚至戰而勝之的地步。曾國藩命名為「黃鵠」，出自《商君書・畫策》：「黃鵠之飛，一舉千里。」不過事實上這條船畢竟是「處女作」，後來曾國藩發現它「行駛遲鈍，不甚得法」[3]。

為了更深入、更全面地掌握西方技術，曾國藩和李鴻章等人又建設了一個更大的兵工廠——江南製造局。今天中國最大的造船企業之一上海江南造船廠，就是由當年江南製造局的江南造船所發展而來的。

1 《曾國藩全集・日記》2，岳麓書社，2011 年，第 306 頁。

2 《曾國藩全集・日記》2，岳麓書社，2011 年，第 485 頁。

3 《曾國藩全集・奏稿》10，岳麓書社，2011 年，第 213 頁。

曾國藩對江南製造局非常重視。後來「剿」捻失利回任兩江後不過一個月，他便奏請將江海關關稅提交戶部的四成，截留兩成，其中一成用於李鴻章「剿」捻的軍費，一成作為江南製造局的經費，以便擴大製造局的規模。

曾國藩在奏摺中說：「製造輪船，實為救時要策。」「製造輪船等事……豈可置之不辦？再四思維，實有萬難周轉之勢。查江海關洋稅一項……合無仰懇天恩，俯准將洋稅解部之四成酌留二成，以濟要需。如蒙俞允，臣擬以一成為專造輪船之用，以一成酌濟淮軍及添兵等事。」[1]

在國家財政緊張和平捻戰爭進行之際截留解部關稅，是需要勇氣的。因此容閎說：「世無文正，則中國今日，正不知能有一西式之機器廠否耶。」[2]

同治七年（1868）五月，曾國藩赴上海視察江南製造局。他在閏四月十二日的日記中寫道：「旋出門至機器局，觀一切製造機器。屋宇雖不甚大，而機器頗備。旋觀新造之輪船，長十六丈，寬三丈許。……計此船七月可下水。」[3]曾國藩參觀了容閎等從美國購買回來的機器設備，看到了西式機器啟動運行的過程，非常高興。陪同視察的容閎在《西學東漸記》中說：「文正來滬視察此局時，似有非常興趣。予知其於機器多創見，因導其歷觀由美購回各物，並試驗自行運動之機，明示以應用之方法。文正見之大樂。」[4]

同治七年（1868）七月，江南製造局的第一艘輪船終於造成下水了。八月十三日，曾國藩在彭玉麟的陪同下，親自乘坐驗看這艘輪船，發現它的性能遠遠超過安慶內軍械所試製的小輪船。曾國藩

1 《曾國藩全集・奏稿》9，岳麓書社，2011 年，第 406–407 頁。
2 容閎著：《容閎回憶錄》，東方出版社，2012 年，第 66 頁。
3 《曾國藩全集・日記》4，岳麓書社，2011 年，第 47 頁。
4 容閎著：《容閎回憶錄》，東方出版社，2012 年，第 73 頁。

非常高興，在日記中寫道：

中國初造第一號輪船，而速且穩如此，殊可喜也。[1]

隨後，曾國藩向朝廷奏報說：

臣親自登舟試行至採石磯，每一時上水行七十餘里，下水行一百二十餘里，尚屬堅緻靈便，可以涉歷重洋。……中國自強之道，或基於此。[2]

曾國藩一直把製造輪船與「自強之道」聯繫起來，可見他致力於軍事工業，不是為了平定太平軍和捻軍之類的內部敵人，而是為了對付洋人。這條船比日本橫須賀造船廠建造的第一艘明輪蒸汽機兵船「清輝號」要早十二年。

曾國藩為官歷來謹慎，但是在洋務運動上，他卻不怕有越權的嫌疑，經常鼓動各省積極興辦西式工業。1871 年山東派員考察江南製造局，有意在山東設機器廠，曾國藩聞聽非常高興，說：「鄙意本在設局倡率，俾各處仿而行之，漸推漸廣，以為中國自強之本……要之風氣漸開，即中國振興之象也。」[3]

在他看來，軍事工業的意義，在於這是中國自強之本，是開風氣，是源頭。

1867 年李鴻章被任命為湖廣總督後，曾國藩寫信給他鼓勵他大辦軍事工業說：「鄙意北方數省因循已久……東南新造之區，事

1 《曾國藩全集・日記》4，岳麓書社，2011 年，第 85 頁。
2 《曾國藩全集・奏稿》10，岳麓書社，2011 年，第 214 頁。
3 《曾國藩全集・奏稿》10，岳麓書社，2011 年，第 628 頁。

事別開生面……製器造船各事皆已辦有端緒，自強之策，應以東南為主。閣下雖不處海濱，尚可就近董率。購辦器械，選擇人才，本皆前所手創，仍宜引為己任，不必以越組為嫌。」[1]

3. 三個與眾不同的外交觀念

第二次鴉片戰爭不只令曾國藩認識到了學習西方科技的重要性，也讓他的外交觀念發生了巨大變化。

通過這次戰爭，曾國藩形成了三個在當時相當與眾不同的外交觀念。

第一是對外國人要平等相待，要把外國人當人。

這聽起來很奇怪。一直以來，不都是外國人欺負中國人，強迫中國人簽訂「不平等條約」，不把中國人當人嗎？怎麼還要求中國對外國人平等相待？

事實並非如此。歷史學家蔣廷黻先生曾說：「在鴉片戰爭以前，我們不肯給外國平等待遇；在以後，他們不肯給我們平等待遇。」[2]這句話的前一半是事實，後一半不夠準確。事實上，在第一次鴉片戰爭之後，中國仍然不肯承認自己與外國是平等的。第二次鴉片戰爭的爆發，就與外國人認為他們受到了「不平等」待遇有一定關係。

中國古人的狹隘觀念是只有中國人是人，或者說，是「完全的人」，文明的人，其他族類，皆介於人與獸之間。「夷狄異類，近於禽獸。」「夫戎狄者，四方之異氣也。蹲夷踞肆，與鳥獸無別。」[3]

1 《曾國藩全集・書信》9，岳麓書社，2011 年，第 550 頁。

2 蔣廷黻著：《中國近代史》，武漢出版社，2012 年，第 7 頁。

3 范曄、司馬彪著：《後漢書》上，岳麓書社，2009 年，第 298 頁。

因此，中國人和外國人，當然先天就是不平等的。任何外國人，到了中國，都應該進貢稱臣。見了中國皇帝，都必須三跪九叩。乾隆年間英國的馬戛爾尼使團到訪，因為不同意給乾隆叩頭，引起激烈的外交糾紛。後來嘉慶年間另一使團來華，皇帝得知他們不同意三跪九叩，乾脆直接遣返。鴉片戰爭中國失敗，簽訂《南京條約》。高級大臣見到條約內容，不痛惜中國割地賠款，卻痛惜文中將中國皇帝和英國女王並排平等書寫。

清代還有一個特殊規定，外國人不得在中國城市裏定居。正如我在《飢餓的盛世》中已經寫過的那樣，雖然與中國貿易多年，但英國人只到過中國的一個城市，那就是廣州。來到廣州後，他們不能住到廣州城內，只准住在「十三行街」內，而且沒事還不允許外出，不許與普通中國人交往。之所以如此，一個原因，是外國人乃蠻夷，商人又是四民之末，所以外國商人低人一等，不配如同中國人那樣住在城裏。

洋人當然對此感覺不爽。洋人倒不是非要到擁擠的城市裏去生活，「入城並不能給他們帶來多少實際利益，尤其是經濟利益」。他們主要是嚥不下這口氣。因此鴉片戰爭後簽訂的《南京條約》，專門有一條是規定外國人從此可以進城居住。「英方要求入城，其目的是無形的而不是有形的，更側重為心理因素一面而非為實際利益一面。」[1]

然而，經過第一次鴉片戰爭，中國人的唯我獨尊意識仍然沒有絲毫動搖。大清臣民拒絕履行這一條約。割地賠款都履行得很痛快，但是偏要在這個細節上抵抗外國人，就是不讓你進城，就是不想承認你和我們是平等的，這樣才能發泄我們心中積累的鬱悶。所

1 茅海建著：《近代的尺度：兩次鴉片戰爭軍事與外交》，生活・讀書・新知三聯書店，2011年，第 119–120 頁。

以當英國人提出要到廣州城內居住時，廣州民情洶洶，羣起反對，掀起所謂「反入城鬥爭」，無論如何也不讓外國人進城住。朝廷對此也堅決支持，導致外國人遲遲不能進城。

英國人為此事交涉了十年，也沒有結果。第二次鴉片戰爭爆發，這是英國人的藉口之一。

第二次鴉片戰爭中簽訂的《天津條約》中，最令大清君臣感覺恥辱的，也不是國家利益的具體損失，而是其中關於外國可以派公使進駐北京的條款。

按照我們今人的理解，國家之間互派公使，也是國際慣例，象徵着各國關係平等，沒甚麼不可容忍的，但是大清君臣卻不這樣想。可以想見，這些外國公使肯定會拒絕在咸豐皇帝面前下跪，這令年輕的咸豐恐懼萬分。為此他不惜撕毀條約，選擇繼續作戰，來阻止外國公使的腳步。結果是更慘重的失敗，更大面積的割地。

總之，當時中國人對外觀念的一個心理癥結是無法接受洋人是和中國人平等的「人」，仍然一廂情願地判定他們是低人一等的半人半獸的生物。

曾國藩雖然早年也曾經認為洋人「性同犬羊」，但是經過第二次鴉片戰爭，卻已經完全改變了觀念。他認為，外國人也是人。是人，就要用對待人的態度去對待他，不能用對待野獸或者牲畜的辦法。

早在李鴻章在上海處理洋務時，曾國藩就寫信給他說，要把儒學「忠信篤敬」思想運用到外交上。他援引孔子的話：「子張問行。子曰：言忠信，行篤敬。雖蠻貊之邦行矣。言不忠信，行不篤敬，雖州里行乎哉……子張書諸紳。」

曾國藩用的是古話，表達的卻是新觀念：要轉變天朝上國君臨萬邦的傳統觀念，把國際關係建立在互相尊重的基礎上。這在今天看起來是平常的觀念，在當時卻是一種石破天驚的革命性的觀點。

曾國藩認為，不用智商特別高就會明白，你不可能強迫一個比你強大的人給你下跪。「普天之下，莫非王土，率土之濱，莫非王臣」的無知狂妄應該被打破了。很明顯，我們無法再按藩屬之禮要求洋人，和他們只能行「敵國之禮」，即平等之禮。這是符合近代交往規則的。「中外既已通好，彼此往來，亦屬常事。」[1]「不繩以禮法，不待以藩屬，徒見朝廷之大方，未必有損於國體。」[2]

今天絕大部分中國人應該會認同曾國藩的觀點，然而在當時，敢於提出這些觀點是需要勇氣的，搞不好就會被罵為漢奸。

曾國藩第二個與眾不同的觀念是誠信外交。所謂誠信外交，就是對外國人也要講信用。

這聽起來也很奇怪。外交當然要講信用，這還用強調嗎？

然而當時的大清臣民並不這樣想，因為中國人歷來處理外交，並不以「誠信」，而以「羈縻」。

甚麼叫羈縻呢？

「羈，馬絡頭也。縻，牛韁也。」也就是說，是對付牲畜的工具。《史記》說：「蓋聞天子之於夷狄也，其義羈縻勿絕而已。」「羈縻之道」的出發點是蠻夷非我族類，因此跟他們是講不了道理的，只能以權宜、權術來籠絡糊弄。「裔不謀夏，夷不亂華。荒忽之人，羈縻而已。」[3]

因此鴉片戰爭以來，清朝君臣對付外國人的手段，一直是「羈縻」，或者說糊弄。

第一次鴉片戰爭後簽訂的《南京條約》喪權辱國，然而道光皇帝認為這個條約並不可怕，他的算盤是以此條約「暫事羈縻」，以

1 《曾國藩全集・奏稿》9，岳麓書社，2011 年，第 582 頁。

2 《曾國藩全集・書信》9，岳麓書社，2011 年，第 261 頁

3 嚴可均輯，金欣欣、金菲菲審訂：《全後魏文》，商務印書館，1999 年，第 406 頁。

後時勢如果變化，可以隨時不作數。不光皇帝這樣想，大臣們也大多是這樣想的。比如葉名琛就說「當日准其五口傳教，原不過一時權宜之計」[1]。

因此，在《南京條約》的執行過程中，清政府並不特別認真。廣州市民掀起反入城鬥爭，地方官當然也堅決支持。不過地方官的應對手段不是公開反對，而是「糊弄」。當時的兩廣總督耆英在道光二十七年（1847）和英國人談判的時候說，要做通廣州市民的工作非常難，要給他時間。多長時間呢？兩年。為甚麼是兩年呢？因為此時耆英已被授為協辦大學士，正常的話兩年後極有可能已經調往京師。正如他的謀士所說：「緩以兩年，此兩年中公早內召，可置身事外矣。」[2] 到時候這個麻煩事將由後任處理。

兩年之後，認死理的英國人再次提出兌現約定，那時的兩廣總督果然已經不是耆英，而是徐廣縉，他毫不考慮耆英已經同意在先，而是果斷拒絕了英國人的請求。道光皇帝覽奏對徐廣縉的「愛國」情懷感到非常欣慰。他批示說：「英夷進城之約，在當日本係一時羈縻。……前經降旨暫准入城一遊，亦不過權宜之計。」[3] 表示同意徐廣縉的意見，繼續找各種藉口，不讓英國人入城。

洋人是壞人，所以糊弄洋人就是愛國，在道義上沒甚麼不對的。

但是洋人似乎不太好糊弄，他們雖然被中國人界定為半人半獸，但智商似乎並不低，而且性格很執拗。後來中國負責辦理外交事務的官員曾經抱怨說：「洋人性多堅執。」[4] 老外的性格是非常較真兒，愛認死理。進城這個並不是很大的事，他們就是不罷休。

1 《葉名琛奏覆英美要求三款實為無厭之求及法使來津意在庇護教士摺》，《籌辦夷務始末（咸豐朝）》二，第 413 頁。轉引自李育民著：《中國廢約史》，中華書局，2005 年，第 169 頁。

2 中國史學會主編：《第二次鴉片戰爭》一，上海人民出版社，1978 年，第 238 頁。

3 廣東省地方史志編委會辦公室、廣州市地方志編委會辦公室編：《清實錄廣東史料》四，廣東省地圖出版社，1995 年，第 422 頁。

4 《曾國藩全集・奏稿》9，岳麓書社，2011 年，第 40 頁。

1854 年，道光皇帝已經去世，坐在皇椅上的是年輕皇帝咸豐。英國人又一次向當時的兩廣總督葉名琛提出要明確進城的時間。葉名琛是近代著名「愛國官員」，更是把「羈縻」方針運用到了極致的「高手」：對登門要求修約的包令，他時而閉戶稱疾，時而佯稱繁忙，避而不見；萬不得已見了面，則溫言寬慰，顧左右而言他，唯獨對修約這件要事不置可否。

兩年之後的 1856 年，自認為受盡愚弄的英國人終於按捺不住了，英國炮艇炮轟廣州城，第二次鴉片戰爭開始。結束對廣州的進攻後，英國人又糾集法國人北上天津。

第二次鴉片戰爭中簽訂《天津條約》的過程，更是充分體現出清政府的「羈縻」原則。咸豐皇帝在簽約過程中多次反覆，和戰不定，甚至公然宣稱：「自古要盟不信，（以前答應的條件）本屬權宜。」[1] 也就是說，他認為在被脅迫的情況下簽訂的條約是無效的，所以和鬼子們簽約，只是退兵之法而已。大臣們更是如此。在《天津條約》的談判過程當中，為了迅速完成任務，負責談判的大臣桂良竟然這樣對皇帝說：「此時英、佛兩國和約，萬不可作為真實憑據，不過假此數紙暫且退卻海口兵船。將來倘欲背盟棄好，只需將奴才等治以辦理不善之罪，即可作為廢紙。」[2]

在天朝大臣的眼中，條約不過只是數張「廢紙」，並不會對天朝構成束縛。但是洋人卻感覺非常憤怒。後來英國外交官威妥瑪指責中方外交人員總是進行欺詐外交：「今日騙我，明日敷衍我，以後我斷不能受騙了。中國辦事哪一件是照條約的？如今若沒有一個改變的實據，和局就要裂了。」還指責中國「所辦之事越辦越不是，就像一個小孩子活到十五六歲倒變成一歲了」[3]。

---

1 賈楨等編輯：《籌辦夷務始末（咸豐朝）》，中華書局，1979 年，第 2270 頁。

2 蔣廷黻編著：《近代中國外交史資料輯要》上，東方出版社，2014 年，第 198 頁。

3 蔣廷黻編著：《近代中國外交史資料輯要》中，東方出版社，2014 年，第 130 頁。

也許很多讀者認為我大清君臣的做法合情合理。確實，在敵人的暴力威脅下簽訂的條約，肯定是「不平等條約」。我們沒有去侵略你們，是你們跑來侵略我們，從道義上，我們理直氣壯。但問題是，以這樣的態度去對待條約，對待手裏握着強大武器的敵人，後果有點兒嚴重。

等到外國人攻陷大沽炮台，兵鋒直指北京，縱火焚燒了萬園之園——圓明園之後，咸豐終於慌了。1860 年，他不得不接受了英法美俄四國代表的全部要求。結果從此之後，外國人不但可以隨便進城，而且還可以派公使進駐北京。除此之外，還得將通商口岸增加為十個，外國人在中國內地遊歷傳教皆得自由，中方同時需賠償英國軍費 400 萬兩、法國軍費 200 萬兩。俄國人以「調停」有功為名，逼使中國簽訂了《中俄北京條約》，中國為此丟失了 40 多萬平方公里的土地。

因此有人總結當時外交人員的辦事風格不外兩個字，一是怕，一是磨：

> 世上現有兩等人。一等人看得洋務極怕，似乎洋人全不講理，只能事事答應。一等人總以洋人為外國，一句話都聽不得。此兩等人皆不知洋務者也。又有兩等人。一則明知外國富強，中國不敵，偏要說好看話，不但不怕他，還要勝過他。一味大話，欺哄上司。一則洋人來商量的事，明知可行，偏要說不行。今朝磨明朝磨，不問自家曲直，也不問外國是非，一味推三阻四。逼得洋人氣了，仍然答應，還要自己誇口，說幸爾(而)磨捱，若是快允了，還不止此呢！至死不悟，真真無法。[1]

1 王慶成編著：《稀見清世史料並考釋》，武漢出版社，1998 年，第 338–339 頁。

而曾國藩卻反對這樣做。他曾經對朝廷說：

> 臣愚以為與外國交際，最重信義，尤貴果決。我所不可行者，宜與之始終堅持，百折不回；我所可行者，宜示以豁達大度，片言立定，斷不宜若吐若茹，稍涉猶豫之象，啟彼狡辯之端。[1]

也就是說，他認為在對外談判中，應該像君子一樣，首重信義。能答應的，大大方方地答應，不能答應的，堅定不移。不能學市井商人的手段，讓人看不起。

曾國藩為甚麼會這樣主張呢？因為「羈縻」外交讓中國付出了沉重的代價。

通過對鴉片戰爭以來特別是第二次鴉片戰爭經驗教訓的總結，曾國藩漸漸形成了誠信交往的思路。

當李鴻章向曾國藩請教外交方略時，曾送他一個「誠」字：「老老實實，推誠相見，和他平情說理。」曾國藩對李鴻章說：「夷務本難處置，然根本不外孔子忠信篤敬四字。篤者，厚也。信，只不說假話耳，然卻難。吾輩當從此一字下手，今日說定之話，明日勿因小利害而變。」[2]

他在另一封信中，又一次對這四個字進行了解釋：「與洋人交際，其要有四語：曰言忠信，曰行篤敬。曰會防不會剿，曰先疏後親。忠者，無欺詐之心；信者，無欺詐之言；篤者，質厚；敬者，謙謹。此二語者，無論彼之或順或逆，我當常常守此而勿失。」[3]

---

1 《曾國藩全集・奏稿》9，岳麓書社，2011 年，第 581 頁。

2 《曾國藩全集・書信》4，岳麓書社，2011 年，第 169 頁。

3 《曾國藩全集・書信》4，岳麓書社，2011 年，第 231 頁。

誠信外交的一個基本點，在於堅守條約。至少在沒有實力之前，應該遵守條約。「惟目下一二年內，則須堅守前約。」[1]

他在給朋友的信中說：「事端紛紛，總以堅守條約，不失信於外人為是。只可力求自強，不可輕易動氣。若無自強之實，而徒有爭氣之言，非徒無益，而又害之。如恥之，莫若師文王姑事昆夷，以期駾喙而已。」[2]

他還詳細解釋了為甚麼要守約：「惟洋務宜守條約，乃有準繩，不致失信於外夷。平居無事，則大小各官勤廉自勵，求所以自強之道。久之政通人和，上下一心，正氣盛而邪氣自衰，外夷懾服，亦不敢多所要求也。」[3]

堅守合約，第一，你力量不如對手，你越使詐，結果只是自己越倒霉。「我現在既沒有實在力量，盡你如何虛強做作，他是看得明明白白，都是不中用的。」[4] 遵守條約，不再招打，能維持一個穩定的國內環境，起碼能獲得喘息之機，以利於自強。

第二，條約約束的不僅是中方，也有外方。堅守條約的另一層意思是如果列強的要求超越條約範圍，我們就要以條約來堅決拒絕。「條約所無之事，彼亦未便侵我之利權。」[5] 也就是讓他們把侵略步伐限定在條約之內，而不能無限索取。

第三，只有通過誠信外交，才能與西方各國進行正常往來，以便於從西方各國引進先進技術和設備，「師夷長技以制夷」。

除了誠信外交外，曾國藩還提出了一個在當時看來非常超前的

---

1 《曾國藩全集・奏稿》5，岳麓書社，2011 年，第 378 頁。

2 《曾國藩全集・書信》8，岳麓書社，2011 年，第 156 頁。

3 《曾國藩全集・書信》7，岳麓書社，2011 年，第 792–793 頁。

4 吳永口述：《庚子西狩叢談》，岳麓書社，1985 年，第 109 頁。

5 《曾國藩全集・書信》7，岳麓書社，2011 年，第 806 頁。

觀念：在對外交往中，不要爭面子，而要爭裏子。不要爭小處，而要爭大處。

這也是通過第二次鴉片戰爭得出的教訓。我們說過，第二次鴉片戰爭進行過程中簽訂了《天津條約》，其中有咸豐皇帝最怕的一條也就是外國派公使進駐北京。所以他毀掉了這個條約，選擇繼續戰爭。

不過一開始，咸豐並沒有下定再開戰端的決心。他曾經來了一個腦筋急轉彎，想到了一條「萬全」的妙計。甚麼妙計呢？用錢收買洋人不進京。

洋人不是好利嗎？我堂堂中國，好義不好利。外國人說以後還要商談降低關稅之事，乾脆，我大清帝國所有關稅都不要了，換他們別到北京來，這總可以吧？

不要以為我在開玩笑，這是千真萬確的史實。

咸豐皇帝下諭說：「此時須將全免稅課一層，明白宣示，使知中國待以寬大之恩，此後該夷獲利無窮……所許各項，自可全行罷議。」[1]

如果這樣，中國將成為人類歷史上第一個不設關稅的國家。這實在是人類史上一個創舉。如此一來，中國經濟也很快就會全部崩潰。可以想像的是，咸豐帝此一政策果獲成功，在西方諸強的瘋狂擴張中，近代中國恐怕將無商業利益可言，清政府也早就垮台了。

孟森評價說：「若使當時桂良遵旨請求，進口貨且不能收稅，洋人重利，其於駐使一層必可暫緩，留作後圖。而洋貨之灌輸，海關之不必設，中國又成何世界？此皆一回首而令人撟舌者。」[2]

1 《軍機大臣寄欽差大臣桂良此次前赴上海應照原定辦法妥辦上諭》，中國史學會主編，齊思和等編：《第二次鴉片戰爭》三，上海人民出版社，1978 年，第 523 頁。

2 孟森著：《明清史論著集刊》下，中華書局，2006 年，第 614 頁。

咸豐做出這個決定，可謂下了血本。因為當時經濟形勢非常緊張。早在 1853 年因鎮壓太平天國消耗巨大，內務府存銀一度只剩下了四萬一千兩白銀，僅僅可以勉強支持皇室開支。[1] 而此時清政府的海關年收入已達到數百萬兩，是朝廷重要的財政收入之一。但是他卻仍舊毅然決然地要以「全免關稅」來換取不見外國人。

可以想像，如果此議提出，外國人肯定會同意，這筆利益實在太巨大了。但是大臣們嚇傻了。他們沒想到，皇帝腦洞開得如此之大。他們紛紛上奏表示反對，說這樣一來，國已不國，「務以尊崇國體為先，尤以收回利權為要」[2]。大臣們還是據理力爭，因為此事太兒戲了。他們說，全免關稅後果嚴重，「胥天下之利柄歸於該夷，而我民窮財盡矣」[3]，保住關稅這一實際經濟利益高於公使駐京帶來的朝廷顏面受損。

大臣們的反對令咸豐帝非常惱怒，硃批罵道：「未見該夷，何以知其勢必不行？薛煥真賊之行徑也。」[4] 但是在大臣們的反復說明之下，咸豐皇帝似乎也明白了取消關稅確實會造成國將不國，最終打消了這一念頭。為了不見外國人，他只好繼續作戰，最後導致北京被佔，自己北逃。

寧可國家經濟崩潰，也要保住皇帝的面子，咸豐皇帝的這個構想典型地體現出傳統外交對「面子」的熱愛。

曾國藩對這一思路卻堅決反對。曾國藩通過近代外交的經驗教訓，形成了一個觀點。李鴻章在給曾國藩寫的神道碑中總結曾國藩的外交思想說：「其爭彼我之虛儀者許之，其奪吾民之生計者勿

1 故宮博物院明清檔案部編：《清代檔案史料叢編》第 1 輯，中華書局，1978 年，第 19 頁。

2 《桂良等奏擬請將全免人口稅課一節暫緩宣佈摺》，《籌辦夷務始末（咸豐朝）》三，第 1130–1131 頁。轉引自李育民著：《中國廢約史》，中華書局，2005 年，第 49 頁。

3 《何桂清奏利柄必應收回稅則不可輕免摺》，《籌辦夷務始末（咸豐朝）》三，第 1133 頁。轉引自李育民著：《中國廢約史》，中華書局，2005 年，第 151 頁。

4 賈楨等編輯：《籌辦夷務始末（咸豐朝）》，中華書局，1979 年，第 1165 頁。

許。」[1] 也就是說，面子上的禮儀上的事，可以讓步；那些關係國計民生的事，不能讓步。

用曾國藩奏摺中的話具體地說：

大抵洋人之在泰西，數百年來互相吞併，無非奪彼國商民之利，然後此國可以得志。其來中國也，廣設埔頭，販運百貨，亦欲逞彼朘削之詭謀，隘我商民之生計。……自洋人行之，則以外國而佔奪內地之利；自華民之附和洋人者行之，亦以豪強而佔奪貧民之利，皆不可行。……中國之王大臣為中國之百姓請命，不患無詞置辯，甚至因此而致決裂。而我以救民生而動兵，並非爭虛儀而開釁。上可以對天地列聖，下可以對薄海蒼生，中無所懼，後無可悔也。

至請覲、遣使、開拓傳教三事，臣派員賫京冊內，皆未議及。伏查康熙十五年聖祖仁皇帝召見俄人尼果賚等，其時儀節無可深考，然當日與俄羅斯議界、通市，實係以敵國之禮待之，與以屬藩之禮待高麗者迥不相同。道光、咸豐以來，待英、法、米三國，皆仿康熙待俄國之例，視同敵體。蓋聖朝修德柔遠，本不欲胥七萬里之外洋而悉臣服之也。擬請俟皇上親政以後，准其入覲。其儀節臨時酌定，既為敵國使臣，不必強以所難，庶可昭坦白而示優容。

遣使一節，中外既已通好，彼此往來，亦屬常事。論者或恐使臣之辱命，或憚費用之浩繁，此皆過慮之詞。[2]

也就是說，和外國人談判時，要力爭商業利益，保護國民生計。至於公使駐京之類的事情，盡可同意，因為於中國實利無損。

1 李鴻章著：《李文忠公遺集・曾文正公神道碑》，上海人民出版社，1985 年，第 19 頁。

2 《曾國藩全集・奏稿》9，岳麓書社，2011 年，第 581–582 頁。

當初康熙年間，接待俄羅斯使臣，具體禮儀如何沒有記載，但是與俄羅斯談判邊界等事，顯然是兩個平等的政治實體之間的行為。現在時勢變異，更不可能指望歐美諸國甘當我們的藩屬，因此應該以平等地位對待他們。

曾國藩關於外交的另一句名言是「大事苦爭，小事放鬆」。對外關係應該着眼於大局，在有關國計民生的地方要拼死相爭，但是不應該在入不入城之類的小事上糾纏。他認為：「鄙意辦理洋務，小事不妨放鬆，大事之必不可從者乃可出死力與之苦爭。」[1]「凡與洋人交際，小事可許者，宜示以寬大平恕，大事不可許者，宜始終嚴執力爭。若小事處處爭競，則大事或反有放鬆之時，不分大小，朝夕爭辯，徒為彼族所輕視也。」[2]

甚麼是大事呢？事關國家主權的事，事關國家安全的事，才是大事。在對外交往中，曾國藩非常注重對國家主權的維護。

1861 年，在恭親王奕訢的主持下，清王朝決定向英國購買一支現代化的艦隊。當前可用於平定太平天國，日後則可以成為「帝國海軍」。曾國藩支持這一計劃，因為可以通過此舉掌握西式艦隊的作戰技術。

曾國藩向奕訢建議說，要由中國人做艦隊統帥，邀請外國人出任副手，同時挑選中國軍人上船學習作戰。每艘軍艦上用三四名外國人作為教習，其他崗位都要用中國軍人。開始以洋人教中國人，後來要做到以中國人教中國人，把軍事技術完全學到手，把艦隊也牢牢掌握在中國人手中。「每船酌留外洋三四人，令其司柁、司火……始則以洋人教華人，繼以華人教華人。」[3]

1 《曾國藩全集・書信》9，岳麓書社，2011 年，第 111 頁。

2 《曾國藩全集・批牘》，岳麓書社，2011 年，第 570 頁。

3 《曾國藩全集・奏稿》5，岳麓書社，2011 年，第 377 頁。

總理衙門具體委託給代理中國海關總稅務司的李泰國去辦理。李泰國是一個長期混跡於中國的英國人，資深外交官。此人辦事效率很高，很快從歐洲採購了數艘軍艦，駛抵中國。

然而令奕訢等人吃驚的是，到來的不僅是軍艦，還有軍艦上大批金髮碧眼的洋人。李泰國雖然是一個「中國通」，但向來在中國人面前飛揚跋扈慣了，一貫以中國政府的太上皇自居。他在英國居然擅自代表清政府聘請了一個叫阿思本的英國軍官做這支艦隊的司令，由阿思本挑選了 600 名軍官和海員組成軍隊，並且規定船上只用洋人，不用中國人。他說這樣才能保證艦隊的戰鬥力。

消息傳來，天下大嘩。要是這樣，這支艦隊還能叫大清海軍嗎？總理衙門當然表示反對。但是李泰國極其強硬，稱如果中國方面不接受他的條件，他就立刻將這支艦隊解散。這樣一來，不但中國建立海軍的計劃夭折，而且變賣軍艦肯定要損失折價，清方還要付給李泰國僱來的眾多外國軍人遣散費，裏裏外外一算，一百七十萬兩白銀的船價，至少要損失七十萬兩。

總理衙門一下子沒了主意。事已至此，到底怎麼辦？是讓外國人主掌中國海軍，還是認倒霉退回軍艦？尷尬之中的奕訢等人只好致函在戰鬥一線的曾國藩、李鴻章、曾國荃等湘軍大員，徵求他們的意見。

曾國藩的態度十分鮮明。他說，必須由中國人指揮這支艦隊，「中國兵權不可假與洋人」，中國政府對這支艦隊的主權不容談判。中國購買這支艦隊的初衷「原期操縱自如，指揮由我……購船者云，購之以為已物，令中國之將得為斯船之主也」[1]。

艦隊是中國花錢買的，且訂有合同在先，那麼就必須按中國人的主張辦。如果實在談不妥，不如退回這支艦隊，損失點兒錢是小

1 《曾國藩全集・書信》6，岳麓書社，2011 年，第 91 頁。

事，國家主權不能受侵犯。所以他回覆了一句很堅決的話：「以中國之大，區區一百七十萬之船價，每年九十萬之用款，視之直輕如秋毫，了不介意。或竟將此船分賞各國，不索原價，亦足使李泰國失其所恃，而折其驕氣也。」[1]

將數百萬金錢視為秋毫，曾國藩的話聽起來有些荒謬，實際上他的本意是要堅定朝廷防止洋人染指中國軍事大權的決心，也是給進退維谷的奕訢以下台的台階。最後朝廷痛下決心，將英國軍艦、水手全部退回，堅決撤銷李泰國的中國海關總稅務司職務。最後雖然白白耗費了 66 萬多兩白銀，但是在曾國藩等人的堅持下，中國的主權沒有受到損害。

曾國藩更多的外交實踐，我們要留到天津教案一章中去介紹。

1 《曾國藩全集・書信》6，岳麓書社，2011 年，第 92 頁。

第十五章

與接班人李鴻章共同「剿」捻

1. 妙手：裁湘留淮

同治四年（1865）五月初三日，正忙於兩江事務的曾國藩突然接奉上諭，北上「剿」捻。

原來在太平天國起義的同時，北方黃淮一帶也興起了捻軍起義。這一起義一開始對清王朝威脅不大，因為「捻匪本無大志，其意專以擄掠為生」[1]。他們保持着「居則為民，出則為捻」的習慣，鄉土觀念嚴重，組織也不嚴密。

然而太平天國被絞殺後，原本的配角捻軍卻異軍突起，馳騁於黃淮流域，橫掃千軍如捲席。因為太平天國失敗後，太平軍的「遵王」賴文光率領部分太平軍殘部加入了捻軍，對捻軍進行了重新整編，在戰鬥中大量獲取敵人的馬匹、裝備，逐步改步兵為騎兵，建立起一支精銳的騎兵部隊，以大規模運動戰對付敵人。改編後的捻軍，連騎逾萬，急如狂飆。

負責「剿」捻的本是蒙古親王僧格林沁，他急於求成，採取窮追不捨的戰術，想一口把捻軍吃掉。捻軍故意避而不戰，拖着他兜圈子，然後抓住時機，設下埋伏，同治四年（1865）四月二十四日將僧格林沁包圍後殺死於麥壠地中。滿蒙貴族最後一根柱樑摧折，朝廷四顧無人，遂急命曾國藩攜帶欽差大臣關防，督軍北上「剿」

1 中國史學會主編：《中國近代史資料叢刊・捻軍》1，上海人民出版社，1957 年，第 313 頁。

捻。兩江總督由江蘇巡撫李鴻章署理。

拿下天京之後，為了解除朝廷對他的猜忌，曾國藩已經裁撤了大部分湘軍，自剪了羽翼。剩下一點湘軍餘勇，「均屬強弩之末，不堪驅策」[1]。

那麼怎麼辦呢？難道如同當初創建湘軍那樣再從頭練一支軍隊出來嗎？

這倒不用。

做大事的人至少要往前看三步。當初曾國藩在大規模裁撤湘軍的時候，留有後手，那就是「裁湘留淮」：他雖然將手中的湘軍遣散，但是卻保留了自己的學生李鴻章所部的淮軍。

軍權是決定國家走向的關鍵權力，有沒有這個權力，對國家的影響力是不一樣的。雖然裁撤了湘軍，但是並不意味着曾國藩完全放棄了這份權力。保留淮軍「以濟湘勇之窮」，可以讓湘系集團繼續穩操兵權，從而保住在清朝統治集團中的決定性地位。

當然，把軍事重心由湘軍轉移給淮軍，也就意味着李鴻章是曾國藩在部下中最器重也最信任的人，否則這支淮軍他將來調度不動。換句話說，曾國藩已經選定李鴻章做自己事業的接班人。

曾國藩為甚麼會在名將如林的湘軍集團中選擇一個非湖南籍的李鴻章做接班人呢？

2. 曾國藩的人才大計：塑造李鴻章

人們提起曾國藩，一般認為他一生做了兩件大事：平定太平天國和興起洋務運動。其實除此之外，曾國藩一生致力的還有一件大事，那就是培養人才。

---

1 《曾國藩全集・奏稿》8，岳麓書社，2011 年，第 328 頁。

晚清政治環境壓抑，人才凋敝已極。龔自珍曾仰天長歎：「我勸天公重抖擻，不拘一格降人才。」咸豐剛剛登基時，曾國藩上的《應詔陳言疏》就指出：「將來一有艱巨，國家必有乏才之患。」[1]

曾國藩一生對人才問題非常重視，認為這是天下興衰的關鍵，「國家之強，以得人為強。」[2] 並說善於審視國運的人，「睹賢者在位，則卜其將興；見冗員浮雜，則知其將替」[3]。因此選拔、培養人才是挽救清王朝統治危機的重要措施。「粵、捻內擾，英、俄外伺，非得忍辱負重之器數十人，恐難挽回時局也。」[4]

曾國藩還有一個頗為「唯心主義」的觀點。他認為，在中國社會，整個風氣都受居於高位的少數幾個核心人物心性品行的影響，換句話說，社會風氣的厚薄全由一二人之倡導而成。「此一二人之心向義，則眾人與之赴義；一二人之心向利，則眾人與之赴利。眾人所趨，勢之所歸，雖有大力，莫之敢逆。」[5]「余謂氣節者，亦一二賢臣倡之，漸乃成為風氣。」[6]

因此在鎮壓太平天國、興起洋務運動的同時，曾國藩還致力於培養「正人」，以為「種子」，來挽回天下頹風。他對胡林翼說：「默觀天下大局，萬難挽回。侍與公之力所能勉者，引用一班正人，培養幾個好官以為種子，即咸豐四年寄公緘中種火之說也。」[7]「若能引出一班正人，倡成一時風氣，則侍與公所藉以圖報國者也。」[8] 他在家書中也說，「引用一班能耐勞苦之正人，日久自有大效」[9]。

1 《曾國藩全集・奏稿》1，岳麓書社，2011 年，第 5 頁。
2 《曾國藩全集・書信》1，岳麓書社，2011 年，第 677 頁。
3 《曾國藩全集・家書》1，岳麓書社，2011 年，第 339 頁。
4 《曾國藩全集・書信》2，岳麓書社，2011 年，第 73 頁。
5 《曾國藩全集・詩文》，岳麓書社，2011 年，第 138 頁。
6 《曾國藩全集・詩文》，岳麓書社，2011 年，第 223 頁。
7 《曾國藩全集・書信》2，岳麓書社，2011 年，第 694 頁。
8 《曾國藩全集・書信》2，岳麓書社，2011 年，第 701 頁。
9 《曾國藩全集・家書》1，岳麓書社，2011 年，第 501 頁。

因此曾國藩一生為人才培養事業傾注了大量心力。我們在這一章中就以李鴻章為例子，展開講述一下這個問題。

李鴻章和曾國藩相識頗早。李鴻章是安徽合肥人，他的父親李文安是曾國藩的同年，因此年輕時曾入都拜在曾國藩門下學習文章。李鴻章文筆出色，「每落筆，藻采紛披」[1]，頗得曾國藩青眼。曾國藩發現這個年輕人明敏有識，進取心極強，將來必有可觀。曾國藩後來對李瀚章說：「令弟少荃，自乙、丙之際（指 1845 年、1846 年），僕即知其才可大用。」[2] 李鴻章二十四歲中了進士，並和當年曾國藩一樣進入翰林院。

李鴻章身高至少 1.83 米[3]，眉宇間精明外露，一望而知是一個精力充沛之人。他功名心極強，而且從不屑於掩藏這一點，在他的早年詩作中，「欲封侯」「夢封侯」「登鰲頂」「入鳳池」「奪龍頭」「封侯相」之類的文字比比皆是。太平軍興，安徽淪陷，他以翰林身份回到家鄉辦理團練，「不做翰林做綠林」，希望以軍功迅速獲得升遷。

然而真正接觸軍事之後，李鴻章才發現打仗不像他想像的那麼容易。他在安徽「宛轉隨人」，「浪戰」數年，沒有成績，只好於咸豐八年（1858）投奔曾國藩大營。

一進入曾國藩的幕府，李鴻章就發現這裏很特殊。首先，曾國藩的幕府規模很大。所謂幕府，即幕僚班子或者說助手班子。一般官員的幕僚，不過數人數十人，而曾國藩身邊，盛時保持着一二百

---

1 《李伯元全集》第 4 冊，江蘇古籍出版社，1997 年，第 112 頁。

2 《曾國藩全集・書信》1，岳麓書社，2011 年，第 301 頁。

3 美國學者福爾索姆說，李鴻章的身高「至少有六英呎」，六英呎合 1.83 米。見過李鴻章本人的美國作家斯特林・西格雷夫說：「李穿着一雙厚底緞面朝靴，站着的時候，身高在六英呎四英吋以上。」六英呎四英吋合 1.95 米。學者翁飛認為，綜合李鴻章現在留下來的全身照和一些史書的描述，李鴻章的身高應該不低於 1.83 米。

人的幕僚隊伍。容閎回憶同治二年(1863)秋他在曾氏幕府:「我在總督大營大約住了兩個星期……當時在營中居住的官員最少有二百人,這些來自各地的人都是為了各種目的聚集於此。除了幕僚(不少於一百人)而外,還有候補官員、法學家、數學家、天文學家和機械師,等等。總之,中國一切出類拔萃和著名的人物,都被他那具有磁石般吸引力的品德和聲譽,吸引到他那裏。他對於有學識和有天才的人,一向極為欽佩,樂於和他們交往。」[1]

朱東安在《曾國藩幕府研究》中認為曾國藩幕僚先後共有四百二十一人;凌林煌在《曾國藩幕府賓僚探究》中統計,幕僚總數前後共為四百九十七人。

當然,曾氏幕府的特殊不只在於其大,更在於它很像一個學校。這個學校的校長,就是曾國藩。

曾國藩在給朋友的信中描述他的幕府中主官與幕僚的關係說:「此間尚無軍中積習,略似塾師約束,期共納於軌範耳。」[2]也就是說,他在幕府中對待下屬,就如同老師對待學生一樣。[3]

確實,曾國藩是把他的幕僚們當學生看待的。我們從曾國藩日記和書信中可以看到,即便在戎馬倥傯之中,曾國藩也按期在幕府中組織考試,一般是每個月兩次,方式是曾國藩出題,讓幕僚們作文。然後他像老教師一樣,在深夜批卷。同治元年五月初六日,曾國藩給他的二十多名幕僚出了一道「策問」題,同時還讓每人擬一道告示。事見曾國藩同治元年五月初八日日記:「夜接課卷二十餘篇,蓋初六日余出策題一道,擬告示一道,令忠義局及各員應課,

---

1 容閎著,王蓁譯:《我在美國和在中國生活的追憶》,中華書局,1991年,第83頁。

2 《曾國藩全集・書信》2,岳麓書社,2011年,第314頁。

3 他在給丁日昌的信中,介紹自己的辦學經驗供他參考時則說:「局中各員譬猶弟子,閣下及藩司譬猶塾師,勖之以學,教之以身,誡之以言,試之以文,考之以事,誘掖如父兄,董督如嚴師,數者缺一不可,乃不虛設此局。」

至是始交卷也，粗閱一過。」[1]

為甚麼要把幕府辦成學校呢？這是曾國藩的人才戰略決定的。

要辦大事，必須用可用之人。大清王朝到了晚期，所謂「左無才相，右無才史，閫無才將，庠序無才士」。科舉培養出來的人，不是廢才，就是半成品。要想適用，就要自己動手，進一步陶鑄。所以曾國藩的幕府既是儲備人才之庫，也是陶鑄人才之所。

曾國藩的人才實踐，第一步是求才。他說，「山不能為大匠別生奇木，天亦不能為賢主更出異人」[2]，而「大約上等賢哲，當以天緣遇之，中等人才，可以人力求之」[3]。尋找人才，要如同餓鷹撲食，貪商求利，「採訪如鷙鳥猛獸求食，如商賈之求財」[4]。他行軍打仗，每至一地必貼出告示，「詢訪英賢」，廣為訪察，稱「本部堂久歷行間，求賢若渴，如有救時之策，出眾之技，均准來營自行呈明，察酌錄用」，「如有薦舉賢才者，除賞銀外，酌予保獎」。[5] 凡具一技之長者，必設法延至，收為己用。他的幕僚中如王必達、程鴻詔、陳艾等人都是通過這種方法求得的。「曾國藩的周圍聚集了一大批各類人才，幕府之盛，自古罕見，求才之誠，罕有其匹。事實證明，其招攬與聚集人才的辦法是正確的和有效的。」[6]

所以對李鴻章的到來，他非常高興。

第二步是觀察。每有赴軍營投效者，曾國藩先發給少量薪資以安其心，然後親自接見，認真面試。李鴻章到來之前，曾國藩先寄

---

1 他的幕僚趙烈文在同治元年五月二十二日日記中也說：「揆帥會試幕僚，每月二期，今當第二試，應教撰《對策》一首。」曾國藩還給他的學生們留作業，並定期檢查。咸豐十年閏三月初十日日記：「旋王、馬諸生呈閱五日功課。」

2 趙烈文撰：《能靜居日記》2，岳麓書社，2013 年，第 1100 頁。

3 《曾國藩全集・書信》4，岳麓書社，2011 年，第 281 頁。

4 《曾國藩全集・日記》2，岳麓書社，2011 年，第 64 頁。

5 《曾國藩全集・詩文》，岳麓書社，2011 年，第 469 頁。

6 朱東安著：《曾國藩傳》，遼寧人民出版社，2014 年，第 319 頁。

給他三百兩以安其家。到來之後，曾國藩在近一個月的時間裏，與他多次長談，就是為了進一步觀察了解他，看看他在數年軍旅生涯中有沒有甚麼長進。

要做到用之無誤，不僅要察言觀色，還要試之以事，驗之以效。新人到來後，曾國藩通常都會讓他們到前線去鍛煉一段時間，一是讓他們直觀了解湘軍的面貌，二是通過他們來了解前線近期的情況，三是通過這種方式鑒別他們的能力。

李鴻章到來後不久，曾國藩就給了他一個任務，讓他隨同曾國荃率軍自撫州進兵景德鎮。咸豐八年（1858）五月十七日（公曆 6 月 17 日）曾國藩致書李鴻章道：

> 閣下此行，其着意在察看楚軍各營氣象，其得處安在，其失處安在，將領中果有任重致遠者否，規模法制尚有須更改者否，一一悉心體察。[1]

這顯然是在考察李鴻章的見識。

一般經過這兩項考察後，曾國藩才會確定幕僚的具體工作：有膽氣血性者令其領兵打仗，膽小謹慎者令其籌辦糧餉，文學優長者辦理文案，學問淵博者校勘書籍。

李鴻章是一個綜合型人才，既能辦事，又長於文字。曾國藩讚揚說：「少荃天資於公牘最相近，所擬奏咨函批，皆有大過人處，將來建樹非凡，或竟青出於藍，亦未可知。」[2] 因為身邊正缺乏文案高手，曾國藩遂把李鴻章留在幕府，「初掌書記，繼司批稿奏稿」。

---

1 《曾國藩全集・書信》2，岳麓書社，2011 年，第 177 頁。

2 薛福成著：《庸庵筆記》，江蘇人民出版社，1983 年，第 13 頁。

安排好工作後，接下來的第三步，就是培養。曾國藩認為，人才「大抵皆由勉強磨煉而出」。天生大才極少，中等以下人才都可通過培養教育造就出來。[1]

他的教育方式，一是如前所述，進行定期考試，以批答的方式來提高他們的文字水平和對事物的分析判斷能力。二是通過談話，也就是今日所謂面授。曾國藩咸豐十年（1860）五月初六日日記：「閱《後漢書・烏桓鮮卑傳》未畢，二（二字乃衍文）及諸生呈繳功課，余教以『誠勤廉明』四字，而『勤』字之要但在好問好察云云，反復開導。」[2]

不僅經常找人個別談話，曾國藩還利用吃飯這個大家聚齊之時，同大家談古論今，表面上看是閒談，實際上是向幕僚傳授自己的人生經驗和讀書心得。李鴻章後來回憶說：

> 在營中時，我老師總要等我輩大家同時吃飯。飯罷後，即圍坐談論，證經論史，娓娓不倦，都是於學問經濟有益實用的話。吃一頓飯，勝過上一回課。[3]

李鴻章這樣描述曾國藩在眾弟子面前的老師形象：「他老人家又最愛講笑話，講得大家肚子都笑疼了，個個東倒西歪的。他自家偏一些不笑，以五個指頭作耙，只管捋鬚，穆然端坐，若無其事，教人笑又不敢笑，止又不能止，真被他擺佈苦了。」[4]

1　咸豐十一年，曾國藩曾經寫過《勸誡委員四條》，其中說：「今世萬事紛紜，要之，不外四端：曰軍事，曰吏事，曰餉事，曰文事而已。凡來此者，於此四端之中，各宜精習一事。」這四條是專門針對進入他幕府的幕僚的。意思是說，凡是進入我幕府的人，必須於軍、政、餉、文四事之中至少選擇一項，進行專門學習，以增長才幹。

2　《曾國藩全集・日記》2，岳麓書社，2011 年，第 48 頁。

3　吳永口述：《庚子西狩叢談》，中華書局，2009 年，第 122 頁。

4　吳永口述：《庚子西狩叢談》，中華書局，2009 年，第 122 頁。

和孔子一樣，曾國藩內心深處很熱愛教師這個工作，甚至比做官還要熱愛。曾國藩曾說過「君子有三樂」，其中之一便是「宏獎人才，誘人日進」[1]。

也和孔子一樣，曾國藩長於「因人施教」，針對不同的人採取不同的教育方法。

關於李鴻章入曾幕之初的情況，曾國藩的弟子薛福成在《庸庵筆記》的《李傅相入曾文正公幕府》中專有一文，其中說：

> 文正每日黎明必召幕僚會食，而江南北風氣與湖南不同，日食稍晏，傅相欲遂不往。一日，以頭痛辭，頃之，差弁絡繹而來，頃之，巡捕又來，曰：「必待幕僚到齊乃食。」傅相披衣踉蹌而往。文正終食無言，食畢，捨箸正色謂傅相曰：「少荃，既入我幕，我有言相告，此處所尚惟一『誠』字而已。」遂無他言而散，傅相為之悚然。蓋文正素諗傅相才氣不羈，故欲折之使就範也。傅相初掌書記，繼司批稿、奏稿。數月後，文正謂之曰：「少荃天資於公牘最相近，所擬奏咨函批，皆有大過人處，將來建樹非凡，或竟青出於藍，亦未可知。」

也就是說，曾國藩每天黎明，都要和幕僚一起吃飯。李鴻章落拓不羈，有睡懶覺的習慣，對曾國藩大營中的這個習慣很不適應，深以為苦。一天他謊稱頭疼，臥牀不起。曾國藩知道他是裝病，大動肝火，接二連三地派人催他起牀吃飯，李鴻章到來之後，曾國藩整個早飯期間一言不發，直到吃完了，才說了一句話，說我大營所尚，只有一個「誠」字。意思是批評李鴻章「不誠」。李鴻章從此日

1 《曾國藩全集・日記》1，岳麓書社，2011 年，第 471 頁。

日早起。[1]薛福成說，曾國藩此舉是為了煞煞李鴻章的氣燄。

晚年李鴻章更親口對曾國藩的孫女婿吳永說過這樣一段話：「我老師實在厲害，從前我在他大營中，從他辦事，他每天一早起來，六點鐘就吃早飯，我貪睡總趕不上，他偏要等我一同上桌，我沒法只得勉強趕起，胡亂盥洗，朦朧前去過卯，真受不了。迨日久勉強慣了，習以為常，也漸覺不甚吃苦。所以我後來自己辦事，亦能起早，才知道受益不盡，這都是我老師造就出來的。」[2]

可見確有其事。

李鴻章這個人身上缺點和毛病確實多。他智商高，才華出眾，自小又一帆風順，因此待人接物，經常盛氣凌人，「常顯傲慢輕侮之色，俯視一切，揶揄弄之」[3]。到了曾國藩幕府後，他自恃翰林出身，科名地位比其他人都高，所以經常不自覺地流露出目空一切的氣概。曾國藩認為，若將來真要他獨當一面，還須再經一番磨煉，所以要先聲奪人，在大家面前挫挫他的銳氣。

李鴻章以口才自雄，而當時湘軍幕府有不少「雄謀善辯」之士，如左宗棠、李元度等，口才不在李鴻章之下，曾國藩就經常有意讓他們與李鴻章「爭口舌之長」，以挫其傲氣。曾國藩還經常將李鴻章帶在身邊，讓他與天下第一流人物接觸，讓他領略「天下士」的風采。比如，咸豐九年（1859）八月初曾氏就帶着他同赴黃州，與胡林翼共同商定四路進兵入皖之計，讓他聽聽胡林翼對戰局的分析和評論。

至於曾氏本人，則身體力行，努力以自己的表率來影響李鴻

---

1 曾國藩密友歐陽兆熊在其編寫的《水窗春囈》中有《進場飯》一文，也寫當時曾幕中人為曾國藩這一「早餐規矩」所苦之事。

2 吳永口述：《庚子西狩叢談》，中華書局，2009 年，第 122 頁。

3 梁啟超著：《李鴻章傳》，長江文藝出版社，2012 年，第 119 頁。

章。凡是曾國藩的幕僚，都注意到曾國藩嚴格的起居方式[1]。方宗誠在《柏友堂師友言行記》中說：

> 公每日清晨輒起，食後行三千步。步畢乃治公牘。少奏疏批牘書札，皆手自為之，事畢則與幕友圍棋一局或二局以為消遣。棋畢即讀書兩卷或三卷。有客至，隨時召見。午後亦如是，晚亦如是。日以為常，雖佳節時令無稍變也。

在曾國藩的影響下，李鴻章從一個愛睡懶覺的年輕人逐漸變得「每日起居飲食均有常度」，李子淵在《合肥詩話》中記載其先伯曾祖少荃公「每日盥畢，據案作書，臨摹《懷仁聖教》數百字，飯罷，必繞廊徐行數百步，歷數十年，雖篤老未嘗或輟，其堅定有恆，亦秉曾公之遺法也」[2]。

可以說李鴻章對曾國藩的模仿真是從形似到神似了。

曾國藩對李鴻章這塊美玉確實是盡力雕琢，進行了全方位改造。李鴻章愛睡懶覺，曾國藩讓他養成了每日早起的習慣；李鴻章平時好說謊吹牛（合肥俗語「打痞子腔」），但在曾國藩面前他從來不敢造次；李鴻章心思太靈，遇事容易動搖，曾國藩經常對他

---

1 唐文治記述吳汝綸晚年對曾國藩的回憶：「此數百年來一人，非特道德崇隆，勳華彪炳而已。乃其精神已不可及。遂一言文正每日於寅正起，卯正早餐，羣僚畢至，公詳告各案，剖析如流。辰巳兩時接見賓客將領等，或批答公牘。午初作大字，午正餐畢，即遍歷羣僚宿舍，無偶遺者。或圍棋一局。未正後見賓治事，酉出晚餐後即讀經史古文，至亥正止。高誦朗吟，聲音達十室以外。子初與家人或幕僚談，旋濯足。子正始寢，至寅正又起，蓋晏息僅二時，歲以為常，其自強不息如此。」

2 吳永則如此記述他親見李鴻章的起居工作習慣：「公（李鴻章）每日起居飲食，均有常度。早間六七鐘起，稍進餐點，即檢閱公事；或隨意看《通鑒》數頁，臨王聖教一紙。午間飯量頗佳，飯後更進濃粥一碗、雞汁一杯。少停，更服鐵水一盅，即脫去長袍，短衣負手，出廊下散步；非嚴寒冰雪，不御長衣。予即於屋內伺之，看其沿廊下從彼端至此端，往復約數十次。一家人伺門外，大聲報曰：『夠矣！』即牽簾而入，瞑坐皮椅上，更進鐵酒一盅……凡歷數十百日，皆一無更變。」梁啟超說：「李鴻章之治事也，案無留牘，門無留賓，蓋其規模一仿曾文正云。其起居飲食，皆立一定時刻，甚有西人之風。其重紀律，嚴自治，中國人罕有能及之者。」

講「挺」經，教導他遇到困難要挺得住。在曾國藩幕府中，李鴻章方方面面都發生着變化。吳汝綸記述他：「公少受學曾公，其用兵方略，為國決大計，虛榮悴顯晦，事成敗不易常度，得於曾公者為多。」[1]

曾國藩身邊的幕僚，大部分都是這樣，通過與曾國藩朝夕相處，耳濡目染，潛移默化，在不知不覺之中變化氣質，增長才幹。曾國藩的幕僚張文虎在談及曾氏幕僚易於成才的原因時說，蓋「其耳目聞見較親於人，而所至山川地理之形勝，饋譁之難易，軍情之離合，寇形之盛衰變幻，與凡大帥所措施，莫不熟察之。而存於心久，及其措之裕如，固不啻取懷而予，故造就人才，莫速於此」[2]。

李鴻章對恩師在幕府期間的教誨，是感激終生的。李鴻章說：「從前歷佐諸帥，茫無指歸，至此如識南針，獲益匪淺。」[3]他說，「吾從師多矣，毋若此老翁之善教者，其隨時、隨地、隨事，均有所指示。」還說，他後來辦事，「亦能起早，才知道受益不盡，這都是我老師造就出來的」[4]。

不光是李鴻章對曾國藩充滿感激，曾國藩幕府中的大部分人對曾國藩都感激終生。他「能隨人之才以成就之，故歸之者如流水」[5]。同時曾國藩用人，還有一個宗旨，那就是「己欲立而立人，己欲達而達人」，全力給他們製造發展的機會。

曾國藩說：

---

1 《吳汝綸全集》1，黃山書社，2002 年，第 220 頁。

2 張文虎著：《覆瓿集・雜著》乙編上，第 7–8 頁。轉引自朱東安著：《晚清政治與傳統文化》，百花文藝出版社，2012 年，第 352 頁。

3 薛福成著：《庸庵筆記》，江蘇人民出版社，1983 年，第 13 頁。

4 吳永口述：《庚子西狩叢談》，中華書局，2009 年，第 122 頁。

5 朱漢民、丁平一主編：《湘軍 8・報刊記載・外人記述・史料筆記》，社會科學文獻出版社，2013 年，第 842 頁。

將帥之道，即所謂欲立立人，欲達達人也。待弁勇如待子弟，常有望其成立，望其發達之心，則人知恩矣。[1]

就是說，做將帥的，一定要幫助下屬立業成才。對待下屬，就如同對待自己的孩子一樣，從內心裏希望他們發展得好，這樣，他們才會從內心感激你的恩德。

並不是所有人都是這樣的。比如左宗棠用人，喜歡使之盤旋自己腳下終生不得離去，所以往往並不出死力為部下保舉。終其一生，左宗棠提攜起來的人很少。他的部下中，沒有一人後來擔任朝中一、二品的文官，在地方出任督、撫的也很少。

而曾國藩在保舉下屬方面非常盡力。他的幕僚大部分都在幕府成材，然後成就自己的事業。薛福成說：

自昔多事之秋，無不以人才之眾寡，判功效之廣狹。曾國藩知人之鑒，超軼古今，或邂逅於風塵之中，一見以為偉器，或物色於形跡之表，確然許為異才。平日持議，常謂天下至大，事變至殷，絕非一手一足之所能維持。故其振拔幽滯，宏獎人傑，尤屬不遺餘力。[2]

曾國藩的幕僚出幕後官至出使大臣 5 人，軍機大臣 2 人，尚書 2 人，大學士 2 人，侍郎 3 人，北洋大臣 1 人，總理衙門大臣 1 人，總督 16 人，出任總督 30 人次，巡撫 28 人，出任巡撫 50 人次。此外，還有布政使、按察使、提督、副將、道員、知府、知縣，最不濟也有候補、候選、記名之類。林林總總，不勝枚舉。天京克復前

1 《曾國藩全集・日記》1，岳麓書社，2011 年，第 442 頁。

2 馬忠文、任青編：《薛福成卷》，中國人民大學出版社，2014 年，第 40 頁。

後，湘系「文武錯落半天下」。英國歷史學家包耳格曾經說：「曾國藩是中國最有勢力的人，當他死去的時候，所有的總督都曾經做過他的部下，並且是由他提名的。如果他曾經希冀的話，他可能已經成為皇帝。」[1] 話雖誇張，但從一個側面反映了曾國藩影響之大。

當然，不光是幕僚們從曾國藩這裏獲得收益，曾國藩本人也從幕府中收穫巨大。李鴻章思維清晰敏捷、作風明快果斷，往往一眼就能看出大局的關鍵，因此一遇大事，曾國藩往往求助於李鴻章的分析決斷。

比如咸豐十年（1860），為了解安慶之圍，太平軍兵指武漢。如前所述，曾國藩雖然明知太平軍的目的是要把湘軍從安慶調開，但是因為武漢的位置實在太重要，因此到底救不救武漢，舉棋難定。咸豐十年（1860）五月初十日上午，他和名將李續宜「熟論安慶、桐城兩軍應否撤圍，約沉吟二時之久」，討論思考了四個小時，沒有結論。下午，李鴻章來參與討論，結果「得少荃數言而決」[2]。李鴻章幾句話，讓他下了決心，決意不撤皖圍之兵，把「旋轉乾坤」的賭注，全押在安慶圍點打援上面了。在曾國藩遇到的另一次重大危機，也就是第二次鴉片戰爭中咸豐要求湘軍北援事件中，李鴻章也起到了關鍵作用。曾國藩召集文武僚佐，給他們出題考試，讓他們各立一議。大多數人主張「入衛」。但是李鴻章獨持異議，幫助曾國藩做出一個重要的決斷：「謂夷氛已迫，入衛實屬虛名。六國連衡，不過金帛議和，斷無他變，當按兵請旨，且無稍動。楚軍關天下安危，舉措得失，切宜慎重。」[3] 李鴻章建議用「拖」字訣，拖以

---

1 ［英］包耳格著：《馬格里傳》，第 185 頁。轉引自戴逸著：《皓首學術隨筆・戴逸卷》，中華書局，2006 年，第 56 頁。

2 《曾國藩全集・日記》2，岳麓書社，2011 年，第 49 頁。

3 朱漢民、丁平一主編：《湘軍 8・報刊記載・外人記述・史料筆記》，社會科學文獻出版社，2013 年，第 628 頁。

待變。他說，如果拖上十多天，北京城很可能就已經被洋人攻佔，雙方自然會議和，那時也就不用湘軍北上了。事實證明這一「拖」字訣用得可謂非常高明。

經過多年培訓歷練，曾國藩認為李鴻章已經可以獨當一面了。

咸豐十一年（1861），一個千載難逢的建功立業良機降臨到李鴻章頭上。這一年十月，太平軍突然進攻上海，上海官紳代表抵達安慶乞師。[1] 已經開埠的上海，富庶繁華，餉源充足。因為曾國荃不願意承接這個任務，曾國藩派李鴻章前往上海救援。這件事改變了李鴻章的命運。因為曾國藩交給李鴻章的任務不只是救援上海，同時還有一個更重要的任務：創建淮軍。

創建淮軍，是曾國藩早就有的一個想法。早在咸豐十年（1860），曾國藩就在《復奏統籌全局摺》中提出編練淮勇的計劃，打算以「用楚軍之營制，練淮徐之勇丁」的方法編練淮軍。他認為，淮北之人剛健勇悍，適合當兵。「以臣愚見，淮、徐等處，風氣剛勁，不患無可招之勇，但患無訓練之人。……得一二名將出乎其間，則兩淮之勁旅，不減三楚之聲威。」[2] 而這支軍隊，現在用於平定太平天國，將來可用於平定黃淮流域的叛亂。

得到這樣的機會，李鴻章自然喜出望外。他迅速徵召淮北一帶舊有團練。同治元年（1862）燈節剛過，首批淮勇就抵達了安慶。

在京期間，曾國藩曾經教李鴻章作文。在幕府中，曾國藩又曾教李鴻章做人。現在，他又給李鴻章上了第三課，建軍。這是曾國藩教授李鴻章的最重要的一堂課。他對李鴻章的文字能力非常放

1 這封乞師信寫得「深切婉至」，錢鼎銘「力陳東南百姓阽危狀」，「往復數千言，繼以痛哭」，使曾國藩大為動容，稱讚他「真不異包胥秦廷之請矣」。當天晚上，曾氏即「與少荃久談」，此後又一連多次與李鴻章長談，「商救援江蘇之法」。

2 《曾國藩全集・奏稿》2，岳麓書社，2011 年，第 555 頁。

心，但是對他帶兵打仗的本領有所懷疑。畢竟李氏在安徽數年，留下了「專以浪戰為能」的記錄。

因此曾國藩利用一切時間，詳細教導李鴻章如何行軍，如何紮營，如何挖壕，如何待敵，親手為淮軍制定營制營規。因為擔心李鴻章急躁、傲慢、任性的性格誤事，曾國藩「以深沉二字」相勸。淮勇一到，他親自召見分營將領，一一加以考察。他擔心李鴻章召集來的淮勇一時無法練成勁旅，因此從湘軍中調撥成熟得力的隊伍八營，供李鴻章使用，也是藉湘軍榜樣「為皖人之倡」，陶鑄淮勇風氣。這樣在淮軍初創之時的十三營中，湘軍班底實際佔了主要成分。

同治元年（1862）三月初，李鴻章登舟起行，數日後抵達上海。

早在咸豐十一年（1861）十一月二十四日夜，曾國藩就曾親擬片稿，密保李鴻章擔任江蘇巡撫，並稱他「勁氣內斂，才大心細」，實可統帶一軍「馳赴下游，保衛一方」[1]。

因此李鴻章到了上海後才十七天，即三月二十七日，清廷就正式任命李鴻章署理江蘇巡撫。李鴻章從此就開府一方。

師徒兩人分居兩地，仍然通過書信，頻繁地展開教與學。抵滬之後，李鴻章凡事都彙報曾國藩，「敬求訓示做主」，「乞鈞示」，「乞核示」。曾國藩則在信中諄諄教導，無微不至，全方位地對李鴻章進行指授。

當時江蘇大部分已經陷於太平軍之手，因此江蘇巡撫的政令不出上海孤島。上海內部，原巡撫薛煥所轄防軍腐朽已極，根本不能用。更為複雜的是，上海的防衛力量中還有很大部分是洋人。大約3000名英國、英屬印度、法國人組成的國際軍隊與中國官方共同防守，華洋雜處，形勢複雜。用李鴻章的話來說，就是「島人疑謗，

1 《曾國藩全集・奏稿》4，岳麓書社，2011年，第235頁。

屬吏蒙混，逆眾撲竄，內憂外侮，相逼而來」[1]。

然而千頭萬緒中，李鴻章並未迷茫，因為出發之前，曾國藩已經送給他一條如同定海神針一樣的臨別贈言：「專以練兵學戰為性命根本，吏治、洋務皆置後圖。」[2]也就是說，軍事是一切的根本。如果打上幾場勝仗，在軍事上站穩腳跟，他在上海地方官和洋人面前的威信自然就建立起來了。反之，如果打不了勝仗，他再有手腕，也無法贏得上海官紳和洋人的首肯。

按照曾國藩的教導，李鴻章沒有盲目投入戰鬥，而是積極「練兵練器」，苦練數月，確信淮軍已經具備戰鬥力後，他才抓住機會出師作戰。六月中旬，淮軍在上海虹橋等地與太平軍展開激戰，連戰皆捷，解了上海之圍，也確立了淮軍的聲名與地位。這一戰奠定了李鴻章在上海牢不可動的地位，這位空頭巡撫終於在江蘇扎下根來。

除了軍事上的難題，困擾李鴻章的還有如何處理洋務。

上海在當日已是最重要的中外交往樞紐，西方人勢力遍及各處。「滬城內外各事實皆洋人主持」[3]，「滬中官民向恃洋人為安危」[4]。李鴻章以前沒有跟洋人打過交道，因此自然視此為畏途。他於同治元年（1862）三月十五日給曾國藩寫信說：

> 最難者洋務。[5]

二十一日又說：

1 《李鴻章全集》，時代文藝出版社，1998 年，第 3071 頁。

2 《曾國藩全集・書信》4，岳麓書社，2011 年，第 169 頁。

3 《李鴻章全集》，時代文藝出版社，1998 年，第 3059 頁。

4 《李鴻章全集》，時代文藝出版社，1998 年，第 67 頁。

5 《李鴻章全集》，時代文藝出版社，1998 年，第 3024 頁。

與官軍同剿，洋兵每任意欺凌，遙自調派，湘淮各勇恐不能受此委曲，將來接任後，此事必須斟酌。……鄙見分剿尚可，會剿有許多不便，洋人性急不可待，將若之何？敬求訓示主裁。[1]

曾國藩也沒有辦過洋務，但是他的見解確實高人一籌。針對李鴻章的困惑，曾國藩指示他說：

與洋人交際，其要有四語：曰言忠信，曰行篤敬，曰會防不會剿，曰先疏後親。忠者，無欺詐之心；信者，無欺詐之言；篤者，質厚；敬者，謙謹。此二語者，無論彼之或順或逆，我當常常守此而勿失。至會防不會剿一語，鄙人有覆奏一疏暨覆恭邸一書言之頗詳，茲抄呈台覽。先疏後親一語，則務求我之兵力足以自立，先獨剿一二處，昇其嚴肅奮勇，不為洋人所笑，然後與洋人相親，尚不為晚。本此數語以行，目下雖若斷斷不合，久之必可相安相合。[2]

針對李鴻章與人交接時經常流露出來的傲慢，曾國藩指示他說：

詞氣宜和婉，意思宜肫誠，切不可露傲惰之象。閣下向與敵以下交接頗近傲慢，一居高位，則宜時時檢點。與外國人相交際，尤宜和順，不可誤認簡傲為風骨。風骨者，內足自立，外無所求之謂，非傲慢之謂也。[3]

---

1 《李鴻章全集》，時代文藝出版社，1998 年，第 3027 頁。

2 《曾國藩全集・書信》4，岳麓書社，2011 年，第 231 頁。

3 《曾國藩全集・書信》4，岳麓書社，2011 年，第 181 頁。

願閣下謙懷抑抑以待洋人，並遍囑全軍勇夫，切勿自誇兵精，不稀罕洋人幫助云云。吾輩心中有一分矜氣，勇夫口中便有十分囂張，不可不察。[1]

對曾國藩的教導，李鴻章表示謹遵不渝。「與洋人交際，以吾師忠信篤敬四字為把握。」[2]「鴻章遵師訓忠信篤敬四字與之交往。」[3]李鴻章後來的外交卓有成效。他說，因為他遵照老師指示，對洋人講信義，所以洋人很願意和他打交道。

乃洋人因其忠信，日與纏擾，時來親近，非鴻章肯先親之也。[4]

李鴻章的成功一方面是因為曾國藩全方位提攜培養，另一方面也是基於他個人的才華和能力出眾超羣。

李鴻章文筆優長，身上卻沒有一絲文人所常有的那種書卷氣。他天生善於並喜歡處理複雜局面。別人怕事，他則喜事。局面越亂，責任越重，他越高興。吳汝綸評價他：「尤銳身當天下大任，雖權力有屬，有不屬，其遇事勇為，夷險一節，未嘗有所諉謝退讓畏避也。」[5]「任艱馭遠，前古未有。……忌者益眾，公一不屑意，履晦履險，若無其事。」

獨當一面讓李鴻章的才華得到了更加充分的發揮。

到上海不久，李鴻章採取剪除羽翼、敲山震虎的做法，罷去了舊有官吏，建立起自己的班底，吏治為之一清，很快就把江蘇治理

1 《曾國藩全集・書信》4，岳麓書社，2011 年，第 344 頁。

2 《李鴻章全集》，時代文藝出版社，1998 年，第 3039 頁。

3 《李鴻章全集》，時代文藝出版社，1998 年，第 3034 頁。

4 《李鴻章全集》，時代文藝出版社，1998 年，第 3039 頁。

5 《吳汝綸全集》1，黃山書社，2002 年，第 215 頁。

得有條不紊，能做到「以半省之兵，供天下各省之用，又以半省之釐，供分防本境及援剿各省之餉」[1]。

在曾國藩的指導下，李鴻章很快掌握了與洋人打交道的方法，並且購買了大量西方先進武器，還向洋人學習西洋近代軍隊的操練方法和作戰技術，淮軍在短時期內，「盡改舊制，更仿夷軍」，戰鬥力在曾國藩麾下諸部中躍居第一。

李鴻章在上海依照曾國藩的指示取得了成功，曾國藩則通過李鴻章的表現更加認識到李鴻章的才華。應該說，李鴻章的表現遠比他期待的還要出色。曾國藩甚至對友人感慨，自己的才能遠不如李鴻章：「少荃東下之初，僅令赴援滬城，意謂盡此兵力，或可保全海濱一隅，厥後拓地日廣，卒將省垣克復，本非始願所可及，亦愧謀略之不如。」[2]

李鴻章的才華是讓曾國藩決定日後把班交給他的重要基礎。但是對於一位接班人來說，僅有才華是不夠的，更重要的是有「德」。

曾國藩一生愛傳幫帶，提拔下屬不遺餘力，這也很容易造成一種難堪的局面：過去的部下一旦獨當一面，必然在餉源分配、兵力調撥等方面與曾國藩產生種種利益衝突。曾國藩和左宗棠、沈葆楨等人的衝突，都是在權位相侔之後開始的。這雖然是體制導致的必然，但如何處理這種衝突，可以看出每個人心性品格上的不同。

李鴻章獨當一面之後，曾、李之間也不可避免地產生了這樣的矛盾。比如黃翼升原屬湘軍水師系統，由曾國藩派遣配合淮軍作戰，李鴻章對他十分看重。同治二年（1863）五月，曾國藩因大局需要，欲調黃翼升由揚入淮，攻打周家口。李鴻章卻因為此時正處

---

1 《李鴻章全集》，時代文藝出版社，1998 年，第 3272 頁。

2 《曾國藩全集・書信》6，岳麓書社，2011 年，第 384 頁。

於進攻蘇州的緊要關頭，拒不同意。曾國藩十三次與他來往函商，均為他所拒絕。曾國藩忍無可忍，以「參辦」為威脅，「昌岐此次再不應調，實不能不參辦」。[1] 李鴻章仍不為所動，不放黃翼升走。

如果說忘恩負義，此時的李鴻章似乎算得上榜上有名了。但是與沈葆楨、左宗棠不同的是，李鴻章意見雖堅，絕大多數時候表面上卻總是「吾師」不離口，反復擺困難，講形勢，低聲下氣，一面頂撞着曾國藩，一面卻又說甚麼「吾師海量盛德，求勿以此纖芥，致傷天和」。這高帽子一戴，讓曾國藩沒了脾氣，只好高姿態地放他一馬。李鴻章的情商，實在高出沈、左十倍以上。

更主要的是，李鴻章在關鍵時刻也能做出重大犧牲，比如曾、李的軍餉之爭。

曾國藩派李鴻章到上海，最主要的目的就是獲得上海豐厚的餉源。因此李鴻章剛剛抵滬，曾國藩就提出：「上海所出之餉，先盡滬軍，其次則解濟鎮江，又次乃及敝處。」[2] 然而李鴻章為了發展自己的勢力，供給曾國藩軍餉遠比預期的少，曾國藩不得不在信中這樣諷喻李鴻章：「女富則肥及外家，葉盛則糞及本根。……則安慶乃公之外家，而廬、巢枌社實公之本根也。」[3]

李鴻章能深體曾國藩的難處。收到曾的信件後，他決定竭盡全力先滿足曾國藩的要求。同治二年（1863）三月間，因曾國荃部缺糧，曾國藩要求李鴻章想辦法提供八萬兩白銀。李鴻章在淮軍已經出征蘇南、餉項同樣緊張的情況下，仍在一個月左右湊足六萬兩及時送去，使曾國藩發出「枯旱得雨，眾苗勃興，感荷何極」[4] 的感謝之詞。

---

1 《曾國藩全集・書信》6，岳麓書社，2011 年，第 203 頁。

2 《曾國藩全集・書信》4，岳麓書社，2011 年，第 169 頁。

3 《曾國藩全集・書信》5，岳麓書社，2011 年，第 324–325 頁。

4 《曾國藩全集・書信》5，岳麓書社，2011 年，第 563 頁。

此事發生在沈葆楨與曾氏爭餉鬧訟並導致二人最終絕交的前後，同沈葆楨相比，李鴻章無疑顯得更為顧全大局。知道退步，知道感恩，這是李與沈、左的最大不同。

李鴻章拒不進攻金陵，更是他的情商之高的具體體現。

前面我們已經講過，在曾國荃進攻南京的最後階段，朝廷等得着急，命令李鴻章所部淮軍帶「開花大炮」會攻天京。

從清朝全局出發，李鴻章理應揮師赴援；但從個人同曾國藩兄弟的關係考慮，李鴻章決定還是袖手靜觀，來保證曾國荃獲得這一「首功」。因此他想盡辦法拖延會攻金陵。朝廷多次連降諭旨，迭催李鴻章火速撥兵進「剿」，李鴻章一開始裝病奏稱「感冒風濕，眠食頓減」，即行回蘇「就醫」[1]；接着又提出部隊需休整兩月，才能繼續作戰；最後又建議出兵湖州，以切斷太平軍退路。總之一拖再拖，為曾國荃獨克堅城預留時間，使曾國荃如願以償獨力攻佔金陵。曾國藩對此深為感激。金陵城攻下後不久，李鴻章前來拜會，曾國藩親自出城到下關迎接。李要行參見大禮，曾國藩上前用手挽起說：「愚兄弟薄面，賴子全矣。」[2]

作為學生，李鴻章與老師曾國藩一生有過密切合作，也有過多次衝突，但是高明之處在於，他從來沒有與曾國藩撕破臉，懂得有進有退。這是曾國藩日後交班給李鴻章的另一個重要原因。

3. 將河牆戰法進行到底

政治人物最容易犯的錯誤是戀權戀棧。當然，在他們自己看來，總是因為「非我不可」，別人都不如我。曾國藩卻不是這樣，他

---

1 《李鴻章全集》，時代文藝出版社，1998 年，第 303 頁。

2 劉體仁著，張國寧點校：《異辭錄》，山西古籍出版社，1996 年，第 40 頁。

非常重視接班人的選擇培養。「曾國藩還有一種遠大的目光，為常人所不及的，便是多選替手。」[1] 他說：「辦大事者，以多選替手為第一義。」[2]

曾國藩之所以決定抽身退步，將軍事衣缽傳給李鴻章，是經過多方面考慮的。

首先，李鴻章是曾國藩親手培養起來的人才，對許多重大問題比如軍事和洋務的看法和見解，與曾國藩有高度共鳴。

其次，李鴻章的才與「德」靠得住。曾國藩的胞弟曾國荃性格衝動、見識不高，名將鮑超文化水平太低，左宗棠和沈葆楨先後與曾國藩發生衝突，甚至決裂。相比之下，李鴻章在這些人當中綜合得分最高。

最後，李鴻章比曾國藩年輕十二歲，並且身體健康、精力充沛。他為人直率、熱情、精力旺盛、剛強堅毅。曾國藩在平定太平天國後身體出了很大問題，疾病不斷，進取心已經大大減弱，李鴻章卻總是樂於承擔一切繁難，因為他有這個能力和精力，更因為他還沒有達到人生的巔峰，實現「封侯」之志。

當然，對於李鴻章這個人的缺點，曾國藩看得也很清楚。曾國藩後來對李鴻章的評價廣為人知：「李少荃（李鴻章號少荃）拼命做官，俞蔭甫（俞樾也是曾國藩弟子，字蔭甫，號曲園居士）拼命著書。」[3] 李鴻章是行動者而非思辨者。曾國藩是以學術和道義為基，李鴻章則是以事業和手腕為基。雖然都是翰林出身，但是李鴻章一生與理學無緣，身上那種粗野之氣一直不能去除。因此曾國藩說：「李少荃等才則甚好，然實處多而虛處少，講求只在形跡。」[4] 他是

1 蔣星德編著：《曾國藩全傳》，中國文史出版社，2008 年，第 155 頁。

2 《曾國藩全集・家書》2，岳麓書社，2011 年，第 17 頁。

3 司馬朝軍著：《續修四庫全書雜家類提要》，商務印書館，2013 年，第 178 頁。

4 趙烈文撰：《能靜居日記》2，岳麓書社，2013 年，第 1065 頁。

一個只能辦事、不能傳道的人物。然而人才無法求全，曾國藩說：「大抵天下無完全無間之人才，亦無完全無隙之交情。大者得正，而小者包荒，斯可耳。」[1] 對李鴻章這些缺點曾國藩只能接受。

因此經過多年全面考察，曾國藩決定裁湘留淮。當曾國藩把這一計劃通報給李鴻章時，李鴻章是非常興奮的。槍桿子就是權力來源：「兵制尤關天下大計。」因此他迅速致函曾國藩支持裁湘留淮的決策，並說「吾師暨鴻章當與兵事相終始」，淮軍「改隸別部，難收速效」，「唯師門若有徵調，威信足以依恃，敬俟卓裁」[2]。

現在，正如李鴻章所說的，「師門」曾國藩要「徵調」這支保留下來的軍隊了。

曾國藩是一個凡事從長遠籌劃的人。早在他決定派李鴻章創建淮軍的時候，就已經給這支軍隊預定了多年之後的「剿」捻任務。那時雖然是由僧格林沁負責「剿」捻，但是曾國藩認為此人頭腦簡單，戰術單調，難以成事。湘軍都是南方人，不耐北方寒冷氣候，也不慣食麵，而淮勇生長在北方，剛勁鬥狠，正可以代替湘軍「為中原平寇之用」。因此淮軍東下之初，曾國藩就告訴李鴻章，這支淮軍現在的任務是平定上海方面的太平軍，將來還會用來平定中原一帶的捻軍。「目下可使在滬、常、蘇之合肥健兒慕義歸正，將來可恃淮勇以平捻匪而定中原。」[3]

然而淮軍和湘軍一樣，都是基於個人恩義而建立起來的軍隊。如同周代的分封制一樣，將領們只效忠自己的直接領導。淮軍雖然廣義上說，是湘軍的一個分支，但是這畢竟是李鴻章的軍隊，有着

1 《曾國藩全集・家書》2，岳麓書社，2011 年，第 511 頁。
2 王爾敏著：《淮軍志》，中華書局，1987 年，第 348 頁。
3 《曾國藩全集・書信》4，岳麓書社，2011 年，第 232 頁。

濃重的李氏色彩，曾國藩能否指揮如意，心裏並沒有把握。

因此曾國藩首先要解決的是淮軍的指揮問題。

他去信試探李鴻章的態度，首先問淮軍部下能否聽他的指揮：「貴部淮勇銘、盛、樹各軍，平日頗有一家之誼，不識離蘇赴齊，尚能心性相孚否？」其次是要求李氏兄弟中的「季泉、幼泉同往相助。祈閣下於竹報中一為勸駕」[1]。湘軍自認姓曾，淮軍也一樣，自認姓李。因此只有姓李的人協同指揮，他才放心。

巧的是，就在曾國藩寫這封信的同一天，五月初四日，李鴻章也主動給曾國藩寫了一封信。雖然師徒二人不知道對方在這一天給自己寫信，但是兩信的內容竟然若合符節，李鴻章的信幾乎完全是針對曾國藩一信所提問題的回答。可見師徒兩人之心有靈犀，也可見李鴻章的明敏通透。對於恩師的心理，李鴻章十分清楚。他在信中對老師說，他準備把淮軍中的三部交給老師指揮，同時他還打算讓弟弟李鶴章隨同曾國藩出師，幫助他協調諸將：「銘、盛、樹三軍共三十三營，計一萬六七千人可供指揮。劉省三雖奉嚴旨敦迫，必須留置左右以備先驅。鶴弟前請開缺，如尚未出奏，應令隨侍旌麾，少效犬馬，藉可聯絡諸將。伏祈迅速檄調。鴻章奉命暫權督篆，事棘何敢固辭！所幸墨守師訓，亦步亦趨，再隨時隨事請教，冀無顛蹶。」[2]

他說，調撥給曾國藩的銘、盛、樹三軍均是淮軍精銳，而劉銘傳尤為「淮軍特出之將」，他這樣做是「以上駟奉吾師，以中、下駟留鴻章左右，設有警變，只有自將而已」[3]。李鴻章的表態令曾國藩非常滿意，看來這個徒弟比左宗棠、沈葆楨之流強過何止萬倍！

---

1 《曾國藩全集・書信》7，岳麓書社，2011 年，第 424 頁。

2 《李鴻章全集》，時代文藝出版社，1998 年，第 3265 頁。

3 《李鴻章全集》，時代文藝出版社，1998 年，第 3267 頁。

然而，雖然得到門生的全力配合，曾國藩的「剿」捻進行得卻不順利。

曾國藩是一個善於總結經驗的人，他憑頭腦打仗，而不憑血氣之勇。在對付捻軍的問題上，他吸取了僧格林沁的教訓，深知對以馬隊為主來去如風的捻軍不能採取窮追戰術。經過反復考慮，曾國藩制定了「河防」戰略，也就是利用天然地形限制捻軍的馬蹄，運用點線結合、以線控面的辦法打擊捻軍。曾國藩計劃東以大運河為防線，西以沙河、賈魯河為防線，在這三條河的河岸增築木柵，挖土築牆，擇要分兵駐守，以壓縮和限制捻軍流動作戰的範圍，把捻軍驅逐到角落裏加以殲除。這是曾國藩一貫的「以靜制動」的戰備原則的新發展，目的仍是爭取戰場上的主動權。[1]

曾國藩的河防之策方向上是正確的，但是實施這個策略需要花很長時間，地方也不配合。主要原因是河南官紳反對設防賈魯河、沙河，認為這是將捻軍驅往豫西，是「以豫為壑」。河南方面出工不出力，堤牆一再倒塌，再三修補，勉強建成，質量又不過關。

1866 年 9 月 24 日（農曆八月十六日），河防堤牆建成約莫一個月光景，捻軍大部隊在河南省城開封以南十數里之地，「潮湧而至，撫標三營所守堤牆，當被衝破」[2]，輕易突破了建得不堅固的賈魯河牆，向東奔馳而去，闖至豫東、山東，縱橫馳騁，破壞嚴重。

河防崩潰，曾國藩當然非常憂灼。不過，對這一情況，曾國藩早有預料。早在建設河防之初，曾國藩就說過：「假如初次辦不成，

1 與此同時，針對捻軍與地方聯繫緊密的特點，曾國藩又制定了「查圩」之法。所謂「查圩」就是命令地方官清查農村的圩寨，以清查戶口來切斷捻軍同老百姓的聯繫，使之不能從老百姓那裏得到補給。曾國藩規定，各鄉村建立圩寨，圩設圩長，堅壁清野。在圩寨外高築牆、深挖溝，憑牆「擊賊」。把人丁、牲畜、糧米、柴草等一切足以資敵的物資，一一搬入圩寨之內，使捻軍來後「無可擄掠」。同時分別良莠。圩長應編造良民冊與莠民冊，對於那些參加捻軍或與捻軍有聯繫的，編入「莠民冊」，情節嚴重的不僅要殺頭，還要連坐。

2 《曾國藩全集・奏稿》8，岳麓書社，2011 年，第 165 頁。

或辦成之後，一處疏防，賊仍竄過沙河以北，開、歸、陳、徐之民必怨其不能屏蔽，中外必譏其既不能戰，又不能防。」[1] 預想到這一策略一旦受挫，可能會招來政治上的攻擊。

事實正是如此，朝野輿論物議紛起，曾國藩的政敵們以此為藉口，對他大加攻擊。指責曾國藩靡餉兩年（實際是一年五個月），捻勢益張。一年多的時間內他受御史參劾五次。清廷對他也失去耐心，一年之內，廷寄責備七次。同治五年（1866）八月二十六日，他在日記中說：

> 接奉廷寄，有御史參劾之章，為不懌者久之。[2]

曾國藩在朝廷和捻軍的雙重壓力下，身體每況愈下[3]，以致「病盜汗舌蹇之症」加劇。他感覺自己一個人不能支撐，遂決定調學生李鴻章前來做自己的助手。他奏請朝廷飭李鴻章駐紮徐州，負責東路，他自己則主控大局，仍然駐紮周家口，以當中路。[4]

然而他沒想到，朝廷竟然因此腦筋急轉彎，計劃讓李鴻章來取代他。不久之後，曾國藩接到寄諭，令曾國藩在營調理一月，病癒後進京陛見一次，欽差大臣關防暫由李鴻章署理。

這實際上是讓曾國藩把兵權交給李鴻章。這頗出曾國藩意料。

如前所述，河防的大方向是對的，雖然初次遭到失敗，但只是具體地段上防守不力所致，並不是防河之策本身的錯誤造成的。他需要的只是時間。

---

1 《曾國藩全集・批牘》，岳麓書社，2011 年，第 362 頁。

2 《曾國藩全集・日記》3，岳麓書社，2011 年，第 323 頁。

3 八月十六日日記：「次早晨視四體，兩臂、兩腿、腰脊，瘦去一半，膝以下更甚，斷不能再服官矣。」

4 曾國藩著：《請飭李鴻章暫駐徐州調度軍務片》，《曾文正公全集・奏稿》卷三十，第 45–56 頁。轉引自董蔡時著：《曾國藩評傳》，蘇州大學出版社，1996 年，第 323 頁。

但是清政府卻不給曾國藩足夠的時間。這個決定，是慈禧做出的。朝廷現在已經不是慈禧和恭親王聯合主政，而變成慈禧一個人專政。

原來同治四年（1865）三月，就在曾國藩出征前不久，慈禧在朝中發起了一場「小政變」：她親擬詔旨，革去恭親王奕訢議政王和其他一切職務。

祺祥政變之初，慈禧沒有自己的勢力，也不熟悉政務，所以把國家大事幾乎全權委託給奕訢。奕訢明敏有才，因此軍政大事佈置得井井有條，出現同治中興的大好局面。然而慈禧翅膀硬了之後，壓抑不住爭權奪勢的野心，故有此舉。

慈禧此舉扭轉了祺祥政變以來蒸蒸日上步入正軌的朝局，後來雖恢復了奕訢首席軍機大臣的職務，但議政王的稱號卻從此取消，再也沒有恢復。「尤為重要的是，經過這次打擊，奕訢在那拉氏面前完全屈服下來，處處謹慎，遇事模棱，不敢輕易表示異同，在統治階級中的威望和影響也漸趨衰微。」[1]

朝局因此漸漸走向平庸昏亂。在曾國藩「剿」捻期間，慈禧經常瞎指揮。曾國藩在與友人的書信中，更以治病求醫為喻，對此痛下針砭：

> 夫未病之時，桓公遇扁鵲，弗之信也。既病之後，又委諸庸醫，施治失序，針藥雜試，攻伐潰亂，乃別求一新醫而試之。則療治之疾徐甘苦，宜一聽新醫家主張，而他人不得道謀。乃病家之婦孺臧獲，竟欲掉舌伸指，指麾新醫，使聽命焉。雖俞、扁亦難為功，況智識短淺不如俞、扁者乎？[2]

---

1 朱東安著：《曾國藩傳》，遼寧人民出版社，2014年，第206頁。

2 《曾國藩全集・書信》7，岳麓書社，2011年，第764頁。

信中之「新醫」，乃曾國藩自況，而病家之指手畫腳的「婦孺臧獲」，則影射太后、小皇帝與其周圍的奴才們，厭煩之情，溢於言表。慈禧小政變之後，曾國藩對她一直表現出一種反感情緒。

慈禧和咸豐一樣，對軍事一貫是急於求成，對僧格林沁如此，對曾國藩依然如此，一有挫敗，就想換人，因此才有曾、李互易之舉。這就讓做事一貫堅持到底的曾國藩不得不接受半途而廢的局面。

李鴻章北上之時，朝廷並未指明由何人接任兩江總督。朝廷的上諭要求曾氏病癒後上京陛見，實際上含有另行安置之意。

李鴻章接旨後，即遞上奏摺，強烈建議曾國藩回任，因為「『剿』捻全軍專恃兩江之餉，若經理不得其人，全局或有震恐」[1]。自己在前督師，曾國藩在後籌餉，患難與共，休戚相關，若接替人選不當，誠恐呼應不靈。因此朝廷遂命曾國藩回兩江總督本任。

曾國藩不願意這樣做。曾國藩自己的想法，是以散員「留營以維繫軍心」[2]，與軍事相始終。曾國藩是一個做事追求有始有終的人，既然「剿」捻，就一定要堅持到最終勝利。勞師無功，遽回本任，在職位上與昔年學生徹底對調，一時之間無論面子上還是心理上都難以承受。無奈朝廷堅決不准他以散員留營，他只得黯然南返。

左宗棠聞聽此事十分高興，並且放出口風：「湘淮暗分氣類，即從大帥分起。」[3] 希望挑動曾李矛盾。朝野上下也出現很多傳聞，說曾國藩「剿」捻失敗，是因為他無法駕馭和指揮淮軍，李鴻章經常干預和掣肘，導致曾國藩指揮不靈。

雖然在回任之時心情確實不愉快，但是作為一個有胸襟的政治

1 《李鴻章全集》，時代文藝出版社，1998 年，第 488 頁。

2 《曾國藩全集・書信》8，岳麓書社，2011 年，第 435 頁。

3 《曾國藩全集・書信》9，岳麓書社，2011 年，第 152 頁。

家，曾國藩內心明白李鴻章是最適合接替他的統帥人選。曾國藩寫信給朋友，對左宗棠的說法予以澄清，並致信李氏兄弟，讓他們不必心存芥蒂。針對李鴻章初出師不利遭遇言路彈劾的局面，曾國藩堅定地表示：「如有大風波，僕自分任其愆，必不使（李鴻章）獨當其咎。」[1]

交卸欽差大臣關防後，他在致曾國荃的信中特意說明：

> 淮軍入鄂，請弟殷勤款待，視之如一家眷屬。蓋年餘以來，諸軍雖未立大功，而其聽我之話，與聽少荃之話實無以異。弟若隔膜視之，則將領或疑我平日之不誠。[2]

回到兩江之後，雖遠在千里之外，但曾國藩的心仍然懸在「剿」捻戰場上。曾國藩對李鴻章全力支持，自始至終為李鴻章積極籌餉獻策，盡心盡責。他誠心誠意希望李鴻章能儘快把「捻匪」蕩平，因為不管是「曾家」還是「李家」，在他看來都是一家。湘淮一體，曾李一家，合則兩利，離則俱傷，曾國藩是深明這個道理的。他對李鴻章說：

> 來示謂中外倚鄙人為砥柱，僕實視淮軍、閣下為轉移。淮軍利，閣下安，僕則砥柱也；淮軍危，閣下危，則僕累卵也。[3]

李鴻章接任之後，軍事進展也並不順利，一開始連遭慘敗，張樹珊敗死，成大吉軍嘩變，號稱勁旅的劉銘傳軍幾乎被殲。曾國藩

1 《曾國藩全集・書信》9，岳麓書社，2011 年，第 153 頁。

2 《曾國藩全集・家書》2，岳麓書社，2011 年，第 464 頁。

3 《曾國藩全集・書信》9，岳麓書社，2011 年，第 245 頁。

心情十分沉重，對趙烈文說，這一段時間，「各帥均被斥責」，「辭氣嚴厲，為邇來所無。少帥（指李鴻章）及沅甫胸次未能含養，萬一焦憤，致別有意外，則國家更不可問。且大局如此，斷難有瘳，吾恐仍不免北行。自顧精力頹唐，亦非了此一局之人，惟祈速死為愈耳」。他在講這些話時「神氣淒愴」，致使能言善辯的趙烈文都感到「無以為慰」。[1]

不過事實證明，李鴻章畢竟是可以信賴的傑出人才。他接手「剿」捻後，力排眾議，堅決執行曾國藩的河牆戰法，利用河流的天然障礙，重點設防，佈置關鎖，採取堅壁清野政策，「以靜制動」，「覓地滅賊」，力圖將捻軍束縛在一個較小的範圍之內，使他們無法發揮縱橫馳騁、流動作戰的優勢，達到聚而殲之的目的。

河防戰略的首創者是曾國藩，收穫成功的是他的學生李鴻章。不過李鴻章此時年富力強，頭腦更為聰敏靈活，在戰術上，則把守與攻、堵與擊、圍與剿結合得更緊密，運用得更為得心應手。因此他領兵一年多後，就把捻軍鎮壓下去了。

曾國藩以自己的抽身退步，完成了湘消淮長、曾李瓜代的過程。

1　趙烈文撰：《能靜居日記》2，岳麓書社，2013 年，第 1060 頁。

第十六章

天津教案：曾國藩是怎麼成為「賣國賊」的

1. 升任直隸總督，對官場痛加整頓

捻軍平定，朝野上下都徹底鬆了一口氣。接下來的環節當然是論功行賞。

當初朝廷讓曾國藩回任兩江負責供餉，曾國藩本來非常不情願。李鴻章接手後，還是依照曾國藩的河防之策，才取得成功。因此朝廷對曾國藩難免有一絲愧疚。論功行賞之時，曾國藩因首倡河防之策而被授為武英殿大學士（「文華」「武英」兩個大學士在大學士中居首），並於同治七年（1868）七月二十日，奉命調任直隸總督。

直隸總督是「疆臣之首」，也就是在天下督撫中地位第一，因此從兩江調任直隸可以算作對曾國藩的酬功[1]。同時，直隸官場腐敗、風氣敗壞，地方也不安靜，是朝廷的心腹之患，由曾國藩這樣的能臣治理一番，也許會有起色。曾國藩赴任之前進京覲見慈禧太后，慈禧多次提及他的重點任務是練兵治吏。「直隸空虛，地方是要緊的。你須好好練兵。吏治也極廢弛，你須認真整頓。」[2]

1 當然，這也是一箭雙雕之舉，朝廷派了非湘軍出身的馬新貽接任兩江，湘軍集團手中一個重要位置被外人接手了。

2 《曾國藩全集・日記》4，岳麓書社，2011 年，第 127 頁。

而李鴻章所得的賞封還不如曾國藩高，只獲得一個協辦大學士的虛銜。「李鴻章等平捻有功，積年巨寇，從此肅清，朕甚嘉慰。……李鴻章以湖廣總督協辦大學士。」

很顯然，朝廷故技重施，原來是防範湘軍，現在又「揚湘抑淮」了，因為淮軍現在已經是天下最有力量的武裝。當然，曾國藩和李鴻章對這種伎倆都一目瞭然，並沒有因此而產生芥蒂。

同治七年（1868）九月二十六日，曾國藩與新任兩江總督馬新貽辦了交卸，十一月初四日，登舟北行。闔城大小官員紳民爭相送別，盛況空前。曾國藩在日記中說：

> 途中觀者如堵，家家香燭、爆竹拜送，戲台、酒席路餞者，在署之西為鹽商何公遠旗等一席，在水西門之外為合城紳士方伯雄等一席，又有八旗佐領等及船户等各設彩棚為餞。午正至官廳，少泉（即李鴻章）、轂山（即馬新貽）及文武等送別，寄請聖安。余旋登舟，見客五次。吃中飯後，又見客三次。開船，行至下關，少泉、轂山送至下關，久談，吳竹如亦至下關，與三人久談。而滿城文武士友皆送至下關，坐見之客十餘次。……念本日送者之眾，人情之厚，舟楫儀從之盛，如好花盛開，過於爛漫，凋謝之期恐即相隨而至，不勝惴栗。[1]

全城的紳民百姓觀者如堵，熱鬧非凡，「家家香燭、爆竹拜送」，這樣的盛況在一個官員調離之際並不常見，民眾的情感顯然是自發的，以致讓曾國藩感到「如好花盛開，過於爛漫」。曾國藩督江數年，得此回報，心中在「惴栗」的同時，當然更備感欣慰。

1 《曾國藩全集・日記》4，岳麓書社，2011 年，第 110 頁。

直隸總督[1]駐保定，在赴保定就任途中，曾國藩一路留心考察直隸的吏治，結果令他十分驚訝。他說直隸「風氣之壞，竟為各省所未聞」[2]，「此間吏治極壞」[3]。他發現，有的地方官到任一年多，竟然沒有升堂問過一次案。至於官員貪墨不法的傳聞，遍地皆是。

曾國藩決心對當地官場痛加整頓，「大加參劾」。同治八年（1869）四月，曾國藩第一批就參劾了十一名劣員。這十一人均為知縣、知府以上官吏，大都是捐班出身，或是「性情卑鄙，操守不潔」，或是「擅作威福，物議沸騰」，或是「品行卑污，工於逢迎」，或是「專事夤緣，貪而多詐」，或是「浮徵勒派，民怨尤甚」[4]。九月上旬，他又遞上第二批名單，參劾劣員八名。

汰換官員之外，曾國藩整頓直隸吏治的另一個着力點是清理積案。直省「風氣甚壞」的一個重要表現是各級官員懶於公事。曾國藩發現直隸積壓的同治七年以前的案件竟達一萬二千餘件。這些案件，有的拖了二三年，有的一拖就是八九年。曾國藩說：「吏治之疲，民生之困，端由於此。」[5]

曾國藩接印視事僅一個月時間，就拿出了積案處理方案，規定上司要下屬查明或辦理的事，都要明定期限，違限記過，凡小過達到六次，大過達到三次，就要撤差罷官。

在他的嚴厲督促下，整個直隸官場迅速行動起來。到同治九年（1870）二月初二日，也就是曾國藩接直隸總督印一年後，曾國藩奏報說，已經結清了同治七年以前的舊案一萬二千零七十四件，同治

---

1 全稱為「總督直隸等處地方，提督軍務、糧餉、管理河道兼巡撫事」，領保定、正定、大名、順德、廣平、天津、河間、承德、永平、朝陽、宣化十一府，因為手握兵權、負有拱衛京師之重責，故在有清一代一直是最重要的一個總督職位。

2 《曾國藩全集・奏稿》10，岳麓書社，2011年，第313頁。

3 《曾國藩全集・書信》9，岳麓書社，2011年，第516頁。

4 《曾國藩全集・奏稿》10，岳麓書社，2011年，第352頁。

5 《曾國藩全集・奏稿》10，岳麓書社，2011年，第348頁。

八年以來的新案兩萬八千一百二十一件；現在舊案只剩九十五件，新案只剩兩千九百四十件。

在如此短的時間之內，將這三萬餘件複雜的新舊案件據實迅速結案，實在不是一件輕而易舉的事情，可見曾國藩付出心血之巨大。接印半個月後，他在家書中這樣告訴兒子曾紀澤：「吾自初二接印，至今半月。公事較之江督任內多至三倍，無要緊者，皆刑名案件，與六部例稿相似，竟日無片刻讀書之暇。做官如此，真味同嚼蠟矣。」[1]

直隸總督的工作量，是他做兩江總督時的三倍。每天居然抽不出一點兒時間來讀書，以至於讓曾國藩感覺每天過得味同嚼蠟。

不過曾國藩的心血沒有白費。他的所作所為給全國各省樹立了良好的榜樣。他制定的《直隸清訟事宜十條》及《直隸清訟限期功過章程》切中時弊，有可操作性，不久就被朝廷多次印行，頒發各省，以便各地督撫參照執行。

就在曾國藩拼了老命，準備將整頓吏治進行到底之際，發生了著名的「天津教案」，打斷了他的吏治進程。

2. 導火線：武蘭珍迷拐案

天津三岔口有一座西洋哥特風格的教堂，是1869年（同治八年）由法國傳教士建成的。法國人名之為「聖母得勝堂」（據說這名字中含有征服者的炫耀之意），中國人則叫它「望海樓教堂」。教堂規模宏大，建築精美，在附近低矮的中國傳統建築中顯得鶴立雞羣，另類而醒目。

說來也巧，就在這座教堂落成之後的第二年，也就是同治九

---

1 《曾國藩全集・家書》2，岳麓書社，2011年，第509頁。

年，河北一帶出現了嚴重的旱災。對於一個農業國家來說，這是令全社會各階層共同焦慮的大事。三口通商大臣崇厚後來說：「天津一帶，自入夏以來，亢旱異常，人心不定。」[1] 連遠在保定的直隸總督曾國藩都產生了一種不祥的預感。他在書房裏一圈圈地踱步，擔心會發生甚麼重大的禍變：「天氣亢旱，繞室憂皇，如有非常禍變者。」[2]

有些人把法國教堂建立和天旱不雨這兩件事聯繫了起來。「初七這一天，四鄉百姓進城赴廟求雨，行抵一處天主教堂，見房頂上聳立着高高的十字架，議論紛紛，以為久旱無雨，係天主教堂十字架之故。」[3]

天津教案三十年後發生的義和團運動，其前奏也非常相似。當時華北各地同樣發生旱災，人們同樣把災害的發生歸咎於教堂，聲稱「不下雨，地發乾，全是教堂止住天」。

中國傳統文化中的「老天爺」，和天主教所稱的「天主」，顯然很難和諧相處。有的百姓認為，洋鬼子的教堂尖頂如同利劍一樣，直刺蒼穹，老天爺當然要生氣了。

就在這時，又一樁不幸的事件發生了。

望海樓教堂隔河相望，有一座由五名法國修女建起來的慈善機構，叫仁慈堂，老百姓叫它育嬰堂，裏面收養了一百五十多名棄嬰。1870 年春夏之交，就在乾旱越來越嚴重的時候，育嬰堂內暴發了傳染病，三四十名兒童接連死亡。

按理來說，修女們來中國從事慈善事業，收養無家可歸的棄嬰，看起來是一件大好事，但是她們的活動卻受到了眾多中國人的

---

1 《曾國藩全集・奏稿》11，岳麓書社，2011 年，第 478 頁。

2 《曾國藩全集・日記》4，岳麓書社，2011 年，第 314 頁。

3 蘇萍著：《謠言與近代教案》，上海遠東出版社，2001 年，第 131 頁。

懷疑。中國有一句俗語：「無利不起早。」為甚麼這些洋鬼子要萬里迢迢，跑到中國來大施慈悲？其中是不是包藏着甚麼禍心？

和往常一樣，修女們僱人把這些死去的孩子埋葬在河東荒地。由於死的孩子太多，受僱者埋得非常草率，他們走後，薄薄的棺材很快被野犬扒開。鷹啄狗刨之下，殘缺不全的屍骸零落遍地，招來大量的人圍觀。一個流傳已久的謠言似乎因為這個悲慘的場景得到了印證：這些孩子是因法國教士「採生折割」致死，傳教士們剜走了這些孩子的心，挖去了他們眼，用來做藥材，然後把他們棄屍荒野。這就是西藥那麼靈驗的原因。

外國傳教士在中國挖眼剖心用來做藥或者煉金之類的說法，早就在中國流傳甚廣。有人說，明代利瑪竇等人來到中國，沒有甚麼謀生手段，生活水平卻很高，因為他們會煉銀術，而煉銀之術，就是靠挖死人的眼睛。「明季，其國人利瑪竇、湯若望、南懷仁先後來中國，人多信之。……善作奇技淫巧及燒煉金銀法，故不耕織而衣食自裕。……或曰：藉斂事以刳死人睛，作煉銀藥。」[1]

在天津教案發生的時候，這類傳說已經傳遍中國大小城市。所以，當殘缺不全的兒童屍體暴露在荒野當中時，天津人認為傳說已經得到了印證。

就在天主教堂挖眼剖心傳說在天津城上空飛翔，全天津空氣中到處瀰漫着緊張氣氛的時候，一樁拐賣兒童案發生了。兩名人販子在天津靜海拐走了一個姓李的小男孩，在西關被人查獲。

這個案子似乎契合了挖眼剖心傳說的另一部分：長久以來，人們就在傳說，天主教堂一直在花錢僱用多人迷拐孩子，供作藥用。此案一發，民情洶洶，全天津都在議論此事。

1　梁章鉅撰：《歷代筆記小說大觀：浪跡叢談　續談　三談》，上海古籍出版社，2012年，第56頁。

天津知府張光藻連夜和知縣劉傑會審，動用肉刑，以致案犯很快承認自己迷拐孩子是為僱主藥用，但是案犯並沒能「供出教民」。衙門甚至連兩名人販的名字都沒審出來。據案卷記載，這兩名人販，名字分別叫「張拴」「郭拐」。這顯然不是他們的真實名字。

雖然並沒有真正破案，但是官員把「從重從快」處理作為「平息民憤」的有效手段，十四日，兩名人販被砍了腦袋。隨後，一張署名天津府的告示張貼到了天津大街小巷。告示說：

> 張拴、郭拐用藥迷拐幼童。訊明……是實，正法。風聞該犯多人，受人囑託，散佈四方，迷拐幼孩，取腦、剜眼、剖心，以作配藥之用。[1]

這張告示，是天津教案發生的一個關鍵點。

雖然審得不清不楚，但是天津府卻在公文中正式聲明，迷拐幼童，用來配藥，是確有其事的，並且以「受人囑託」四個字，將幕後的主使明確指向了教會、教士和修女。

這張告示反映了晚清官員階層對西方勢力包括傳教勢力的反感。發佈這道告示的天津知府張光藻，是進士出身，做過數任知縣。由於為官廉正，1870 年（同治九年）初，剛剛在曾國藩的推薦下出任天津府知府。和當時絕大多數科舉出身的官員一樣，張光藻具有強烈的「樸素愛國主義」和捍衛儒教文化的本能。中國古人向來自認為居天下之中，是世界上最文明的族羣，其他國家和民族都是未開化的蠻夷。然而基督教文化的個性也異常傲慢。傳教士們隨炮艦而來，以居高臨下的態度，粗暴地對中國傳統文化

1 中國第一歷史檔案館、福建師範大學歷史系合編：《英國議會文件選譯》，《清末教案》第 6 冊，中華書局，2006 年，第 377 頁。

發起挑戰，企圖在中國的「每一個山頭和每一個山谷中都豎立起光輝的十字架」[1]。這當然引起了讀四書五經出身的中國官員的本能反感。

張光藻的這道告示，讓法國教堂有組織地大規模拐賣中國兒童這一傳聞變成「板上釘釘」的可怕事實，造成了嚴重的社會恐慌。整個天津人心惶惶，人人自危，家家房門緊閉，把兒童藏在家裏，不准外出。民間興起一股自發組織捉拿人販子之風。

在這種情況下，又發生了作為引發教案直接導火索的武蘭珍迷拐案。

五月二十日傍晚，據說一個叫武蘭珍的人在天津某村迷拐了一位少年，被人捉住。在憤怒的鄉民的「審問」下，案犯供述說，他是受教堂中一個叫王三的教民指使才做的這件事。「伊係趙州寧晉（津）人，幫船戶拉縴來津，有教民王三將伊誘入堂中，付伊藥包，令其出外迷拐男女。」[2]

法國鬼子提供迷藥，迷拐中國人挖心作藥，看來已經有了「鐵證」。讓這樣的禽獸在中國橫行，還有天日嗎？我們中國人必須採取行動了！從此民情激憤，士紳集會，書院停課，反洋教情緒高漲。很多人跑到育嬰堂和教堂門口喧鬧，山雨欲來風滿樓，在天津的外國人個個心驚膽戰。

面對洶湧澎湃的民意，劉傑和張光藻認為事關重大，不敢輕舉妄動，如何辦理，應請示駐紮天津專管中外交涉的三口通商大臣崇厚決定。崇厚聽取案情後，也感覺事情重大，如果不查明的話無法平息百姓的怒火。於是他派人與法國駐天津領事豐大業溝通，商定由人販子與法國傳教士公開對質。

1　何曉明主編：《中華文化事典》，武漢大學出版社，2008 年，第 1157 頁。

2　王澧華著：《曾國藩家藏史料考論》，廣西師範大學出版社，1996 年，第 176 頁。

五月二十三日（公曆6月21日）上午九點多，天津官員帶着「拐犯」武蘭珍來到天主教堂。他們「遍傳堂中之人，該犯並不認識」[1]，把教堂裏的所有人一一傳來，都看過了，也並沒有找到王三其人。而且關鍵是教堂的建築結構與武蘭珍供述並不相同。武蘭珍說他進入過教堂，在哪裏哪裏與王三交接，然而堂內並無武蘭珍所說的柵欄、天棚，「門庭徑路與犯供不符」[2]，「該犯原供有席棚柵欄，而該堂並無所見，該犯亦未能指實」[3]。顯然他沒有進過這裏。所謂迷拐傳聞更是遭到神父謝福音的矢口否認。傳教士謝福音說，教堂收養的都是棄嬰，這是在做慈善事業，拐賣兒童與教堂毫無關係。

雖然中國官員對天主教印象惡劣，但很多人對神父謝福音個人並無惡感，這個人一貫謙遜誠懇，待人非常溫和，樊國樑主教對他的評價是：「和於接人，智於處事，人皆樂與之遊。」[4]他的辯護很有說服力。事實上，教案發生後，天津知府張光藻曾在給朋友的信中說：「弟知謝某忠厚和平，似不肯做此等事。」[5]

事情至此，可謂一無所獲，官員們面面相覷，感覺案子無法再查下去了，此事只能不了了之。然而，已經激動起來的天津百姓卻不想不了了之。得知對質消息，早已經有大批的民眾前往望海樓，圍觀的羣眾達到萬餘人。天津地方官員帶着案犯離開之時，並沒有向百姓解釋教士的清白，也沒有發表任何安撫性講話。因此官員們走了之後，情緒激動的羣眾仍然不願散去，不少人圍在天主堂門

1 《曾國藩全集・奏稿》11，岳麓書社，2011年，第479頁。

2 《湘鄉曾氏文獻》第7冊，台北，學生書局1965年影印本，第4467頁。《近代史研究》2003年第2期，近代史研究雜誌社，第207頁。

3 《曾國藩全集・奏稿》11，岳麓書社，2011年，第479頁。

4 《燕京開教略》下篇，轉引自解成編著：《基督教在華傳播繫年（河北卷）》，天津古籍出版社，2008年，第129頁。

5 《湘鄉曾氏文獻》第7冊。

口，「見有教民出入則齊聲譏誚」。[1] 有一些人還前往附近的法國領事館去找法國外交官們算賬。「下午兩點鐘攻打開始。法國領事豐大業先生的窗戶被人用石頭砸壞。」[2]

駐紮在這裏的法國領事豐大業（Fontanier，Henri Victor，也有人譯為豐大烈），這一年四十歲。他本來就是一個性格暴烈外向、容易激動的人，又具有那個時期典型的駐華外交官的居高臨下的態度，在與中國官員打交道時經常出言不遜。中國「暴民」威脅到自己的安全，這令他感覺無比憤怒。「他感到自己受威脅，便穿着制服帶着秘書西蒙離開領事館……前往崇厚的衙門。」[3]

來到三口通商大臣衙門，據崇厚的彙報，豐大業「腳踹儀門而入」，一見崇厚就出言不遜，破口大罵。崇厚滿面賠笑，「告以有話細談」，豐大業如同沒聽見，從身上拔出手槍，對着崇厚就開了一槍。「該領事置若罔聞，隨取洋槍當面施放，幸未打中。」崇厚嚇得馬上跑到「後堂暫避」。

據崇厚彙報，經過衙門裏眾巡捕的好言相勸，豐大業稍稍平靜了一點，於是崇厚爹着膽子從後堂走出來，「復出相見」，豐大業一見，又「大肆咆哮」，說：「爾百姓在天主堂門外滋鬧，因何不親往彈壓？我定與爾不依。」並且表示要去親自彈壓。崇厚向他通報了「民情洶湧，街市聚集水火會已有數千人，勸令不可出去，恐有不虞」[4]。

天津的「水會」，又叫「火會」，是一個民間「NGO」組織（非政府組織），專為救火而設，其首領是地方紳士。「不同的火會和志

1 戚其章、王如繪編著：《晚清教案紀事》，東方出版社，1990 年，第 108 頁。

2 中國第一歷史檔案館、福建師範大學歷史系合編，陳增輝主編，郭舜平譯：《美國對外關係文件選譯》，《清末教案》第 5 冊，中華書局，2000 年，第 70 頁。

3 中國第一歷史檔案館、福建師範大學歷史系合編，陳增輝主編，郭舜平譯：《美國對外關係文件選譯》，《清末教案》第 5 冊，中華書局，2000 年，第 70 頁。

4 中國第一歷史檔案館、福建師範大學歷史系合編，陳增輝主編，郭舜平譯：《美國對外關係文件選譯》，《清末教案》第 5 冊，中華書局，2000 年，第 72 頁。

願隊（義民）都由士紳擔任其首領，這些名字登記在衙門中。」他們也參與維持治安，急公好義，保衛鄉里。這次聽說中國大臣被法國人打了，紳士們不約而同鳴起水會銅鑼，積憤已久的水會會眾滿面怒容，手執刀槍，從四面八方如潮水般湧來，齊集三口通商大臣衙門門外。

因此崇厚勸豐大業不要此時出去。據說豐大業的反應是不屑一顧：「爾怕百姓，我不怕爾中國百姓。」[1] 怒氣沖沖，手持刀槍而出。

豐大業來到教堂前面的浮橋，恰與前來處理聚眾事件的天津知縣劉傑迎面相遇。二人開始對話。法方資料說，豐大業要劉傑平息暴民，知縣答說：「這不是我的事。」於是，豐大業拔出手槍向劉傑開槍，打傷了他的跟班丁高昇。

中國民眾壓抑多日的情緒在這一瞬間被點燃。

「於是，人們的憤怒再也無法忍耐，如潮水決堤般迸發出來，一齊動手將豐大業、西蒙（豐大業的秘書）打死。」[2]「眾眥皆裂，萬口齊騰，謂領事無狀若斯，曷共殛之。潮湧坌集，白梃如雨，豐大業登時倒斃。」[3]

據說兩個人死得很慘：「豐大業頭面被刀劈裂，腦漿迸流，復被長槍匕首刺穿右脅，鋒鍔深入於腹。西蒙與兇徒力戰逾時，渾身寸磔。」[4]

憤怒的人們接着又衝向了法國教堂。

「暴動開始了，時在午後，謝神父和吳文生神父正在用膳，忽然城內四面鑼聲大作，救火隊員、搗亂分子手執刀劍，向聖堂衝來。

---

1 《湘鄉曾氏文獻》第 7 冊，轉引自解成編著：《基督教在華傳播繫年（河北卷）》，天津古籍出版社，2008 年，第 138 頁。

2 朱東安著：《晚清政治與傳統文化》，百花文藝出版社，2012 年，第 33 頁。

3 蕭一山編：《清代通史》3，華東師範大學出版社，2006 年，第 536 頁。

4 《燕京開教略》下篇，轉引自解成編著：《基督教在華傳播繫年（河北卷）》，天津古籍出版社，2008 年，第 130 頁。

「羣眾已經湧至天主堂前，此時二百餘名兇手衝過羣眾，門緊閉，他們用力敲門。門將破，謝神父決定自己去開門，與羣眾理論。初，羣眾看見神父溫良可親，一時猶疑不知所措，但神父一張口說話，羣眾就進入堂院裏大呼。謝神父與吳神父一同逃至聖堂中，將門關上，彼此念《赦罪經》。一門被武力推開，二人乃逃至更衣所，由窗門跳入領事館，藏在大石後邊，兇手追至，將二神父殺害。」[1]

在教堂中，一共有六名外國神職人員被殺死，至於被同時殺死的中國僕役等後來沒有具體統計數字。

當時的場景相當恐怖。「謝、吳二司鐸被兇徒剖開胸腹，臟腑盡塗於地。兇徒等見六人俱死，即褫其衣履，將屍抛於三岔河中。復將領署與天主堂搶掠一空，舉火焚毀。」[2]

焚毀了教堂之後，憤怒的人羣又衝往仁慈堂，報復修女們。

還有大量人流一齊湧向領事館。領事館裏的人早已逃散一空。大家扯碎了大門上的法國國旗，將裏面的東西打得稀巴爛。領事館旁邊的公館、洋行、美國和英國的幾處講書堂也統統被砸得一塌糊塗。隨即人們將天主堂、仁慈堂及法商開辦的富昌洋行拆毀焚燒。事後查明，紛亂之中共打死外國人二十名（法國領事一人，隨員一人，法國教士和修女十一人，比利時二人，「俄國之行路人被殺男女三名」[3]，意大利人和英國人各一名）。

除此之外，還有多名中國教民以及教會的中國僕役被打死（然而這些人的死亡並沒有被充分重視）。當然，還有大量財物遭到搶劫。這就是有名的「天津教案」。

---

1 解成編著：《基督教在華傳播繫年（河北卷）》，天津古籍出版社，2008 年，第 128 頁。

2 《燕京開教略》下篇，轉引自解成編著：《基督教在華傳播繫年（河北卷）》，天津古籍出版社，2008 年，第 130 頁。

3 《湘鄉曾氏文獻》第 7 冊，轉引自解成編著：《基督教在華傳播繫年（河北卷）》，天津古籍出版社，2008 年，第 138 頁。

巧合的是，就在教堂被焚毀後的第三天，五月二十五日下午兩點開始，直隸全省下起了一場大雨。曾國藩在當天日記中記載說：「自去年四月亢旱至今，十三個月未得大雨。本日未刻起……」一開始還是小雨，到了晚上雨勢轉大，「燈後大雨」。

保定距天津是三四天的路程，曾國藩此時還不知道天津教案的消息。他在日記中寫道：「大雨不止，為之快慰。」[1] 他哪裏知道，在數百里之外的一場大禍，馬上就要把他拖到人生最大的一場挫折當中。

3. 曾國藩調查「挖眼剖心」事件

天津教案震驚了全世界。這次教案不但死亡者眾多，更關鍵的是，法國高級外交官也死於此難。這在清王朝歷史上還從來沒有出現過。教案發生的第二天，五月二十四日，北京的八國公使就聯合照會清政府外交事務的最高負責人恭親王。法國軍艦立刻出發，一周後的六月一日駛抵大沽，鳴炮示威。

崇厚當然知道事情的嚴重性，他立刻專摺向慈禧彙報了此事，並說事端太大，自己已經處理不了，指名提請他的上司、直隸總督曾國藩前來處理。

天津教案發生時，曾國藩就任直隸總督剛剛一年半。一年多的辛苦工作讓他的身體出了很大問題。他患了眼病，還經常嘔吐，後來又增加了眩暈之症，而且非常嚴重。「寅正起，頭大眩暈，牀若旋轉，腳若向天，首若墜首，如是者四次，不能起坐。」「每登牀則大暈，起坐則大暈。」以今天的醫學知識判斷，很可能是高血壓。我們看他十八日到二十五日，每天日記頭一句都是「眩暈如故」。

1 《曾國藩全集・日記》4，岳麓書社，2011 年，第 325 頁。

從此之後，日記當中幾乎日日有請醫診治之語。

就在教案發生前一天，他剛剛向朝廷續了一個月的病假。就在此時，二十六日，他接到了慈禧的命令：

「曾國藩病尚未痊，本日已再行賞假一月。惟此案關係緊要，曾國藩精神如可支持，着前赴天津與崇厚悉心會商，妥籌辦理。」[1]

這道命令讓曾國藩陷入焦灼之中。首先是這次教案事端重大，自己身患重病，可能無法支撐。

此外，介入此案的後果非常嚴重。

如果教案處理不當發生戰爭，以清王朝的國力，結果必是再一次割地賠款，這是鴉片戰爭以來多次中外戰爭早已經證明了的規律。要避免戰爭，勢必要和洋人妥協。然而晚清以來，有一個規律性現象，那就是在對外交往中，凡是主張強硬，甚至主張「蠻不講理」的人，通常都會獲得民眾的熱烈歡呼，被稱為「民族英雄」。而主張和洋人「講理」「妥協」的，幾乎都會被罵賣國，被稱為漢奸，聲名盡毀。如郭嵩燾所評論：「一襲南宋以後之議論，以和為辱，以戰為高。」[2]南宋以後，凡主戰者在歷史上都得美名，主和者都得罵名。所以鴉片戰爭以來，凡是涉及夷務的人，大多數都落不到好下場、好名聲。

因此他的幕僚幾乎一致反對他接管此案。「阻者、勸者、上言者、條陳者紛起沓進。」幕客史念祖更給他獻上了上、中、下三策，認為赴津辦案乃為下策。「謂畢生威望在此一行，國家大計尤關此舉。」「略一失足，千古無底。」[3]確實，幾乎可以確定，這件事不論怎麼處理，都難以讓各方完全滿意。自己一世英名，很有可能毀在此案上。

---

1 《曾國藩全集・奏稿》11，岳麓書社，2011 年，第 475 頁。

2 梁小進主編：《郭嵩燾全集》4，岳麓書社，2012 年，第 793 頁。

3 史念祖著：《俞俞齋文稿初集》第 3 卷，第 93–94 頁。轉引自戚其章、王如繪編：《晚清教案紀事》，東方出版社，1990 年，第 111 頁。

曾國藩完全有理由不介入此案。因為他雖然是直隸總督，但是他的職責範圍中並不包括外事，外事是由崇厚這個專管三口通商的專員專門負責的。曾紀澤說「此次洋務，本非大人（指曾國藩）專責」[1]。就是曾國藩自己也說：「至中外交涉事件，臣素未講求。」[2] 同時，上諭也說「（曾國藩）精神如可支持，着前赴天津」。如果他因病推辭，朝廷也不會強迫他前去。所以是否從命，一開始他有點猶豫不決。「接奉廷寄，派余赴天津查辦事件，因病未痊癒，躊躇不決。」[3]

但是稍一猶豫之後，曾國藩還是決定接下這個任務。

曾國藩從來不是一個逃避困難的人。當初太平軍起，天下靡然，只有他以一介書生之身，毅然奮起，創建湘軍。

他對待君主，一貫以誠自命，遇事不敢推諉。雖然患病，但既然沒有到瀕死的程度，就應該勉力為國分憂。他擔心的是如果朝廷派一個顢頇無能之輩，激化矛盾，引發戰爭，將再一次將中國推入災難的深淵。

所以後來在給李鴻章的信中，他說：「事端重大，義不敢辭。數日之後，即擬力疾前往。」[4] 準備病情稍緩，就起程赴津。

六月初三日，曾國藩感覺身體勉強可以支撐，因此決定束裝就道。這次出門，曾國藩預感到自己很有可能會病死天津，不一定能活着回來了，所以他在燈下給自己的兒子們寫下了一份很長的遺囑。

他說：「余此行反復籌思，殊無良策。余自咸豐三年（1853）募勇以來，即自誓效命疆場，今老年病軀，危難之際，斷不肯吝於一

1 曾麟書等撰，王澧華等整理：《曾氏三代家書》，岳麓書社，2002 年，第 618 頁。

2 《曾國藩全集・奏稿》9，岳麓書社，2011 年，第 295 頁。

3 《曾國藩全集・日記》4，岳麓書社，2011 年，第 325 頁。

4 《曾國藩全集・書信》10，岳麓書社，2011 年，第 288 頁。

死，以自負其初心。恐邂逅及難，而爾等諸事無所秉承，玆略示一二，以備不虞。」

這個案子很難辦，我反復思考，也沒有好的辦法，可能會死於此事。我從咸豐三年創建湘軍以來，就已經下定為國犧牲的決心。現在我已經老了，更不會怕死，不會自負初心。有些話向你們交代一下。

曾國藩的遺囑與普通人不同，其中並沒有甚麼遺產分割之類的常見內容，重心是放在對後代品性的期許上。他把自己一生為人處世最重要的心得又向兒子們交代一次，那就是為人一定要做到「不忮不求」。

> 余生平略涉儒先之書，見聖賢教人修身，千言萬語，而要以不忮不求為重。忮者，嫉賢害能，妒功爭寵，所謂怠者不能修，忌者畏人修之類也。求者，貪利貪名，懷土懷惠，所謂未得患得，既得患失之類也。忮不常見，每發露於名業相侔、勢位相埒之人；求不常見，每發露於貨財相接、仕進相妨之際。將欲造福，先去忮心，所謂人能充無欲害人之心，則仁不可勝用也。將欲立品，先去求心，所謂人能充無穿窬之心，而義不可勝用也。忮不去，滿懷皆是荊棘；求不去，滿腔日即卑污。余於此二者常加克治，恨尚未能掃除淨盡。爾等欲心地乾淨，宜於此二者下功夫，並願子孫世世戒之。[1]

人這輩子，最難去除的是嫉妒和貪求。所謂「不忮」，就是克制自己的嫉妒心。「不求」，就是克制自己的貪求心。這兩點聽起來似乎是老生常談，事實上很多人，特別是很多當世名公，都處理

---

1 《曾國藩全集・家書》2，岳麓書社，2011 年，第 525 頁。

不好。嫉妒經常出現在功名事業差不多的人之間，貪求常出現在升官發財之際。連左宗棠、郭嵩燾這樣的大人物事實上都常在這兩點上犯錯誤。所以他專門強調，這兩點不去除，則既難立品，又妨造福。希望曾氏後人能「克治」這兩點，做到「心地乾淨」。

六月初六日，曾國藩從保定起程。六月初十日，到達天津。

一到天津，曾國藩就感覺到了紳士階層的強大力量。

雖然此時距教案發生已經近二十天，但是天津城的反教狂熱並未平息，天津百姓「尚激奮不已，滿城囂囂，羣思一逞」[1]。洋人死傷如此慘重，但是天津民眾絲毫不覺得自己理虧，反而認為殺得還不夠多。

對於曾國藩的到來，天津紳民歡呼雀躍。曾國藩在當時普通中國民眾心目中，是一個扭轉乾坤的大英雄，也是一個中國文化的堅定維護者。天津紳士中很多人都讀過曾國藩在平定太平天國時寫的《討粵匪檄》，有人還能背誦其中的一些名句，比如「舉中國數千年禮義人倫詩書典則，一旦掃地蕩盡。此豈獨我大清之奇變，乃開闢以來名教之奇變，我孔子、孟子之所痛哭於九原」，讓他們深感共鳴。他們相信，曾國藩和他們一樣，對天主教滿懷憤慨。

因此在曾國藩進城的路上，以天津縣四十八堡士紳為主的各派代表一百餘人，首先攔住曾國藩的大轎，遞上呈狀，神色激動甚至聲淚俱下地連聲控訴天主教會殘害中國幼孩、挖眼剖心。接着，又發生了四起攔轎呈詞事件，每次都有幾十上百名地方頭面人物齊刷刷跪在轎前，大聲吁喊，「萬口一聲」。「每收一稟，其衣冠而來者，必數十或數百人」[2]。旁觀的百姓更是成千上萬，填街溢市，對曾國

---

1 《曾國藩全集・書信》10，岳麓書社，2011 年，第 302 頁。

2 《曾國藩全集・書信》10，岳麓書社，2011 年，第 318 頁。

藩形成了一股強大的社會輿論壓力。

進了公館，剛剛坐定，各路官紳又紛紛進謁，七嘴八舌給曾國藩出主意。或者建議曾國藩利用天津民氣正旺，一鼓作氣把各國洋人全都趕跑。還有人「高明」地主張聯合俄國、英國等國，專門對付法國。

這股情緒的巨浪差點兒打了曾國藩一個跟頭。曾國藩在抵津次日《諭紀澤》信中說：「天津士民與洋人兩不相下，氣勢洶洶。緝兇之說，萬難着筆，辦理全無頭緒。」[1] 在這種情況下，想要緝拿兇手，當然非常困難。

在中國社會各階層中，紳士階層是反教宣傳的中堅力量。外國傳教士的到來，不但挑戰了清政府控制下的政治文化秩序，更動搖了鄉紳社會的傳統權威。許多中國人「未入教，尚如鼠。既入教，便如虎」。很多老百姓信了教之後，自恃有教會庇護，在紳士面前不再點頭哈腰。因此，凡是教會勢力所及的地方，紳士無不強烈地感覺到失落。他們有文化，有時間，有財力，所以，他們成了反教的先鋒和主力。

當時大部分中國普通民眾，對天主教也充滿了強烈的反感。作為一種與中國傳統文化異質的宗教，天主教入華之始，自認良民的人很少入教。傳教士所到之處，第一批敢吃螃蟹的往往是兩類人，一類是重病患者或者窮困至極走投無路之人，另一類則是地方上的地痞流氓。而有的傳教士到了一個被冷眼環視的陌生之地，也往往願意招收一些地痞流氓，起到保安作用，因此所到之地「不擇良莠，廣收徒眾」，形成「莠民以教士為逋逃之藪，教士以莠民為羽翼」的局面。《歷史三調：作為事件、經歷和神話的義和團》也說：「教民數量的不斷增加，部分原因是教會吸收了一些違法分子（自

1 《曾國藩全集・家書》2，岳麓書社，2011 年，第 527 頁。

1860 年基督教傳教工作在中國取得合法地位以來，這種情況比較普遍）。不法之徒被教會的保護傘所吸引，因為急於招收教徒的傳教士是不受大清法律約束的。在這種情況下，教民與土匪的界限越來越模糊。」[1] 後來參與此案處理的丁日昌分析天津百姓為甚麼如此痛恨天主教時說：

天津莠民最多，一經入教，則凌虐鄉里、欺壓平民。官吏志在敷衍，但求無事而不求了事，又不敢將百姓受屈之處與領事官力爭，領事官又何從知教民如此妄為？百姓怨毒積中，幾有及爾偕亡之憤。[2]

也就是說，天津這個地方，地痞流氓很多，一入教，更是橫行鄉里。而官員們呢，多一事不如少一事，不敢與外國領事力爭。所以老百姓都非常氣憤。

曾國藩在入覲慈禧太后時，也當面提及了這一點：「教堂近年到處滋事，教民好欺不吃教的百姓，教士好庇護教民，領事官好庇護教士。」[3]

聽說威名素著的曾國藩前來，天津百姓中流傳起一則新的謠言，那就是皇上「專調曾國藩來天津驅逐洋人」。他們這些愛國民眾，終於有了主心骨，他們都摩拳擦掌，等着和洋人們決戰，把中華大地上的所有洋人殺光，還我天朝上國的清淨。

到天津之前，曾國藩已經預料到了這種情況。為了平息這種浮囂的民氣，在前往天津的路上，他寫好了一篇文告《諭天津士民》。

---

1 ［美］柯文著，杜繼東譯：《歷史三調：作為事件、經歷和神話的義和團》，社會科學文獻出版社，2015 年，第 16 頁。

2 趙春晨編：《丁日昌集》上，上海古籍出版社，2010 年，第 98 頁。

3 《曾國藩全集・日記》4，岳麓書社，2011 年，第 358 頁。

曾國藩向天津紳士百姓聲明，他此行不是為了開戰而來，「出示彈壓，但言奉命查辦，決計不開兵端」[1]，讓大家把洶洶好戰之心先都收起來。

此文一出，全體天津人都有點莫名其妙，搞不懂曾大人葫蘆裏賣的是甚麼藥。「曾國藩的倒行逆施，引起了天津人民的極大憤慨，他貼出的告示，入夜便被人撕毀；還有人在告示所署『曾國藩』名字上，掛一縷白麻，表示曾國藩為洋人披麻戴孝。」[2]

但是這道告示確實有效地剎住了鼓動戰爭的輿論，大家都明確地知道曾大人肯定不會和洋人開仗了。那麼且等着看曾大人下一步會怎麼做。

六月十四日，曾國藩又走了一步棋。他聽從崇厚的建議，致信恭親王及總理衙門各官，打算先把天津的幾個地方官撤職查辦：「擬先將道、府、縣三員均行撤任，聽候查辦，亦可稍塞洋人之口。」[3]

把這三個人撤職，一是曾國藩認為地方官確實有責任。天津知府未經詳細調查就發佈確認有人迷拐的告示，操之過急。天津教案發生前，天津百姓已經喧鬧多日，情形日益緊張，這幾名地方官沒有採取有力措施加以制止，特別是帶武蘭珍到教堂對質後沒有立刻向圍觀民眾公佈對質結果，對教案的發生負有不可推卸的責任。因此數事，應該予以撤職。

另外，此舉也可以讓法國人心平氣和地開始談判。天津教案的處理原則，是讓法國人「消氣」，避免戰爭。法國公使已經表明態度，要嚴懲中國地方官，所以這樣做可以向法方表示中方認真處

1 《曾國藩全集・書信》10，岳麓書社，2011 年，第 299 頁。

2 羅澍偉編著：《引領近代文明：百年中國看天津》，天津人民出版社，2005 年，第 20 頁。

3 《曾國藩全集・書信》10，岳麓書社，2011 年，第 299 頁。

理此事的誠意。「該使要求之意甚堅，若無以慰服其心，恐致大局決裂。」[1]

然而撤掉三個很得民心的中國官員，令曾國藩更大失天津人心。人們本來認為大帥到來，會繼續追究洋人責任，沒想到大帥下車伊始，竟然就宣佈決不開戰，而且還拿下三名中國官員。難道大帥也變成了漢奸嗎？

曾國藩不是不知道這樣處理會激起輿論不滿，他這樣做，自有他的道理。

我們在此前講過，曾國藩的對外觀念，前後發生過巨大變化。在一開始，他也是和大清王朝的普通官民一樣，是單純、徹底的「愛國主義者」，認為對外當然應該強硬。然而，第二次鴉片戰爭讓他認識到中國和列強在軍事上的巨大差距，特別是海上力量完全不在一個水平面上。

他對彭玉麟分析說，中國也許能在某次局部戰爭中取勝，但是從全局和長遠來看，根本沒有取勝之道。

> 中國兵疲將寡，沿海沿江毫無預備，而諸國窮年累世但講戰事，其合從之勢，狼狽之情則牢不可破。我能防禦一口，未必能遍防各口；能幸得一時，未必能力持多年；能抵敵一國，未必能應付各國。在今日構釁泄憤，固亦匪難，然稍一蹉跌，後患有不堪設想者。[2]

中國現在軍隊戰鬥力不行，幾乎沒有海軍，根本沒有抵禦海上侵略的能力。歐洲各國幾十上百年來專意研究戰爭，並且一致對付

---

1 《曾國藩全集・奏稿》11，岳麓書社，2011 年，第 489 頁。

2 《曾國藩全集・書信》10，岳麓書社，2011 年，第 415 頁。

中國。我們能在一個口岸防範，卻不能防範所有口岸。也許能僥倖在一場戰爭中取勝，卻無法常年與西方對抗。能夠抵抗一國，卻無法與各國同時作戰。今天為了發泄民族情緒打一場仗固然不難，但是一旦失敗，後果不堪設想。

曾國藩一貫主張「明強」，就是說，在判斷分析形勢的基礎上，才能決定是使強還是使柔。中國和西方軍事實力的差距太大，避戰顯然是明智的選擇。「故……辦理此事，不憚委曲遷就，躬冒不韙，冀以消弭釁端。」[1] 所以他才定下「不開兵端」的宗旨。

至於將三名中國官員撤職，以向法方表示中國處理此案的誠意，則是基於曾國藩在第二次鴉片戰爭後形成的誠信外交觀。關於曾國藩的誠信外交觀，我們在前面「洋人也是人」一章已經有詳細闡述。

正是基於誠信外交的思路，曾國藩把處理教案的核心，放到了查明挖眼剖心到底有無其事上。

曾國藩深知，教堂是否有主使迷拐和挖眼剖心之事，是此案之關鍵。曾國藩說：「總以武蘭珍是否果為王三所使，王三是否果為教堂所養，挖眼剖心之說是否確有證據，為案中最要關鍵，審虛則洋人理直，審實則洋人理曲。」[2]

如果果然如天津百姓所說，教堂僱人迷拐中國兒童，挖眼剖心用來做藥，那麼此案就是洋人理虧，我們就可以理直氣壯地向全世界公佈他們的野蠻行徑，他們也自然難以提出非理要求。如果這些都是子虛烏有，那麼顯然是中方理虧，只能認錯賠錢，老老實實處理罪犯。

朝廷對曾國藩的這一說法也十分贊成，慈禧太后批示說：「可

---

1 《曾國藩全集・書信》10，岳麓書社，2011 年，第 415 頁。

2 《曾國藩全集・奏稿》11，岳麓書社，2011 年，第 497 頁。

謂切中事理。要言不煩。」[1]

從表面上看，朝廷和曾國藩在這一點上有高度共識。然而，他們對這一關鍵的判斷其實是不同的。

曾國藩在辦理天津教案以前，處理過揚州教案，那次經歷讓他明白，所謂洋人挖眼剖心應該並無其事。

和天津教案一樣，1868 年 8 月 22 日發生的揚州教案，也是因謠言而起。案發前，揚州城內哄傳傳教士愛挖人的眼睛，愛吃中國小孩子的肉。「教士係耶穌教匪，遇有臨死之人挖取眼睛，所蓋育嬰堂係食小兒肉而設。」[2] 但是曾國藩調查之後發現，這些純粹是子虛烏有，嬰兒的死亡是因為疾病與保姆照顧不周。「嬰孩死傷雖多，並無挖眼挖心等弊；是醫生與乳媽之咎，並無教主之過。」[3]

但是慈禧太后和朝中一些大臣卻對謠言半信半疑。「太后亦信仁慈堂存有眼睛等物，其諭曾國藩曰：『百姓毀堂，得人眼人心，呈交崇厚，而崇厚不報，且將其銷毀』，飭其訪查。」[4] 慈禧相信一些人的傳言，認為百姓已經從教堂裏找到了一些人眼人心作為證據，可惜被崇厚給銷毀了。所以朝中很多人希望曾國藩能在教堂中起出眼睛心肝等物，把洋人罪責公之天下。

因此曾國藩決定由此入手，拿出有說服力的調查結果，用有力證據來說話。這樣才能說服中國各個階層，接受教案的處理結果。

曾國藩到天津後，士紳百姓紛紛攔轎陳情，前後有數百人之多，要求總督大人懲辦洋人。曾國藩一一細問，誰見過洋人挖眼剖

---

1 《曾國藩全集 · 奏稿》11，岳麓書社，2011 年，第 497 頁。

2 中國第一歷史檔案館、福建師範大學歷史系合編：《清末教案》第 1 冊，中華書局，1996 年，第 611 頁。

3 中國第一歷史檔案館、福建師範大學歷史系合編：《英國議會文件選譯》，《清末教案》第 6 冊，中華書局，2006 年，第 25 頁。

4 陳恭祿著：《中國近代史》，中國工人出版社，2012 年，第 207 頁。

心，然而沒有一個人能提出確證。「臣國藩初入津郡，百姓攔輿遞稟數百餘人。親加推問，挖眼剖心有何實據，無一能指實者。」

曾國藩於是發出通告，誰要是親眼見到洋人挖眼剖心，或者有確鑿證據證明洋人做過這樣的事的，歡迎大家前來呈告。

然而，一個人也沒有。

接下來曾國藩又想，既然天津城內迷拐傳聞如此之多，嚇得家家閉戶，那麼肯定有很多人家的孩子被拐走了。他又查各官府的檔案，看看有沒有百姓前來報案。

然而，一家也沒有。

> 詢之天津城內外亦無一遺失幼孩之家控告有案者。[1]

查來查去，只查到一個可笑的傳聞。據說在教案當時，還真有人從教堂的地下室裏搜得被指證為「係嬰兒目珠」的兩瓶東西，交給崇厚，結果打開瓶子細看，「見瓶中所盛者，原係西產之圓頭蔥，醃收以供蒩品者也」。原來是醃製的洋蔥。

> 兇徒等欲證其言之不謬，於焚掠之際，於地窨中搜得二瓶，特呈崇厚驗視，具言瓶內所盛皆係嬰兒目珠。崇厚開驗，見瓶中所盛者，原係西產之圓頭蔥，醃收以供蒩品者也。[2]

經過「連日細查釁端」，連續提取證人，曾國藩對挖眼剖心一事的真實性基本否定，認為是不實傳聞，因為沒有一個人能舉出實證，更別說有被挖的心、眼等器官出現。

1 《曾國藩全集・奏稿》11，岳麓書社，2011 年，第 493 頁。

2 《燕京開教略》下篇，轉引自解成編著：《基督教在華傳播繫年（河北卷）》，天津古籍出版社，2008 年，第 132 頁。

而迷拐一案也無實證。曾國藩一一詢問了從仁慈堂裏「救出」的婦女、幼孩一百餘人，經訊都供說「係多年入教、送堂豢養，並無被拐情事」[1]。西方人記載說：「官方審訊了幾百人，其中150人是宗教機構的工作人員，但沒有一例發現了事實上的綁架，也沒有任何挖眼掏心的證據。所有的指控都是基於街談巷議，與湖南、揚州或直隸其他地方的類似指控一樣沒有得到證實。」[2]

經過調查取證後，六月二十三日，曾國藩上了《查明天津教案大概情形摺》，力辯挖眼剖心之事的虛妄不實。

曾國藩彙報了他的調查經過和調查結果。說經他多日調查，「教士迷拐」「挖眼剖心」等傳言，均皆毫無實據。

湖南、江西、揚州、天門、大名、廣平教案，都出現過各種檄文和揭帖，或者說教堂拐騙丁口，或者稱教堂挖眼剖心，或者稱教堂誘污婦女。事後證明，這些都是子虛烏有。

接下來，曾國藩又開始詳細分析天津教案的原因。首先他根據崇厚的意見，為西方人做了一些辯解。他知道這道奏摺肯定會發抄於外，洋人能夠看到。

> 蓋殺孩壞屍、採生配藥，野番兇惡之族尚不肯為，英法各國乃著名大邦，豈肯為此殘忍之行？以理決之，必無是事。天主教本係勸人為善，聖祖仁皇帝時久經允行，倘戕害民生若是之慘，豈能容於康熙之世？即仁慈堂之設，初意亦與育嬰堂養濟院略同，專以收恤窮民為主，每年所費銀兩甚多，彼以仁慈為名，而反受殘酷之謗，宜洋人之忿忿不平也。[3]

1 《曾國藩全集・書信》10，岳麓書社，2011年，第298頁。

2 ［美］黑爾著，王紀卿譯：《曾國藩傳》，湖南文藝出版社，2011年，第202頁。

3 《曾國藩全集・奏稿》11，岳麓書社，2011年，第494頁。

也就是說，殺死孩子，割心挖眼，這是那些野蠻落後的民族都不幹的。英國、法國等西方著名大國，怎麼會做出這樣的事？天主教是勸人為善的，所以康熙皇帝的時候才允許他們傳教。如果他們真的這樣兇殘，聖明的康熙皇帝怎麼會容納他們？西洋人致力慈善事業，為此花了很多錢，卻得到這樣的罵名，所以他們憤憤不平，也是可以理解的。

這些話，今天的讀者讀起來也許感覺說得在理。但是在晚清，敢說這樣的話，是需要巨大勇氣的。曾國藩知道如此為洋人說話，肯定會激起中國人的反感。因此為洋人說完了話，曾國藩也要為中國百姓說幾句。他說中國人對外國人的強烈反感，也不是空穴來風，而是因為有「五疑」。哪五疑呢？

第一，教堂的大門終年關閉着，看起來神秘莫測，而且房屋都修建了地下室，所以很容易被中國人懷疑是為了囚禁幼孩用的。「（教）堂終年扃閉，過於秘密，莫能窺測底裏；教堂、仁慈堂皆有地窖。……其致疑一也。」

第二，有的人到仁慈堂治病，結果就被勸入了教，留在那裏不回家，所以被中國人懷疑是不是為藥所迷。「中國人民有至仁慈堂治病者，往往被留不令復出……因謂其有藥迷喪本心，其致疑二也。」

第三，傳教士為瀕臨死亡的人舉行洗禮，用水淋臉洗眼，讓中國人感覺非常詫異。「施洗者其人已死，而教主以水沃其額而封其目，謂可升天堂也。百姓見其收及將死之人，聞其親洗新屍之眼，已堪詫異。……其致疑三也。」

第四，教堂裏有不同的區域，有的母子同在教堂內，卻經年不得相見。「堂中院落較多，或念經，或讀書，或傭工，或醫病，分類而處……往往經年不一相見，其致疑四也。」[1]

---

1 《曾國藩全集・奏稿》11，岳麓書社，2011 年，第 494 頁。

第五，今年教堂中死人過多，死者的胸腹先腐，於是浮言大起。「時堂中死人過多……胸腹皆爛，腸肚外露。由是浮言大起，其致疑五也。」

曾國藩總結說：

> 平日熟聞各處檄文揭帖之言，信為確據，而又積此五疑於中，各懷恚恨。迨至拐匪牽涉教堂，叢塚洞見胸腹，而眾怒已不可遏。迨至府縣赴堂查訊王三，豐領事對官放槍，而眾怒尤不可遏。是以萬口嘩噪，同時並舉，猝成巨變。[1]

也就是說，百姓們平時經常聽到挖眼剖心的傳言，又有這五種可疑之處，所以已經非常懷疑憤怒。等到出現人販子拐人及嬰兒屍體殘缺等事，自然怒不可遏。等到豐大業對中國官員開槍，終於激起事變。

曾國藩精心撰寫這道奏摺，有一個重要目的，那就是希望他的這次調查，可以終止挖眼剖心的傳聞繼續流傳，以免再激起新的教案。

曾國藩說，天津教案不是特例，事實上，多年以來，各地教案都是因為這類傳言而起。

> 惟此等謠傳，不特天津有之，即昔年之湖南、江西，近年之揚州、天門及本省之大名、廣平，皆有檄文揭帖，或稱教堂拐騙丁口，或稱教堂挖眼剖心，或稱教堂誘污婦女。[2]

曾國藩接下來說：

---

1 《曾國藩全集・奏稿》11，岳麓書社，2011 年，第 495 頁。

2 《曾國藩全集・奏稿》11，岳麓書社，2011 年，第 493–494 頁。

厥後各處案雖議結，總未將檄文揭帖之虛實剖辨明白。

也就是說，令人不解的是，這些教案過後，朝廷不得不一再處理中方兇犯，一再向外國賠款道歉，但是從來沒有由官方明確指出這些檄文和揭帖的不實之處。所以這麼多次教案之後，這類傳言還一再重複，再次激起新的教案。這主要是因為官方不敢為外國人說話，怕引來民眾不滿。

因此，想辦法澄清此類謠言，對防止再次發生教案是至關重要的。曾國藩請朝廷明降諭旨，宣佈從前反教檄文揭帖所稱「教民挖眼剖心戕害生民之說多屬虛誣」，「一以雪洋人之冤，一以解士民之惑」，以防日後再有這類謠言滋生。

這其實也是西方外交官的看法。鏤斐迪說：

我所擔心的危險倒是這場暴動的消息傳到遠離災難現場的地方，會對那裏的居民產生甚麼影響。看來中國人極有可能理所當然地相信他們同胞們關於事變起因的傳聞，並認為將報復落到據說是幹了邪惡勾當的天主教徒頭上是有道理的。為了抵消在其他地方的這種影響，在我看來，要緊的是中國最高當局須正式告示，否認有關拐騙及其後發生的一系列殘忍行為的傳言的真實性。[1]

應該說，曾國藩的奏摺有理有據地說明了歷來傳說的不實，既替外國人說了話，也為中國人說了話。如果這封奏摺得到廣泛傳播，無疑會起到促進中外雙方和解的作用。

1 中國第一歷史檔案館、福建師範大學歷史系合編，陳增輝主編，郭舜平譯：《美國對外關係文件選譯》，《清末教案》第 5 冊，中華書局，2000 年，第 32 頁。

但是，令曾國藩無法理解的是，內閣在發抄這封奏摺時，居然將為中國人說話的「五疑」的關鍵內容刪掉了。這樣一來，這道奏摺就只剩下曾國藩專為洋人說話的部分了。

曾國藩看了《邸報》，目瞪口呆，既然要把奏摺公開，為甚麼要斷章取義？他已經預感到大事不好。

果然，此摺一出，朝野上下無不譁然，物議沸騰。曾國藩居然說天主教是「勸人為善」的宗教，說仁慈堂「以仁慈為名，而反受殘酷之謗」，甚至還說甚麼「英法各國乃著名大邦」，是文明的國度。這實在是太出格了，太崇洋媚外了。鬼子之國，只能稱為鬼域，豈可稱為大邦？

曾國藩一下子成了人民公敵。想不到被人們寄予了無限期望的曾大人，竟然是這樣一個賣國賊！

曾國藩在十一月初一日給彭玉麟的信中寫道：

> 六月二十三日一疏袒護天主教……而發抄時內閣又刪去「五疑」一層，遂致物議沸騰。[1]

在北京城中，輿論的力量的確驚人，一場「反曾運動」猝然興起。就連先前以曾國藩為自豪的湖南人也不買賬了，湘江士子衝入了湖南會館，把曾國藩親筆題寫的牌匾砸得稀爛，還燒毀了曾氏手書的一副對聯，還要求開除他的會籍。在京的湘籍官員更是聯名致書曾國藩，對他大加抨擊。甚至與曾氏交往多年的倭仁，也寫信表示要和曾國藩絕交，朝野內外，一時「謗議叢積」[2]。

曾國藩雖然對名聲受損的情況有所預料，但還是沒想到情勢會如此洶洶。他非常痛苦，在家書中說：

---

1 《曾國藩全集・書信》10，岳麓書社，2011 年，第 415 頁。

2 《曾國藩全集・書信》10，岳麓書社，2011 年，第 408 頁。

吾此舉內負疚於神明，外得罪於清議，遠近皆將痛罵，而大局仍未必能曲全，日內當再有波瀾。吾目昏頭暈，心膽俱裂，不料老年遘此大難。[1]

我們看他這一時期寫給朋友的信中，無一不有八個字，「外慚清議，內疚神明」。曾紀澤回憶說：「其時京城士大夫罵者頗多，臣父親引咎自責，寄朋友的信常寫『外慚清議，內疚神明』八字。」[2]

那麼，朝廷為甚麼這麼做呢？

關於如何處理天津教案，朝中一直有兩種激烈對立的觀點。

朝中直接與西方人打交道的一些人，比如恭親王和總理衙門的一些主官，屬於開明派，對世界大勢有所了解。他們認為此案是中國方面理虧，所以只能退讓。

但是更多的人卻不這樣認為。

首先就是慈禧太后。她一直認為，教堂迷拐中國人做藥，是理虧在先，因此只要牢牢抓住這一點，找到教堂迷拐以及挖眼剖心的證據，就抓住了外國人的軟肋。

發動政變奪取政權時，慈禧才二十六歲，她沒受過良好的教育，對世界現狀也缺乏最基本的了解。政變中她親書的密諭現在影印公佈，不但字跡歪歪扭扭，而且二百多字中，錯字多達十六個。這證明她入宮前所受的教育是非常少的。文化水平低決定了她相信迷拐及挖眼剖心之實有其事。

曾國藩如此富於邏輯性的彙報沒能打消慈禧的懷疑。她進一步通過秘密渠道，讓軍機大臣發密寄追問曾國藩到底怎麼回事：

---

1 《曾國藩全集・家書》2，岳麓書社，2011 年，第 530 頁。

2 曾紀澤著：《使西日記（外一種）》，湖南人民出版社，1981 年，第 6 頁。

竊臣承軍機大臣密寄—同治九年六月二十三日奉上諭：「有人奏，風聞津郡百姓焚毀教堂之日，由教堂內起有人眼人心等物，呈交崇厚收執，該大臣於奏報時並未提及，且聞現已消滅等語。所奏是否有其事，着曾國藩確切查明據實奏聞。」[1]

那些眼睛和人心不是說有確切證據嗎？難道是你們給毀了？她懷疑曾國藩查找不力，甚至為了順利結案，故意袒護洋人。

除了慈禧太后之外，當時的滿族親貴，大部分都是堅定的排外主義者。早在同治六年（1867），惇親王奕誴就提出全部驅逐洋人，「外洋之入內地，原應籌劃所以自強，而驅之出境」[2]。這些在內地的洋人，本應該全部趕走。醇郡王奕譞也完全贊同這個意見，而且提出了六條辦法，其辦法主要就是由官方勸百姓攻打燒毀各地教堂，「飭下各督撫設法激勵眾民」，「焚其教堂，擄其洋貨，殺其洋商，沉其貨船」[3]。燒教堂，搶洋貨，殺洋商，沉洋船。這正是多年後義和團運動的思想原型。可見當時親貴們的知識結構和心態。

這次教案，奕譞再次發表意見奏稱：「事之操縱固難，理之曲直自在，雖不能以之喻彼犬羊，正好假以勵我百姓。」雖然洋人不通道理，但是此事正可以用來激勵中國百姓與洋人為仇。民為邦本，「津民宜加拊循，勿加誅戮，以鼓其奮發之志，激其忠義之氣，則藩籬既固，外患無虞」。[4] 對天津百姓，應該鼓勵，而不是鎮壓。這樣可以保護他們的愛國熱情。從慈禧到其他親貴都認為，處理此

1 《曾國藩全集・奏稿》11，岳麓書社，2011 年，第 505 頁。

2 中華書局編輯部，李書源整理：《籌辦夷務始末（同治朝）》7，中華書局，2008 年，第 2585 頁。

3 中華書局編輯部，李書源整理：《籌辦夷務始末（同治朝）》7，中華書局，2008 年，第 2590 頁。

4 蔣廷黻編著：《近代中國外交史資料輯要》中，東方出版社，2014 年，第 81 頁。

案的關鍵是萬不可失去民心，因為「民心」可用。在他們看來，民間對洋人的憤怒情緒，是可以倚重的重要力量。

對這種思路，曾國藩是明確反對的。早在1868年6月，他就曾在致郭嵩燾的信中說：「來示謂拙疏不應襲億萬小民與彼為仇之俗說，誠為卓識。……明知小民隨勢利為移轉，不足深恃，而猶藉之以仇強敵，是已自涉於誇偽，適為彼（指外國）所笑耳。時名之不足好，公論之不足憑，來示反復闡發，深切著明，鄙人亦頗究悉此指。」[1]

也就是說，統治者不應該憑着洶洶民意與外國開戰。百姓是隨勢利而轉移的，並無定見，他們在自身沒有危險時，熱衷於低成本愛國。但一旦有事，他們往往並不敢往上衝[2]，因此並不足以依恃。鼓動排外熱情來對抗外國，只能被人家笑話。辦理外交，不能汲汲於個人名聲，不能被無定見的輿論裹挾。

然而醇郡王奕譞的建議，卻得到大學士李鴻藻和倭仁的大力贊同。朝中的清流此時都站到了曾國藩的對立面。就是在這些力量的推動下，中央在發佈曾國藩奏摺時，做了這樣的處理。

朝廷這樣做，可以把曾國藩貼上賣國軟弱的標貼，將民眾對朝廷的仇恨轉移到曾國藩身上：是曾國藩軟弱，而不是朝廷軟弱。這樣就可以不失民心。朝廷仍然是正確的，只是他曾國藩沒有辦好。

所以隨後所發的上諭亦含有責備曾國藩之意：「和局固宜保全，民心尤不可失。曾國藩總當體察人情向背，全局通籌，使民心允服，始能中外相安也。」[3]

---

1 《曾國藩全集・書信》9，岳麓書社，2011年，第397頁。

2 事實上後來義和團運動，也沒有多少「大師兄」是死於與洋人作戰的。秦暉先生對此有專文論述。

3 《曾國藩全集・奏稿》11，岳麓書社，2011年，第511頁。

4. 疆臣新領袖李鴻章

曾國藩投入巨大精力，調查挖眼剖心一事，結果卻受到輿論如此猛烈攻擊。

在抓捕「兇犯」方面，曾國藩進展也不順利，多次受到朝廷批評。

天津教案發生後，另一個重點是緝兇嚴懲。這是清政府承認必須做的。

天津教案中共有 20 名外國人被殺，其中法國人 13 名，俄國人 3 名，比利時人 2 名，意大利和愛爾蘭人各 1 名。如果說豐大業首先開槍，罪有應得的話，其他人畢竟都是無辜的。案發後，外國政府強烈要求緝拿真兇，清政府也下諭旨明確指示：「外國之人無故被害若干，皆須切實查明；嚴拿兇手以懲煽亂之徒，彈壓士民以慰各國之意，尤為目前要務。」[1] 曾國藩也認為「拿兇為最要關鍵」。所以他一邊調查事實真相，一邊開始搜捕兇手。中國司法習慣是以命抵命，因此曾國藩認為「查出二十一人，一命抵一命，便可交卷」[2]。

然而天津教案爆發之時，場面異常混亂，參與者達上萬人之多，事後想確認死者身上的致命傷到底是誰所致，絕非易事。而且行兇者都被民間目為英雄，無人出面檢舉，所以「緝兇之說，萬難着筆」[3]。儘管曾國藩想盡辦法，還是只抓獲了十餘人，而且在嚴刑之下，均堅不吐供。

就在曾國藩承受着各方面巨大壓力的時候，法國外交官又提出了非常不合理的要求。曾國藩一到天津，就宣佈撤去三位地方官的

1 《燕京開教略》下篇，轉引自解成編著：《基督教在華傳播繫年（河北卷）》，天津古籍出版社，2008 年，第 137 頁。

2 《曾國藩全集・書信》10，岳麓書社，2011 年，第 324 頁。

3 《曾國藩全集・家書》2，岳麓書社，2011 年，第 527 頁。

職務，這得到了法國人的認可，所以在十九日法國公使羅淑亞到達天津開始交涉的時候，「詞氣尚屬和平」[1]。

然而，過了兩天，羅淑亞突然態度大變，宣稱一定要殺掉天津知府、知縣和陳國瑞這三名官員，否則就要發動戰爭。「羅酋十九日抵津相見，詞氣尚屬和平。二十一二忽改初態，照會敝處欲將府縣及陳國瑞抵償人命，不然即欲動兵。」[2] 並且明確要求將天津知府張光藻、知縣劉傑「先行在津立即正法」。外國人一直認為，中國官員在貫徹條約、保護在華外國人方面表現不力，因此想通過這個案子殺一儆百。

但是，中方無論如何不能答應這一點。對大臣生殺予奪這一極為重要的權力，不可能由外國人操縱。更何況無論怎麼說，三名地方官罪不至死。曾國藩堅持不肯答應法國的要求。

法國人於是加大戰爭威脅。七月二十六日，法國水師提督都伯理來到天津。外國軍艦也一艘艘駛來。「外國軍隊的龐大艦隊眼下已在天津附近。六艘炮艇 —— 法國和英國各三艘 —— 已經停泊在天津河道；一艘法國小型護衛艦在白河口的沙洲外面，英國和法國海軍中隊的旗艦，以及其他一些艦艇，則在煙台靠泊。此外，北德意志的兩艘小型護衛艦和俄國北太平洋艦隊的部分艦隻，將於近日抵達煙台。」[3]

重壓之下，曾國藩舊病復發。二十六日下午崇厚來到曾國藩行館，傳達羅淑亞的最後通牒，聲稱到次日（二十七日）四時，清方如無切實回答，法國公使及所有在京法國人將一併撤往上海。曾國

1 《曾國藩全集・書信》10，岳麓書社，2011 年，第 305 頁。

2 《曾國藩全集・書信》10，岳麓書社，2011 年，第 305 頁。

3 中國第一歷史檔案館、福建師範大學歷史系合編，陳增輝主編，郭舜平譯：《美國對外關係文件選譯》，《清末教案》第 5 冊，中華書局，2000 年，第 14 頁。

藩聽後大受刺激，「昏暈嘔吐，左右扶入臥內，不能強起陪客」[1]，「歷三時之久，臥牀不起，據醫家云脈象沉重」[2]。

二十八日，曾國藩自度病體不支，又一次想到了他的學生李鴻章。他希望朝廷命李鴻章帶兵來天津，一方面可以武力震懾法方，表明中方的備戰決心，另一方面，有着豐富外交經驗的李鴻章還可以做曾國藩的助手，直接幫助他處理此事，了此一段殘局。因此與崇厚密商後，曾國藩向朝廷建議：「若令李鴻章入陝之師移緩就急，迅赴畿疆辦理，自為得力。」[3] 在同一天致李鴻章的信中，曾國藩更是發出「四顧茫茫，自閣下外，未知巨艱更將誰屬」[4] 的感慨。崇厚也專上一摺，說「曾國藩觸發舊疾，病勢甚重」[5]，請再派重臣前來幫辦。

就在李鴻章還沒有前來的時候，七月二十六日，兩江總督馬新貽遇刺身亡，兩江總督位置出缺。八月初四日，對曾國藩已經非常不滿的慈禧太后下旨，令曾國藩調補兩江總督，而以李鴻章補授直隸總督。

接到東下天津的命令，李鴻章十分興奮。

如前所述，「剿」捻結束後，朝廷一度採取「揚曾擱李」政策，居「頭功」的李鴻章只獲得協辦大學士的虛銜。不僅如此，朝廷還命李鴻章入陝協助「剿」回，與極難相處的左宗棠打交道，李鴻章十分不願意，消極應付，百般拖延。不料此時接到東調的命令，誠可謂天遂人願。李鴻章在致丁日昌信中十分高興地說：「在陝本為

1 《曾國藩全集・奏稿》11，岳麓書社，2011 年，第 510 頁。

2 《清末教案》第 1 冊，轉引自解成編著：《基督教在華傳播繫年（河北卷）》，天津古籍出版社，2008 年，第 146 頁。

3 《曾國藩全集・奏稿》11，岳麓書社，2011 年，第 510 頁。

4 《曾國藩全集・書信》10，岳麓書社，2011 年，第 325 頁。

5 《曾國藩全集・奏稿》11，岳麓書社，2011 年，第 514 頁。

贅疣，藉此銷差，泯然無跡，一意驅車渡河。」[1]

對於天津教案，他在局外觀察已經很久了。曾國藩早在動身赴天津之前，就曾寫信給他，請這位「熟悉夷情」的老部下出主意。李鴻章作為門生舊故，當然義不容辭，因此他迅速回覆，判斷法國方面必定要求以中國官員抵命，而中國政府對此點肯定不能同意。如果發生戰爭，必然因此而起。所以他勸告老師，還是要做一定的軍事準備：「固不必張皇六師，致人疑釁，但防備不可不嚴，可否酌帶勁旅護衛。」[2] 應該說，李鴻章的判斷是相當準確的。他敏銳地意識到，如果軍事出現緊張，他有可能被老師調到天津附近。

因此接到命令後，他就開始向河北方向進發。一邊進發，他一邊通過書信給老師提各種建議，準備充當老師的得力助手。

結果，還沒等李鴻章到達河北，就接到了直隸總督的任命，他一下子接替老師，成了天下疆臣領袖。

機遇對於李鴻章似乎格外垂青。上一次通過「剿」捻，他已經接替了老師的軍事權威。這一次接手處理天津教案，他將可能在外交舞台上取得核心位置。梁啟超評論說：「李鴻章當外交衝要之濫觴，實同治九年八月也。彼時之李鴻章，殆天之驕子乎，順風張帆，一日千里，天若別設一位置以為其功名之地。」[3]

李鴻章很快就於十二日趕到保定。然而，隨後他便在保定逗留觀望，徘徊不前。因為他不想一下子陷入到這個混亂的局面當中去。在給朝廷的奏摺中，他情詞堂皇地宣稱：直豫晉交界處間有游勇滋擾教堂，同時也為防陝西土匪回竄，必須暫駐保定以佈置後路。同時還說自己身體不好，要先「調養肝疾」。

1　顧廷龍、戴逸主編：《李鴻章全集 30• 信函二》，安徽教育出版社，2008 年，第 90 頁。

2　顧廷龍、戴逸主編：《李鴻章全集 30• 信函二》，安徽教育出版社，2008 年，第 73 頁。

3　梁啟超著：《戊戌政變記（外一種）》，上海古籍出版社，2014 年，第 195 頁。

李鴻章深諳為官之道，他對曾國藩坦言相告，自己不願「初政即犯眾惡」[1]。因此想讓曾國藩在這個爛泥塘中先給他釐清基礎，特別是解決好緝拿兇手這個最難的問題，自己再下水。

緝兇此時正處於最關鍵階段。接到兩江總督的任命，曾國藩本可藉此脫身，但是朝廷同時又命令他：「刻下交卸在即，務當遵奉昨日諭旨，嚴飭地方文武員弁將在逃首要各犯盡數構獲。」[2] 要求他先把緝兇的事辦好，才能離開。曾國藩也主動在奏摺中陳明他不會推卸責任：「目下津案尚未就緒，李鴻章到津接篆以後，臣仍當暫留津郡，會同辦理，以期仰慰聖廑。」[3] 嚴命之下，曾國藩加大辦案力度，到八月十九日，已經拿獲疑犯八十多人。但是在這些人中如何定出兇犯，仍然極為困難。曾國藩感到「若拘守常例，實屬窒礙難行，有不能不變通辦理者」[4]。所謂「變通辦理」就是凡羣毆中下了手的人，不論他毆傷何處，均視為正兇；本人拒不供認，但是有多人指證者，也據以定案。最後，終於擬定正法者二十人，軍徒者二十五人。

平時以「誠」字自命的曾國藩，不得不以這種辦法定讞殺人，內心的痛苦當然可想而知。這也是他「內疚神明」的原因之一。事後，曾國藩偷偷發給每名死刑犯家裏「恤家銀」五百兩，以為安慰。《李興銳日記》說：「人給恤家銀五百兩。殺之而又憐之，以此案不與平常同，雖曰亂民，亦因義憤，不過從保全大局起見，為此曲突徙薪，就案辦案耳。」

至於天津知府張光藻、知縣劉傑，最終沒有如法國人要求處死。這是因為在處理天津教案過程中，普法戰爭打響，法國節節敗

---

1 顧廷龍、戴逸主編：《李鴻章全集 30• 信函二》，安徽教育出版社，2008 年，第 92 頁。

2 《曾國藩全集・奏稿》12，岳麓書社，2011 年，第 37 頁。

3 《曾國藩全集・奏稿》12，岳麓書社，2011 年，第 42 頁。

4 《曾國藩全集・奏稿》12，岳麓書社，2011 年，第 74 頁。

退。曾國藩在七月六日（公曆 8 月 2 日）就已經聽到這個消息，他在給曾紀澤的家書中稱：「聞布國與法國構兵打仗（此信甚確），渠內憂方急，亦無暇與我求戰，或可輕解此災厄。」[1] 果然，不久法國便通過赫德之口透露：「中國若能切實拿犯，將來府縣之事自易辦理。」[2] 因此兩名地方官由部議定罪，發往黑龍江軍台效力。

曾國藩此前曾囑幕僚匯銀三千兩，作為兩名地方官在獄中生活之資。及至二人被判「從重改發黑龍江效力贖罪」[3]，曾國藩又籌集白銀一萬餘兩，作為「到戍後收贖及一切路費」[4]，以彌補自己的遺憾。

曾國藩經手的津案辦理，至此告一段落。

李鴻章在八月二十二日從保定出發，二十五日抵達天津，曾國藩親至城外西沽迎候。對李鴻章的藉故拖延，曾國藩並沒有生氣，他願意為李鴻章做鋪路石。九月六日，雙方交接關防印信。

師生見面，發生了一次著名的談話。

李鴻章後來繪聲繪色地回憶說：「別人都曉得我前半生的功名事業是老師提挈的，似乎講到洋務，老師還不如我內行。不知我辦一輩子外交，沒有鬧出亂子，都是我老師一言指示之力。從前我老師從北洋調到南洋，我來接替北洋，當然要先去拜謁請教的。老師見面之後，不待開口，就先向我問話道：『少荃，你現在到了此地，是外交第一衝要的關鍵。我今國勢消弱，外人方協以謀我，小有錯誤，即貽害大局。你與洋人交涉，打算作何主意呢？』我道：『門生

---

1 《曾國藩全集・家書》2，岳麓書社，2011 年，第 533 頁。這封家書的日期有誤，應該是寫於初十日或十一日。見張曉川著：《從中西電報通訊看天津教案與普法戰爭 —— 兼談曾國藩一封家書的日期問題》，載於《近代史研究》2011 年 01 期。

2 《曾國藩全集・書信》10，岳麓書社，2011 年，第 317 頁。

3 《曾國藩全集・奏稿》12，岳麓書社，2011 年，第 87 頁。

4 《曾國藩全集・書信》10，岳麓書社，2011 年，第 391 頁。

只是為此，特來求教。』老師道：『你既來此，當然必有主意，且先說與我聽。』我道：『門生也沒有打甚麼主意。我想與洋人交涉，不管甚麼，我只同他打痞子腔（痞子腔蓋皖中土語，即油腔滑調之意）。』老師乃以五指捋鬚，良久不語，徐徐啟口曰：『呵，痞子腔，痞子腔，我不懂得如何打法，你試打與我聽聽？』我想不對，這話老師一定不以為然，急忙改口曰：『門生信口胡說，錯了，還求老師指教。』他又捋鬚不已，久久始以目視我曰：『依我看來，還是用一個誠字。誠能動物，我想洋人亦同此人情。聖人言忠信可行於蠻貊，這斷不會有錯的。我現在既沒有實在力量，盡你如何虛強造作，他是看得明明白白，都是不中用的。不如老老實實，推誠相見，與他平情說理，雖不能佔到便宜，也或不至過於吃虧。無論如何，我的信用身份，總是站得住的。腳踏實地，蹉跌亦不至過遠，想來比痞子腔總靠得住一點兒。』」[1]

曾國藩對李鴻章傾囊相授。他知道，從此大清帝國的外交權將主要由自己的這名學生掌握了。

李鴻章在曾國藩已有的成果之上繼續收尾此案。曾國藩已經替他完成了最艱難的「緝兇」任務，並且定了二十人死刑。他接手後，與俄國使領反復交涉，因殺死俄國人而被判正法的四名「兇犯」，獲改判輕刑。這是他對天津教案的最大貢獻。

至於其他問題，都很容易處理。關於賠償問題，清政府和各國並未有多大爭議。奕訢稱：「除拿獲正兇議抵外，中國自應設法體恤。搶掠之財物，中國亦應照數賠償。」[2]

最後，議定賠償費及撫恤費共五十餘萬兩了結。此外達成的一致是要重建教堂，派遣崇厚赴法道歉。

1 吳永口述：《庚子西狩叢談》，中華書局，2009 年，第 122 頁。

2 《曾國藩全集・奏稿》12，岳麓書社，2011 年，第 66 頁。

九月二十二日，李鴻章奉旨在津將另外十六名「兇犯」斬首。十一月十四日，又將二十五名從犯分判軍杖、徒刑。天津教案至此結束。

由此可見，李鴻章處理曾國藩的「未了各事」，主要不過是坐享其成罷了。

終於結束了津案噩夢、心力交瘁的曾國藩，按朝廷上諭的要求，在回任兩江總督前要先赴京陛見一次。他發現自己在京城很受冷落。

查翁同龢日記，十月初六日（公曆 10 月 29 日），翁同龢前去拜訪曾國藩，當面嘲諷了他在天津的所作所為。「訪曾湘鄉，頗誚其津事。」[1] 而當時敢於當面誚諷曾國藩的，當不止翁氏一人。這在以前是根本不可想像的。

曾國藩的部下李興銳在曾國藩的推薦下任直隸大名府知府。天津教案時，他正在京等待引薦，在與京官們的交往中，他發現「有見面談論夷務者，什九不能持平」。他與都中人「談天津夷務，清議莫不歸咎曾中堂。甚矣！任天下之重，豈不難哉！」「眾論咎侯不善處分，君子小人如出一口，全不諒局中苦心，可歎之至。」[2] 在這樣的氛圍下，曾國藩在北京受到甚麼樣的冷遇可想而知。

陛見之後黯然南返的路上，路過通州時，曾國藩遇到一件難堪的事。後來他在給弟弟的信中寫道：

> 陳由立遣發黑龍江，過通州時，其妻京控，亦言余訊辦不公及欠渠薪水四千不發等語。以是余心緒不免悒悒。閱歷數十

1 翁同龢著，翁萬戈編，翁以鈞校訂：《翁同龢日記》第二卷，中西書局，2012 年，第 836 頁。查曾國藩當日日記，只有「坐見之客」幾次之記載，並未提及翁同龢之名。

2 朱漢民、丁平一主編：《湘軍 7．日記．地方志》，社會科學文獻出版社，2013 年，第 323–324 頁。

年，豈不知宦途有夷必有險，有興必有衰？而當前有不能遽釋然者。[1]

陳由立的妻子赴北京上訪，指控曾國藩辦案不公，還說曾國藩貪污了陳由立四千兩薪水不給。曾國藩感歎，雖然早知道仕途有平坦有險阻，但是沒想到會遇到這樣的事，讓他心情久久不能平靜。

這位昔日的「中興第一名臣」已淪落到「千夫所指」的境地，在路宿平原腰站時，該縣知縣竟未照例來「辦差」，而由其「自行租店買食而已」。三天後，曾國藩在日記中寫道：「思余年來出處之間多可愧者，為之局促不安，如負重疚，年老位高，豈堪常有咎悔之事？」[2]

趙烈文在給曾國藩送行時，發現曾國藩精神狀態很差，「神氣衰颯」，如同被秋霜打過的樹葉一樣。因此他「心嘗憂慮」，擔心曾國藩的健康會出問題。事實上，正是因為處理天津教案「時時負疚於心」，導致曾國藩精神受到極大打擊，再度回任兩江後不久，即鬱鬱而終。

1 《曾國藩全集・家書》2，岳麓書社，2011 年，第 564 頁。

2 《曾國藩全集・日記》4，岳麓書社，2011 年，第 366–368 頁。

第四卷

曾國藩的最後歲月

第十七章

大清王朝最後的領航者

1. 這個王朝已經不可挽救了

天津教案對曾國藩的精神打擊是巨大的。不光是社會各界的痛罵讓他深感痛苦，更為重要的是，通過這一教案，他清醒地認識到他所致力的所謂「同治中興」只是一場夢：這個王朝已經不可挽救了。

後世罵曾國藩為「漢奸」，主要原因是他對大清王朝的忠誠。他以漢人身份，鎮壓了反清起義。

如果以此為標準，那麼有清一代的所有漢族大臣都可以被稱為「漢奸」，包括林則徐。別忘了，林則徐正是死在前往廣西鎮壓起義的路上。

基於儒家倫理的要求，曾國藩對他效命一生的清王朝當然是有感情的[1]。如果沒有這種感情，他就不是一個儒家信徒，更別提是一個理學家。他說：「君子之道，莫大乎以忠誠為天下倡。」他認為湘軍之所以能與太平軍死戰的原因即在於「忠誠所感，氣機鼓動而不能自已也」[2]，他歌頌忠義精神說，「嗟我湘人，銳師東討；非秘非奇，忠義是寶」[3]。

1 曾國藩非常崇拜康熙皇帝，把康熙的《庭訓格言》列為教育子姪的四種教材之一。

2 《曾國藩全集・詩文》，岳麓書社，2011 年，第 173 頁。

3 《曾國藩全集・詩文》，岳麓書社，2011 年，第 167 頁。

因此，關於曾國藩曾經試圖稱帝的傳說是不值一駁的。據說湘軍攻下南京之後，很多湘軍將領勸曾國藩起兵造反，左宗棠派人給曾國藩送過一封密信，說甚麼「鼎之輕重，似可問焉」。彭玉麟則問曾國藩：「東南半壁無主，老師豈有意乎？」[1] 而曾國藩的回答是一副對聯：「倚天照海花無數，流水高山心自知。」應該說這個故事很有趣，可惜不可能是真事。左宗棠和彭玉麟等湘軍將領之所以追隨曾國藩，正是因為曾國藩打着忠義這面大旗。一旦打起造反的大旗，湘軍集團馬上會四分五裂。正如蕭一山說：「國藩之所以薄皇帝而不為……因其以護持名教為幟誌，絕不能自毀立場，做反乎禮教之事也。君臣大義，在數千年專制政體積威之下，業已根深蒂固，此為一般人所深信不疑之事。」[2] 曾國藩起兵是為了維護名教，而名教所重，正是君臣大義。

蔣廷黻更分析說，曾國藩忠於清廷，一方面是基於禮教原則，另一方面也是出於國家利益的現實考慮，因為在列強環伺之下，清王朝覆滅，不僅會「亡國」，而且會「亡天下」。「中國的舊禮教既是他的立場，而且士大夫階級是他的憑依，他不能不忠君。……他怕清王朝的滅亡要引起長期的內亂。他是深知中國歷史的，中國幾千年來，每次換過朝代，總要經過長期的割據和內亂，然後天下得統一和太平。在閉關自守、無外人干涉的時代，內戰雖給人民無窮的痛苦，尚不至於亡國。到了 19 世紀，有帝國主義者繞環着，長期的內亂就能引起亡國之禍，曾國藩所以要維持清王朝，最大的理由在此。」[3]

因此，曾國藩是清王朝的忠臣。為了這個王朝，他拼盡心力。

1　小橫香室主人編：《清朝野史大觀》第 2 冊，中央編譯出版社，2009 年，第 731 頁。

2　蕭一山編：《清代通史》3，華東師範大學出版社，2006 年，第 606 頁。

3　蔣廷黻著：《中國近代史大綱》，東方出版社，1996 年，第 42 頁。

在創辦湘軍之時，他在給朋友的信中就以精衛自許，稱自己的行為是「精衛填海、杜鵑泣山」[1]。他這一生都在補天填海。在平定太平天國後，他沒有一日懈怠，緊接着就啟動了洋務運動。他的目標不只是延長王朝的壽命，更要更新它的精神，脫換它的胎骨，讓它有能力來應對幾千年未有之重大挑戰。而在他和其他所謂「中興名臣」的努力下，大清王朝也確實一度出現了欣欣向榮之態，史稱「同治中興」。

然而，並不需要太長時間，曾國藩就發現這個「中興」的基礎並不牢靠。

平定太平天國後，曾國藩並沒有一絲一毫的沾沾自喜。曾國藩是一個善於反思的人，他一生得力處在一「悔」字。他曾經認為，經此創痛，清王朝的統治集團應該能深刻吸取教訓，清醒振作，奮發有為。1864 年，曾國藩把攻南京時炸開的城牆缺口修好後，在原缺口處立碑以記其事，銘其文曰：「窮天下力，復此金湯；苦哉將士，來者勿忘！」[2] 顯然，曾國藩此舉的目的主要不在於為湘軍表功，而是要求食肉者思考，為甚麼會發生這樣的大亂，如何才能避免大亂再次發生。「他想清王朝經過大患難之後，必能有相當覺悟。事實上同治初年的北京，因為有恭親王及文祥二人主政，似乎景象一新，頗能有為。所以嘉、道、咸三代雖是多難的時代，同治年間的清朝確有中興的氣象。」[3]

然而，並非人人都是曾國藩。曾國藩不久以後就發現，整個統治集團並沒有痛定思痛、脫胎換骨、重造國家的願望。大亂平息之後，大清王朝很快就恢復了偷惰苟安的老步調，整個王朝的吏治仍

1 《曾國藩全集・書信》1，岳麓書社，2011 年，第 222 頁。

2 《曾國藩全集・詩文》，岳麓書社，2011 年，第 164 頁。

3 蔣廷黻著：《中國近代史大綱》，東方出版社，1996 年，第 42 頁。

然不清，民生仍然困苦。

同治六年（1867）六月二十日，剛剛從「剿」捻前線回任兩江總督的曾國藩聽到人聊起北京的情況，完全不是中興氣象，而是末日景象。曾國藩聽後憂心忡忡，當天晚上與幕僚趙烈文有過一次私下的談話。趙烈文日記記載說：

> 初鼓後，滌師（指曾國藩）來暢譚。言得京中來人所說，云都門氣象甚惡，明火執仗之案時出，而市肆乞丐成羣，甚至婦女亦裸身無褲，民窮財盡，恐有異變，奈何？[1]

也就是說，晚上老師曾國藩來我這裏暢談。他說，北京來了人，說首都形勢非常不好，經常發生明火執仗的搶劫案。市面上乞丐成羣，有的婦女甚至光着身子，連褲子也沒有。民眾窮困至極，恐怕再有大變，怎麼辦？

趙烈文其人知識廣博，遇事深思。他對曾國藩說，種種現象表明，大清王朝的壽命不會太長了，滿打滿算能再維持五十年就不錯了。滅亡的時候，一定是中央先出現問題，然後各地割據。

> 余（趙烈文）云：「以烈度之，異日之禍，必自根本顛仆，而後方州無主，人自為政，殆不出五十年矣。」[2]

趙烈文的這一預測，後來被歷史證明是非常準確的。他說完這話後不到五十年，1912 年，清王朝滅亡。

對趙烈文的這一判斷，曾國藩當時並不同意。

1　趙烈文撰：《能靜居日記》2，岳麓書社，2013 年，第 1068 頁。

2　趙烈文撰：《能靜居日記》2，岳麓書社，2013 年，第 1068 頁。

師曰：「本朝君德正，或不至此。」[1]

也就是說，清代統治者平均素質比較高，不像明代皇帝那麼不靠譜，因此也許不會這麼快「抽心一爛」。

但是，在那之後，隨着時間的推移，曾國藩越來越發現趙烈文的推測有道理。主要是這個末世王朝的領導人並非中興之主。

曾國藩對慈禧和奕訢的組合，一開始是很有好感的。當初慈禧政變後處理肅順等人的手法，讓曾國藩認為她頗能「英斷」。到了後來，曾國藩更是頗為欽佩地說：「本朝乾綱獨攬，亦前世所無。凡奏摺事無大小，徑達御前，毫無壅蔽。即如九舍弟參官相摺進御後，皇太后傳胡家玉面問，僅指摺中一節與看，不令睹全文，比放譚、綿二人查辦，而軍機恭邸以下尚不知始末。一女主臨御而威斷如此，亦罕見矣。」[2]

也就是說，慈禧太后不受別人蒙蔽，做事明敏。曾國荃參奏官文，慈禧看到奏摺後，要找軍機大臣胡家玉核實部分情節，但是只把奏摺相關段落給他看，不讓他看到全文。因此直到派譚、綿二人去查辦此事時，奕訢等軍機大臣還不知道具體情況，官文當然也不知道曾國荃到底指控了他甚麼，沒法提前做準備。可見慈禧很善於保密，政治手腕相當高明。

奕訢則「聰明過人」，是皇族中最為開明和開放的人物。因此這個班子如同前幾代皇帝那樣勤政，且做事頗能順應大勢，所以朝廷「槍法不亂」。「本朝君德甚厚，即如勤政一端，無大小當日必辦，即此可以跨越前古。」[3]

---

1 趙烈文撰：《能靜居日記》2，岳麓書社，2013 年，第 1068 頁。

2 趙烈文撰：《能靜居日記》2，岳麓書社，2013 年，第 1079 頁。

3 趙烈文撰：《能靜居日記》2，岳麓書社，2013 年，第 1078 頁。

正是因此，他一度認為大清中興有望。

對這個班子的認識發生轉折，第一次是發生在「剿」捻期間。曾國藩尚未出征前，慈禧就搞了一次小政變，奪了奕訢的權。慈禧在政變中表現出的蠻橫無理，出乎曾國藩的意料。曾國藩發現，在慈禧的心中，王朝的前途遠沒有個人權力重要。「剿」捻後期，慈禧一味急於求成亂指揮，更讓曾國藩認識到她是一個沒有甚麼戰略眼光的領導者。

進京面聖，與慈禧直接接觸後，曾國藩的失望更加嚴重了。

同治七年（1868）年底，曾國藩北上就任直隸總督。十二月十三日他抵達京師，翌日覲見慈禧、慈安兩太后及小皇帝同治。

曾國藩對這次談話做了很久的準備。他認為他將和慈禧就治國、外交等重大話題展開深入交流。

然而，慈禧一開口，問的多是家常。曾國藩在日記中有詳細記載：

> 巳正叫起，奕公山帶領余入養心殿之東間。皇上向西坐，皇太后在後黃幔之內，慈安太后在南，慈禧太后在北。余入門，跪奏稱臣曾某恭請聖安，旋免冠叩頭，奏稱臣曾某叩謝天恩。畢，起行數步，跪於墊上。太后問：「汝在江南事都辦完了？」對：「辦完了。」問：「勇都撤完了？」對：「都撤完了。」問：「遣撤幾多勇？」對：「撤的二萬人，留的尚有三萬。」問：「何處人多？」對：「安徽人多。湖南人也有些，不過數千。安徽人極多。」問：「撤得安靜？」對：「安靜。」問：「你一路來可安靜？」對：「路上很安靜。先恐有游勇滋事，卻倒平安無事。」問：「你出京多少年？」對：「臣出京十七年了。」問：「你帶兵多少年？」對：「從前總是帶兵，這兩年蒙皇上恩典，在江南做官。」問：「你從前在禮部？」對：「臣前在禮部當差。」問：

「在部幾年？」對：「四年。道光二十九年到禮部侍郎任，咸豐二年出京。」問：「曾國荃是你胞弟？」對：「是臣胞弟。」問：「你兄弟幾個？」對：「臣兄弟五個。有兩個在軍營死的，曾蒙皇上非常天恩。」碰頭。問：「你從前在京，直隸的事自然知道。」對：「直隸的事，臣也曉得些。」問：「直隸甚是空虛，你須好好練兵。」對：「臣的才力怕辦不好。」旋叩頭退出。[1]

這就是中國近代史上兩個極有權力的人之間的歷史性會面。曾國藩曾經以為太后會向他諮詢如何推動王朝中興這樣的大問題，但是這樣的期望落空了。除了「練兵」，保證各處「安靜」之外，就是你兄弟幾人，你做官幾年之類的家常話。

後來慈禧和曾國藩還有過幾次交談，內容也大致相仿。曾國藩得出結論，慈禧「才地平常，無一要語」。

天津教案中慈禧的表現，更是大出曾國藩的意料。這樣一個國家最高領導人，竟然相信子虛烏有的「挖眼剖心」之說，並且執迷不悟。為了自己的面子，居然把他這樣忠心耿耿的老臣輕易拋出來當替罪羊。事實證明，慈禧不具備領導國家進行現代化轉型的知識與能力。她是一個有權術而無見識的人。誠然，她精通傳統的統治術，對人性卑劣的認識超乎很多男人，可是她並沒有一個成形的治國理念，一切出發點都是為了保護自己的權力。這樣的人，絕不是幾千年不遇大變局中合格的領導者。

至於奕訢，人雖聰明，卻缺乏與慈禧抗衡的魄力、技巧和耐性。雖然才具不凡，但他畢竟是「臣」而不是「君」，地位本不穩固，性格也不夠堅忍厚重。慈禧通過一次小政變，就令他後半生唯唯諾諾，不敢稍有所違。這樣的人，也不具備擔當推動中國向現代社會

---

1 《曾國藩全集・日記》4，岳麓書社，2011 年，第 126 頁。

轉型的領袖的條件。

至於奕訢的政敵，隨時準備接管軍機班子的醇郡王奕譞等權貴，以及倭仁等保守派，在天津教案中表現出來的素質和見識，更讓曾國藩絕望。

曾國藩後來在與心腹幕僚密談中講了自己的心裏話：

> 兩宮（慈禧太后、慈安太后）才地平常，見面無一要語；皇上沖默，亦無從測之；時局盡在軍機恭邸（奕訢）、文（文祥）、寶（寶鋆）數人。恭邸極聰明而晃蕩不能立足；文柏川（文祥）正派而規模狹隘，亦不知求人自輔；寶佩衡（寶鋆）則不滿人口。朝中有特立之操者尚推倭艮峰（倭仁），然才薄識短。餘更碌碌，甚可憂耳。[1]

也就是說，兩位太后才幹平常，聊了半天沒有一句重要的話。皇帝年紀太小，還看不出甚麼。權力在奕訢、文祥、寶鋆等幾個人手裏。奕訢極聰明，但是因為太聰明了，所以立場不堅定，不足以依靠。文祥人很正派，但是格局不大。寶鋆則形象不佳，大家對他頗有微詞。朝中有人品有原則的人還有倭仁，但是才幹很差，見識更短。其他的都是碌碌無為之人。實在是太可憂慮了。

曾國藩早年立下內聖外王之宏願，並為此辛苦奮鬥了一生。然而到了垂暮之年，他才猛然發現他雖然耗盡一生精力，但是這片天，已經補不起來了。同治八年（1869）十一月十三日，曾國藩作了一首《自箴韻語》，其中有一句描述了他晚年的心情：

> 補救無術，日暮道窮。[2]

1 朱漢民、丁平一主編：《湘軍 7• 日記・地方志》，社會科學文獻出版社，2013 年，第 180 頁。
2 《曾國藩全集・詩文》，岳麓書社，2011 年，第 89 頁。

心情無比悲涼。

他曾經對弟弟曾國潢說：

> 諸事棘手，焦灼之際，未嘗不思遁入眼閉箱子之中，昂然甘寢，萬事不視，或比今日人世差覺快樂。[1]

眼閉箱子，就是棺材。就是說，在公務難以處理、心情焦灼的時候，我經常想早點兒跑到棺材裏，往那兒一躺，理直氣壯地睡大覺，再也不用醒過來，這樣，比活着，那要快樂多了。

曾國藩也曾對趙烈文說：「吾日夜望死，憂見宗祐之隕。」[2] 我天天想着早點兒死掉，不想親眼看到我為之奮鬥了一生的這個王朝在我眼前滅亡。

天津教案的打擊，晚年心情的低落，令回到兩江的曾國藩身體狀況一天比一天差了。

我們說曾國藩天資平常，這不僅是指他智商平常，也包括說他的身體素質也不好。和普通人比起來，曾國藩的身體素質也屬於中下水平。

常言三十而立，三十歲正是一個人精力最盛之時。然而曾國藩從三十一歲起，就經常感到耳鳴疲勞，而且非常嚴重。

從三十一歲也就是道光二十一年（1841）起，曾國藩日記中就開始有耳鳴的記載[3]。他在家書中說：「常耳鳴，不解何故。」[4]「總以耳鳴為苦。」[5] 曾國藩在家書中有多報喜少報憂的習慣，如果不是耳鳴嚴重，他不會對家裏提起。

---

1 《曾國藩全集・家書》2，岳麓書社，2011 年，第 498 頁。

2 趙烈文撰：《能靜居日記》2，岳麓書社，2013 年，第 1068 頁。

3 見道光二十一年二月十九日、二十三日日記。

4 《曾國藩全集・家書》1，岳麓書社，2011 年，第 27 頁。

5 《曾國藩全集・家書》1，岳麓書社，2011 年，第 30 頁。

道光二十二年（1842）起，曾國藩試圖「脫胎換骨」，「重新做人」，立定了「學做聖人」之志。他按照倭仁的建議，每天嚴厲監督自己，以靜坐之法來修身，結果因為搞得自己精神太緊張，不久就得了失眠症[1]，支撐了二十多天後，又突然吐血。道光二十三年（1843）正月曾國藩日記記載：「早起，吐血數口。」[2]

當時人們普遍認為吐血是身體出了大問題的表現。曾國藩本來希望迅速脫胎換骨，「換一個人出來」。但是身體如此不給力，讓他感覺非常灰心。道光二十三年（1843）正月十七日，也就是吐血之後第二天他給諸弟寫信，對自己的健康狀況也感到極為悲觀：

> 無如體氣本弱，耳鳴不止，稍稍用心，便覺勞頓。每自思念，天既限我以不能苦思，是天不欲成我之學問也。故近日以來，意頗疏散。計今年若可得一差，能還一切舊債，則將歸田養親，不復戀戀於利祿矣。粗識幾字，不敢為非以蹈大戾已耳，不復有志於先哲矣。吾人第一以保身為要。我所以無大志願者，恐用心太過，足以疲神也。諸弟亦須時時以保身為念，無忽無忽。[3]

我天生身體素質差，經常耳鳴，容易疲倦。看來是上天不讓我學問有成！想到這裏，就非常灰心。以後如果能獲得一筆經濟收入，還清家裏的舊債，我就乾脆回家孝養雙親，不在功名路上奮鬥了。這輩子識了幾個字，知道了一點兒道理，就可以了，不再夢想成為先哲們那樣的偉人。身體是一切的基礎，我之所以不敢再有雄心壯志，是因為身體不行。你們也要注意保養身體，千萬千萬！

1　日記記載：道光二十二年十二月二十一、二十六日，失眠。二十三年一月初七日，失眠。

2　《曾國藩全集・日記》1，岳麓書社，2011 年，第 147 頁。

3　《曾國藩全集・家書》1，岳麓書社，2011 年，第 49–50 頁。

曾國藩發現自己身體稟賦太差，不能像別人那樣劇烈地經受磨煉。才三十二歲他就說自己：「精神易乏，如五十歲人，良可恨也。」[1]

道光二十三年（1843），也就是三十三歲起，曾國藩又發現自己患上了眼病。道光二十三年二月初一日，曾國藩在日記中說自己眼睛的問題：「不能看書，眼蒙如老人。」[2] 出現視物模糊的現象。因此才三十六歲，曾國藩就開始戴花鏡了。後來他在給郭崑燾信中說：「自丁未年（道光二十七年，三十六歲）已用增光鏡。」[3]

三十多歲起，曾國藩還發現自己有一個問題，那就是不能多說話。話說多了，就感覺異常疲勞。這一情況越往後越厲害，發展到只要連續說上十多句話，就會覺得「氣不接續」，「神氣疲倦不支」。

三十五歲起（道光二十五年六月起），他又得了皮膚病，身上大面積長癬，「其色白」，遍佈全身，「大者如錢，小者如豆」[4]，奇癢異常，抓爛作痛。用今天的醫學知識判斷，曾國藩的皮膚病很可能是「神經性皮炎」，又稱慢性單純性苔癬，是一種常見的慢性皮膚神經功能障礙性皮膚病。[5]

嚴重的皮膚病除了讓曾國藩渾身難受外，還嚴重影響他的體力與精神。道光二十八年（1848）七月二十日，他在與叔父母的家書中說：

---

1 《曾國藩全集・日記》1，岳麓書社，2011 年，第 141 頁。

2 《曾國藩全集・日記》1，岳麓書社，2011 年，第 152 頁。

3 《曾國藩全集・書信》1，岳麓書社，2011 年，第 590 頁。

4 《曾國藩全集・家書》1，岳麓書社，2011 年，第 105 頁。

5 我們看一下外科學對此病狀的描述：「本病多累及中青年。」「多對稱廣泛分佈於頭皮、軀幹、四肢。開始常先局部奇癢，搔抓後出現針頭至米粒大小的多角形扁平丘疹，淡紅、淡褐色或正常膚色，質地較為堅實而有光澤，表面可覆有糠秕狀菲薄鱗屑，久之皮損逐漸融合成片，皮膚增厚，皮脊突起，皮溝加深，形似苔蘚……自覺陣發性瘙癢，常於局部刺激、精神煩躁時加劇，夜間明顯；皮損及其周圍常見抓痕及血痂，也可因外用藥不當而產生接觸性皮炎或者繼發感染。本病病程慢性，常年不愈或反覆發作，一般為夏重冬輕。」喻友軍、劉毅主編：《外科護理學》第 2 版，中國醫藥科技出版社，2013 年，第 506 頁。

姪近年以來精力日差，偶用心略甚，癬疾即發，夜坐略久，次日即昏倦。[1]

在給朋友陳源兗的信中，他更是這樣描述疾病的痛苦，說：

今歲以來，頹散萬狀，閣筆不為一字，束書不觀一頁。蓋治癬之藥無一不痛，而身無完膚，觸目生愁，遂因是忼愒而不顧耳。[2]

雖然想盡辦法，尋遍名醫，但皮膚病還是伴隨着他也折磨着他走到人生的最後一天。特別是戰爭期間，每當軍事不利，他身上便「癬癢異常，手不停爬」，以致搔得渾身出血而仍不止癢。「左腿已爬搔糜爛，皮熱作疼。」有時雙腿血肉淋漓，「兩腳皆爛」[3]。

咸豐十一年（1861）五月二十五日，曾國藩在致曾國荃的信中甚至歎息說：「瘡癢異常，直無生人之樂。」[4]

咸豐七年（1857）家居期間，因為被皇帝解除兵權心情不佳，他又患上了失眠症。曾國藩的好友歐陽兆熊回憶說：

咸豐七年……文正亦內疚於心，得不寐之疾。[5]

這一症狀也跟隨了他一生，從那之後，直到去世，他每天少則通宵不眠，多則不過能睡三四個小時。

---

1 《曾國藩全集・家書》1，岳麓書社，2011 年，第 152 頁。

2 《曾國藩全集・書信》1，岳麓書社，2011 年，第 21 頁。

3 《曾國藩全集・日記》2，岳麓書社，2011 年，第 178 頁。

4 《曾國藩全集・家書》1，岳麓書社，2011 年，第 655 頁。

5 歐陽兆熊、金安清撰，謝興堯點校：《清代史料筆記：水窗春囈》，中華書局，1984 年，第 17 頁。

以如此孱弱的身體，承擔起挽救國家、填海補天的大業，曾國藩的艱難竭蹶可想而知。在漫長的平定太平天國戰爭中，曾國藩自述「心已用爛、膽已驚碎」[1]。劉體信（聲木）在《萇楚齋隨筆》中也說：「先文莊公嘗云：文正平生才智已盡用於剿平粵匪，及至剿平捻匪，文正精力久已消耗。」[2] 多年的辛苦與操勞導致曾國藩嚴重早衰。中年之後，曾國藩的日記顯示他常年身陷各種疾病當中，比如脾胃不好、脹肚、牙痛、腹痛、多汗、咳痰、腰痛、腳腫、眩暈、疝氣、肝病……他自己感歎「幾全身皆病矣」。咸豐八年（1858）四月十二日，曾國藩在日記當中歎息說：

> 夜，倦甚，精神委頓之至。年未五十，而早衰如此，蓋以稟賦不厚，而又百憂摧撼，歷年鬱悒，不無悶損。此後，每日須靜坐一次。[3]

說自己早衰，說自己年未五十，精神已然極為「委頓」。四月二十一日記中，四十八歲的曾國藩又感歎自己的身體如七十多歲的人：

> 是日……寫字略多，困倦殊甚，眼花而疼，足軟若不能立者，說話若不能高聲者，衰憊之狀，如七十許人。蓋受質本薄，而疾病、憂鬱，多年纏綿，既有以撼其外，讀書學道，志亢而力不副，識遠而行不逮，又有以病其內，故不覺衰困之日逼也。[4]

---

1 《曾國藩全集・書信》4，岳麓書社，2011 年，第 577–578 頁。

2 中國史學會主編，范文瀾等編：《捻軍》1，上海人民出版社，上海書店出版社，2000 年，第 370 頁。

3 《曾國藩全集・日記》1，岳麓書社，2011 年，第 429 頁。

4 《曾國藩全集・日記》1，岳麓書社，2011 年，第 431 頁。

也就是說，這天寫字寫得多了些，就感覺特別疲倦，眼花而且疼痛，腳軟，不能站立，說話也不能大聲，簡直虛弱得像七十多歲的人。因為我身體天賦本來很差，又多年有各種疾病和憂患跟隨。同時我對自己期望過高，要求過嚴，但是能力跟不上，所以感覺非常困苦。

同治九年（1870），也就是滿了六十虛歲之後，曾國藩的身體更是危機重重。這一年二月二十九日，因為出任直隸總督後看文件過多，曾國藩一目忽然失明，「右目既盲，左目亦復昏蒙」[1]。一目失明，另一目也視物模糊，經常「不能治事」，令他非常痛苦。

經過天津教案的打擊再回兩江之後，曾國藩感覺實在是太疲勞了。他的腎臟開始出現毛病，小便不正常。全身上下，幾乎無處不病。他在日記中說：

> 前以目疾，用心則愈蒙，近以疝氣，用心則愈疼，遂全不敢用心，竟成一廢人矣。[2]

雖然如此，曾國藩仍然沒有向困難低頭。我們前面說過，同治八年（1868）十一月十三日，曾國藩曾作《自箴韻語》，全文是：

> 心術之罪，上與天通。補救無術，日暮道窮。
> 省躬痛改，順命勇從。成湯之禱，申生之恭。
> 資質之陋，眾所指視。翹然自異，胡不知恥。
> 記纂遺忘，歌泣文史。且憤且樂，死而後已。[3]

---

1 《曾國藩全集・書信》10，岳麓書社，2011年，第394頁。

2 《曾國藩全集・日記》4，岳麓書社，2011年，第418頁。

3 《曾國藩全集・詩文》，岳麓書社，2011年，第89頁。

雖然感慨「補救無術，日暮道窮」，但最終落腳點還是在「且憤且樂，死而後已」。曾國藩畢竟是一個堅忍到底的人。他知道，王朝命數之類的事，是上天做主的，自己不必代為做主。自己能做的，只是盡自己的人事。在生命的盡頭，他用盡全力，又在洋務上做了一件大事，那就是奏請派出第一批官費留美學生，推動這個古老而多災多難的國家向前走了一步。

2. 為國家辦最後一件大事

曾國藩後期政治生涯，核心目標是興辦洋務，漸圖自強。薛福成評價曾國藩生命末期的努力說：「居恆以隱患方長為慮。謂自強之道，貴於寸銖累積，一步不可蹈空，一語不可矜張。其講求之術有三：曰製器，曰學校，曰操兵。故於滬局之造輪船，方言館之譯洋學，未嘗不反復致意。」[1]

曾國藩知道，所謂洋務不是辦幾個工廠就算完成的。他曾為江南製造局做了一件非常重要的事，就是設翻譯館。他說：「翻譯一事，係製造之根本。洋人製器出於算學，其中奧妙皆有圖說可尋。」[2]因此他聘請英國人偉烈亞力、傅蘭雅，美國人林樂知、瑪高溫等人，大批翻譯西方科技書籍，先後達 160 種，江南製造局的翻譯館因此成為晚清時期中國的翻譯中心，為現代科學技術在中國的傳播做出了巨大的貢獻。後來維新派人士康有為、梁啟超、譚嗣同都曾讀過不少製造局翻譯的書，對他們的維新思想的形成產生過不小的影響。

1868 年 9 月，曾國藩在北上赴京的途中，寫信給曾紀澤談及

1　馬忠文、任青編：《薛福成卷》，中國人民大學出版社，2014 年，第 39 頁。

2　《曾國藩全集・奏稿》10，岳麓書社，2011 年，第 215 頁。

此事：「李相（李鴻章時為協辦大學士，故稱李相）創立上海、金陵兩機器局，製造船炮，為中國自強之本，厥功甚偉。余思宏其緒而大其規，如添翻譯館、造地球，皆是一串之事。」[1] 可見在曾國藩看來，洋務是一個整體、一個過程，而不是一兩件孤立的事。

這一串之事中，也包括派員留學。

向曾國藩提出留學計劃的是一個名叫容閎的特殊人物。

容閎是廣東人，幼年家裏因為貧困，不得已把他送到「洋鬼子」的學校——澳門教會辦的馬禮遜學校讀書。後來他居然得以隨美國老師到美國，並考進了有名的耶魯大學讀書。1854 年，容閎回國，試圖推動中國教育發展。

同治二年（1863），曾國藩創建的安慶軍械所需要採購西洋機器，在他人的推薦下，曾國藩召見容閎，並派他到美國去購買機器機牀。容閎由此與曾國藩相識相知，對曾國藩深具好感。他在自己的回憶錄中寫道：「曾文正者，於余有知己之感，而其識量能力，足以謀中國進化者也。」[2]

1870 年，曾國藩奉命辦理天津教案，容閎擔任翻譯工作。容閎趁這個機會，向曾國藩提出他的留學計劃，曾國藩欣然贊同。1870 年 10 月，曾國藩向朝廷提出派人赴西方留學的事。他說：

> 外國技術之精，為中國所未逮，如輿圖算法、步天測海、製造機器等事，無一不與造船練兵相為表裏。其制則廣立書院，分科肄業，凡民無不有學，其學皆專門名家……其國家於軍政船政，皆視為身心性命之學。如俄羅斯初無輪船，國主（即彼得大帝）易服微行，親入鄰國船廠，學得其法。乾隆間，其

1 《曾國藩全集・家書》2，岳麓書社，2011 年，第 502 頁。

2 容閎著：《西學東漸記》，湖南人民出版社，1981 年，第 85 頁。

世子又至英國書院肄業數年，今則俄人巨炮大船，不亞於英法各國，此其明效。[1]

也就是說，西方國家軍事上之所以厲害，是因為它們的科學技術厲害。它們的地理學、數學、測繪學、工業技術，無不與軍事相關。它們設有許多大學，大學裏設了許多學科，百姓都有機會學習，所以出了許多學術大家。他們把科學技術當成身心性命之學。當初俄羅斯沒有先進的輪船，彼得大帝就微服私行到歐洲，親自到造船廠學習技術。中國乾隆年間，俄羅斯皇子又到英國留學。所以如今俄國人的軍事技術不輸於英、法各國。

讀者一般以為俄國彼得微服到歐洲學習之事，是康有為介紹給清朝皇帝的。其實在康有為之前二十多年，曾國藩已經提到過這件事。

1871 年 8 月 18 日，曾國藩從直隸總督再次回任兩江總督半年多後，與李鴻章聯銜將此事正式上奏。奏摺的名稱為《擬選聰穎子弟前赴泰西各國肄習技藝以培人材》。

今中國欲仿效其意而精通其法，當此風氣既開，似宜亟選聰穎子弟攜往外國肄業，實力講求，以仰副我皇上徐圖自強之至意。

查美國新立和約第七條內載，嗣後中國人欲入美國大小官學學習各等文藝，須照相待最優國人民一體優待。

…………

或謂天津、上海、福州等處，已設局仿造輪船、槍炮、軍火，京師設同文館選滿漢子弟延西人教授。又上海開廣方言

1 《曾國藩全集・奏稿》12，岳麓書社，2011 年，第 117 頁。

館選文章肄業，似中國已有基緒，無須遠涉重洋。不知設局製造，開館教習，所以圖振奮之基也。遠適肄業，集思廣益，所以收遠大之效也。西人學求實濟，無論為士、為工、為兵，無不入塾讀書，共明其理，習見其器，躬親其事，各致其心，思巧力遞相師授，期於月異而歲不同。中國欲取其長，一旦遽圖盡購其器，不惟力有不逮，且此中奧秘，苟非遍覽久習，則本源無由洞徹，而曲折無以自明。古人謂學齊語者，須引而置之莊岳之間；又曰百聞不如一見，比物此志也。況誠得其法，歸而觸類引伸，視今日所為，孜孜以求者，不更擴充於無窮耶？[1]

就是說，現在中國要想效法他們，精通他們的技術，此時風氣已開，似應儘快挑選聰穎子弟到外國學習，親身實踐研究，以符合我皇上圖謀自強的聖意。

查美國與我國新立和約第七條裏寫到，中國人可以到美國留學，學習各科文化技藝。

有人說天津、上海、福州等地方，已經設機構仿造輪船、槍炮、軍火，京城設立了同文館，挑選滿漢子弟，聘請西方人教授，另外，上海也開了廣方言館，挑選文科的學生學習，似乎中國人不需要再遠涉重洋。他們不知道這些只是振奮自強的基礎；而派學生遠赴外國學習，才能取得遠大的發展。西方人學問崇尚實用，無論知識分子、工人，還是士兵，無不進入學校學習，共同學習原理，熟悉機械，親身實踐，各自發揮自己的聰明才智，師生傳授，在日積月累中取得進展。中國人想一下子把他們的技術都掌握，想要洞悉他們的秘密，是不可能的。因為這些東西裏蘊藏的道理奧妙，如果不是多次觀察、經常使用，則其原理沒法知曉。古人說學齊國方

1 《曾國藩全集・奏稿》12，岳麓書社，2011 年，第 402–403 頁。

言的人，必須把他放到齊國，又說「百聞不如一見」，就是這個道理。真要學到了西方人的方法，回來後觸類旁通，以後更能無窮擴展開去，也許有超過西方的一天。

從這篇奏摺可以看出曾國藩對西方文化的認識。事實上，雖然他是理學家，對中國傳統文化具有堅定的信心，但是他的心態一直是開放的。

曾國藩等擬訂的計劃，是選擇十三四歲到二十歲，並曾經讀過數年中國書的少年，到美國學習。計劃在四年內每年派三十名幼童，四年共一百二十人。幼童到美國後，先學習中小學基礎課程，待達到相當程度後，再入大學，其中一部分優秀的，可入「軍政、船政兩院」學習，即入陸軍、海軍學校學習。學習十五年左右，回國的時候，恰好三十歲上下，可以報效國家。

這個建議被朝廷採納。1872 年 8 月 11 日，第一批三十名幼童，從上海登上美國的遠洋輪船，遠赴美國留學。如此大規模派人到國外留學，在中國歷史上還是第一次。這一天，距曾國藩去世正好五個月，這是曾國藩臨終之前為國家辦的最後一件大事。

3. 雖油盡燈枯，仍然勤奮有恆

晚年的曾國藩雖然已經油盡燈枯，但仍然勤奮有恆，儘管右眼已經失明，左眼的視力也並不好，但他還是每天在處理完公事後讀一點兒書。有時眼睛實在太疼，就閉目默誦。如同治九年（1870）十二月二十九日，除夕之夜，他晚上閉目背誦《論語》，至《公冶長》止。同治十年（1871）正月初一日，晚上又閉目背誦《論語》至《鄉黨》止。接下去幾天都是如此。

同治十年（1871）下半年起，曾國藩感覺身體越來越差。我們僅看七月前幾天的日記。

七月一日，他說：

疲乏之至，不能治一事，非僅畏暑，亦衰頹甚矣。

七月二日：

暑氣稍卻，溫《史記· 衛霍傳》，疲乏之甚，目若一無所睹者然。

七月三日：

疲乏殊甚，屢次在洋牀上，屢次小睡。

四日：

思作文而不果，屢在洋牀小睡。……擬作文而不能下筆，在室中徘徊或小睡，困倦若不能自支者。……中氣不足，坐臥均覺不寧。

然而老病纏身的他，還是強撐病體做了一件事，就是歷時兩個月的大閱兵。八月初九日，他的腳部浮腫已經很厲害，浮腫已經蔓延到膝蓋以上，「腳腫愈甚，常服之襪已不能入，肥而復硬，且似已腫過膝上者」[1]。但他還是於八月十三日自金陵出發，經揚州、常州、蘇州、上海等地，將水陸各軍巡閱一遍。在閱兵的末尾，曾國藩還特意到了上海，參觀和檢查製造局。十月十四日，他乘坐江南

1 《曾國藩全集·日記》4，岳麓書社，2011 年，第 463 頁。

製造局製造的「恬吉輪」(即中國第一艘自造兵船),觀看了水軍的演習操練,次日乘船回到南京。

這次旅行讓他檢閱了興辦洋務的成果,看到軍工進展迅速,感覺非常欣慰,但同時長途操勞也讓他非常疲憊。回到南京後第六天,他「夢中小解,竟濕被褥」,自己感歎「老年衰弱乃至此極」。十一月三日,因腹瀉甚至拉在了褲子上,「急起大解,褲已先污」[1]。然而他仍然每日照常工作,從不休息。他明知不可為而為之,把自己逼到了極限,也讓自己的生命終於抵達了終點。

曾國藩家族有腦血管病的基因。曾國藩的祖父曾玉屏因腦出血而癱瘓在牀,父親曾麟書也是因腦血管病去世,母親江太夫人得的則是急性腦出血。

早在同治三年(1864)年初,曾國藩就曾經輕微中風。那一年他在奏摺中說,「左手左腳疼痛異常,抽搐數次,起坐不便……非調理得宜,恐成偏廢之症」。[2]

用中醫的話來講,這是小中風。

到了同治十年(1871)十二月十日,也就是閱兵結束後不久,曾國藩因勞累再次出現中風的徵兆。這一天會客時,曾國藩右腳一度麻木。「是日會客時,右腳麻木不仁,幸送客時尚能行走。」[3]

進入同治十一年(1872),正月二十三日,症狀再現,曾國藩正與人談話,突然右腳麻木,好半天才恢復。「錢子密來一談。語次,余右腳麻木不仁,旋即發顫,若抽掣動風者,良久乃止。」[4]

1 《曾國藩全集・日記》4,岳麓書社,2011年,第496頁。
2 《曾國藩全集・奏稿》7,岳麓書社,2011年,第117頁。
3 《曾國藩全集・日記》4,岳麓書社,2011年,第506頁。
4 《曾國藩全集・日記》4,岳麓書社,2011年,第530頁。

曾國藩顯然意識到了自己的病很嚴重，他本來以為自己會死在當天。曾國藩女兒說：

> 文正公對客，偶患腳筋上縮，移時而復。入內室時，語仲姊曰：「吾適以為大限將至，不自意又能復常也。」[1]

但是曾國藩對死亡毫不畏懼。他絲毫沒有打亂自己的生活規律，在這一天接下來還做了這些事：接見了一個叫龐省三的人，然後閱《通鑒》二百二十卷。傍夕小睡。夜閱《宋元學案》呂東萊一卷。二更後，與兒輩講《孟子》「定于一」章，又閱《呂氏學案》。三更睡。

二十六日，情況更為嚴重。當天河道總督路過金陵，他要到城外迎接。在路上，他突然口不能說話，只好回府。

> 在途中已覺痰迷心中，若昏昧不明者，欲與轎旁之戈什哈（衛士）說話，而久說不出。至水西門官廳，欲與梅小巖方伯說話，又許久說不出，如欲風動者。然等候良久，蘇賡翁不至。又欲說話而久說不出，眾人因勸余先歸。到署後，與紀澤說話，又久說不出，似將動風抽掣者。[2]

在路上，他已經感覺頭腦昏迷，想和轎邊的衛士說話，許久說不出來。到了官廳，想和梅小巖說話，也好半天說不出來。在那裏等了很久，河道總督還不到，他只好先回家。回到家裏，想和兒子曾紀澤說話，也說不出來。

顯然，曾國藩這種身體的短暫麻痹，是血栓所造成的暫時性梗

---

1 曾寶蓀、曾紀芬著：《曾寶蓀回憶錄》，岳麓書社，1986 年，第 244 頁。

2 《曾國藩全集・日記》4，岳麓書社，2011 年，第 531 頁。

塞引起的。以今日的醫療條件，住幾天院，應該不會有大的問題，可惜當時沒有這個條件和知識。

幕僚們勸他請病假，他堅持不請。曾國藩女兒說：

> 至二十六日，出門拜客，忽欲語而不能，似將動風抽掣者，稍服藥旋即愈矣。眾以請假暫休為勸，公曰：「請假後尚有銷假時耶？」又詢歐陽太夫人以竹亭公逝時病狀。蓋竹亭公亦以二月初四日逝世也。語竟，公曰：「吾他日當俄然而逝，不致如此也。」[1]

次日夜，曾國藩與長子紀澤「略言身世事」，顯然有交代後事的意味。

直到生命的末尾，曾國藩仍然沒有停止高強度的工作，也沒有停止自省。我們來看曾國藩最後幾天的日記。

正月二十九日，即去世之前四天，他早晨起牀後讓醫者診脈二次，開藥方。早飯後清理文件。見客五次。然後閱《二程遺書》，即宋代理學家程顥和程頤的著作。有客人來見，一談。中飯後閱本日文件，見客一次。核科房批稿簿。至上房一談。傍晚小睡一次。夜核改信稿五件，約共改五百餘字。他在這天日記的最後寫道：

> 余病患不能用心，昔道光二十六七年間，每思作詩文，則身上癬疾大作，徹夜不能成寐。近年或欲作詩文，亦覺心中恍惚不能自主，故眩暈、目疾、肝風等症，皆心肝血虛之所致也，不能溘先朝露，速歸於盡，又不能振作精神，稍治應盡之職事，苟活人間，慚悚何極！二更五點睡。[2]

---

1 曾寶蓀、曾紀芬著：《曾寶蓀回憶錄》，岳麓書社，1986 年，第 244 頁。

2 《曾國藩全集・日記》4，岳麓書社，2011 年，第 532 頁。

二月初一日，去世前三天，他在日記裏寫道：

余精神散漫已久，凡遇應了結之件，久不能完，應收拾之件，久不能檢，如敗葉滿山，全無歸宿。通籍三十餘年，官至極品，而學業一無所成，德行一無可許，老大徒傷，不勝悚惶慚赧。[1]

二月初二日，去世前兩天，他仍然如往日一樣工作，但覺特別疲倦，「若不堪治一事者」。到下午，又是右手發顫，不能握筆，口不能說話，與正月二十六日症狀相同，只好停辦公事。

二月初三日，去世的前一天。曾國藩留下了最後一篇日記，全文如下：

早起，蔣、蕭兩大令來診脈，良久去。早飯後，清理文件，閱理學宗傳。圍棋二局。至上房一坐。又閱理學宗傳。中飯後閱本日文件。李紱生來一坐。屢次小睡。核科房批稿簿。傍夕久睡。又有手顫心搖之象。起吃點心後，又在洋牀久睡。閱理學宗傳中張子一卷。二更四點睡。

同治十一年二月初四日，也就是 1872 年 3 月 12 日，曾國藩的大限終於到了。曾國藩的小女兒曾紀芬回憶當天的情況說：

至二月初四日，飯後在室內小坐，余姊妹剖橙以進，公少嘗之，旋至署西花園中散步。花園甚大，而滿園已走遍，尚欲登樓，以工程未畢而止。散步久之，忽足屢前蹴。惠敏公

1 《曾國藩全集．日記》4，岳麓書社，2011 年，第 532 頁。

（即其長子曾紀澤）在旁請曰：「納履未安耶？」公曰：「吾覺足麻也。」

惠敏公亟與從行之戈什哈扶掖，漸不能行，即已抽搐，因呼椅至，掖坐椅中，舁（抬）以入花廳。家人環集，不復能語，端坐三刻遂薨。二姊於病亟時禱天割臂，亦無救矣。時二月初四日戌時（晚七至九時）也。[1]

可以說，曾國藩為這個國家，耗盡了最後一滴心血。

曾國藩死後，人們不約而同地認為，他是活活累死的。他的幕僚趙烈文歎息說：

吾師今年六十有二，歲壽未期耋。生平稟賦之強，盡以用之國家民生。[2]

何璟則說：

曾國藩於羣言淆亂之時，有三軍不奪之志，枕戈臥薪，堅忍卓絕，卒能以寡禦眾，出生入死。迨事機大定之後，語僚友曰：「昔人有言：『憂能傷人。』吾此數月，心膽俱碎矣！幸賴國家鴻福，得以不死。」然則今日之一病不起，盡其精力為已瘁矣。[3]

---

1 曾寶蓀、曾紀芬著：《曾寶蓀回憶錄》，岳麓書社，1986 年，第 244 頁。

2 趙烈文撰：《能靜居日記》3，岳麓書社，2013 年，第 1485 頁。

3 黎庶昌等撰：《曾國藩榮哀錄》，岳麓書社，1986 年，第 76 頁。

4. 中國傳統文化的最後一個偶像

曾國藩去世的消息傳開，他的門生故舊們都非常震驚。

身在直隸為官的趙烈文二月二十日得知曾國藩去世，他當時一陣眩暈昏迷，許久才痛號一聲。他在日記當中說，他和曾國藩之間的關係，逾於骨肉親情。

> 驚悉滌師於二月初四日在江督官署薨逝之信，五內崩摧，頃刻迷悶，奮力一號，始能出聲。師於烈恩逾骨肉，非復尋常知遇。

當天晚上趙烈文一夜未眠，涕淚不斷。日記說：

> 夜臥通夕不寐，思念疇昔，涕淚盈把。

俗話說身邊人眼中無偉人，但是他回顧曾國藩一生，卻說：

> 聞滌師……扶至簽押房坐定，倚椅背一笑而逝，其來去自如，非天人中人，不能吉祥如此。在世則已為完人，出世則幾入聖，果人生若是，尚復何憾。[1]

聽說曾國藩死前沒有經過多少痛苦，一笑而逝，足證這是一個能上感蒼天的聖人。活着的時候已經是完人，死後又蓋棺論定為聖人。人生如此，夫復何憾。

曾國藩的另一位幕友薛福成在曾國藩去世當日的中午還與曾

---

1 趙烈文撰：《能靜居日記》3，岳麓書社，2013 年，第 1484 頁。

國藩下了兩盤圍棋。回想起曾國藩對他的提攜之恩，傷感彌深，不覺流涕。薛福成說：

予於爵相有知己之感，有受誨之益，有七載追隨之誼。方午間對弈之時，豈料即永訣之時哉！追念哲人，默憂時局，不自知涕之流落也。[1]

李興銳是湖南人，早年隨曾國藩鎮壓太平軍，在曾國藩的推薦下任直隸大名府知府，後任津梅關道、長蘆鹽運使、廣西布政使，1900 年擢江西巡撫，後署兩江總督。

聽到曾國藩去世的消息後，他也是一夜不眠，在日記中說：

駭絕！慟絕！國家只此棟樑，廟堂倚為心腹，主少國疑，內憂外患，遭此大變，天地崩裂，未知蒼蒼何意！

大清王朝還沒有抵達平安的水域，曾國藩這個領航者就去世了，不知道以後會怎麼樣。他還說：

予以書生從戎，知遇極厚，期望極殷，十五年來，無異家人父子，堂廉相得，肝膽相見。……天乎，人乎，何至於此！擬於明日覓搭輪船回金陵，奔哭寢門。是夜寢不成寐。[2]

至於自稱門生長的李鴻章說：

---

1 馬忠文、任青編：《薛福成卷》，中國人民大學出版社，2014 年，第 370 頁。

2 朱漢民、丁平一主編：《湘軍 7・日記・地方志》，社會科學文獻出版社，2013 年，第 330–331 頁。

驚悸悲痛，神魂飛越……而吾師果已死矣，不可復生矣，天乎天乎，奈之何耶。……鴻章從遊幾三十年，嘗謂在諸門人中，受知最早最深，亦最親切。……遠羈職守，無翼可飛，何時始得拜瞻几筵，一大慟耳。……每憶吾師於軍事屯困時，常恐死不得所，及賊平而官居，又慮晚節不終，玆結局如此哀榮，易名如此優異，亦不負平生之志，應自無遺憾之留。[1]

無名者中也有感念深切者。曾國藩收復南京後，設立金陵書局，供養了一批有才華但沒生計的儒生。戴望是一個沒甚麼名氣的讀書人，秀才出身，在金陵書局校書。他和曾國藩地位懸隔，但是曾國藩的去世仍然給他沉重的打擊。他在給朋友的信中說：

弟自去秋以來，時患風濕，至今未已。又因曾文正公之變，感其生前以文字相知，中心鬱悼，心火上炎，遂患喉病。頻年境遇奇窘，又加以悼逝傷離，令人不堪回首，此多病之所由來。而舊學坐此荒廢，顧瞻師門，將成朽木，可懼之至！此間自曾侯薨逝，不堪依戀，將捨此它去……[2]

老友劉蓉在曾氏死後，寫了整整一百首輓詩。即使是多次受過曾國藩彈劾的老部下李元度，在曾死後也毫不抱怨曾對自己的打擊，在輓詩《哭師》中寫道：「雷霆與雨露，一例是春風。」並且說下輩子還要再做曾的學生：「程門今已矣，立雪再生來。」曾國藩死後，鮑超每「遇歲時伏臘及生辰」，都要設曾國藩的牌位，「焚冥楮若干，以誌追感」，這種舉動持續了一生。趙烈文於曾死後，更於

1 顧廷龍、戴逸主編：《李鴻章全集 30• 信函二》，安徽教育出版社，2008 年，第 422 頁。
2 陳烈主編：《小莽蒼蒼齋藏清代學者書札》下，人民文學出版社，2013 年，第 929 頁。

每年正月初一日早起，拜天、孔子及祖先畢，必拜曾國藩遺像。

就在儒家精神世界崩潰的前夜，曾國藩這個最後的精神偶像出現了，好像是儒學這位長壽老人臨死前的一次回光返照。傳統的人格之美集中在曾國藩身上，在風雨飄搖的末世做一次告別演出式的呈現，絢爛而又淒婉。

立功、立德、立言，曾國藩全做到了。就立功而言，他從一介書生起家，創建軍隊，統率羣雄，挽狂瀾於既倒，扶大廈之將傾，使中國傳統文化免遭徹底毀滅的命運，使清王朝的生命又延續了六十年，其功不可謂不大。就立德而言，他時時以聖賢標準要求自己，道德修養近乎純粹，五十年後相繼主宰了中國的兩個大人物——蔣介石和毛澤東，也不約而同地把他當作過自己的精神偶像。說到立言，他作為中國最後一個大儒，對理學身體力行，登堂入室，造詣很深，留下了洋洋數百萬言的全集，其精深博大之處可以讓學者終生沉浮其中，其家書語錄直到今天仍讓普通人受益匪淺。

曾國藩的成功，證明了傳統文化的強大生命力，可以部分抵消對儒學「空疏無用」的指摘。曾國藩一生功業都是在傳統文化的支撐下完成的。以天下為己任的強烈使命感，修身齊家治國平天下的宏大志向，民胞物與的博大胸懷是支撐曾國藩在艱難困苦中奮力掙挫的精神動力。實事求是、經世致用、反身而誠的認知傳統又使他能夠從前人，從他人，從自身，學到智慧和經驗，應對複雜的世事，饒有餘裕。至誠待天、忠恕對人的道德準則，使得他能為人磊落，不為低級趣味所糾纏，納人細垢，成己大德，用自己的人格力量去降服人，吸納人，使英雄為我所用，終成大業。

曾國藩身上的儒學精神，是有活力、有彈性、有容納力的。和那些愚頑淺薄的官僚不同，他掌握了儒學的真精神。他說：「學於古，則多看書籍；學於今，則多覓榜樣。」[1]「不說大話，不好虛名，不行駕空之事，不談過高之理。」[2] 所以，在清朝士大夫中，他這個理學名家是第一個對洋人平等相待的人。他興起洋務運動，開西學東漸之先河。在當時的氣氛之下，沒有大眼光大見識是不可能做到這些的。後來學貫中西的著名史學家陳寅恪在總結自己的學術思想時自陳：「寅恪平生為不古不今之學，思想囿於咸豐同治之世，議論近乎曾湘鄉張南皮之間。」表明他是曾國藩的學術傳人。

曾國藩做官非常成功，他善於進退，一生出將入相，沒有大的跌挫，在傳統官場上像他這樣成功的並不多見。曾國藩事君至忠，事親至孝。對於兄弟，互見肺腑，毫無芥蒂。夫妻之間，相敬如賓，感情深摯。對於兒女，他既慈愛又嚴格，能夠尊重孩子人格，教育孩子總以鼓勵為主，沒有傳統家長那種居高臨下的不平等作風。曾氏家族數代以來，直到今天，依然人才輩出，這和他樹立的良好家風有着直接的關係。所以，他被譽為「古今完人」「功比周公孔孟，名垂萬世千秋」。

當然，曾國藩的一生從一定意義上說也是失敗的。他是逐日的夸父、填海的精衛、補天的女媧。然而在垂暮之年，他猛然發現自己一生的奮鬥，最後竟然如拔刀斫水，並不能絲毫影響水之東流。他以聖賢自期，然而他遵循聖人之道一絲不苟地苦學苦修，卻並沒有達到「為天地立心，為生民立命，為往聖繼絕學，為萬世開太平」的理想。他以一人之力，無法挽回傳統社會積千百年形成的強大頽勢。他沒能探悟到拯救舊世界的真理，沒能實現自己澄清天下造福萬民，創造一個以儒家學說為指針的太平世界的理想。相反，他眼看着神州不斷陸沉，自己卻無能為力。

---

1 《曾國藩全集・詩文》，岳麓書社，2011 年，第 448 頁。

2 《曾國藩全集・日記》2，岳麓書社，2011 年，第 87 頁。

這不是他一個人的失敗，而是整個腐朽政權的失敗。

不論如何，曾國藩用一生捍衛、守護了自己珍視的文化和信仰，他死在了補天填海的路上。曾國藩用自己的一生，證明了人的意志力所能達到的高度。同時，也證明了一個人意志力的局限。他無望的努力在人類精神征途上，樹起了一座令人不得不肅然起敬的豐碑。

第十八章

曾國藩的遺產

1. 不給子孫留遺產

曾國藩去世之前，有一位老鄉兼老友本來已經給他選好了墓地。這位老友叫馮樹堂，精通相地之法。在曾國藩去世前一年，他發現曾國藩身體很差，為了早做打算，他自告奮勇，回老家為曾國藩選擇墓地。

他跋山涉水，經過千挑萬選，在湘鄉縣的東台山找到了一塊上好的墓地。按風水原理，此地「龍，穴，沙，水，向五者，皆可愜心滿意」[1]，葬於此地，據說可保家族興旺，萬年不衰。

曾國藩是相信風水的，這與其理學家的形象並不矛盾。因為研究風水鬼神，是理學家的本分之事。換句話說，「風水鬼神」是理學龐大體系之內的一個光明正大的分支。理學興起的原動力是為了與佛教抗衡，因此衝破原始儒學「子不語怪力亂神」的局限，努力構建一個可以解釋一切宇宙現象的理論體系。朱熹等理學大家都認為，人死後「靈氣」並不會馬上消滅，而藏聚於「山環水抱」「藏風聚氣」之處，能福蔭子孫。

曾國藩相信馮樹堂的眼光，知道他選擇的地方肯定錯不了。但是曾國藩拒絕以此地作為墓地。

為甚麼呢？

---

1 《曾國荃全集・家書》，岳麓書社，2006 年，第 370 頁。

恰恰是因為這個地方風水太好了。按八卦的說法，此地恰值縣治的巽方，這個方向「關（一地之）文風」。如果葬在這裏，按風水理論，可保曾氏一族代代出進士，但是會影響其他家族的考試運氣。

所以曾國藩在給馮樹堂的覆信中說：

> 此地既為公會所在，又為文風所關，邑人必不樂從。[1]

也就是說，我葬在此地，奪了全縣的風水，縣裏人肯定會不高興。

就在覆了此信幾個月後，曾國藩就去世了。最終經曾國荃、曾紀澤、郭嵩燾等親人好友會商選擇，曾國藩被安葬在了長沙附近的伏龍山，那裏還建起了一座由墓塚、墓碑、拜台、石闕、神道、石像生、墓廬等組成的規模宏大的墓葬建築羣。雖然二十世紀五十、七十、八十年代因為政治運動和盜墓等原因遭遇三次破壞，曾國藩的遺體也不幸遭受擾動，但花崗石砌成的墓塚、墓圍至今尚存。

曾國藩身後沒有給孩子留下甚麼遺產。

曾國藩生前曾多次表示，他不會給子孫後代留遺產。我們前面講過，早在道光二十九年，即三十八歲那年，曾國藩就在寫給弟弟們的家信中說，他「決不肯留銀錢與後人」。

為甚麼不給子孫留遺產呢？他解釋說：

> 蓋兒子若賢，則不靠宦囊，亦能自覓衣飯；兒子若不肖，則多積一錢，渠將多造一孽，後來淫佚作惡，必且大玷家聲。故立定此志，決不肯以做官發財。[2]

---

1 《曾國藩全集·書信》，岳麓書社，1994 年，第 7557 頁。

2 《曾國藩全集·家書》，岳麓書社，1994 年，第 183 頁。

如果後代有能力，不給他們留遺產，他們也能憑本事生活得很好。如果後代不爭氣，你多給他留一文錢，他就多造一份孽，敗壞家族的名聲。

咸豐十年，即四十九歲那年，曾國藩又在日記中記載，他與左宗棠聊天，左宗棠說「凡人貴從吃苦中來」，「收積銀錢貨物，固無益於子孫，即收積書籍字畫，亦未必不為子孫之累」。只有讓孩子多吃苦，增長能力，才是對孩子最好的幫助。不光不要多給孩子錢，也不要給他們留太多古籍字畫。這正是曾國藩一貫的思想，所以他評價此語為「見道之語」。

同治六年，即五十六歲那年，他在給兒子曾紀澤的信中又一次重申：「余將來不積銀錢留與兒孫。」

然而事實上，曾國藩身後還是留下了一萬多兩白銀。這是因為他曾經計劃告老還鄉，積攢了一萬多兩養廉銀，作為養老之資，「余罷官後或取作終老之資，已極豐裕矣」[1]。然而沒等到退隱林泉，他已經猝然去世。

不過這筆錢並沒有成為子孫的遺產。這是因為曾國藩在赴天津處理教案前，在遺囑中特別囑咐喪事簡辦，不可收禮：「余若長逝，靈柩自以由運河搬運回江南歸湘為便。沿途謝絕一切，概不收禮。」[2] 我如果在天津去世，靈柩要坐船由運河入長江，再上溯經湘江回老家，沿途經過各個地方，通通不要收禮。

在傳統時代，葬禮通常是極為耗費資財的。一品大員、中興元老的喪事，無論如何不可能辦得過於草率。錢從何來呢？曾國荃建議曾紀澤多少還是要收一些禮金。他說，「哲人既萎，身後應辦之事實非巨萬可以了」，這件事沒有上萬銀子辦不下來。所以，「此次

1 《曾國藩全集・家書》，岳麓書社，1994 年，第 1350 頁。

2 《曾國藩全集・家書》，岳麓書社，1994 年，第 1369 頁。

大事，所費不訾，受賻與否，知吾姪必有至當之衡。交誼非至厚者，自以固卻為是，然如少泉中堂，筱泉制府，昌岐軍門之類，似亦可以酌受。外此如恩情有似此三人者，亦當以類推之」[1]。也就是說，這件事費錢太多，收不收禮，當然在你決定。不過我認為，有一些交情深厚的人，比如李鴻章、李瀚章、黃翼升等的禮金，似乎可以收下。

但是曾紀澤沒有採納叔父的建議。他堅決執行父親的遺囑，堅持「不受奠分」[2]，連曾國藩的「門生長」李鴻章送來的兩千兩白銀也都謝絕。因此曾國藩積蓄的這一萬多兩，都花在喪事上了。

2. 曾氏家風成就後人

在傳統時代，很多歷史人物的人生往往都有一個巨大的遺憾，那就是在自己身後，家族迅速衰落。

有的是因為生前沒有處理好政治遺產的交接，導致人亡政息，政敵反攻倒算，家族也因此受連累。比如漢代名臣霍光死後被滅族，明代名臣張居正死後被抄家。更多的是因為在家庭教育上的失誤。比如明代王陽明的兩個兒子都不太成材，家族也不團結，死後家族內部的矛盾持續了幾十年。曾國藩的親人朋友當中這樣的例子更多。成功人士的人生往往有一個遺憾，就是把精力過多地投入事業，對家庭教育投入太少，方法不當，導致孩子成了紈絝子弟。曾國藩的長女婿袁榆生，是曾國藩好友袁芳瑛的兒子。袁芳瑛是晚清著名藏書家。他藏書質量之高，數量之多，「號為近代第一」[3]。不過

1 曾麟書等撰，王澧華等整理：《曾氏三代家書》，岳麓書社，2002 年，第 404 頁。

2 曾麟書等撰，王澧華等整理：《曾氏三代家書》，岳麓書社，2002 年，第 415 頁。

3 黃浚著：《花隨人聖庵摭憶》中，中華書局，2008 年，第 515 頁。

他長於藏書，卻短於教子，對孩子過於寬縱。袁芳瑛去世後，袁榆生終日放蕩飲酒，因負債累累，竟然將父親一生藏書一夕散盡。這樣的例子比比皆是。所以中國有一句老話，叫做「富不過三代」。

但是曾國藩家族在他身後卻能持續發展，一百多年間人材輩出。曾國藩的長子曾紀澤是晚清最傑出的外交家之一，他最大功績是通過談判，成功地從沙俄手中收回了伊犁周邊大片土地。次子曾紀鴻則是晚清著名的數學家，把圓周率的數值推到小數點後一百多位，這在當時數學界是一個很大的成就。曾國藩的孫子曾廣鈞二十三歲就進入翰林院，是當時最年輕的翰林，孫女曾廣珊則是晚清著名的女詩人。曾家的第四、五、六代後人中，也湧現了很多優秀的專家學者。如曾國藩的曾孫曾約農是著名教育家，曾任台灣東海大學校長；曾孫女曾寶蓀畢業於倫敦大學，在教育界也卓有建樹。曾國荃的玄孫女曾憲植曾擔任全國婦聯副主席，另一位玄孫女曾憲楷是中國人民大學教授。曾國潢的曾孫曾昭掄是著名化學家，曾任高教部副部長。曾國潢的長曾孫女曾昭燏是著名博物館學家和考古學家，做過南京博物院院長。和曾氏家族比起來，其他名臣比如左宗棠的後代就寥落得多。

曾氏家族的興盛不衰基於兩個原因。第一個是曾國藩在生前就已經處理好了政治交接班的問題，他的接班人李鴻章在他去世時已經長成政壇的參天大樹，所以曾國藩生前的反對派無法在他身後反攻倒算，累及曾國藩家族。第二個原因是曾國藩在家庭教育上有很多高明的觀念，投入了巨大精力，塑造了良好的曾氏家風。這一點在曾國藩的兒子曾紀澤身上體現得最為明顯。

曾國藩的長子曾紀澤從小聰明穎異。道光二十九年，曾國藩在家書中彙報了一件事。這一年曾紀澤才十歲，在沒有任何人要求的情況下，突然寫了一首四言詩，文清句順，斐然可觀。曾國藩高興地說：「紀澤兒將來小有成就，亦未可知。」

曾國藩的父親曾麟書因此囑咐曾國藩趕緊讓紀澤開始學寫八股文，早點為科舉做準備。確實，在當時的社會環境下，世家子弟讀書科考，光大門楣，似乎是唯一的人生選擇。但是曾國藩卻說，「凡人皆望子孫為大官，余不願為大官」。不願子孫當大官，只希望子孫成為君子，或者說是紳士。

他認為科舉一事「誤人太深」。他對官場的勢利和虛偽極為了解，大多數讀書人在官場上沉浮多年，混到了功名利祿，丟失的卻是初心和人品。因此他在家書中說，希望子孫「為讀書明理之君子」。甚麼是君子呢？「勤儉自持，習勞習苦，可以處樂，可以處約。此君子也。」在任何環境下，都能找到快樂和內心寧靜的人，才是君子。

換句話說，曾國藩注重培養孩子的品德和胸懷，希望他們成為紳士，而不是執着於事功層面的成功。

所以紀澤雖然天資聰穎，但是曾國藩從來沒有讓他學過八股文，沒讓他參加過科舉，而是讓他自由地讀書，真正增長才幹。這在當時的世家子弟當中，幾乎是絕無僅有的。

除了不讓孩子學八股之外，曾國藩還有很多在當時看來非常超前的教育理念。比如主張孩子「快樂學習」。

曾國藩認為，讀書本來是人生的至樂之一，但前提是不把讀書當成敲門磚。所以他要求兩個兒子讀書，一定要體會書中的意思，「得些滋味」，一定要從讀書中讀出快樂來，如果不快樂，不如不讀。他經常對孩子說：「胸中不宜太苦，須活潑潑地，養得一段生機。」為了保證孩子身體健康，他經常減輕孩子功課。「紀鴻在此體氣甚好，月餘未令作文，聽其瀟灑閒適，一暢其機。」一個多月沒讓孩子作文，讓他隨便玩。這是當時一般的家長做不到的。

曾國藩的教育理念和現代教育觀念另一個相吻合的地方，是讓孩子在鼓勵和肯定中成長。鼓勵對孩子至關重要，這是現代教育的重要理念。但是傳統的中國式家長很少有人懂得這一點。舊式家長大多是《紅樓夢》中賈政那種的做派，在孩子面前，開口就是批評，不訓斥就不會說話。曾國藩卻懂得鼓勵的重要。翻開曾國藩家書，處處可見他對孩子的鼓勵。

他經常誇曾紀澤的詩作得好，說他的詩格調很高，說他天分不凡：

爾七律十五首圓適深穩，……爾於情韻、趣味二者皆由天分中得之。[1]

對於紀澤的寫字天賦，他更是一直非常欣賞：

接爾二月二十日安稟，……字勢流美，天骨開張……[2]

對紀澤讀書作文的天賦，曾國藩更是不憚一再肯定：

爾之天分甚高，胸襟頗廣……[3]

這類語言在他寫給曾紀澤的信中比比皆是。

和當時大部分家長不同的第四點是，曾國藩對待孩子時，能採用比較平等的態度。

曾國藩經常以自己的缺點為反面教材，鼓勵兒子在這些方面超過自己，甚至不憚向孩子提起自己咸豐八年因為向咸豐要官不成在

1 《曾國藩全集・家書》1，岳麓書社，1985 年，第 1332 頁。

2 《曾國藩全集・家書》1，岳麓書社，1985 年，第 468 頁。

3 《曾國藩全集・家書》2，岳麓書社，1985 年，第 1353 頁。

家中氣急敗壞，與家人爭吵，大失風度的一段往事。要曾紀澤在氣量上超過自己，讓鄉親們誇獎紀澤的氣量大於父親的氣量。

> 余因去年在家，爭辯細事，與鄉里鄙人無異，至今深抱悔憾……爾當體我此意，於叔祖各叔父母前盡些愛敬之心……若使宗族鄉黨皆曰紀澤之量大於其父之量，則余欣然矣。[1]

曾國藩家庭教育的第五個特點是能做到以身作則。他要求「紀澤看《漢書》，須以勤敏行之。每日至少亦須看二十葉，不必惑於在精不在多之說。今日半頁，明日數頁，又明日耽閣間斷，或數年而不能畢一部。如煮飯然，歇火則冷，小火則不熟，須用大柴大火乃易成也」。

而曾國藩自己正是這樣做的。我們看曾國藩的日記，凡讀書都能做到每日堅持，不讀完這一本不看下一本。

除了讀書之外，曾國藩還注重讓孩子在實踐中歷練，學習處理實際問題的本領。咸豐四年六月，曾國藩率水陸大軍準備從長沙出發征戰太平軍，他寫家書讓十六歲的曾紀澤來省城送他起程，目的之一是讓他們接觸社會，增長軍事知識。「蓋少年之人，使之得見水陸軍旅之事，亦足以長見識。」

他早早就安排紀澤主持家政，就是在家裏當管家。

> 爾在家料理家政，……李申夫之母嘗有二語云「有錢有酒款遠親，火燒盜搶喊四鄰」，戒富貴之家不可敬遠親而慢近鄰也。我家初移富圫，不可輕慢近鄰，酒飯宜鬆，禮貌宜恭。[2]

1 《曾國藩全集・家書》1，岳麓書社，1985 年，第 452 頁。
2 《曾國藩全集・家書》1，岳麓書社，1985 年，第 1303 頁。

管理一個大家庭並不容易，需要有王熙鳳這樣的才華才能管好，這對年輕的紀澤是一個相當大的考驗與磨煉。

成為兩江總督之後，曾國藩又把整個大家庭接到身邊。曾紀澤又成為總督府的管家和曾國藩的私人助手，幫助曾國藩處理了很多具體事務，曾紀澤也因此熟悉了很多政壇秘辛和政治背後的運轉規則，這對曾紀澤更是一個很大的鍛煉。曾國藩對紀澤的辦事能力比較滿意。同治六年曾國藩在家書中說：「爾於經營外事頗有才而精細。」後來慈禧在派曾紀澤出使前也評價他說：「你辦事倒很細心。」這種細心，就是在處理一件件具體事務中磨煉出來的。

回老家為父親守孝之時，紀澤身邊攜帶了四本不同尋常的書，它們分別是「一本（英文的）《聖經》、一本《韋氏大辭典》、一本華茲（Watts）的作品、一本《讚美詩選》（*Select Hymns*）」[1]。

他帶回這幾本英文書，是想自學英語。

這一舉動在當時是極不尋常的。因為在那個時代，學外語的人，都是底層社會出身者。馮桂芬在《採西學義》中批評道：「今之習於夷者曰通事，其人率皆市井佻達，遊閒不齒鄉里，無所得衣食者，始為之。」[2] 與洋人打交道是下賤的事，實在吃不上飯了，才會以學習蠻夷的語言來謀生。

那麼曾紀澤為甚麼要做士大夫階層中第一個吃螃蟹的人呢？

首先，曾國藩雖然一貫被稱為文化保守主義者，但是他的對外觀念是相當開放的，甚至以不懂外語為憾。我們前面講過，他曾經說：洋人很多學問做得很精深，「惜其文字不能盡識也」。可見曾國藩對學習西方語言的態度是很開明的。這種態度影響了曾紀澤。

---

1 [美]何天爵著，鞠方安譯：《真正的中國佬》，中華書局，2006年，第42頁。

2 馮桂著：《校邠廬抗議》卷下，上海書店出版社，2002年，第67–70頁。

其次，曾國藩處理天津教案，聲名盡毀，不光曾國藩自己因此精神抑鬱、猝然早逝，整個曾氏家族也因此蒙羞，這給了曾紀澤極大的精神刺激。

曾國藩處理教案雖然大體方向上並無問題，但在具體細節上，因為不諳熟外情，確有剛柔未能把握得當之處。就在教案處理當中，曾紀澤給父親寫了一封信說，目前國家之患，在於缺乏外交人才。

> 男意近年中外交接，洋人所以日強，華人所以日弱者，其弊在於無人。[1]

所以他當時就動了學外語的念頭。「講求經濟之學者，以通知各國語言文字為當務之急。」[2]

曾國藩回到南京之後，曾紀澤隨侍在兩江總督署。雖有學習英語之心，但並沒有付諸行動。這是因為「曾國藩的兒子學英語」之事一旦傳出，勢必成為轟動性新聞。守制之地則非常偏僻，不引人注目，時間又非常充裕，於是他開始發憤學習。

雖然曾國藩不希望他當大官，他卻計劃在守孝期滿之後，到北京辦理承襲侯爵手續時，向朝廷表明出仕的願望。他立志要做一個外交官，在外交上取得成就，為國家爭取權益，為父親、為曾氏家族洗雪恥辱。這才是他學習英語的最根本的動力。

我們完全可以想像曾紀澤面臨的困難。首先，他沒有老師，沒有懂英語的朋友，只能自學，所以他只能記住字母如何拼寫，卻不知道如何發音。其次，他當時已經三十五歲，早已過了學習語言的

1　曾麟書等撰，王澧華等整理：《曾氏三代家書》，岳麓書社，2002 年，第 612 頁。

2　曾紀澤撰，喻岳衡校點：《曾紀澤集》，岳麓書社，2008 年，第 125 頁。

黃金期，記憶力已經不如青少年時期。一般來說，一個人想在這個年齡從頭學習一門與母語差異極大的外語，並達到精通程度，是不可能的。

但是作為曾國藩的克家之子，曾紀澤擁有一項別人無法比擬的優勢：毅力。在曾國藩的言傳身教之下，父親的很多優點，他都繼承下來了，特別是對恆心的重視和踐行。他和曾國藩一樣，「讀書不二」，做事也有頭有尾，一旦開了頭，就絕不會中止。

在三年守制期中，他利用一切場合和時間學習英語，表現出了驚人的毅力。從日記看，他每天都在學習，風雨無阻，雷打不動。即使在出門訪客時，也在轎子裏讀英語書。通過數年艱苦自學，曾紀澤記下了大量英語單詞，熟悉了英語語法，達到了基本能閱讀英語小說的程度。

光緒三年（1877）七月，曾紀澤守孝期滿後，來到北京，他與當時的外交官廣泛接觸，抓緊一切機會學習口語。「曾國藩的兒子會外語」這一奇聞在朝野上下迅速傳播開來，甚至引起了慈禧太后的注意。此時朝廷的觀念已經發生了變化，不再以和外國建立正式外交關係為恥，因此急需洋務人才。

光緒四年（1878），因為獨特的懂英語的優勢，朝廷任命他充任出使英國、法國欽差大臣。在出使之前，慈禧太后召見曾紀澤。

慈禧說過曾國藩「文武全才，惜不能辦教案」，所以曾紀澤抓住這次機會，要替父親表明心跡，在太后面前為父親爭取一個公正的評價。他解釋父親動身去天津處理教案前，不光下定了必死的決心，也做出了犧牲自己名譽以保全國家的準備。

> 臣從前讀書到「事君能致其身」一語，以為人臣忠則盡命，是到了極處。觀近來時勢，見得中外交涉事件，有時須看

得性命尚在第二層，竟須拼得將聲名看得不要緊，方能替國家保全大局。即如前天津一案，臣的父親先臣曾國藩，在保定動身，正是臥病之時，即寫了遺囑分付家裏人，安排將性命不要了。及至到了天津，又見事務重大，非一死所能了事，於是委曲求全，以保和局。其時京城士大夫罵者頗多，臣父親引咎自責，寄朋友的信常寫「外慚清議，內疚神明」八字，正是拼卻聲名以顧大局。其實當時事勢，捨曾國藩之所辦，更無辦法。[1]

曾紀澤的這番議論，終於為父親換來了一句好評。

旨：「曾國藩真是公忠體國之人。」曾紀澤免冠叩頭，未對。

旨：「也是國家氣運不好，曾國藩就去世了。現在各處大吏，總是瞻徇的多。」[2]

曾紀澤帶着為父雪恥之志踏上出使之路，開始了自己的外交生涯。出使不久，他就遇到了一個大顯身手的機會，介入收回伊犁的談判。

1864 年，新疆出現阿古柏之亂，沙俄趁亂出兵侵佔了伊犁，宣稱它是代清政府「暫時」佔領和管理。

1878 年，左宗棠收復新疆，清政府派崇厚出使俄國，辦理收回伊犁事宜。在沙俄政府的軟硬兼施之下，顢頇糊塗的崇厚居然在沒有告知清政府的情況下，擅作主張簽訂了《里瓦幾亞條約》。俄國名義上將伊犁歸還中國，但伊犁周邊近八萬平方公里土地卻被割讓給了俄國。

1 曾紀澤著：《使西日記（外一種）》，湖南人民出版社，1981 年，第 6 頁。
2 曾紀澤著：《使西日記（外一種）》，湖南人民出版社，1981 年，第 6 頁。

消息傳來，朝野輿論大嘩，人們紛紛譴責崇厚喪權辱國。左宗棠氣憤地說：「我得伊犁只剩一片荒郊，北境一二百里間皆俄屬部，孤注萬里，何以圖存？」[1] 在這種情況下，清朝政府拒絕批准《里瓦幾亞條約》，改派出使英法公使曾紀澤兼任出使俄國公使，赴俄談判改約。

曾紀澤接到這一任務，既感覺壓力很大，又感覺十分興奮。

想當年他的父親曾國藩處理天津教案，正是栽在這個崇厚手裏。當初曾國藩按崇厚的意見將天津地方官員免職並送交刑部治罪後，法國人並沒有如崇厚所說的那樣就此止步，反而得寸進尺，導致曾國藩進退失據，後悔不已。曾紀澤也因此對崇厚痛恨不已。沒想到這次，是曾國藩的兒子接過崇厚留下的爛攤子，他要為國家力挽狂瀾，也要替父親、替家族挽回臉面。

然而此事談何容易。回顧晚清外交史，幾乎每一次外交衝突都是以清政府的忍辱退讓為結束。清朝拒不批准《里瓦幾亞條約》，沙俄到了嘴邊的肥肉遲遲吃不到，當然不會就此罷休。

1880 年 8 月 1 日，曾紀澤到達俄國彼得堡。曾紀澤調動起全部鬥志和精力，無論俄國外交當局怎樣威脅利誘，他都「持之定力」，百端爭辯。「與俄外交部及駐華公使布策等反復辯論，凡數十萬言。」由於曾紀澤在外交談判中據理力爭，有章有法，沙俄理屈辭窮，不得不降低要求。

1881 年 2 月，俄方與曾紀澤簽訂了《中俄伊犁條約》和《陸路通商章程》。清王朝雖然在通商方面略做讓步，但是卻爭回了大片領土，這是舉朝都沒有料到的最佳結果。伊犁談判一事讓曾紀澤在世界範圍內聲名鵲起，一舉奠定了「晚清中國最傑出的外交家」的名聲。

---

1 《左宗棠全集・奏稿》，岳麓書社，2009 年，第 378 頁。

我們細考曾紀澤在俄國的成功，就會發現，他這一成就的取得，與曾國藩的教育和指導密切相關。

曾紀澤取得成功的第一個原因，是他在談判中能分清主次，大事上毫不退讓，小處則稍做妥協。曾國藩在外交上有一句著名的話，叫「大事苦爭，小事放鬆」，一定要分清主次。

因此，在赴俄前，曾紀澤就已經確定了交涉的基本原則，那就是談判要有重點。核心目標是收回伊犁及其周邊地區，因為伊犁地理位置非常重要，不僅是新疆的門戶，也是中國的門戶。所以目標當中，以分界最重，通商次之，償款又在其次，全力爭取收回失地，其他可以從寬。

最終談判正是沿着曾紀澤確定的方向達成協議，在領土上爭取到了最好的結果，而在軍費賠償上略有加增。

第二個原因，在於知己知彼，知道對方談判底線。

曾國藩還有一句話，叫作「強字原是美德，……第強字須從明字做出，然後始終不可屈撓。若全不明白，一味橫蠻，待他人折之以至理」[1]，肯定會歸於失敗。所以曾國藩推崇強，但是要點是明強，而不是一味橫蠻。

曾紀澤在與俄方談判時，表現得非常堅定，甚至可以說非常強硬。這是因為他平時注意研判各方面信息，對國際形勢比較了解。他知道俄國當時因與土耳其連年戰爭，已經國困民窮，並不想真的再打一仗。只要能在談判中多少有些收穫，他們就會滿足。與此同時，早在出使前，曾紀澤就認真研究過《公法便覽》等國際法著作，對國際法知識比較了解，在談判中能自如地運用國際公法為自己爭取利益。

正是因為有了以上準備，所以在談判中不論俄國人如何虛聲恫

1 《曾國藩全集・家書》1，岳麓書社，1985 年，第 1010 頁。

嚇，他都百折不回，不為所動，完全做到了曾國藩所說的「理之所在，百折不回，不可為威力所絀」[1]。

第三個成功之處，在於曾紀澤採取誠信的談判方式，開誠佈公，而不是採取小販式討價還價的談判策略。

晚清以來，中國外交官員與列強交往時，經常使用「痞子手段」，虛開要價，欺詐糊弄。曾國藩卻主張「誠信外交」，以君子的方式與外國人談判。能答應的，大大方方地答應；不能答應的，堅定不移。

曾紀澤在這次談判中，正是採取這樣的方針，將誠意放在桌面上。他在俄國沒有表現出任何「天朝上國」式的虛驕，正如曾國藩所說，「不自恃中華上國而欺凌遠人，可許者開口即許，不可許者始終不移」[2]。對於一開始就明確宣佈自己不可動搖的目標這一做法，他對國內解釋說：「然則目前之所駁，是姑就吾華之公論，聊以嘗試之耳，嘗試不效，乃復許之，此市井售物抬價之術，非聖朝所以敦信義以馭遠人之道也。」[3]

也就是說，如果我遷就國內輿論的壓力，提出不切實際的過高要求，等對方拒絕之後，再不得不降低，這是市井之人做生意虛要價的做法，不利於在俄國人心目中樹立我方的形象，而且不利於以後和其他國家談判。

這種談判方式為他贏得了俄國人的尊重，也有利於最後的成功。

從以上幾點我們可以看出，曾紀澤外交談判過程中大的方針原則，都是一遵父親遺教。但是在具體談判過程中，年青一代的他又

1　曾紀澤撰，喻岳衡校點：《曾紀澤集》，岳麓書社，2005 年，第 182 頁。

2　曾紀澤撰，喻岳衡校點：《曾紀澤集》，岳麓書社，2005 年，第 182 頁。

3　曾紀澤撰，喻岳衡校點：《曾紀澤集》，岳麓書社，2005 年，第 27 頁。

比父親當年精力充沛、機智靈活。可以說，曾紀澤是曾國藩一手塑造出來的政治家。他的理論來自父親，實踐則比父親更為成功。他用自己的行動，為父親、為國家贏得了榮譽。

3. 辦洋務的後續

雖然留給家族的精神遺產得到了很好的傳承，但曾國藩留下的另一項遺產 —— 洋務運動，卻進展艱難。特別是在曾國藩去世九年後，他努力推動的留學美國事業遭遇重大挫折。

在曾國藩去世後五個月，1872 年 8 月 11 日，第一批 30 名身着清朝官式服裝的幼童在上海登船，前往美國。在接下來的三年裏，按曾國藩生前擬訂的計劃，清政府又這續派出三批幼童留美，四批學生一共 120 名。他們計劃要在美國學習十五年，完整地接受小學、中學和大學教育。

中國人的學習天賦和刻苦精神在這些留學生身上體現得很明顯，到 1880 年，留學運動開始八年之後，已經有 50 多名幼童進入美國的大學學習。其中 22 名進入耶魯大學，8 名進入麻省理工學院，3 名進入哥倫比亞大學，1 名進入哈佛大學。

然而，誰也沒有想到，在下一年即 1881 年，這些幼童卻被全數撤回，他們絕大多數人學業未成，沒有拿到畢業證。這對這批留美學生無疑是一個極為沉重的打擊。其中一位幼童說：「命令下達，對幼童乃一憂傷之日，大多數再過一兩年即可畢業，中途荒廢學業，令人悲憤異常。」[1]

為甚麼被突然撤回呢？因為這些留學生到美國後西化了，變得與一般大清臣民太不相同。當年曾是留美幼童的同學的菲立普回憶

---

1 高宗魯編譯：《中國留美幼童書信集》，《傳記文學》第 37 卷，第 3 期。

說：「幼童『美國化』的速度，使人驚訝。在教室及球場上，他們很快熟悉了英語。他們脫下了絲質官式長袍，短短幾個月中，幼童已經可以在球場上及教室中，向美國學生挑戰，而一決高低了。」[1]

另一位同學，日後成為耶魯大學教授的菲爾伯斯說：「在哈德福的鄉下學校以及中學裏，我最好的朋友大部分都是中國孩子……，（他們）有卓越的風度，都是運動健將，機警好學，我從來也沒有想到有這樣一羣好孩子。」

生活方式上西化還可為中國留學監督所容忍，關鍵是大腦也迅速西化了。學生們不光接受了美國的生活方式，也開始接受美國人的社會觀念，接受了「自由」「平等」等在當時中國人看起來大逆不道的觀念。甚至在美國濃重的宗教氛圍中，有的人開始信基督教。1880 年 12 月 17 日，江南道監察御史李士彬奏報：「出洋學生，原不准流為異教，聞近來多入耶穌教門，其寄回家信有『入教恨晚死不易忘』等語。」雖然入教者為數不多，但也足以駭人聽聞。有的學生還剪掉了辮子。原來留美幼童剛來到美國時，每一個人的腦後都垂着一根辮子，很多美國人把他們當作女生，以至於《紐約時報》報道時認為學生中既有男生也有女生：「昨天到達舊金山的三十位中國學生非常年輕，他們都是有才智的淑女和紳士。」高宗魯說：「美國同學均哄笑叫他們中國女孩！這種嘲笑，引來不少次打得鼻青眼腫和糾紛。」[2] 於是幼童們到了美國不久都將辮子盤起來。穿上了西式服裝之後，腦後的這根辮子更成了多餘的，個別幼童悄悄地剪去了辮子。這在中方官員看起來當然是「無父無君」的嚴重犯上作亂之舉，因此有入教和剪辮行為的學生，都被提前召回，予以嚴懲。

1 轉引自《中國幼童留美史》，珠海出版社，2006 年，第 24 頁。

2 高宗魯著：《中國幼童留美史 —— 現代化的初探》，台北傳記文學出版社，1986 年版，第 37 頁。

更讓中國政府感覺事態嚴重的是，1879 年留學監督吳嘉善「接任之後，即招各生到華盛頓使署中教訓，各生謁見時，均不行跪拜禮」[1]。

身為中國人，不行中國禮，看來這些學生已經「忘本」，中國官員的結論是他們的心已經變了，變成了洋人之心，「即（學）成亦不能為中國用」。

清朝派駐美國的留學監督等官員向國內彙報了這些學生的「惡行惡習」，他們說，「外洋風俗，流弊多端，各學生腹少儒書，德性未堅，尚未究彼技能，先已沾其惡習，即使竭力整頓，亦覺防範難周，亟應將該局裁撤」。

慈禧接到彙報後，馬上批示「依議，欽此」。雖然李鴻章等人千方百計試圖挽回，最終結果仍然是所有幼童一律回國。除了詹天佑和歐陽庚二人順利完成學業，獲得學士學位，其他人都半途而廢。

回國後，他們更被定性為「有害因素」，一開始被與社會隔離開來。

「幼童」黃開甲在給美國友人的信中苦澀地寫道：

> 船頭划開揚子江平靜而黃色的水波，當靠碼頭時……人潮圍繞，但卻不見一個親友。沒有微笑來迎接我們這失望的一羣。……為防我們脫逃，一隊中國水兵，押送我們去上海道台衙門後面的「求知書院」。[2]

回國的留學生全部被安置在所謂的「書院」裏，「並派兵丁管門，不得擅自出外」。他們在這裏經歷了傳統方式的儒學「再教

1 轉引自舒新城編：《近代中國留學史》，中華書局，1989 年，第 13 頁。

2 黃開甲給巴搭拉夫人的信。

育」，然後普遍被「控制使用」，安排為翻譯等低級職務，「這批留學生回國之後，所受待遇極為惡劣，不論派到甚麼機關裏工作，每人月薪只有四兩銀子。」[1] 除了一些人在海軍可以發揮所長外，在文職政府中，留學生從來沒有得到重用，很多人在抑鬱中度此一生。

大致在中國派出留美幼童的同時，日本也向西方派出了大批留學生。1868–1874 年，日本向歐洲和美國共派出留學生 550 人。相比中國，日本留學生回國後則大批進入政界，很多人成為左右政局的重要人物。據統計，在 1885 年年底到 1911 年中的日本內閣的 93 名大臣中，留學生就有 35 名，佔了 38%。在其他領域，留學生對日本近代社會也做出了傑出貢獻。留美的福澤諭吉被稱為日本的「伏爾泰」，留英的菊池大麓奠定了日本近代數學的基礎，留德的北里柴三郎發現了血清療法……他們在各個領域都有力地促進了日本的近代化轉型。[2]

除了留學事業，洋務運動的其他方面進展也困難重重。

曾國藩的接班人李鴻章繼續曾國藩的軍事近代化任務，為大清帝國打造了一支近代化海軍。這支北洋水師建立之初，清王朝可謂竭盡全力，傾盡家底，購置了一批當時世界上最先進的艦船，因此這支水師建成後實力一度號稱東亞第一，世界第九。然而老大帝國到了老年階段實在無法持續振作精神，建成水師之後就以為萬事大吉，未能持續更新軍艦和武器，結果十幾年後為日本所超過，最終在甲午戰爭中慘敗，向世界宣告了洋務運動的失敗。

天津教案之後三十年，發生了義和團運動。

義和團運動和天津教案在很多方面非常相似。如前所述，義和團運動發生前，人們同樣把自然災害的發生歸咎於教堂，聲稱「不

---

1 陳學恂主編：《中國近代教育史教學參考資料》上冊，人民教育出版社，1987 年，第 722 頁。

2 李雪敏著：《甲午戰前中日官派留學教育之比較》，曲阜師範大學 2008 年碩士論文。

下雨，地發乾，全是教堂止住天」。雖然曾國藩全力辟謠，但挖眼剖心的謠言仍然在義和團運動中起了巨大的動員作用。比如天津謠傳義和團總師傅潛入紫竹林租界洋樓，看到三個大甕，一貯人血，一貯人心，一貯人眼。拳民在運動中搜索教堂，「見蠟人不能辨，以為人臘。遇粵之荔支乾，又以為人眼，相與痛詈西人，暴其慘酷」[1]。更為令人歎息的是，在義和團運動中，慈禧居然深信了團民刀槍不入的神話。在御前會議上，有大臣們說，義和團不能避槍炮，「臣曾微服往交民巷，見匪中槍而死者伏屍遍地，並不能避槍炮，究不足恃」。慈禧卻加以反駁：「太后云，此係土匪，決非團民；若係團民，決不至中槍炮。」[2]

慈禧太后和奕譞等人在天津教案中積蓄的怒火終於在曾國藩死後二十七年痛痛快快地發泄了出來。曾國藩在天津教案中全力避免戰爭，然而在死後這種戰爭卻成為現實。1900 年 6 月 21 日，清政府向英、美、法、德、意、日、俄、西、比、荷、奧十一國同時宣戰。241 名外國人（天主教傳教士 53 人，新教傳教士及其子女共 188 人，其中兒童 53 人）、2 萬多名中國基督徒在 1900 年夏天的戰爭中死亡。這是天津教案的擴大版。在運動中，戶部主事萬秉鑒稱，基於曾國藩在天津教案中的賣國表現，應該取消他的恤典：「曾國藩在天津殺十六人償豐大業命，損國體而啟戎心，請議恤，而奪國藩恤典。」[3]

結果是八國聯軍進北京，慈禧重複了她丈夫咸豐當年的故事，倉皇出逃。還都之後，慈禧終於在垂暮之年，決心推行新政，深入

1 中國社會科學院近代史研究所近代史資料編譯室主編：《近代史資料專刊：義和團史料》上，知識產權出版社，2013 年，第 132 頁。

2 中國社會科學院近代史研究所近代史資料編譯室主編：《近代史資料專刊：義和團史料》上，知識產權出版社，2013 年，第 164 頁。

3 中國社會科學院近代史研究所近代史資料編譯室主編：《近代史資料專刊：義和團史料》上，知識產權出版社，2013 年，第 211 頁。

改革，不過為時已晚，改革尚未真正開始，她就一命嗚呼，大清王朝也在三年後宣告滅亡，驗證了曾國藩的幕僚趙烈文在 1867 年做出的剩餘壽命不過五十年的預言。